# DOLCI

LORENZA DE' MEDICI STUCCHI

# DOLCI

## Das große Buch der Süßspeisen

Schuler
Verlagsgesellschaft
Herrsching

Übersetzung aus dem Italienischen
Veronika Maasburg
Co-Autorin und Redaktion
Isolde Bräckle

© für die deutsche Ausgabe
Schuler Verlagsgesellschaft, Herrsching
© 1988 Arnoldo Mondadori Editore S.p.A., Milano
Alle Rechte vorbehalten
Umschlagsgestaltung: Bine Cordes, Weyarn
ISBN 3-7796-5253-6

Die Bildfolgen mit schrittweisen Anleitungen in diesem Buch sind von oben nach unten angeordnet und stellen die beschriebenen Arbeitsschritte dar.
Die in den Rezepten angegebenen Mengen sind im allgemeinen für 6 Personen berechnet. Dies gilt nicht für Rezepte, in denen die Größe der Kuchen-, Torten- oder Puddingform angegeben ist. In diesen Fällen gelten die dort beschriebenen Mengen bzw. Personenzahlen.

# INHALT

"Eine Kunst in der Kunst" hat Dubois das Konditorhandwerk genannt, diesen wichtigen Zweig der Kochkunst, dessen Anfänge sich bis zu den ältesten Kulturen zurückverfolgen lassen. In Luxor zeigt ein 3000 Jahre altes Flachrelief am Grab des Pharaos Ramses III. ein ganzes Kuchensortiment – vermutlich Gebäck aus Weizenmehl mit Früchten, Honig und Gewürzen. Seit jener Zeit hat sich an den Zutaten nicht viel geändert: Mehl, Butter, Zucker, Eier, Früchte und natürliche Aromastoffe sind nach wie vor die Ausgangsbasis für unerschöpflich phantasievolle, köstliche und erlesene Zaubereien.

Das Dessert als krönender Abschluß des Menüs erlebt derzeit in unseren Küchen ein glanzvolles Comeback. Vorbei die Zeit der phantasielosen Fertigpuddings und Kompotte, die einige Jahrzehnte als Nachtisch bevorzugt wurden. Vor allem seit unsere Meisterköche und Spitzenpâtissiers in köstlichen Dessert-Kreationen schwelgen, lassen sich Hausfrauen und Hobbyköche nur zu gerne von der Gastronomie auf diesem Gebiet inspirieren: Leicht und bekömmlich sollen die Süßspeisen heute sein, aus erstklassigen, frischen Zutaten, das Beste vereinen, das die Saison zu bieten hat und nicht nur dem Gaumen, sondern auch dem Auge Appetit macht. Die moderne Kühltechnik, besonders die guten Kühl- und Gefriermöglichkeiten, bieten darüber hinaus viele Erleichterungen der Vorbereitung, so daß das Dessert bei der Zusammenstellung der Mahlzeit nicht mehr die Ausnahme, sondern die Regel ist. Umfragen haben gezeigt, daß beispielsweise ein Drittel aller deutschen Haushalte alle zwei bis drei Tage eine Süßspeise zubereitet. Sie ist also nicht mehr dem Sonntag vorbehalten... Aber auch Kuchen, Torten und Kleingebäck werden in allen Bevölkerungskreisen, bei jung und alt heiß geliebt. 1987 wurden in der Bundesrepublik Deutschland 1,4 Milliarden Kuchen und Torten verzehrt. 45 Prozent davon waren im Haushalt selbst gebacken worden – ein deutlicher Beweis für die Beliebtheit dieser kreativen Tätigkeit. Dabei bevorzugt man nicht nur ererbte Familienrezepte oder traditionelle Gebäcke des jeweiligen Landstrichs: Der weltweite Tourismus hat auch das Interesse an der Eßkultur anderer Völker und den "Nachahmungstrieb" geweckt. So begeistern sich besonders viele deutsche Hausfrauen für die süße Seite der italienischen Küche, für ihre herrlichen Torten, ihr köstliches Eis und knuspriges Kleingebäck sowie für ihre exquisiten Kanditen. Das vorliegende Buch wird sie in die hohe Kunst der italienischen, aber auch der internationalen Backkunst und Süßspeisenküche einweihen. Die Palette der Süßspeisen reicht von kleinen Näschereien, wie Kanditen und Kleingebäck, über selbstgemachtes Eis in vielen Varianten und köstliche Löffeldesserts bis zu beliebten Sonntagskuchen und festlichen Torten. Ein eigenes Kapitel behandelt traditionelle Süßspeisen aus aller Welt. Bei vielen Rezepten sind Variationsmöglichkeiten angegeben; die brillanten Farbfotos verdeutlichen nicht nur den optischen Eindruck von Süßspeisen und Gebäck, sondern wirken auch äußerst verlockend. In Bildfolgen mit schrittweisen Anleitungen erläutern wir Ihnen komplizierte Zubereitungsmethoden. Beim Auftauchen unbekannter Begriffe empfehlen wir Ihnen, das betreffende Stichwort im Lexikonteil (ab Seite 347) nachzuschlagen. Die Mengenangaben gelten immer, sofern nichts anderes angegeben ist, für sechs Personen.

# EIN BLICK ZURÜCK

Am Anfang der Backkunst war das Brot oder etwas Brotähnliches: ein einfaches Gemisch aus Vollkornmehl und Wasser, zu flachen Fladen geformt und auf der Feuerstelle geröstet. Durch das Hinzufügen von Honig, Milch und Früchten wird dieser Vorläufer von Torten und Süßspeisen so weit verbessert, daß man ihn sogar für wert erachtet, den Göttern als Opfergabe dargebracht zu werden. Aber erst im alten Griechenland kann man vom Beginn einer echten Süßspeisenkultur auf der Grundlage von Honig,

9

Mandeln, Trauben und Feigen sprechen. Auf das 3. Jahrhundert vor Chr. gehen etwa dreißig Rezepte zurück, die unter dem Titel "Kunst des Bäckers" von Chrysippos niedergeschrieben wurden. Zu deren berühmtesten zählt das Rezept des "Basyma", eines Kuchens aus Mehl, Honig, Käse und getrockneten Feigen, und des "Gastritis", eines Gebäcks aus Eiern, Zimt, Nüssen, Mandeln und Käse.

Ziegenkäse und Olivenöl dienten als Butterersatz. Daraus läßt sich schließen, daß der Begriff "süß" jahrhundertelang ziemlich verschieden war von unserer Vorstellung. Auch in römischer Zeit war der normale Geschmack geprägt vom einträchtigen Nebeneinander verschiedener Richtungen; es gab keine klare Unterscheidung zwischen süß und salzig: Essig, Honig, Fisch, Gemüse, Käse und Früchte wurden sowohl bei der Zubereitung von Süßspeisen als auch von anderen Gerichten problemlos wechselweise eingesetzt.

Der Geschmack von Süßem, wie wir ihn heute verstehen, kam sehr viel später aus dem Orient zu uns, insbesondere aus Südchina und Indien, wo Zuckerrohr wild wuchs. Die Araber, die in Sizilien und Spanien an Land gingen, führten den Gebrauch von Zucker in der Küche ein, und das Verdienst der Kreuzzüge ist es, den Handel in Europa belebt zu haben.

Bereits gegen das Jahr 1000 gab es in Venedig Konditoreibetriebe, in denen "Marzipan" hergestellt wurde, eine gastronomische Spezialität, die wegen ihres hohen Preises nur wenigen Auserwählten vorbehalten blieb. Es existieren Verträge zwischen Dogen und Arabern über die Einfuhr beträchtlicher Mengen von Zuckerrohr.

In Sizilien werden Marzipan und Fruchtgelee, die eindeutig arabischen Ursprungs sind, sowohl bei Hofe als auch in den Klöstern hergestellt. A propos Klöster: in den Mönchsküchen der verschiedenen religiösen Orden, die ganz Europa überzogen, wurden die Rezepte so mancher Süßspeisen erst vervollkommnet, so z.B. der Pfefferkuchen, das krapfenähnliche Schmalzgebäck u.a.

Ein Kuriosum am Rande: da es noch keine geschlossenen Öfen gab, sondern nur Feuerstellen, begannen die Köche und Bäcker in den Klöstern ihre Backwaren und Torten mit einem Teigdeckel zu verschließen. Auf diese Weise wurde die Pastete erfunden.

Auf das Jahr 1200 bis 1300 gehen die ersten Teige auf der Grundlage von Eiern und Mehl zurück. Eines der frühesten Beispiele dafür ist ein Rezept in einer anonymen toskanischen Abhandlung aus dem 14. Jahrhundert.

In den Küchentraktaten zu Beginn des 15. Jahrhunderts werden die Rezepte für Süßspeisen und Torten zahlreicher und abwechslungsreicher. Im "Buch über die Kochkunst" des Meisters Martino aus Como finden wir in dem Kapitel mit dem Titel "Zur Herstellung jeder Art von Torten" das Rezept einer Kastanien-Süßspeise, einer Kirschtorte, einer überbackenen Hirsecreme, einer Torte aus Datteln und Mandeln, einer Torte aus geschältem Reis und Mandeln und ein Marzipanrezept. Im Kapitel, das dem Fettgebäck gewidmet ist, liest man Rezepte von Gebäck mit Mandeln, Feigen, Äpfeln und Reis, das in gutem Öl herausgebacken wird.

Im Traktat von Christophorus (1549), dem Koch am Hof von Ferrara, ist ein ganzes Kapitel "Torten der verschiedensten Art" gewidmet. In der wenige Jahre später erschienenen Abhandlung von Bartolomeo Scappi ist die Rede von "Gerätschaften zur Herstellung von Backwaren oder Torten", von Zuckerreiben (Zucker wurde vom Gewürzhändler, d.h., dem Apotheker, tatsächlich in Blockform verkauft), von Sieben, Kuchenformen und anderen Geräten. Im Laufe des folgenden Jahrhunderts nimmt die Zahl der Konditoreigeräte in ganz Europa sprunghaft zu. So verwendet man z.B. in England eine Zange mit langen Griffen, um die "wafers" zu machen, süße, knusprige Waffeln.

Dank der neuen Technologie wandeln sich nach und nach die Süßigkeiten: Sie gewinnen an Bedeutung, ihre Herstellung wird komplizierter. 1592 wurden von dem Gewürzhändler Stefano Rosselli zur Taufe von Cosimo und Eleonora de' Medici, der Kinder des Großherzogs der Toskana, 12.000 damalige Lire (ein wahres Vermögen nach heutigen Begriffen) nur für Süßigkeiten ausgegeben: "Schachteln voller Pistazienkonfekt, Muscheln und Tiere aus Zucker, Haselnußkonfekt, reich verzierte Mandelkuchen, ausgeformte Pasten verschiedenster Art, glasierte Kastanien, verschiedene Früchte, Zimtkonfekt ..."

Die Desserts der Gastmähler bei Hofe werden zu echten Inszenierungen von Architekten, Köchen und Gewürzhändlern. Bei der Hochzeit von Maria de'Medici mit Heinrich IV. von Frankreich im Jahre 1600, so erzählt der Haushofmeister, der die Hochzeitsvorbereitungen festgehalten hat, modellierten Giambologna und Pietro Tacca Statuen aus Zucker, Buontalenti schuf ganze architektonische Gebilde, und zahlreiche Kisten, gefüllt mit Zuckerwerk, begleiteten die blutjunge Königin nach Frankreich: "Da gab es mehrfarbige, gefüllte Schildkröten, Marzipantiere, Delfine, Fische, Muscheln, mehrere Sorten von Lilien, d.h., Zuckerblüten ...".

Die Prachtentfaltung und der Luxus an den Höfen dienten, natürlich in vereinfachter Form, für die Küchen der reichen Bürger als Vorbild. Gegen Ende des 17. Jahrhunderts werden in Deutschland die ersten Rezepte über das "Kandieren, die Herstellung von Konfekt und den Umgang mit Zucker" veröffentlicht, die Art und Weise, "Zuckertorten" zu backen und echte Konditoreierzeugnisse herzustellen. Der Geschmack an der neuen Süße setzt sich durch. Der Verbrauch des im großen Stil aus Brasilien, aus Kuba und Peru nach Europa eingeführten Zuckers wächst. Der kristallisierte Zuckerrohrsaft, Rohzucker genannt, wurde in Antwerpen, Amsterdam, London, Dresden und Nantes raffiniert und anschließend verkauft. Zwar blieb der Preis hoch, für die überwiegende Mehrheit der Bevölkerung unerschwinglich, aber der Weg für den neuen Geschmack war bereitet.

Ebenfalls im 17. Jahrhundert eroberte ein anderes Genußmittel aus den Kolonien Europa: die Schokolade. Während noch Theologen angeregt darüber diskutierten, ob der Genuß von Schokolade den Bruch des Fastengebots bedeute, hielt sie in Spanien, Frankreich, Deutschland und Italien (Königreich von Neapel) ihren Einzug. 1678 wird in Turin das erste Patent für die Ausübung der Kunst erteilt, Schokolade zu verarbeiten. Im darauffolgenden Jahrhundert setzt sich die Schokolade in Österreich und den Vereinigten Staaten durch.

Im Laufe des 18. Jahrhunderts macht die Zuckerbäckerkunst qualitativ einen großen Sprung nach vorn. Dies ist nicht nur auf die immer größere Verbreitung des Zuckers und der Schokolade zurückzuführen, sondern auch auf die Erfindung neuer Backöfen und Herde und neuen Geschirrs: so wird es immer einfacher, immer kompliziertere Rezepte nachzuvollziehen.

1719 veröffentlicht der Chefkoch des Bischofs von Salzburg ein Kochbuch mit 318 Abbildungen von edlen Konditorerzeugnissen und reichen Verzierungen. In Frankreich erscheinen so grundlegende Werke wie La Varenne's "Le pâtissier françois" und "Le parfait confiturier", gefolgt von "Le pâtissier pittoresque" von Carême.

Im 19. Jahrhundert schließlich vollzieht sich die zweite weltweite Revolution des Zuckers. Während der von den europäischen Staaten gegenüber Napoleon verhängten Handelsblockade gelingt es dem französischen Chemiker Achard, eine von dem Berliner Chemiker Margraf begonnene Arbeit aufzugreifen und aus der Zuckerrübe Zucker zu gewinnen. Dank der drastischen Senkung des Preises für den Rohstoff der Zuckerbäckerei finden die Süßigkeiten Eingang in die privaten Haushalte. Neben den althergebrachten Spezialitäten bäuerlichen Ursprungs auf der Grundlage von Honig wagen sich nun Familienmütter, Tanten und Großmütter mit Erfolg an Rezepte, die bis dahin als höfisch galten. Von Staatsbanketten und öffentlichen Feierlichkeiten hält die Zuckerbäckerei Einzug in die Familien.

Süßigkeiten, Kleingebäck, Torten, Eis, Bonbons, Kekse und Kandiertes: Das alles waren "Gaumensünden", mit anderen Worten, Abweichungen von den alltäglichen Ernährungsgewohnheiten. Süßes zu essen hatte überhaupt nichts zu tun mit Stillung des Hungers. Deshalb wurden die süßen Gaumenfreuden als Überfluß abgestempelt und waren nur bestimmten Festtagen vorbehalten; für den Rest des Jahres regierte der Verzicht, auferlegt durch ungünstige Witterungsverhältnisse, schlechte Ernten, den Kampf ums Überleben. Die Süßigkeit blieb ein sehnlicher Wunsch, der selten in Erfüllung ging und dann auch nur, um besondere Anlässe und Feste zu begehen: Weihnachten und Ostern, Aussaat und Ernte, Hochzeiten, Taufen, den Besuch eines wichtigen Gastes...

In den Anfängen waren die Kuchen nichts anderes als Variationen zum Thema Brot: Der Brotteig wurde einfach mit besonderen Zutaten wie Honig, Milch, Mandeln, Trauben, Butter, Äpfeln und Eiern angereichert. Nach und nach kamen neue Komponenten wie Zucker und Kakao hinzu, und Köche und Gastronomen gaben dann die entscheidenden Anstöße, daß aus diesen hausgemachten Backwaren echte Konditoreierzeugnisse wurden. Es ist kein Zufall, daß noch im 18. Jahrhundert der "pasticcio" (daher das italienische Wort "pasticceria" für Konditorei) eine Musikkomposition war, die aus verschiedenen aneinandergefügten Einzelstücken bestand: Auf ähnliche Weise vermischte der Zuckerbäcker bereits erprobte süße Zutaten zu neuen, kühnen "Kreationen". Seitdem sich im vergangenen Jahrhundert die wirtschaftlichen Verhältnisse auf breiter Basis verbessert haben, sind Süßigkeiten zum Bestandteil der normalen Familienkost geworden, haben sich aber trotzdem ihren frü-

heren Ruf als etwas aus dem Rahmen Fallendes bewahrt.

Auch auf der Schwelle zum Jahr 2000 steht ein Tortenstück, ein Beignet, ein Fondant noch immer für einen kurzen, unvergeßlichen Augenblick des Glücks. Warum sollte man sich nicht klugerweise noch ein Stückchen als wirksames Gegenmittel zu den "Widrigkeiten" des Lebens gönnen? Dieses Buch möchte Ihnen auf möglichst süße Weise eine Hilfestellung dazu geben.

# DIE AUFMACHUNG VON SÜßSPEISEN

Das Auge ißt mit. Diese scheinbar banale Redensart berührt ein Grundprinzip der Konditorkunst: Süßes wird nicht nur mit dem Mund gegessen. Um es würdig genießen zu können, muß man, abgesehen vom Geschmack, den Duft riechen können und neben dem Duft die Konsistenz prüfen und die Beschaffenheit bewundern können. Nur so wird eine Mürbteigschnitte, ein Cremebecher, ein Sorbet, alles vergängliche Erscheinungen wie Sternschnuppen, alle Qualitäten entfalten können. Eine gute Süßspeise wird erst dann zum vierdimensionalen Meisterwerk, wenn man sie gekonnt in Szene setzt. Glas, Porzellan, Silber, Keramik und sogar Flechtwerk sind natürliche Materialien, die sich hervorragend zum Servieren von süßen Köstlichkeiten eignen. Selbstverständlich erfordert ein hausgemachter, einfacher Kuchen eine andere Darbietungsweise als ein Stück der hohen Konditorkunst: Historischer Hintergrund und Stil wollen berücksichtigt werden.

Wichtig ist außerdem das farbliche Umfeld: Zu einer Wiener Schokoladentorte paßt gut durchsichtiges Glas und Silberglanz. Deplaziert wäre hier etwa ein rustikaler Teller aus Keramik...

Vom persönlichen Geschmack einmal abgesehen: An welche festen Regeln kann man sich halten? Für Süßspeisen, die man mit dem Löffel ißt, paßt in jedem Fall ein Becher aus Kristall oder Glas, gleich ob es sich um einen familiären oder offiziellen Anlaß handelt. Bei "festen" Süßigkeiten geht man nie fehl, wenn man Silber verwendet, kombiniert mit einem Spitzendeckchen aus Leinen oder Papier.
Und wie serviert man Süßspeisen? Bei Tisch kommt normalerweise dem höchstgestellten Gast die ehrenvolle Aufgabe zu, das erste Stück mit der bereitgelegten Kuchenschaufel "anzuschneiden" oder – wenn es sich um eine Creme oder einen Pudding handelt – sich mit einem Löffel zu bedienen. Man sollte dabei sehr behutsam vorgehen, um das Gesamtbild der Speise nicht mit einem Schlag zu zerstören. Sollte sich der Gast seiner Geschicklichkeit nicht ganz sicher sein, tut er besser daran, der Gastgeberin den ersten Schritt zu überlassen.
Die Dessertteller sollten passend zum Geschirr gewählt werden, auf dem die Süßspeise angerichtet ist. Sie sind normalerweise kleiner als die Obstteller. Bei Speisen, die mit dem Löffel gegessen werden, benützt man Schälchen. Auch das Dessertbesteck hat, besonders wenn es sich um traditionelle Tischgarnituren handelt, ein besonderes Maß: Es ist etwas kleiner als Obstbesteck. Häufig ist es graviert oder mit anderen Dekors versehen. Es versteht sich von

13

selbst, daß man auf die Kuchengabel verzichtet, wenn die Süßspeise mit dem Löffel gegessen wird, wohingegen sie bei "festen" Süßigkeiten verwendet wird. Die Etikette schreibt vor, daß man Süßspeisen nicht mit dem Messer ißt: Serviert wird mit der Kuchenschaufel, gegessen mit Löffel oder Gabel. Erlaubt sind die Finger anstelle der Gabel, wenn trockenes Gebäck, Törtchen, Mürbteiggebäck, Fondant o.ä. gereicht werden. Bei der Vesper, beim Tee, beim Kaffee, beim Abendessen, beim Mittagsmahl gilt die Faustregel: besser, sich mit den Fingern zu helfen, als das Besteck falsch einzusetzen.

Wie verhält es sich nun mit dem Papier in Verbindung mit Süßspeisen? Kann ein Mitteldeckchen aus weißem oder farbigem Seidenpapier ein gesticktes Leinendeckchen ersetzen? Am Familientisch, ja, bei offiziellen Anlässen, nein. Verpönt ist dagegen zu allen Gelegenheiten Plastik: Es zerstört unwiederbringlich das Arrangement, den Geschmack, den Duft, die Atmosphäre.

# DIE VERZIERUNG VON SÜßSPEISEN

Wer Süßspeisen wirkungsvoll verzieren will, muß über eine Reihe von Grundeigenschaften verfügen, gepaart mit einem gerüttelten Maß an gutem Geschmack: Er muß den richtigen Blick haben, Sinn für Proportionen und Farben. Er braucht ein gutes visuelles Gedächtnis, muß die Natur beobachten können und zu phantasieren verstehen. Und nach Möglichkeit muß er auch noch skizzieren oder eine kleine Zeichnung anfertigen können.

Woher bezieht nun dieser Kunsthandwerker im allgemeinen seine Anregungen? Aus der Tier– und Pflanzenwelt und den davon abgeleiteten Abstraktionen für Verzierungen. Dies gilt für Themen und Muster, Farben und Nuancen. Aber sowohl das kleinste Gebäckstück als auch die Riesentorte müssen zuallererst in den Raum gestellt werden. Wie bei einer geometrischen Aufgabe muß der zu verzierende Gegenstand ausgemessen werden. Wenn die geometrischen Dimensionen erfaßt und möglicherweise maßstabgetreu aufgezeichnet worden sind, überträgt man das Schema auf den zu verzierenden Gegenstand.

Nun kommt der Augenblick der Farbgebung. Im Konditorhandwerk ist die klassische Grundfarbe Weiß, von dem man durch das Darüberlegen von Farbschichten zu Pastelltönen wie Rosa, Hellgrün, Hellblau usw. gelangt. An zweiter Stelle der Beliebtheitsskala steht das Schokolade- oder Mohrenkopfbraun, das in der Mischung mit Weiß einen nußbraunen Ton ergibt. Vermieden werden sollten bei der Verzierung von Süßspeisen unbedingt die Grundfarben und die Schockfarben, weil bei ihrem Anblick unweigerlich jeder Gaumenkitzel im Keim erstickt wird.

Kommen wir nun zu Mustern und Motiven für Verzierungen. Man verwendet dafür Schablonen aus Ölpapier, Blech oder Plastik. Während es die beiden letztgenannten in guten Haushaltwarengeschäften fertig zu kaufen gibt, schneidet man Papierschablonen mit der Schere aus Papierquadraten selbst zurecht. Die

Verzierung einer glatten Fläche (z.B. einer Torten-Oberfläche) ist alles in allem ein Vorgang, der mehr Geduld als Erfahrung erfordert. Dagegen verlangt die Verzierung einer schrägen oder runden Fläche eine sehr geübte Hand. Sehen wir uns einmal um, welche Geräte man für Verzierungen braucht. Da sind allen voran die Spachtelmesser verschiedener Größe, um Cremes, Glasuren u.ä. zu verstreichen. Ideal wäre es, wenn man sowohl feste als auch biegsame Spachtelmesser zur Verfügung hätte, je nachdem, um welche Art von Verzierung oder Belag es sich handelt.

Dann kommen wir zu den Spritzbeuteln aus Stoff, Papier oder Kunstfaser mit mindestens sechs verschieden geformten Tüllen. Es empfiehlt sich, den Gebrauch des Spritzbeutels zu üben, um möglichst mühelos auch kompliziertere Muster herstellen zu können.

Für Übungszwecke besonders gut geeignet sind – wie in der Grundschule – die Buchstaben des Alphabets und die Zahlen: zuerst die Großbuchstaben, dann Buchstaben in Kursivschrift. Ideal für die Verzierung einer Süßspeise wäre eine Drehscheibe ähnlich einer Töpferscheibe, damit man sich während des heiklen Arbeitsganges nicht zu bewegen braucht. Aber da wir keine berufsmäßigen Konditoren sind, genügt auch die Platte des Küchentisches.
Einer der Rohstoffe für Verzierungen ist die sog. Kuvertüren-Schokolade, ein Gemisch aus Kakao, Kakaobutter und Zucker, das in Tafeln gekauft und im Wasserbad aufgelöst wird. Um einigermaßen sorglos damit "spielen" zu können, empfiehlt es sich, der geschmolzenen Schokolade dickflüssigen Zuckersirup beizumengen.

Mit kleinen Förmchen oder Modeln kann man glatte oder gerillte Scheibchen, Plättchen, Figuren und Verzierungsbausteinchen herstellen, indem man auf ein Blatt glattes, schweres Ölpapier geschmolzene Schokolade streicht und ähnlich wie bei Keksen mit den Förmchen aussticht, sobald die Masse anfängt, fest zu werden. Auch auf der bereits erkalteten Schokoladenmasse kann man noch die verschiedensten Verzierungen anbringen, wenn man sie mit der Messerklinge bearbeitet.
Auch Schokoladenstreusel gehören zu den klassischen Verzierungsmöglichkeiten von Torten und Gebäck: Falls man sie nicht fertig kaufen will, erwärmt man die Schokolade zu einer geschmeidigen Masse und streicht sie mit einer Spachtel durch ein Metallsieb (das erfordert einigen Kraftaufwand). Die so als Verzierung gewonnenen Schokoladenfäden läßt man hart werden und bewahrt sie in Blechdosen auf.
Eine andere "Säule" der Konditorkunst ist das Marzipan. Es eignet sich hervorragend sowohl für Überzüge als auch für Verzierungen wie die traditionellen Röschen, kleine Tiere und Früchte. Die Marzipanmasse wird mit der Teigrolle ähnlich wie Blätterteig möglichst dünn zu einem runden oder ovalen Fladen ausgewellt.Dann wird die gewünschte Form ausgeschnitten und mit viel Geduld modelliert. Es ist vielleicht gut zu wissen, daß ein Marzipanüberzug keine Hexerei ist, wohl aber die Herstellung einer Rose oder anderer kühner Phantasiegebilde. Der angehende Verzierungskünstler sollte sich darauf einstellen. Wer sich an besonders Schwieriges wagen will, kann Rosen aus ganz frischer Rahmbutter fertigen, eine Verzierung, die sowohl für Süßspeisen als auch für Salziges verwendet werden kann. Mit den Fingern werden Butterbällchen geformt, in kaltes Wasser getaucht und

zwischen zwei hauchdünnen Leinentüchern zu Scheibchen gepreßt. Aus diesen Scheibchen können die Rosenblätter geformt werden, immer vorausgesetzt, daß die Temperatur des Wassers, der Finger, der Butter und des Arbeitsraumes usw. stimmt.

Cremes und Glasuren ist zwar ein eigenes Kapitel gewidmet, trotzdem seien sie an dieser Stelle als Verzierungselement erwähnt. In der Konditorei spielen sie dieselbe Rolle wie bei einer Dame die Garderobe: Je nach Tages–, Nacht– oder Jahreszeit kleiden sie leichter oder fester, weicher oder kompakter. Mit Hilfe des Spritzbeutels kann man aus den verschiedenen Arten von Cremes Bordüren, Girlanden, Tupfen, Schleifen usw. auf Torten und Gebäck zaubern und Phantasie, Augenmaß, guten Geschmack und durchaus auch Sinn für das Einfache miteinander verbinden.

Besonders hervorgehoben zu werden verdient dagegen der Zucker: Er gehört nicht nur zu den Grundzutaten, sondern ist der Ursprung des süßen Geschmacks selbst, der abstrakte Begriff des Süßen, das Kernstück der Konditorkunst mit ihren unerschöpflichen Ausdrucksformen. Raffineriezucker enthält bis zu 98% Saccharose, er löst sich bei normaler Temperatur in einer Wassermenge auf, die der Hälfte seines Gewichts entspricht, d.h., daß 100 Gramm Wasser 200 Gramm Zucker auflösen. Wenn der Zucker dagegen trocken erhitzt wird, schmilzt er bei 160 Grad und verwandelt sich in eine glasige Masse, die *Malzzucker* genannt wird. Erhöht man die Temperatur auf 220 Grad, so wird er braun und bitter und verwandelt sich in Karamel. Zuckersirup, der durch Hinzufügen von Wasser gewonnen wird, erreicht beim Kochen unterschiedliche Konzentrationsgrade. Konditoren und Zuckerbäcker verdanken einen großen Teil ihres rühmlichen Erfolges den verschiedenen Dichtegraden des Zuckers beim Kochen, die nach den beiden Systemen Réaumur und Celsius gemessen werden.

Die erste Stufe ist der *Läuterzucker*, der schon nach wenigen Minuten Kochzeit erzielt wird. Der Sirup ähnelt einem leicht verschlissenen Schleier.

Es folgt der *Faden*: Bei der Sirup–Probe mit Daumen und Zeigefinger bildet sich ein kurzer Faden. Wir sind bei 103 Grad Celsius. Vorsicht, Verbrennungsgefahr!

Wir kommen zum *Flug*: wenn man mit dem Schaumlöffel durch den Sirup rührt und darüberbläst, bekommt man einen Seifenblaseneffekt.

*Ballen* oder *Kugel*: Der Zucker wird weißlich und neigt dazu, körnig zu werden, d.h., zu kristallisieren, wenn man die Probe mit Daumen und Zeigefinger macht. Wir sind bei 111 Grad angelangt. Die nächste Stufe ist der *kleine Ballen*: ein Zuckertropfen, der in kaltes Wasser getaucht wird, bildet eine elastische, durchsichtige Kugel. Es folgt der *große Ballen:* der Zuckertropfen wird zu einer harten, kompakten Kugel.

Das nächste Stadium ist der *Karamel*: der abgekühlte Zucker zerspringt wie Glas.

Am Ende steht der *gebrannte Zucker* oder *Zucker–Couleur*. Er ist von sehr dunkler Farbe und hat einen ganz charakteristischen Geruch.

Für Dekorationen sehr beliebt ist der *Spinnzucker*, der mit einem speziellen Konditorgerät, der sog. "Haarbürste" aus Drahtfäden hergestellt wird. Mit dieser "Bürste" oder einfach mit einer Gabel wird der zu Karamel gekochte Zucker "gesponnen" und kurz abgeschreckt. Spinnzucker muß frisch verwendet werden.

Ein sehr effektvolles Dekorationsmittel, das ebenfalls aus Karamel gewonnen wird, ist der Modellierkrokant. Aus 300 Gramm Zucker und einem Löffel Zitronensaft bereitet man einen Karamel. Sobald er die richtige Konsistenz hat, schaltet man auf die niedrigste Kochstufe herab und fügt 100 Gramm fein geriebene Mandeln hinzu. Man mischt gut durch und nimmt die Masse vom Feuer. Das Gemisch wird auf eine mit geruchlosem Öl leicht eingeriebene Arbeitsplatte gestürzt. Man läßt es zuerst abkühlen und erwärmt es dann in einem zweiten Arbeitsgang im Ofen wieder auf 150 Grad. Mit dem Nudelholz wird es anschließend zu einer nicht zu dünnen Platte ausgewellt.

Für die Dilettanten unter den Zuckerbäckern schließlich sei der Puderzucker erwähnt, der durch ein Haarsieb gestrichen wird und mit dem unzählige Dekors gemacht werden können. Es genügt, einenTeil des zu verzierenden Gegenstandes mit unterschiedlichen Papierformen abzudecken, Puderzucker darüber zu streuen, das Papier zu entfernen, und schon hat man tausend verschiedene Überraschungen.

# CARÊME UND ESCOFFIER: EINE NEUE ÄRA

Das französische *carême* bedeutet soviel wie "Fastenzeit", ein eigenartiger Name für einen so berühmten Koch und Konditor. Der Name ist das Erbe eines Ahnherrn, der ebenfalls Koch war und der von Papst Leo X. diesen bizarren Titel als Gegenleistung für eine ausgezeichnete Fastensuppe verliehen bekommen hatte.

Als der kleine Marie Antoine am 8. Juni 1784 geboren wird, fehlen noch fünf Jahre bis zur Französischen Revolution. Er ist der 17. Sohn eines Arbeiters in ärmlichsten finanziellen Verhältnissen. Im Alter von neun Jahren findet der völlig vernachlässigte Junge Zuflucht beim Koch eines Wirtshauses. In der Küche erweist er sich schnell als lernbegieriger, mit Phantasie begabter Lehrling. Später stellt er sein schöpferisches Talent in den Dienst der Konditorei Bailly, eine der berühmtesten in Paris. Aus Zuckerguß bildet er Triumphbögen, Statuen und Monumente nach. "Es gibt fünf Schöne Künste" – pflegte er zu sagen – "die Malerei, die Dichtkunst, die Musik, die Bildhauerkunst und die Architektur, deren wichtigster Zweig die Konditorkunst ist."

Ausgehend von den Entwürfen der Bibliothèque Nationale, hielt der neoklassische Stil auch in die Küche seinen feierlichen Einzug. Rohstoff war der Zucker.

Carême studiert mit Leidenschaft nicht nur Kunstgeschichte, sondern auch die Geschichte der Kochkunst, um sich die Geheimnisse der Köche aus vergangenen Zeiten anzueignen. Schließlich macht er sich selbständig als normaler Konditor in der Rue de la Paix, der darüber hinaus bei besonderen Anläßen den Auftrag erhält, Festbankette auszurichten und zu leiten. Er wird zum König der Botschaften und Höfe, ein Musterbeispiel, das es verdient, in aller Welt nachgeahmt zu werden: Carême war nicht nur ein Kochkünstler, sondern er wollte den Bereich der Gastronomie auch wissenschaftlich erschließen. Neben den Herden stand in seiner Küche ein Schreibtisch mit einem großen ledergebundenen Buch darauf, in das er peinlich genau jede Beobachtung eintrug. "Ich hatte die gute Angewohnheit, alle Abwandlungen von Rezepten schriftlich festzuhalten, da ich jeden Tag Änderungen und Neuerungen vornahm. Für jede Sache gibt es immer eine Art und Weise des Vorgehens, die sich spontan als die perfekteste oder die angenehmste erweist."

1818 geht "Le pâtissier Royal Parisien" in Druck, ein Werk, in dem er ein neues Prinzip vertritt: Es ist keinesfalls statthaft, Speisen mit Zutaten zu überdecken, die nicht im Einklang mit ihrer Natur stehen, bzw. sie mit übermäßigen Verzierungen zu überladen. Nach seiner Auffassung war auch die große französische Küche aus den Ideen der Revolution von 1789 geboren worden, die damals in der ganzen Welt Verbreitung fanden. An einem Tisch konnten jetzt mehr Menschen Platz nehmen und der Schritt von der Quantität zur Qualität war nur klein. Mit der Restauration hätten Bürger und Adelige gemeinsam die Tafelfreuden genießen können.

Carême war eindeutig von den politischen Theorien Talleyrands beeinflußt, der zuerst Bischof, dann Revolutionär, dann Außenminister sowohl unter Napoleon als auch in der wiedererstandenen Monarchie Ludwigs XVIII. war. Bis zu den ZeitenNapoleons bereitete er für Talleyrand die großen Gala–Essen zu. "Ich wurde Chef der kaiserlichen Küchen und war befugt, über alle Ausgaben zu bestimmen und die Menüs zusammenzustellen... Ich war unbestritten Herr meiner Handlungen: diese Position gab mir eine Bedeutung, die ich mir nicht zu erhoffen gewagt hatte."

Eine der berühmtesten Spezialitäten Carêmes war der gemischte Fruchtbecher: Frisches, in kleine Würfel geschnittenes Obst wird in kleinen Kristallbechern angerichtet. Dann gießt man Kirsch darüber, fügt Eiskrem, Schlagsahne und Heidelbeersirup hinzu. Das Ganze wird von einer mit kandierten Kirschen verzierten Zuckerhaube bedeckt.

Trotz der Angebote des Zaren und des Königs von England zog Carême es vor, seinen Wohnsitz in Paris zu behalten, aber er gestattete sich Reisen. Die Restauration brachte ihm internationalen Erfolg; seine Rezepte waren Zeugnisse einer Epoche.

Als er 1833 starb, war er gerade dabei, die "Quenelles de sole" zu probieren, die ein Freund für ihn zubereitet hatte. Seine letzten Worte waren: "Das Gewürz und die Sauce sind nicht gut verbunden. Das nächstemal müßtest du ..." Schmerzerfüllt erklärte Talleyrand, daß es einen Carême nie wieder geben würde. Und bis heute hat die Zeit ihm recht gegeben...

Im ganzen 19. Jahrhundert bleibt die französische Gastronomie führend in Europa. Es gibt zahlreiche Küchenchefs, die in der Theorie Brillat–Savarins und in der Praxis Carêmes groß geworden sind. Und es wächst die Zahl der bürgerlichen Feinschmecker, die überzeugte Verfechter des guten Essens sind. Von der Belle Epoque an bildet sich das Modell eines Familienmenüs mit einer begrenzten Zahl von Gängen heraus: Gerichte höfischen und bäuerlichen Ursprungs vermischen sich zu einer scheinbar neuen Küche, die mit den Vorstellungen und Ansprüchen der nunmehr herrschenden Schicht in Einklang steht.

In dieser Phase der Neuorientierung der Ernährungsgewohnheiten profilierte sich wieder ein großer Koch, der die hohe Küchentradition Carêmes fortsetzte, aber an wesentlichen Punkten Änderungen einbrachte. "Wir werden die Art zu kochen und zu servieren vereinfachen, aber gleichzeitig versuchen, Geschmack und Nährwert der Speisen bestmöglich zu erhöhen". Mit diesem Prinzip machte Auguste Escoffier von 1883 an in Europa und in der ganzen Welt Schule, vor allem in den großen Hotels wie dem Savoy in Paris, dem Ritz in London, dem Plaza in New York. Ihm verdanken wir viele neue Rezepte, die noch heute die Grundlage der sog. internationalen Küche sind: man findet sie auf den Überseeschiffen ebenso wieder wie in den berühmten Hotels dieser Welt.
Eines seiner bekanntesten Rezepte ist der "Pfirsich Melba", der 1893 im Londoner Savoy anläßlich der Premiere von Wagners "Lohengrin" zu Ehren von Nelly Melba, einer lyrischen Sängerin,kreiert wurde. Hier das Originalrezept, das Generationen von Konditoren und Eisherstellern verfälscht haben:
*100 Gramm Zucker werden in einem halben Liter Wasser aufgelöst und mit einem Stück Vanilleschote zum Kochen gebracht. Den Pfirsich schälen, in zwei Hälften teilen und in den Sirup tauchen. Kalt werden lassen. In einen Topf ein Kilo frische Himbeeren geben, mit 100 Gramm Zucker bestreuen und ohne Zugabe von Wasser kochen. Durch ein Sieb streichen und kalt werden lassen. In einen Becher (Escoffier verwendete dazu ein Gefäß in Form eines Schwans aus Kristall und Silber) ein halbes Kilo Vanilleeis geben, darauf den Pfirsich mit der Kernöffnung nach oben legen. Mit dem Himbeerpüree füllen und bis zum Servieren im Kühlschrank aufbewahren.*

# SÜSSE SPEZIALITÄTEN AUS ALLER WELT

Jedes Land hat sein typisches Gebäck oder Dessert, das im allgemeinen für spezielle Feste oder Anlässe gedacht war und heute eher tagsüber zum Kaffee oder Tee als zum Dessert gegessen wird, denn es handelt sich zumeist um recht nahrhafte Genüsse. Viele dieser Spezialitäten bauen auf Marzipan oder Hefeteig auf.

## Marzipan

Obwohl es zu den ältesten Süßspeisen gehört, wurde es erst Mitte des 15. Jahrhunderts im "Buch über die Kochkunst" von Meister Martino da Como, dem Koch des Patriarchen von Aquileia, genau beschrieben. Diese Masse aus Zukker und feinstgeriebenen Mandeln verbreitete sich in regional verschiedenen Varianten im 16. Jahrhundert in ganz Europa, von Sizilien bis Deutschland. Erwähnung verdient das sog. Martorana–Obst, in einem Kloster von Palermo hergestellte, täuschend ähnlich modellierte Früchte aus Marzipanmasse. Ursprünglich wurden Früchte aus Marzipan für die Feste Allerheiligen und Allerseelen hergestellt.

### Ostertaube

Unfreiwillig an ihrer Entstehung schuld soll Albuin, der König der Langobarden, gewesen sein, der 572 Pavia nach dreijähriger Belagerung erobert hatte und beschloß, alles zu beschlagnahmen, was die Stadt besaß – unter anderem auch die zwölf schönsten Mädchen. Eine davon flüchtete sich verzweifelt in die Küche und buk aus Mehl, Eiern und Zucker ein süßes Brot in Gestalt einer Taube. Leider wissen wir nicht, wie die Geschichte ausgegangen ist.

### Panettone

Wie alle süßen Brote, die zu Weihnachten auf den Tisch kommen, ist auch der Panettone uralt. Der Alltags–Brotteig wurde für das Fest der Wintersonnenwende mit Zutaten verfeinert, in jeder Region nach einem anderen Rezept. Aus dem Reich der Mythen trat der Panettone erst im vergangenen Jahrhundert, und zwar durch Pellegrino Artusi, der ihn nicht "Panettone milanese", sondern zu Ehren seiner Köchin "Panettone Marietta" nannte. Andere typische Weihnachtsbäckereien sind z.B. Panforte di Siena, in Deutschland der Stollen und in England der Christmas Pudding.

### Plum Pudding

Es gibt viele englische Redensarten, die mit Plum Pudding zu tun haben: "My plum pudding is my castle" oder "right or wrong, my plum pudding…" Sie beziehen sich allesamt auf etwas, worauf man sich verlassen kann – so wie auf das Heim, auf die Familie.

Diese aus dem Mittelalter überlieferte Süßspeise ist in der Tat eine wichtige Institution in England. Reich an Zutaten, nahrhaft und duftend, halb Pastete und halb Torte, stellt sie die Jahrhunderte überdauernde Verkörperung der Beständigkeit britischer Hausfrauen dar.

### Crêpes Suzette

Für ihre Entstehung gibt es zwei gleichermaßen glaubhafte Erklärungen: Die erste besagt, daß sie in Monte Carlo zu Ehren des Prince of Wales im Café de Paris von Henry Charpentier kreiert wurden, die andere, der Küchenchef des Marivaux in Paris habe sie zu Ehren von Suzette, einem Star der Oper, erfunden.

### Apple Pie

Die Frauen der amerikanischen Siedler auf dem Weg in den Westen erledigten unter anderen Arbeiten auch das Bakken von Brot, Kuchen und Fladen. Der Apple Pie gehörte auch dazu. Sein Rezept wurde 1898 von Catherine Parson noch verbessert.

### Blanc–Manger

Diese aus weißen Zutaten (weiß=blanc) hergestellte Speise basiert auf einem uralten Rezept. Artusi beschreibt die süße Version des Blanc–Manger als Sulz aus Mandeln, Gelatine, Zucker und Orangenblütenwasser.

### Sachertorte

Die Sachertorte erfand 1832 Franz Sacher, der in der Küche des Fürsten Metternich seine Lehrjahre absolviert hatte. Sie war mit Konfitüre gefüllt und mit einer Schokoladenglasur überzogen und wurde zu einem Riesenerfolg. Daraufhin machte sich Eduard, der Sohn von Franz Sacher, nach abgeschlossener Lehre im väterlichen Beruf selbständig

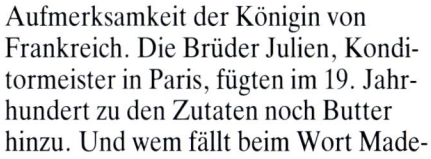

und eröffnete das Hotel Sacher, in dessen Gastlokal kulinarisch geschwelgt und die berühmte Sachertorte stilecht serviert wurde.

### Kipfel

Man erzählt, daß die ungarischen Bäkker während der Belagerung Budapests durch die Türken, um die Gefahr zu bannen, halbmondförmige Hörnchen erfanden, quasi um damit auszudrükken, daß sie die Türken "auffressen" würden. Leider gelang ihnen das aber nicht, denn 1541 eroberten die Türken die Stadt.

### Brioche

Dieses Gebäck aus Hefeteig stammt aus Frankreich und ist in Italien auch unter dem Namen "dolci degli Apostoli", also Apostelgebäck, bekannt – vielleicht, weil seine Form an gewisse Kopfbedekkungen kirchlicher Würdenträger erinnert.

### Baba

Den ersten Baba verspeiste ein König im Exil, nämlich Stanislaus Leszcynsky, im Jahre 1740. Sein Küchenmeister tränkte einen Kuchen aus Hefeteig mit einem Sirup aus Honig und Rosenwasser. Stanislaus, der ein begeisterter Leser der Geschichten aus Tausendundeiner Nacht war, gab ihm den Namen Ali Baba, was dann zu Baba abgekürzt wurde. Der Baba war sofort überall beliebt und etablierte sich sogar am Hofe König Ludwigs XV. von Frankreich.

### Madeleines

Für Stanislaus Leszcynsky, den polnischen König im Exil, wurden auch die ersten Madeleines kreiert, und zwar von einer alten Gouvernante in seiner Sommerresidenz Commercy. Eine schöne Schatulle mit Madeleines schickte er als

Aufmerksamkeit der Königin von Frankreich. Die Brüder Julien, Konditormeister in Paris, fügten im 19. Jahrhundert zu den Zutaten noch Butter hinzu. Und wem fällt beim Wort Madeleines nicht Marcel Proust ein?

### Saint–Honoré–Torte

Auch diese exquisite Torte verdanken wir den Brüdern Julien, den großen Erneuereren der französischen Pâtisserie.

### Savarin

Einfach einen Baba–Teig mit Butter verfeinern, in einer Kranzform backen, mit Rum beträufeln und mit Aprikosenkonfitüre glasieren; dann noch diesem Werk den Namen Brillat-Savarin – zu Ehren des berühmten französischen "Gastrosophen" – geben: auch dies war einer der kulinarischen Geistesblitze der Brüder Julien.

Früchte zu konservieren bedeutet, ihr Aussehen, ihre Farbe, ihr Aroma oder zumindest ihren Duft zu erhalten, also dem natürlichen Ablauf der Tage und Jahreszeiten Einhalt zu gebieten. Das Glasieren und Kandieren von Früchten, das Einmachen von Obst in Zuckersirup und das Einkochen von Marmelade sind also nichts anderes als genial ausgeklügelte Verfahren, die dem natürlichen Verfall entgegenwirken. Wie der Fotograf und der Maler, so ist auch der Koch beim Anblick von Pfirsichen, Pflaumen, Aprikosen, Birnen und Trauben vom Wunsch beseelt, sie in diesem Zustand der Vollkommenheit auf Dauer zu erhalten. Dazu benötigt er außer den klassischen Küchengeräten vor allem Grundkenntnisse in Chemie, um sich des Erfolges sicher sein zu können.

## GLASIERTE ORANGENSPALTEN

*Hierfür werden die Orangen geschält und die weiße Haut mit einem sehr scharfen Messer entfernt. Besonders hübsch als Garnierung von Schokoladedesserts.*

Zubereitungszeit *30 Minuten*
Schwierigkeitsgrad *sehr leicht*
**Zutaten**
*3 Orangen*
*100 g Zucker*
*Saft von 1 Zitrone*
*1 TL Mandelöl*

Orangen schälen, in Spalten zerlegen und gut trocknen lassen. Zucker und Zitronensaft in einen Topf geben und bei starker Hitze zergehen lassen. Wenn der Zucker goldgelb wird, die Orangenspalten hineingeben und kurz mit einem hölzernen Kochlöffel umrühren. Herausnehmen, auf ein mit Mandelöl bestrichenes Blech geben und erst abgekühlt servieren.

## GLASIERTE ANANAS

*Besonders köstlich sind Ananas in Scheiben, wenn sie glasiert und mit Schlagsahne verziert serviert werden.*

Zubereitungszeit *30 Minuten*
Schwierigkeitsgrad *sehr leicht*
**Zutaten**
*1 frische Ananas*
*100 g Zucker*
*2 EL Wasser*
*1 EL Zitronensaft*
*1 EL Mandelöl*

☐ *Zitronensaft, Essig oder Butter gibt man in die Karamelmasse, damit sie beim Abkühlen nicht allzu hart wird. Mit Hilfe einer mit Mandelöl bestrichenen Pinzette nimmt man die Früchte bzw. die Orangenspalten aus dem Karamel heraus, bevor er hart wird, und legt sie zum Abkühlen in ausreichendem Abstand auf ein geöltes Blech oder eine Platte.*

☐ *Um ein unverschlossenes Einmachglas zu sterilisieren, kocht man es einige Minuten lang in Wasser. Um ein gefülltes Marmelade-, Kompott- oder Einmachglas zu sterilisieren, verschließt man es luftdicht und stellt es in einen Sterilisiertopf, der so weit mit Wasser gefüllt wird, daß das Glas gut bedeckt ist. Erhitzen, bis das Wasser kocht, ab diesem Zeitpunkt 25 Minuten lang weiterkochen lassen. Die Heizquelle ausschalten und das Wasser vollständig auskühlen lassen, bevor das Einmachglas herausgenommen, abgetrocknet und weggestellt wird. Auch bei geringem Zuckergehalt halten sich sterilisierte Marmeladen und Konfitüren mindestens ein Jahr lang.*

☐ *Zum Karamelisieren von Zucker braucht man einen hochwandigen Edelstahltopf. Sobald der Zucker den gewünschten Bräunungsgrad erreicht hat, nimmt man den Topf von der Kochstelle und stellt ihn in einen mit kochendem Wasser gefüllten Behälter. Dann taucht man die Früchte, die kandiert werden sollen, in den Karamel, holt sie sofort wieder heraus und legt sie auf ein geöltes Blech. Zum Eintauchen Früchte entweder am Stiel halten oder auf eine Stricknadel spießen oder mit einer Pinzette anfassen. Falls der Zucker zu früh hart wird, noch einmal kurz erhitzen.*

☐ *Zu den traditionellen Methoden der Haltbarmachung von Früchten gehört das Einlegen in Zuckerlösung, die zwei Minuten lang gekocht, dann gefiltert wurde und ausgekühlt ist. Die Zuckermenge richtet sich nach der Art des Obstes: für Birnen und Pfirsiche braucht man weniger Zucker als für Himbeeren und Kirschen. Hier die Zuckermengen pro Liter Wasser:*

| | |
|---|---|
| *Erdbeeren* | *600 g* |
| *Kirschen* | *800 g* |
| *Himbeeren* | *600 g* |
| *Johannisbeeren* | *800 g* |
| *Aprikosen* | *250 g* |
| *Pfirsichhälften* | *500 g* |
| *Pflaumen* | *600 g* |
| *Birnen* | *350 g* |

Äußere Schale und den Strunk im Inneren mit einem scharfen Messer so vorsichtig entfernen, daß die Frucht ganz bleibt. Dann quer in 1 cm dicke Scheiben schneiden. Auf einem sauberen Tuch die Scheiben einige Stunden trocknen lassen. Bei mäßiger Hitze den Zucker mit dem Wasser und Zitronensaft zergehen lassen, bis die Flüssigkeit zu bräunen beginnt. Ananasscheiben eintauchen und anschließend auf ein mit Mandelöl bestrichenes Blech legen. Vor dem Servieren gut auskühlen lassen.

## GLASIERTE ERDBEEREN

*Nur große, fehlerfreie und nicht vollreife Früchte verwenden, weil sie sonst beim Glasieren zerfallen. Zum Verzieren von Zitroneneis besonders geeignet.*

Zubereitungszeit *30 Minuten*
Schwierigkeitsgrad *sehr leicht*
**Zutaten**
*300 g Erdbeeren*
*100 g Zucker*
*1 EL Essig (weiß)*
*1 EL Mandelöl*

Erdbeeren von den Kelchblättern befreien, mit einem Tuch säubern. In einem Topf mit großer Bodenfläche den Zucker mit dem Essig bei großer Hitze zergehen lassen. Wenn der Zucker goldgelb wird, die Erdbeeren hineingeben und mit einem Holzlöffel vorsichtig umrühren. Wenn die Flüs-

GLASIERTE MARONEN
(MARRONS GLACÉS)
■ Edelkastanien haben einen hohen Stärke- und Fruchtzuckergehalt. In der feinen Küche sind sie nicht nur in Form von Konfitüren und Süßspeisen, sondern auch als Abrundung eines Bratens, Geflügel- oder Wildgerichts sehr geschätzt.

sigkeit etwas nachdunkelt, die Erdbeeren herausnehmen und auf ein mit Mandelöl bestrichenes Blech legen. Erkalten lassen und erst dann servieren.

## GLASIERTE MARONEN

Zubereitungszeit *60 Minuten*
Schwierigkeitsgrad *leicht*
**Zutaten**
*18 Maronen (Edelkastanien)*
*200 g Zucker*
*1 Vanilleschote*
*1 Lorbeerblatt*
*1 Gewürznelke*
*1 EL Butter*
*1 EL Mandelöl*
*1/2 l Wasser*

Maronen zwei Minuten in kochendes Wasser legen, äußere und innere Schale entfernen. Das Wasser mit der Hälfte des Zuckers aufkochen. Heizquelle abschalten, die Maronen mit dem Lorbeer, der Vanille und der Gewürznelke einlegen. Den Topf wieder auf den Herd stellen, Deckel daraufgeben und 20 Minuten wallend kochen lassen. Maronen auf einem sauberen Tuch abtropfen lassen. Den restlichen Zucker mit der Butter auf kleiner Kochstufe zergehen lassen, jedoch Hitzezufuhr abschalten, bevor er zu bräunen beginnt. Die Maronen einzeln eintauchen, zum Abkühlen auf ein geöltes Blech legen und erst ausgekühlt servieren.

## KROKANT (MANDELKROKANT)

*Krokant in krümeliger Form paßt gut zu Eiscreme, vielen Obstkuchen und Schlagsahne. Statt Mandeln können auch Haselnüsse verwendet werden.*

Zubereitungszeit *35 Minuten*
Schwierigkeitsgrad *sehr leicht*
**Zutaten**
*150 g Zucker*
*Saft von 1 Zitrone*
*200 g geschälte Mandeln*
*1 EL Mandelöl*

Die Mandeln auf einem Blech im Backrohr 10 Minuten rösten. Inzwischen den Zucker mit dem Zitronensaft in einem Topf zergehen lassen, dabei ständig mit einem Holzlöffel umrühren. Sobald der Zucker Farbe annimmt, die heißen Mandeln hineingeben und das Gemisch etwas dunkler werden lassen. Gut umrühren und auf ein mit Mandelöl eingefettetes Blech gießen. Ein ca. 2 cm hohes Rechteck formen. Bevor er ganz abgekühlt ist, den Krokant in Stücke schneiden oder brechen (z.B. mit dem Fleischklopfer). Das Einfetten von Händen und Gerät mit Öl verhindert ein Festkleben der Zuckermasse.

## KAFFEEBONBONS

*Mit Hilfe von kleinen Bonbonförmchen kann man Bonbons in beliebigen Formen herstellen. Wo Förmchen fehlen, gießt man die Masse auf ein Blech und schneidet sie vor*

QUITTE
■ Quitten werden nie frisch gegessen, nicht einmal nach monatelanger Lagerung. In der Kochkunst schätzt man sie wegen ihres angenehmen Dufts und unverwechselbaren Geschmacks.

dem Erstarren in Würfel oder Rechtecke, oder man läßt sie vom Löffel tropfen und erhält so unregelmäßige Formen.

Zubereitungszeit *45 Minuten*
Schwierigkeitsgrad *sehr leicht*
**Zutaten**
*150 g Zucker*
*100 ml starker Kaffee*
*100 ml Milch*
*1 EL Mandelöl*
*1 EL Honig*

Den Zucker in einem Topf im Wasserbad zwei Minuten lang kochen. Die übrigen Zutaten zugeben und bei geringer Hitzezufuhr zum großen Flug kochen. Die Förmchen einölen und die Masse hineingießen, oder die Masse auf die mit Öl bestrichene Arbeitsplatte stürzen und einige Zeit abkühlen lassen; in Formen schneiden.

## PFEFFERMINZ-ZITRONEN-BONBONS

*Diese erfrischenden, durststillenden Bonbons werden in Bonbonpapier eingewickelt oder in Glasbehältern aufbewahrt.*

Zubereitungszeit *40 Minuten*
Schwierigkeitsgrad *sehr leicht*
**Zutaten**
*150 g Zucker*
*2 EL Wasser*
*10 Tropfen Pfefferminzöl*
*Saft von 1 Zitrone*
*1 EL Mandelöl*

In einem Topf mit Ausgießer Zucker und Wasser erhitzen. Einige Minuten kochen lassen, vom Herd nehmen und das Pfefferminzöl und den Zitronensaft dazugeben. Noch einmal zum großen Flug kochen. Die Flüssigkeit tropfenweise auf den eingeölten Tisch gießen. Die erstarrenden Bonbontropfen schnell mit einer Stricknadel ablösen.

## GLASIERTE PFLAUMEN

*Für dieses Rezept verwendet man am besten entkernte Trockenpflaumen. Hübsch sehen sie aus, wenn man sie abwechselnd mit glasierten Nüssen, Datteln und Feigen auf Holzspieße steckt.*

Zubereitungszeit *30 Minuten*
Schwierigkeitsgrad *sehr leicht*
**Zutaten**
*300 g Trockenpflaumen*
*100 g Zucker*
*Saft von 1 Zitrone*
*1 EL Mandelöl*

Pflaumen gut abtrocknen. Auf kleiner Kochstufe den Zucker mit dem Zitronensaft zergehen lassen. Sobald die Flüssigkeit Farbe annimmt, die Pflaumen eintauchen. Ständig umrühren und den Zucker etwas dunkler werden lassen. Die Pflaumen einzeln auf eine eingeölte Marmorplatte legen und abkühlen lassen. Auf dieselbe Weise glasiert man auch getrocknete Aprikosen, Walnußhälften, getrocknete Feigen sowie Datteln.

## KANDIERTE ORANGENSCHALEN

*Unter anderem braucht man sie für die Zubereitung von Cassata, Quarkspeisen und als Garnierung. Für ihre Zubereitung verwendet man nur den orangefarbenen Teil der Schale von gut gewaschenen und abgetrockneten Orangen, da die weiße Innenseite bitter schmeckt. Auch Zitronen oder*

Zedratzitronen werden so kandiert.

Zubereitungszeit *30 Minuten + Einweichzeit*
Schwierigkeitsgrad *sehr leicht*
**Zutaten**
*500 g Orangenschalen (unbehandelt)*
*400 g Zucker*
*2 EL Mandelöl*

Die Orangenschalen in Streifen schneiden und in warmem Wasser über Nacht eingeweicht stehen lassen, dabei mit einem Deckel und einem Gewicht beschweren. Die Schalen abgießen, mit dem Zucker in einen Topf geben und unter Rühren bei geringer Hitze zum kleinen Flug kochen. Die Schalen in eine Schüssel gießen und voneinander trennen, solange sie noch heiß sind. Dafür verwendet man eine eingeölte Pinzette. In einem Glasgefäß aufbewahren.

## QUITTENKONFEKT

Zubereitungszeit *60 Minuten*
Schwierigkeitsgrad *sehr leicht*
**Zutaten**
*1 kg Quitten*
*700 g Zucker*
*1 EL Mandelöl*

Reife Quitten mit einem Tuch abreiben. In einen Topf geben, mit Wasser knapp bedecken und auf mittlerer Kochstufe erhitzen, bis die Schale platzt. Quitten abgießen, abkühlen lassen und durchpassieren. Das Mark mit dem Zucker erhitzen und 20 Minu-

26

KANDIERTE KIRSCHEN
■ *Kandierte Kirschen eignen sich besonders zum Garnieren von Torten oder Cremespeisen und halten sich lange. Zum Entkernen gibt es ein spezielles Werkzeug, das die Kirschen nicht zerstückelt. Genauso wie Kirschen werden auch Brombeeren, Orangenspalten, Erdbeeren usw. kandiert.*

ten kochen lassen, dabei mit einem Holzlöffel ständig umrühren. Die Masse auf eine Glas- oder Porzellanplatte gießen und ein Rechteck von 3 cm Dicke formen. Nicht zugedeckt 10 Tage lang an einem kühlen, trockenen Ort durchtrocknen lassen, dabei täglich wenden und abends wegpakken, damit die Masse nicht feucht wird. In Vierecke schneiden und mit Zucker bestäuben. Zwischen Pergamentpapier in Blechdosen aufbewahren.

## KANDIERTE KIRSCHEN

Zubereitungszeit *30 Minuten*
Schwierigkeitsgrad *leicht*
**Zutaten**
*1 kg Kirschen*
*1/2 l Wasser*
*500 g Zucker*

Stiele und Kerne der Kirschen entfernen. Die Hälfte der Zuckermenge im Wasser auflösen, die Kirschen hineingeben und 10 Minuten lang zu Sirup einkochen. Das Ganze in eine Schüssel gießen und 2 Tage stehen lassen. Den restlichen Zucker dazugeben und 2 Minuten kochen lassen. Wieder einen Tag stehen lassen. Nochmals zwei Minuten lang kochen und 2 Tage stehen lassen. Während des Kochens den Schaum abschöpfen. Die Kirschen auf ein mit Öl bestrichenes Sieb legen, gut trocknen lassen und anschließend in luftdichten Glasgefäßen aufbewahren. Vor dem Servieren in Zucker wälzen.

*Dieses Rezept ist einfach zuzubereiten und es kann nichts dabei schiefgehen, wenn man sich genau an ein paar grundlegende Anleitungen hält.*

**Zutaten**
*5 getrocknete, aber noch weiche Aprikosen*
*5 getrocknete, aber weiche Pflaumen*
*5 getrocknete Datteln*
*5 Nüsse*
*200 g Zucker*
*2 EL Wasser*
*1 EL Zitronensaft*
*5 Holzspieße*

Die Früchte und die Nußhälften abwechselnd auf die Spieße stecken.
Den Zucker in einem Edelstahl- oder verzinnten Kupfertopf zergehen lassen und den Zitronensaft dazugeben.

Wenn der Karamel eine goldgelbe Farbe annimmt, die Spieße flach in die Flüssigkeit einlegen.

Die Spieße sofort mit einer Zange wieder herausnehmen.

Auf einer mit Mandelöl betrichenen Platte abkühlen lassen.

In eine Grapefruit gesteckt, präsentieren sich die Spieße besonders effektvoll.

## MANDARINENGELEE

*Eine besondere Delikatesse.
Genauso stellt man Trauben-,
Orangen-, Zitronen- und auch
Grapefruitgelee her.*

Zubereitungszeit *40 Minuten*
Schwierigkeitsgrad *sehr leicht*
**Zutaten**
*2 kg Mandarinen
2,5 l Wasser
1 kg Zucker*

Aus den Mandarinen gut 1 l
Fruchtsaft auspressen. Das
Wasser in einen Topf geben,
Zucker einrühren und kochen
lassen bis zum kleinen Bruch.
Beiseite stellen, den Fruchtsaft dazugeben und unter ständigem Rühren noch einmal
kurz aufkochen. Die Flüssigkeit filtern und abkühlen lassen. Noch lauwarm in Gläser
abfüllen.

## BROMBEERKONFITÜRE

*Frische Brombeeren werden
oft zur Dekoration von Obstsalat aus frischen oder einge-
machten Früchten verwendet,
schmecken aber auch mit flüssiger Sahne und Zucker. Wie
Himbeeren und Johannisbeeren ergeben auch sie ein köstliches Gelee sowie feine Konfitüre.*

Zubereitungszeit *60 Minuten*
Schwierigkeitgrad *sehr leicht*
**Zutaten**
*1,5 kg Brombeeren
50 ml Wasser
1 kg Zucker
Saft von 1 Zitrone*

Fehlerfreie, vollreife Brombe-
ren auslesen, waschen, abtrocknen und mit dem Wasser
in einen Topf geben. Bei mäßiger Hitze ca. 10Minuten kochen. Durch ein Haarsieb
streichen und das so gewonnene Fruchtmark sammeln. Auf
mittlerer Kochstufe den Zukker mit dem Zitronensaft
unter Rühren zum kleinen
Flug einkochen, dabei gelegentlich Schaum abschöpfen.

Brombeermark dazugeben,
unter ständigem Rühren nochmals aufkochen. In sterilisierte, noch heiße Gläser füllen,
diese luftdicht verschließen
und an einem kühlen, trockenen Ort aufbewahren. Ebenso
wird auch Konfitüre aus anderen Obstsorten wie Ananas,
Quitten, Kiwis usw. hergestellt.

## JOHANNISBEERGELEE

Zubereitungszeit *30 Minuten*
Schwierigkeitsgrad *sehr leicht*
**Zutaten**
*1 kg Zucker
50 ml Wasser
2 kg Johannisbeeren*

Vollreife Johannisbeeren verlesen und dem Wasser zum
Kochen bringen. Bei starker
Hitze unter fleißigem Rühren
10 Minuten kochen. Durch ein
Sieb passieren und Saft durch
ein Tuch ablaufen lassen. Den
so erhaltenen klaren Saft ab-
wiegen (ergibt ca. 1 kg) und
den Zucker dazugeben. Gut
umrühren und den Topf mit
dem Saft wieder auf den Herd
stellen und erhitzen, dabei
fleißig abschäumen. Das Gelee ist fertig, wenn ein auf
einen schräg gehaltenen Teller
geträufelter Tropfen nicht
mehr abrinnt. Das Gelee in
sterilisierte Gläser füllen, diese luftdicht verschließen und
an einem kühlen, trockenen
Ort aufbewahren.

## PFIRSICHKONFITÜRE

*Man unterscheidet weiße oder
gelbe Pfirsiche. Die gelben haben mehr Fruchtfleisch und
eignen sich daher besser für
Konfitüren.*

Zubereitungszeit *30 Minuten
+ Einweichzeit*
Schwierigkeitsgrad *sehr leicht*
**Zutaten**
*1 kg Pfirsiche
500 g Zucker
Schale von 1 Zitrone
1 Msp. Zimt*

Pfirsiche 1 Minute lang in kochendes Wasser tauchen,
schälen und halbieren, Kerne
entfernen und Fruchtfleisch in
Würfel schneiden. Mit dem
Zucker in einer Schüssel gut
vermengen, mit einem Tuch
zudecken und 12 Stunden an
einem kühlen Ort stehen lassen. Dann auf den Herd stellen, abgeschnittene Zitronenschale und Zimt dazugeben
und unter fleißigem Rühren so
lange kochen, bis die Konfitüre die gewünschte Konsistenz
erreicht hat (Zucker zum Faden einkochen). Zitronen-
schale herausnehmen, Konfitüre in sterilisierte Gläser abfüllen und luftdicht verschließen. Trocken und kühl aufbewahren.

## QUITTENKONFITÜRE

*Quitten eignen sich vor allem
für die Zubereitung von exquisiten Konfitüren; roh sind sie
ungenießbar.*

Zubereitungszeit *30 Minuten*
Schwierigkeitsgrad *sehr leicht*
**Zutaten**
*1 kg Quitten*
*1 kg Zucker*

Quitten schälen, Kerngehäuse
und Stiele entfernen, die
Früchte in dünne Scheiben
schneiden und in eine Schüssel
geben. Den Zucker dazuge-
ben, umrühren, zudecken und
über Nacht ziehen lassen.
Dann auf mittlerer Kochstufe
ca. 1/2 Stunde den Zucker zum
Faden einkochen. Die noch
heiße Konfitüre in sterilisierte
Gläser füllen und mit Deckeln
verschließen. Trocken und
kühl aufbewahren.

## KONFITÜRE AUS
## GRÜNEN TOMATEN

Zubereitungszeit *30 Minuten*
Schwierigkeitsgrad *sehr leicht*
**Zutaten**
*1 kg grüne Tomaten*
*800 g Zucker*
*Saft von 1 Zitrone*

Nur schöne dicke, fehlerfreie
Tomaten verwenden. Diese
waschen, abtrocknen, Stielan-
sätze entfernen. Die Tomaten
in dünne Scheiben schneiden
und diese mit dem Zucker in
einer Schüssel gut verrühren.
Zudecken und einen ganzen
Tag lang ziehen lassen. Das
Gemisch in einen Topf geben,
den Zitronensaft durchsieben
und dazugeben und auf kleiner
Flamme unter Rühren ca. 1/2
Stunde einkochen, bis ein

Tropfen auf einem schief gehaltenen Teller nicht mehr abläuft. Noch heiß in die vorbereiteten Gläser füllen, luftdicht verschließen und kühl
und trocken aufbewahren.

## KAROTTENKONFITÜRE

*Karotten sind süß und daher
besonders geeignet für eine
vorzügliche Konfitüre.*

Zubereitungszeit *60 Minuten
+ Zeit für das Ziehen*
Schwierigkeitsgrad *sehr leicht*
**Zutaten**
*1 kg Karotten*
*250 g Zucker*
*Schale von 1 Zitrone (unbe-
handelt)*

Karotten abschaben, in Würfel schneiden und mit dem
Zucker über Nacht ziehen lassen. Dann in einen Topf geben
und zugedeckt auf kleiner
Flamme eine Stunde lang kö-

### PEKTIN

Pektin, ein Kohlenhydrat
und stark quellfähiger Bal-
laststoff, findet sich in vielen Fruchtsorten und dient
als Gelierhilfe für Konfitüren oder Gelees. Äpfel, Johannisbeeren und Pflaumen
sind reich an Pektin und haben daher keine Zusätze nötig, weil sie auf natürliche
Weise gelieren. Andere
Obstsorten hingegen gelieren nur bei Zugabe von
Pektin, das im Handel er-
hältlich ist, oder von unge-
schälten Äpfeln.

cheln lassen. Fruchtmasse
durch ein Sieb gießen, die abgeriebene Zitronenschale dazugeben. Konfitüre nochmals
aufkochen. Sie ist fertig, sobald sie dick und kompakt
wird. Noch heiß in Gläser füllen und luftdicht verschließen.

## KÜRBISKONFITÜRE

*Für dieses Rezept verwendet
man am besten Gartenkürbis-
se, da sie ein weiches Fruchtfleisch haben. Kürbisse werden auch bei anderen Konfitüren zur Festigung der Konsistenz mitverwendet.*

Zubereitungszeit *60 Minuten
+ Zeit für das Ziehen*
Schwierigkeitsgrad *sehr leicht*
**Zutaten**
*1 Kürbis von ca. 3 kg (ca. 2
kg Fruchtfleisch)*
*400 g Zucker*
*Saft und Schale von 1 Zitrone
(unbehandelt)*
*1 Vanilleschote*

Kürbis schälen, in Scheiben
schneiden, Kerne und Faden-
geflecht entfernen, Fruchtfleisch in kleine Würfel schneiden. Den Zucker, den Saft
und die abgeriebene Schale
der Zitrone sowie die Vanilleschote dazugeben. Die Nacht
über stehen lassen. Dann das
Gemisch auf mittlerer Kochstufe einkochen, dabei öfters
umrühren, bis die Konfitüre
dick wird und eine goldgelbe
Farbe annimmt. Vanilleschote
herausnehmen. Die Masse wie
bei den anderen Rezepten abfüllen, luftdicht verschließen.

KONFITÜRE VON
GRÜNEN TOMATEN
■ *Grüne Tomaten enthalten viel Vitamin C und Mineralsalze. Als Rohkost werden sie für Salate verwendet. Aber auch köstliche Konfitüren und Kompotte kann man daraus zubereiten.*

## ORANGEN-DATTEL-MARMELADE

*Datteln sind die Früchte der Dattelpalme. Im Handel sind sie meist getrocknet in Schachteln verpackt erhältlich.*

Zubereitungszeit *60 Minuten*
Schwierigkeitsgrad *sehr leicht*
**Zutaten**
*6 Orangen*
*Saft von 1 kleinen Zitrone*
*200 g Zucker*
*1/2 Gläschen ( 1 cl) Rum*
*200 g entkernte getrocknete Datteln*

Orangen gut abschälen, quer in Scheiben schneiden und in einen Topf geben. Den Zitronensaft daraufgießen, Zucker darüberstreuen und mit Rum übergießen. Aufkochen, dabei öfters umrühren. Die Datteln dazugeben und mitkochen, dann das Ganze durch ein Sieb passieren. Die Marmelade weiterkochen lassen, bis sie – wie in den vorhergehenden Rezepten – genügend eingedickt ist, und in sterilisierte Gläser abfüllen.

## FEIGEN-ZITRONEN-MARMELADE

*Damit diese Marmelade bekömmlich ist und gut gelingt, kauft man unbehandelte (nicht mit Diphenyl behandelte) Zitronen. Diphenyl macht die Schalen bitter, ledrig und ungenießbar.*

Zubereitungzeit *2 Stunden*
Schwierigkeitsgrad *sehr leicht*

### S A U C E
Eine Sauce auf Marmeladenbasis erhält man, indem man Marmelade oder Konfitüre ohne weitere Zugabe von Zucker durch ein Sieb rührt oder im Mixer püriert. Solche Saucen können nach Belieben mit Weinbrand, Dessertwein oder Likör verfeinert werden.

**Zutaten**
*1 kg Zitronen (unbehandelt)*
*1 kg frische Feigen*
*500 g Zucker*

Die Zitronen mehrfach einstechen und dreimal je 5 Minuten lang kochen, nach jedem Kochen das Wasser wechseln. Vollreife Feigen waschen und abtrocknen, Stiele entfernen, ungeschält in Stückchen schneiden und in einen Topf geben. Zitronen in dünne Scheiben schneiden, Kerne entfernen. Feigen und Zitronen zusammen bei geringer Hitze ca. 1 Stunde kochen. Durchpassieren, zum Fruchtmark Zucker dazugeben und unter fleißigem Rühren so lange kochen, bis ein auf einen schief gehaltenen Teller fallender Tropfen nicht mehr abläuft. In sterilisierte, heiße und trockene Gläser füllen. Aus Butterbrotpapier Kreise ausschneiden, diese in Weinbrand oder Rum eintauchen und damit die Gläser luftdicht verschließen. Kühl und trocken aufbewahren.

# APRIKOSENKONFITÜRE MIT VIN SANTO

Zubereitungszeit *30 Minuten*
Schwierigkeitsgrad *sehr leicht*
**Zutaten**
*1 kg Aprikosen*
*250 g Zucker*
*1 Zitrone (unbehandelt)*
*1 Glas Vin Santo*
*1 EL Zimt*

Aprikosen waschen, abtrocknen, entkernen und mit dem Zucker, dem Vin Santo, der abgeriebenen Zitronenschale und dem Zimt vermengen. Ca. 10 Minuten kochen, dabei häufig umrühren. Abgießen und die Aprikosen durch ein Sieb passieren. Wieder aufstellen und zum Faden einkochen. Die Konfitüre in sterilisierte, heiße Gläser füllen, mit Rumpapier bedecken und luftdicht verschließen. Kühl und trocken aufbewahren.

## VIN SANTO

Der Vin Santo ist ein Wein, der durch Gärung aus dem Saft getrockneter Trauben gewonnen wird. Sein Name ist vermutlich darauf zurückzuführen, daß die Trauben erst kurz vor Weihnachten gekeltert werden. Der Vin Santo muß dann mindestens drei Jahre lang in versiegelten Fläschchen altern.

APRIKOSENKONFITÜRE MIT
VIN SANTO
■ *Die Aprikose ist vielseitig
verwendbar: Sie taucht in vie-
len Rezepten für Süßspeisen,
Konfitüren, Kompotten und
Eisspezialitäten auf.*

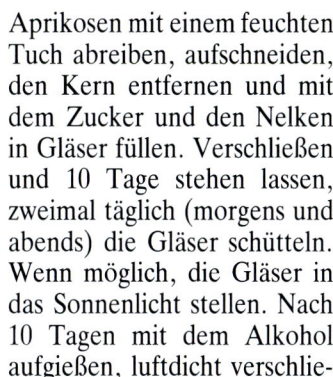

## PFLAUMEN IN GRAPPA

*Die Pflaumen werden im Spät-
sommer reif. Es gibt verschiedene Sorten. Trockenpflaumen eignen sich sehr gut für
das Einlegen in Alkohol, z.B.
auch in Armagnac.*

Zubereitungszeit *5 Minuten
+ Einlegezeit*
Schwierigkeitsgrad *sehr leicht*
**Zutaten**
*1 kg Trockenpflaumen
1 l Grappa von guter Qualität*

Pflaumen waschen und gut abtrocknen. In Gläser füllen und
mit Grappa auffüllen, bis sie
bedeckt sind. Gläser verschließen und 10 Tage lang kühl aufbewahren. Wenn die Pflau-
men den Grappa aufgesogen
haben, noch einmal aufgießen, so daß die Pflaumen gut
bedeckt sind. Vorgang wiederholen, bis sie keinen Grappa
mehr aufnehmen. Sie sind sehr
lange haltbar. Ebenso kann
man getrockene Feigen, Rosinen, Datteln und Aprikosen
einlegen.

## APRIKOSEN IN ALKOHOL

*Für dieses Rezept eignen sich
nicht allzu reife Aprikosen.*

Zubereitungszeit *30 Minuten*
Schwierigkeitsgrad *sehr leicht*
**Zutaten**
*1 kg Aprikosen
500 g Zucker
2 Nelken oder 1 Stückchen
Zimtstange
100 ml reiner Alkohol*

Aprikosen mit einem feuchten
Tuch abreiben, aufschneiden,
den Kern entfernen und mit
dem Zucker und den Nelken
in Gläser füllen. Verschließen
und 10 Tage stehen lassen,
zweimal täglich (morgens und
abends) die Gläser schütteln.
Wenn möglich, die Gläser in
das Sonnenlicht stellen. Nach
10 Tagen mit dem Alkohol
aufgießen, luftdicht verschließen und erst nach 1 Monat
zum Verzehr öffnen.

## KIRSCHEN IN WEINBRAND

*Immer Kirschen mit festem
Fruchtfleisch für diese Zubereitungsart wählen. Sehr geeignet sind auch Sauerkirschen,
doch muß dann mehr Zucker
dazugegeben werden.*

Zubereitungszeit *30 Minuten*
Schwierigkeitsgrad *sehr leicht*
**Zutaten**
*1 kg Kirschen
500 g Zucker
100 ml Wasser
1/2 l reiner Alkohol*

Die Kirschen waschen, ab-
trocknen und Stiele auf 1 cm
Länge kürzen. Den Zucker
mit dem Wasser 10 Minuten
wallend kochen lassen, bis der
Zucker geläutert ist. Die Kirschen in Gläser füllen und den
Sirup auf halbe Glashöhe darübergießen, dann mit Alkohol
auffüllen. Die Gläser luftdicht
verschließen, kühl und trokken aufbewahren und den Inhalt erst nach 1 Monat verzehren.

33

ROSINEN IN BRANNTWEIN
■Als Abschluß einer Spei-
senfolge serviert man Rosinen in Branntwein in kleinen
Schnapsgläsern. Es gibt verschiedene Sorten von Rosinen, jede ist für diese
Zubereitungsart geeignet.

## ROSINEN IN BRANNTWEIN

Zubereitungszeit *10 Minuten
+ Einweichzeit*
Schwierigkeitsgrad *sehr leicht*
**Zutaten**
*500 g Rosinen
100 ml Wasser
250 g Zucker
200 ml Branntwein*

Rosinen in warmem Wasser
einweichen, abgießen und
trocknen. Wasser und Zucker
einige Minuten kochen, bis
sich der Sirup geklärt hat. Die
Rosinen in Gläser füllen und
zur Hälfte mit Sirup aufgießen. Mit Weinbrand auffüllen,
bis die Rosinen bedeckt sind.
Gläser luftdicht verschließen,
kühl und trocken aufbewahren. Erst nach 1 Monat servieren.

## EINGEMACHTE FEIGEN

*Zum Einmachen nur fehlerlo-
se, vollreife, aber nicht überreife Feigen verwenden, sonst
zerfallen sie.*

Zubereitungszeit *60 Minuten*
Schwierigkeitsgrad *sehr leicht*
**Zutaten**
*1 kg frische Feigen
500 g Zucker
1/2 l Wasser
2 Gewürznelken
1 Vanilleschote
1 Stückchen Zimtstange
Saft von 1 Zitrone*

Die Feigen mit dem spitzen
Ende nach oben in eine große
Kuchenform legen (nur eine

□ Für das Einmachen von Obst in Zuckersirup sollte man nur ganz frische, fehlerlose, gerade reife, aber nicht überreife Früchte verwenden. Die Gläser müssen vor Gebrauch mit kochend heißem Wasser und einem Spritzer Spülmittel gereinigt, gut klargespült und getrocknet werden. Auch die Gummiringe der Deckel und Verschlüsse werden mit kochendem Wasser überbrüht und abgetrocknet.

Das Obst wird erst unmittelbar vor dem Einfüllen in die Gläser gewaschen, geschält und entkernt, damit es sich nicht braun verfärbt. Beim Füllen der Gläser wird das Obst mehrfach niedergedrückt, damit möglichst wenig Luft dazwischen bleibt. Nach dem Verschließen werden die Gläser sterilisiert.

□ Für die Zubereitung von kandierten Früchten wendet man die gleichen Vorsichtsmaßnahmen an wie für Eingemachtes: nur beste Qualität, sorgsames Schälen und Entkernen. Man bereitet dafür einen stark eingedickten, glasklaren Zuckersirup, meist in einem besonderen Topf, wie er auch für Fondant verwendet wird, d.h. mit einem Gittermuster am Topfboden. Man verteilt die Früchte auf dem Topfboden, bedeckt sie mit Sirup und läßt das Ganze mindestens 12 Stunden lang mit einem Tuch zugedeckt warm und auf ebener Unterlage stehen.

□ Marmeladen und Konfitüren unterscheiden sich dadurch, daß Marmeladen aus Zitrusfrüchten, Konfitüren aus anderen Früchten zubereitet werden. Für das gute Gelingen ist in beiden Fällen die Qualität der Früchte und der Grad ihrer Reife ausschlaggebend. Das Obst wird durchwegs gewaschen – sogar Brombeeren und Himbeeren! – und sorgfältig abgetrocknet. Das eigentliche Geheimnis liegt jedoch in der Kochzeit, die kaum auf die Minute genau anzugeben ist, da jede Frucht aufgrund ihres Wassergehaltes ihre eigene spezifische Kochzeit erfordert.

□ Für Marmeladen wie für Konfitüren ist die Zuckermenge pro Kilo Fruchtfleisch eine wichtige Größe. Bei zu wenig Zucker schimmeln sie leicht, bei zu viel schmecken sie fade. Der aktuelle Trend geht zur eher sparsamen Verwendung von Zucker. In diesem Fall müssen die Gläser nach dem Verschließen sterilisiert werden. Außerdem ist es ratsam, einmal geöffnete Gläser im Kühlschrank aufzubewahren. Während des Kochens muß mit einem Holzlöffel fleißig abgeschäumt und gerührt werden. Abgefüllt wird in noch heiße Gläser, die sofort luftdicht verschlossen werden müssen. Vor dem Verschließen kann man auf die Marmelade oder Konfitüre ein in Rum oder reinen Alkohol getauchtes Blatt Butterbrotpapier oder Cellophan legen.

□ Um festzustellen, ob die Marmelade oder Konfitüre bereits genug gekocht hat, läßt man vom Kochlöffel einen Tropfen auf einen Porzellanteller fallen. Wenn rundherum ein Wasserring zusehen ist, muß die Masse weiterkochen. Zeigt der Tropfen jedoch perfekte Kreisform, kann mit dem Einfüllen begonnen werden. Die Früchte behalten ihr Aroma besser, wenn man die Fruchtmasse nur kurz kochen läßt. Sie wird in den eingekochten Sirup eingerührt, noch einmal zum Aufkochen gebracht und dann in Gläser abgefüllt.

□ Besonders schnell und unkompliziert lassen sich Marmeladen, Konfitüren und Gelees mit Hilfe von Gelierzucker oder anderer handelsüblicher Geliermittel herstellen, die das Sirupkochen überflüssig machen. Sie haben sich heute bei vielen Verbrauchern durchgesetzt. Man verwendet die Gelierhilfen nach Packungsvorschrift.

Schicht!). In einem Topf die Gewürze, den Zucker, das Wasser und den Zitronensaft miteinander verrühren. Die Feigen darin langsam 20 Minuten lang kochen, ohne umzurühren. Im Sirup abkühlen lassen, dann in sterilisierte Gläser füllen. Sirup durchsieben, die Gläser damit aufgießen, bis die Feigen bedeckt sind, und erst abgekühlt verschließen.

## WEINTRAUBEN IN ALKOHOL

Zubereitungszeit *10 Minuten + Einweichzeit*
Schwierigkeitsgrad *sehr leicht*
**Zutaten**
*1 kg weiße Weintrauben*
*150 g Zucker*
*1/2 l reiner Alkohol*
*1 gestrichener TL Zimt*
*1 Stück Vanilleschote*
*2 Gewürznelken*

Weintrauben gründlich waschen und die einzelnen Beeren mit der Schere so vom Stiel abschneiden, daß ein kurzer Stengel stehen bleibt. Die Beeren mehrfach mit einer Nadel einstechen und in sterilisierte Gläser füllen. Den Zucker im Alkohol auflösen. Kalt rühren und den Zimt, die Vanille sowie die Nelken dazugeben. Mit dem Sirup die Gläser auffüllen, luftdicht verschließen und kühl und trokken aufbewahren. Ca. 1 Monat stehen lassen, dabei die Gläser gelegentlich schütteln, damit die Weintrauben sich richtig vollsaugen.

Wer lieber Weintrauben in Schnaps herstellen will, vermengt alle Zutaten im Glas, statt den Zucker im Alkohol aufzulösen, bedeckt dann die Weintrauben mit Schnaps, verschließt das Glas luftdicht und läßt es mindestens 2 Monate lang stehen.

WEINTRAUBEN IN ALKOHOL
■ Nach diesem Rezept gelingt die Haltbarmachung von Weintrauben auf klassische und besonders schmackhafte Weise. Weintrauben in Alkohol schmecken sowohl für sich allein als auch als Garnierung von Cremes oder Eisbechern.

D ie Creme könnte man auch das Aschenputtel unter den Süßspeisen nennen, denn sie entstand als Familienspeise, als Zwischengericht, das in wenigen Minuten zubereitet und ohne Umstände zu jeder Tageszeit serviert werden kann. Die Zutaten – Eier, Milch und Zucker – sind in jeder Küche zu finden. Vielleicht verdanken wir diese Erfindung einer den Kochlöffel schwingenden Mutter, die nach einer neuen Idee suchte, um das zwar nahrhafte, aber langweilige Eigelb schmackhaft zu machen. Eine Creme ist ja nichts anderes als das Ergebnis einer gleichmäßigen, energischen und zugleich harmonischen Handbewegung. Schnell gezaubert und verzehrt, muß sie seidig glatt und konsistent sein.

## BUTTERCREME

*Als Grundlage für diese Creme wird nur Butter, kein anderes Fett, verwendet. Man kann sie mit Aromastoffen, Kaffee und Spirituosen geschmacklich verändern und als Füllung verwenden.*

Zubereitungszeit *40 Minuten*
Schwierigkeitsgrad *sehr leicht*
**Zutaten**
*200 g Butter*
*1 Eiweiß*
*100 g Zucker*

Butter auf Zimmertemperatur mit dem Schneebesen weich und schaumig schlagen. Eiweiß zu Schnee schlagen, Zucker zugeben und weiterschlagen, bis die Masse fest genug ist. Vorsichtig unter die Butter ziehen.

## SCHOKOLADEN-BUTTERCREME

*Sehr üppige Creme, geeignet als Füllung und Oberfläche von Süßspeisen.*

Zubereitungszeit *45 Minuten*
Schwierigkeitsgrad *sehr leicht*
**Zutaten**
*120 g Butter*
*2 Eigelb*
*150 g Zucker*
*120 g Blockschokolade*

Die Butter mit dem Schneebesen schaumig schlagen, Eigelb dazugeben und noch 2–3 Minuten weiterschlagen. Den Zucker einrühren und noch 10

□ Cremes werden zwar durchwegs auf der Grundlage von Eiern zubereitet, doch gibt es sie in vielerlei Variationen. Sie können entweder für sich allein oder zu Puddings oder Charlotten serviert werden, heiß oder kalt, auch als Gefrorenes, mit Schlagsahne oder Früchten nach Jahreszeit garniert. Man unterscheidet frische (roh gerührte) und gekochte Cremes; letztere sind wiederum in zwei große Gruppen unterteilt: die Englischen Cremes, die langsam auf dem Herd aufgeschlagen werden (darauf achten, daß sie nicht überkochen!), und mit Gelatine gesteifte Cremes, die ideale Füllcremes für Eclairs (Brandteigkrapfen) usw. sind. Eine typisch italienische Creme ist der Weinschaum oder Sabayon (Zabaione), der warm und kalt gleich gut schmeckt.

□ Die Ausgangsbasis für frische Cremes ist Butter, die schaumig gerührt wird und nach und nach die übrigen Zutaten aufnimmt. Geeignet zum Füllen von Gebäck.
Alle Cremes werden ohne Unterschied von Hand gerührt, und zwar mit einem Holzlöffel im Uhrzeigersinn in einer Rührschüssel mit bauchigem Boden und hohen Wänden.

□ Als Grundlage für die Saucen dient ein ziemlich dickflüssiger Sirup aus Zucker und Wasser, der in genau 10 Minuten Kochzeit aus 1/2 kg Zucker und 1/2 l Wasser eingekocht wird. Wer einen weniger dicken Sirup haben will, nimmt statt dessen zwei Drittel Wasser und ein Drittel Zucker. Dieser Sirup wird tropfenweise unter die pürierten Früchte (Erdbeeren, Himbeeren, Aprikosen) gerührt, bis die Masse cremig wird. Dann wird sie gekocht, bis der gewünschte Grad der Festigkeit erreicht ist, und anschließend durch ein Haarsieb passiert. Saucen können kalt oder heiß zu Torten oder Süßspeisen serviert werden. (Für Gasherde wird die Verwendung eines Schutzgitters zwischen Topf und Flamme empfohlen, um ein gleichmäßiges Kochen sicherzustellen.)

□ Eine Glasur ist ein Überzug auf Zuckerbasis, der für das Dekorieren und Garnieren von Kuchen und Backwerk verwendet wird. Am bekanntesten ist die Kaltglasur, die aus einem ziemlich dicken Zuckersirup, manchmal auch mit Zugabe von Vanille, mit einem Holzlöffel bis zur gewünschten Festigkeit gerührt wird. Um die Glasur glänzend zu bekommen, schiebt man die gut bestrichenen Torten oder Backwaren kurz in das heiße Backrohr.
Eine andere Art ist die Butterglasur, die weicher und cremiger ist, aber ebenfalls als Überzug für Torten aus luftigem Teig Verwendung findet.
Alle Glasuren können mit Hilfe von Schokolade und anderen Zutaten, die dafür gesetzlich zugelassen sind, gefärbt werden.

Minuten rühren. Schokolade in Stücke brechen, im Wasserbad zergehen lassen, unter ständigem Rühren vollständig abkühlen lassen und in die Buttercreme einrühren.

## MOKKA-BUTTERCREME

*Variante der Buttercreme, mit Kaffeegeschmack für die Herstellung von Mokka-Süßspeisen.*

Zubereitungszeit *45 Minuten*
Schwierigkeitsgrad *sehr leicht*
**Zutaten**
*1 Eigelb*
*65 g Zucker*
*30 g Mehl*
*50 ml starker Kaffee*
*200 ml Milch*
*150 g Butter*
*1 EL Puderzucker*
*1 TL Branntwein (z.B. Cognac)*

Das Eigelb mit dem Zucker schlagen, bis die Masse hell wird und der Zucker sich aufgelöst hat. Mehl und anschließend den noch warmen Kaffee einrühren. Milch dazugeben und auf kleiner Kochstufe unter ständigem Rühren so lange kochen, bis die Creme festzuwerden beginnt. Auskühlen lassen, dabei ständig rühren, damit sich keine Haut bildet. In einer anderen Schüssel die Butter mit dem Puderzucker mit dem Schneebesen schaumig rühren. Die Creme löffelweise in die Butter einrühren, mit dem Branntwein abschmecken.

ENGLISCHE CREME MIT
GELATINE
■ Wird meist gestürzt serviert
(vorher mindestens 6 Stunden im Kühlschrank kaltstellen!) oder dient als Füllcreme
für Obstkuchen, kann jedoch
auch in Schalen, z.B. mit Ananas und Kirschen garniert, angerichtet werden.

## ZITRONEN-BUTTERCREME

*Auch diese Creme findet als
Füllcreme Verwendung. Statt
Zitronensaft kann man auch
Orangensaft nehmen.*

Zubereitungszeit *40 Minuten*
Schwierigkeitsgrad *sehr leicht*
**Zutaten**
*100 ml Zitronensaft*
*3 Eigelb*
*200 g Zucker*
*100 g Butter*

Zitronensaft durch ein sauberes Tuch oder Filterpapier seihen. Eigelb und Zucker mit
dem Schneebesen schlagen
und nach und nach Zitronensaft dazugeben. Die weiche
Butter flöckchenweise dazugeben, bis eine geschmeidige
Masse entsteht. Bis zur Weiterverwendung kaltstellen.

## ENGLISCHE CREME MIT GELATINE

Zubereitungszeit *20 Minuten*
Schwierigkeitsgrad *leicht*
**Zutaten**
*4 Eier*
*100 g Zucker*
*1/2 l Milch*
*abgeriebene Schale von 1 Zi-
trone (unbehandelt)*
*4 Blatt Gelatine oder 2 EL
Gelatinepulver*

Die Eigelb in einen Topf geben, Zucker dazu und einige
Minuten mit dem Schneebe-
sen schlagen. Milch und Zitronenschale einrühren. Inzwi-

schen Blattgelatine in kaltem
Wasser einweichen oder Gelatinepulver nach Gebrauchsanweisung auflösen. Creme im
Wasserbad kochen, bis sie
dickzuwerden beginnt, dann
vom Herd nehmen und die
gut ausgedrückte Blattgelatine

oder aufgelöstes Gelatinepulver dazugeben. Gut umrüh-
ren, damit sich die Gelatine
verteilt. Creme vor der Verwendung vollständig erkalten
lassen.

## CREME MOUSSELINE

*Diese stark kakaohaltige Cre-
me kann entweder in einer
großen Schüssel oder portio-
niert in Dessertschalen serviert
werden. Nach 6 Stunden im
Kühlschrank läßt sie sich so*

leicht stürzen wie ein Pudding.
Variationen: statt des Kakaos
3 TL Pulverkaffee oder abgeriebene Orangen– oder Zitronenschale nehmen.

Zubereitungszeit *30 Minuten*
Schwierigkeitsgrad *sehr leicht*
**Zutaten**
*120 g Butter*
*8 EL gesüßtes Kakaopulver*
*4 Eier*

Im Wasserbad Butter zergehen lassen und Kakaopulver
einrühren. Vom Herd nehmen
und abkühlen lassen. Nacheinander die Eigelb einzeln einrühren, schließlich die zu festem Schnee geschlagenen Eiweiß. Creme in eine Schüssel
geben und vor dem Servieren 2
Stunden oder länger im Kühlschrank kalt stellen.

## ENGLISCHE CREME

Zubereitungszeit *20 Minuten*
Schwierigkeitsgrad *sehr leicht*
**Zutaten**
*4 Eigelb*
*100 g Zucker*
*1/2 l Milch*
*1 Stückchen Vanilleschote*

Die Eigelb mit dem Zucker ca.
10 Minuten schlagen, bis die
Masse weißschaumig ist. Die
Milch mit der Vanille aufkochen, dann in die Zuckermasse einrühren. Die Creme im
Wasserbad auf den Herd stellen und ständig warm – aber
ohne Aufkochen! – schlagen,
bis sie dick wird. Durch ein
Sieb rühren und nach Belieben
warm oder kalt servieren.

ENGLISCHE CREME
■Diese ziemlich flüssige Creme paßt warm oder kalt zu vielen Desserts, kann aber auch in Dessertschalen mit Keksen oder mitfrischen Früchten (Orangen, Pfirsichen, Erdbeeren usw.) garniert serviert werden.

MOULE À BABAS
■Form für Babas (französischer Stich aus dem 17. Jahrhundert).

CREMES · SAUCEN · GLASUREN

## ENGLISCHE CREME MIT SCHOKOLADE

*Mit dieser Creme lassen sich köstliche Desserts ganz einfach herzaubern: Man schneidet Biskuit in Scheiben, tränkt sie nach Belieben mit Likör oder Brandy, richtet sie auf Tellern an und gießt die Creme darüber.*

Zubereitungszeit *35 Minuten*
Schwierigkeitsgrad *leicht*
**Zutaten**
*1/2 l Milch*
*1 Vanilleschote*
*Schale von 1 Orange (unbehandelt)*
*4 Eigelb*
*100 g Zucker*
*100 g Blockschokolade*

Milch mit Vanille und Orangenschale kurz aufkochen und sofort vom Herd nehmen. In einem Extragefäß die Eigelb mit dem Zucker zu Schaum schlagen. Die Milch durch ein Sieb gießen, dann in die Zuckermasse einrühren. Die Creme im Wasserbad eindicken, dabei ständig mit einem Holzlöffel weiterrühren. Ebenfalls im Wasserbad unter ständigem Rühren die Schokolade in 1 EL Wasser zergehen lassen, Creme vom Herd nehmen und die Schokolade nach und nach in die Creme einrühren.

## CRÈME PÂTISSIÈRE MIT LIKÖR

*Diese Creme ist besonders als Füllcreme für Torten geeignet. In Schalen angerichtet und mit* Erdbeeren, Orangen– oder Kiwischeiben garniert, ergibt sie auch ein köstliches Dessert.

Zubereitungszeit *20 Minuten*
Schwierigkeitsgrad *sehr leicht*
**Zutaten**
*4 Eigelb*
*100 g Zucker*
*1 EL abgeriebene Zitronenschale (unbehandelt)*
*30 g Mehl*
*1/2 l Milch*
*1 Gläschen Curaçao oder anderer Likör nach Belieben*

Die Eigelb mit dem Zucker gut schaumig rühren, dann unter ständigem Rühren mit dem Holzlöffel nacheinander die Orangenschale, das glattgesiebte Mehl, die heiße Milch und den Likör dazugeben. Die Creme auf kleiner Flamme zum Kochen bringen, dabei weiterrühren. Zwei Minuten kochen lassen. Während des Abkühlens gelegentlich umrühren, damit sich an der Oberfläche keine Haut bildet.

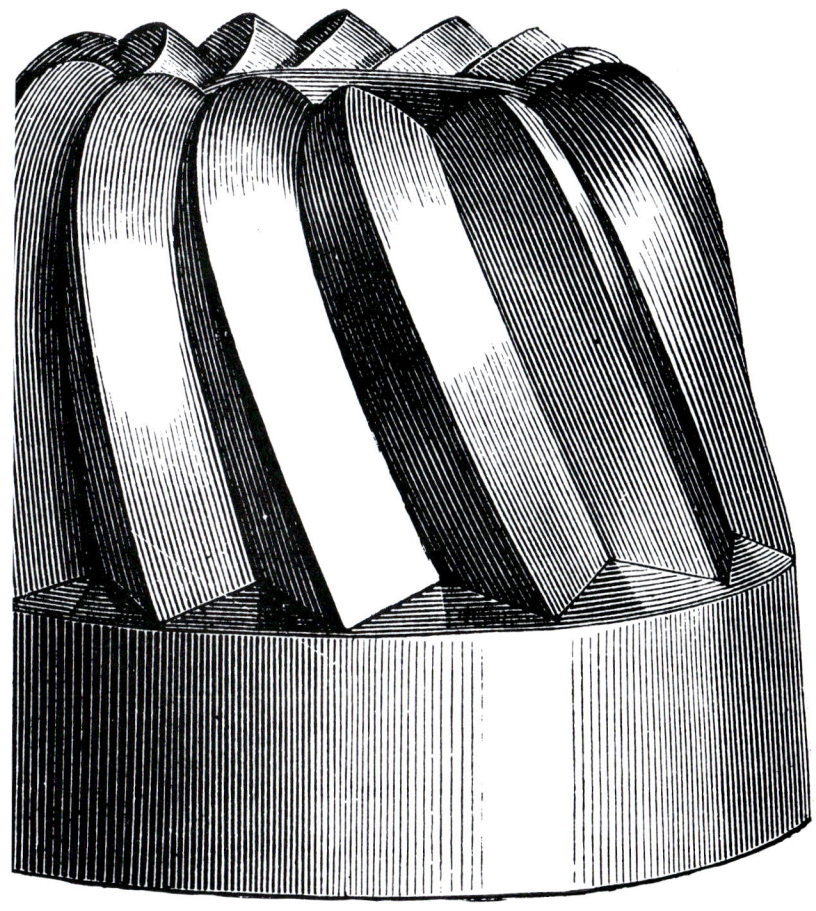

*Vorzügliche Füllcreme, aber auch ein köstliches Dessert. Die Zubereitung ist leicht und dauert nur 20 Minuten.*

**Zutaten**
*4 Eigelb*
*100 g Zucker*
*1 EL abgeriebene Orangenschale (unbehandelt)*
*30 g Mehl*
*1/2 l Milch*
*1 Gläschen Grand Marnier*

Eigelb und Zucker schaumig schlagen.

Orangenschale und glattgesiebtes Mehl darunterrühren.

Nach und nach die heiße Milch dazugeben, dabei weiterrühren. Zum Schluß den Likör einrühren.

Auf kleiner Kochstufe unter Rühren zum Kochen bringen und zwei Minuten kochen lassen.

Vom Herd nehmen und abkühlen lassen, dabei gelegentlich umrühren, damit sich an der Oberfläche keine Haut bildet.

In eine Schüssel geben und nach Belieben garnieren.

ENGLISCHE ZITRONEN-
CREME
■ *Warm wird diese Creme in
einer Saucière serviert, kalt in
Dessertschalen, die man mit
Orangenspalten und einer
Rosette aus Schlagsahne ver-
zieren kann.*

# SAINT-HONORÉ-CREME

*Zweifarbige Creme für die Zu-
bereitung der berühmten
Saint–Honoré–Torte.*

Zubereitungszeit *30 Minuten*
Schwierigkeitsgrad *sehr leicht*
**Zutaten**
*3 Blatt Gelatine oder 1 EL
Gelatinepulver*
*3 Eigelb*
*100 g Zucker*
*30 g Mehl*
*1/4 l Milch*
*1 Päckchen Vanillinzucker*
*1 Eiweiß*
*250 g Schlagsahne*
*3 EL Kakaopulver*

Gelatine in kaltem Wasser einweichen oder nach Gebrauchsanweisung auflösen. Eigelb
und Zucker mit dem Schneebesen schaumig schlagen,
Mehl dazugeben und gut verrühren. Heiße Milch in die
Creme einrühren und auf kleiner Flamme unter ständigem
Rühren eindicken. Topf vom
Feuer nehmen, ausgedrückte
oder aufgelöste Gelatine sowie Vanillinzucker einrühren
und die Creme abkühlen lassen. Das zu steifem Schnee geschlagene Eiweiß und schließlich die steifgeschlagene Sahne
unterheben. In eine Hälfte der
fertigen Creme löffelweise den
gesiebten Kakao einrühren.

# FRANGIPANCREME

*Stammt aus Frankreich und
wird als Füllcreme für Torten
und Törtchen verwendet.*

Zubereitungszeit *30 Minuten*
Schwierigkeitsgrad *sehr leicht*
**Zutaten**
*1/2 l Milch*
*1 Prise Salz*
*1 Stückchen Vanilleschote*
*2 ganze Eier und 2 Eigelb*
*100 g Zucker*
*30 g Mehl*
*30 g Butter*
*60 g Makronenbrösel*

Milch mit Salz und Vanille aufkochen. In einem Topf die
ganzen Eier und die Eigelb mit
dem Zucker schlagen, das
Mehl dazugeben und die heiße, durchgefilterte Milch einrühren. Unter ständigem Rühren auf kleiner Kochstufe kochen, bis die Mischung dick
ist. Vom Herd nehmen, sobald
die Creme zu kochen beginnt.
Butter und Makronenbrösel
einrühren und servieren.

# ENGLISCHE ZITRONENCREME

Zubereitungszeit *30 Minuten*
Schwierigkeitsgrad *leicht*
**Zutaten**
*1/4 l Zitronensaft
abgeriebene Schale von 2 Zitronen (unbehandelt)
4 Eigelb und 1 Eiweiß
100 g Zucker
250 g Schlagsahne*

Zitronensaft durchsieben und
mit der Zitronenschale vermischen. Eiweiß zu steifem
Schnee schlagen. Eigelb mit
dem Zucker 10 Minuten lang
schaumig schlagen, dann Zitronensaft und -schale dazugeben. Topf ins Wasserbad stellen und die Creme unter lang-
samem Rühren einige Minu-
ten kochen, bis sie anzieht.
Abkühlen lassen, dabei weiterrühren. Schlagsahne und

Eiweiß steif schlagen, nacheinander unter die erkaltete Creme ziehen.

## EIWEISS

Durch Zugabe von einer Prise Weinstein erhält man besonders festen Eischnee. Der Zucker wird nach und nach erst dann zugegeben, wenn der Schnee schon anfängt, fest zu werden. Fest genug ist Eischnee dann, wenn er sich beim Kippen des Gefäßes nicht mehr von der Gefäßwand löst. Nicht zu lange schlagen, weil der Schnee sonst zu trocken wird.

## CRÈME PÂTISSIÈRE MIT FRISCHEN FRÜCHTEN

Zubereitungszeit *40 Minuten*
Schwierigkeitsgrad *sehr leicht*
**Zutaten**
*4 Eigelb*
*130 g Zucker*
*30 g Speisestärke*
*1/2 l Milch*
*2 Päckchen Vanillin-Zucker*
*2 Pfirsiche*
*1 Zitrone*

Die Eigelb mit 100 g Zucker hell-schaumig schlagen. Gesiebte Speisestärke, heiße Milch, Vanillin-Zucker dazugeben, aufkochen und die Creme auf mittlerer Kochstufe eindicken lassen. In eine Schüssel füllen und mit Plastikfolie zugedeckt in den Kühlschrank stellen. Pfirsiche kurz in kochendes Wasser legen, schälen, in Spalten schneiden, 10 Minuten im Zitronensaft und dem restlichen Zucker ziehen lassen, danach durchpassieren. Creme aus dem Kühlschrank nehmen und mit dem Pfirsichpüree verrühren. In Portionsschalen mit frischen Früchten garnieren.

## CRÈME PÂTISSIÈRE

*Die Crème Pâtissière ist eine Füllcreme, die als Basiscreme für viele Torten verwendet werden kann. Sie ist einfacher herzustellen als die Englische Creme, weil sie durch die Zugabe von Mehl nicht so leicht überkocht und direkt auf dem Herd statt im Wasserbad gekocht werden kann.*

Zubereitungszeit *20 Minuten*
Schwierigkeitsgrad *sehr leicht*
**Zutaten**
*4 Eigelb*
*100 g Zucker*
*30 g Mehl*
*1/2 l Milch*

Mit dem Schneebesen Eier und Zucker schaumig schlagen. Glattgesiebtes Mehl nach und nach zugeben. Die kochend heiße Milch langsam einrühren und bei minimaler Hitze unter ständigem Rühren mit dem Schneebesen kochen. Kurz aufkochen, sofort vom Feuer nehmen.

## SABAYON (ZABAIONE)

*Diese köstliche Weinschaum-Creme wird meist warm mit Eierbiskuits, wie z.B. Katzenzungen, serviert. Für Venetien typisch ist, die Sabayon–Creme mit Walderdbeeren zu garnieren.*

Zubereitungszeit *30 Minuten*
Schwierigkeitsgrad *leicht*
**Zutaten**
*6 Eigelb*
*100 g Zucker*
*1/4 l trockener Marsala*
*evtl. 1 Eiweiß*

Die Eigelb und den Zucker mindestens 10 Minuten mit dem Schneebesen schlagen. Nach und nach unter ständigem Rühren den Marsala zugeben. Den Sabayon im Wasserbad mit dem Schneebesen schaumig schlagen, ohne ihn aufkochen zu lassen. Ständig weiterschlagen, bis er abgekühlt ist, oder heiß servieren. Man kann den Weinschaum durch Zugabe sehr steifen Eischnees von 1 Eiweiß noch verfeinern.

## MAKRONEN-SABAYON

*Makronen–Sabayon wird am besten in Dessertschalen serviert. Als Verzierung eignen sich Sahnetupfen aus der Spritztülle und ganze Makronen.*

Zubereitungszeit *30 Minuten*
Schwierigkeitsgrad *leicht*
**Zutaten**
*6 Eigelb*
*100 g Zucker*

*Dieses Rezept ist hoch geschätzt, weil zum Sabayon der Vin Santo besonders gut paßt. Die Zubereitung ist denkbar einfach und dauert ca. 30 Minuten.*

**Zutaten**
*6 Eigelb*
*100 g Zucker*
*1/4 l Vin Santo*
*evtl. 1 Eiweiß*

Mit dem Schneebesen Eigelb und Zucker mindestens 10 Minuten lang schlagen.

Weiterrühren und nach und nach den Vin Santo zugeben.

Den Sabayon im Wasserbad mit dem Schneebesen weiterschlagen, ohne ihn jedoch aufkochen zu lassen, bis er dick wird.

Sabayon warm oder kalt servieren, jedoch immer bis zum Anrichten weiterrühren.

Man kann den Sabayon durch Zugabe des sehr steif geschlagenen Eischnees von 1 Eiweiß noch verfeinern.

In Dessertschalen geben und nach Belieben garnieren.

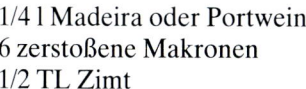

1/4 l Madeira oder Portwein
6 zerstoßene Makronen
1/2 TL Zimt

Mit dem Schneebesen den Zucker mit den Eigelb langsam zu dickem Schaum schlagen. Weiterschlagen und den Madeira, die Makronen und den Zimt zugeben. Auf kleiner Flamme im Wasserbad erhitzen, dabei ständig mit dem Schneebesen weiterrühren. Von der Kochstelle nehmen, sobald der Sabayon dick zu werden beginnt – er darf nicht zum Kochen kommen.

## KAFFEE–SABAYON

Zubereitungszeit *30 Minuten*
Schwierigkeitsgrad *leicht*
**Zutaten**
*6 Eigelb*
*100 g Zucker*
*1/4 l sehr starker Kaffee*
*Schoko–Kaffeebohnen und*
*Schlagsahne zum Garnieren*

Mit dem Schneebesen Eigelb und Zucker hell und schaumig schlagen, den Kaffee zugeben, dabei ständig umrühren und bei geringer Wärmezufuhr im Wasserbad zur Creme abrühren, jedoch darauf achten, daß die Masse nicht zum Kochen kommt. Wenn die Creme dick wird, vom Herd nehmen und heiß oder lauwarm servieren. Falls sie kalt serviert werden soll, bis zum vollständigen Erkalten weiterrühren. In eine Schüssel geben und mit Kaffeebohnen aus Schokolade und Schlagsahnetupfen verzieren.

## CREME GANACHE

*Meist als Füllcreme oder zum Dekorieren von Süßspeisen gebraucht. Sie gerinnt leicht, daher sollte man sie noch vor dem Auskühlen verarbeiten.*

Zubereitungszeit *10 Minuten*
Schwierigkeitsgrad *sehr leicht*
**Zutaten**
*300 g Bitterschokolade*
*150 g frische Schlagsahne*

Schokolade reiben. Sahne aufkochen, geriebene Schokolade einrühren und Flamme ausschalten. Rühren, bis die Schokolade vollständig aufgelöst ist. Wenn die Creme nicht sofort verarbeitet wird, kühl – aber nicht im Kühlschrank! – aufbewahren.

# CREME CHANTILLY

Zubereitungszeit *10 Minuten*
Schwierigkeitsgrad *sehr leicht*
**Zutaten**
*500 g frische Schlagsahne*
*50 g Puderzucker*
*1 Päckchen Vanillezucker*

Sahne samt Schneebesen für
einige Stunden in den Kühlschrank geben. Puderzucker
glattsieben, Schlagsahne steifschlagen und dabei löffelweise
den Zucker dazugeben. Wenn
die Creme nicht sofort verzehrt wird, Schüssel zudecken
und in den Kühlschrank stellen. Vanillezucker erst im letzten Moment einrühren.

# MOKKACREME CHANTILLY

*Variante des Grundrezepts für
Creme Chantilly, die – mit
Schoko– Kaffeebohnen ver-
ziert und in Schalen serviert –
ein vorzügliches Dessert ergibt. Weitere Geschmacksvari-
anten erhält man durch Zugabe von Schokolade bzw. abgeriebener Orangen– oder Zitronenschale.*

Zubereitungszeit *15 Minuten*
Schwierigkeitsgrad *sehr leicht*
**Zutaten**
*1 l ganz frische Schlagsahne*
*60 g Puderzucker*
*2 EL Kaffee–Extrakt oder*
*2 EL löslicher Kaffee*

Rührgefäß samt Quirlen oder
Schneebesen 15 Minuten in
die Tiefkühltruhe legen. Dann
Schlagsahne steifschlagen, Pu-

derzucker und Kaffeepulver vorsichtig einrühren und Creme bis zum Servieren im Kühlschrank kaltstellen.

## VANILLE-SAUCE

*Heiß paßt diese Sauce gut zu Eisspeisen und Puddings, lauwarm oder kalt zu Kompotten.*

Zubereitungszeit *20 Minuten*
Schwierigkeitsgrad *sehr leicht*
**Zutaten**
*1/4 l Milch*
*250 g Schlagsahne*
*1 Stückchen Vanilleschote*
*1 Eigelb*
*50 g Zucker*

Milch mit Sahne und Vanille auf sehr kleiner Flamme erhitzen. In einer Schüssel das Eigelb und den Zucker hellschaumig schlagen. Heiße Milch und Sahne langsam dazurühren, das Ganze durch ein Haarsieb gießen, um die Vanille zu entfernen. Falls die Creme nicht heiß serviert wird, während des Abkühlens gelegentlich umrühren, damit sich keine Haut bildet.

## KAFFEE-SAUCE

*Diese Sauce wird sehr heiß gerne zu Sahne– oder Vanilleeis gereicht, paßt aber auch gut zu Süßspeisen aus Mandeln oder Haselnüssen.*

Zubereitungszeit *20 Minuten*
Schwierigkeitsgrad *sehr leicht*

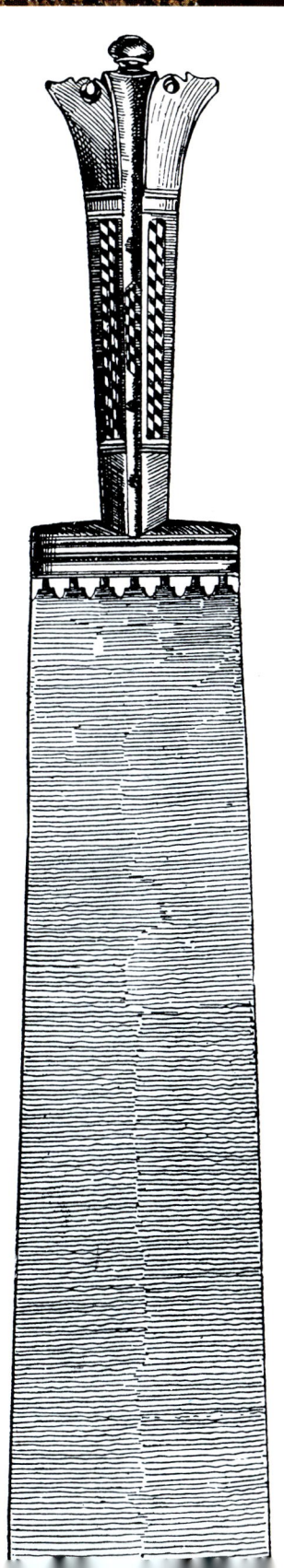

**Zutaten**
*1/4 l Milch*
*250 g Schlagsahne*
*4 EL starker Kaffee oder*
*1 EL löslicher Kaffee*
*1 Eigelb*
*50 g Zucker*

Milch mit Schlagsahne und Kaffee auf sehr kleiner Flamme erhitzen. Eigelb mit Zucker hell-schaumig schlagen. Langsam heiße Milch und Sahne einrühren. Durch ein Sieb gießen, in eine Saucière geben und servieren.

## FRUCHT-SAUCE

Zubereitungszeit *10 Minuten*
Schwierigkeitsgrad *sehr leicht*
**Zutaten**
*500 g Himbeeren oder rote Johannisbeeren*
*1 Glas (5 cl) Vin Santo, Sherry oder süßer Marsala*
*100 g Zucker*

Den Zucker in wenig heißem Wasser auflösen und im Mixer mit den Beeren und dem Südwein pürieren, bis eine glatte, gleichmäßige Sauce entsteht. Nach Belieben wahlweise eine Prise Zimt, Nelkenpulver, Muskatnuß, Zitronen– oder Orangenschale dazugeben. Man kann den Zucker auch mit 1 EL Wasser anrühren und einige Sekunden lang aufkochen, bevor man ihn zu den Früchten gibt. Genauso kann man Fruchtsaucen aus Aprikosen, Kiwis, Kirschen usw. herstellen. Geschmack und Aussehen sind bei allen köstlich.

## SCHOKOLADEN-SAUCE

*Diese Sauce wird üblicherweise zu Reis– oder Grießpuddings serviert. Sie paßt aber auch gut zu Pistazien-, Orangen- und Himbeereis, sollte dann aber sehr heiß sein.*

Zubereitungszeit *10 Minuten*
Schwierigkeitsgrad *sehr leicht*
**Zutaten**
*200 g Bitterschokolade*
*250 g Schlagsahne*
*1 EL Butter*
*3 EL Zucker*

Schokolade reiben und mit der Butter in einen Topf geben. Im Wasserbad zergehen lassen, dann die Sahne zugeben, heiß werden lassen, in eine Saucière gießen und servieren.

**FRUCHT–SAUCE**
■ Fruchtsaucen sind leicht und zur Abrundung von Eisbechern, Reispuddings oder gestürzten Cremes sehr geeignet.

## ZITRONEN-SAUCE

*Eine ziemlich dicke Sauce, in der Konsistenz Marmeladen vergleichbar. Schon wenige Löffel davon genügen, um z.B imBackrohr gebackene Birnen oder ein zu trockenes Schokoladedessert saftig zu machen.*

Zubereitungszeit *20 Minuten*
Schwierigkeitsgrad *sehr leicht*
**Zutaten**
*100 g Zucker*
*4 EL heißes Wasser*
*abgeriebene Schale von 1 Zitrone (unbehandelt)*
*8 EL Zitronensaft*
*2 EL Orangensaft*
*2 Eigelb*
*1 TL Kirschwasser*

Zucker mit heißem Wasser in einem Topf im Wasserbad auflösen, dabei ständig rühren. Sobald der Zucker geklärt ist, die Orangenschale sowie Orangen– und Zitronensaft zugeben. Die 2 Eigelb in einer Schüssel mit dem Kirschwasser verrühren und den etwas abgekühlten Sirup langsam einrühren. Die Sauce durch ein Sieb gießen und in einer Saucière servieren.

## WASSERGLASUR

*Die Wasserglasur ist eine der einfachsten und wird zum Verzieren von Süßspeisen oder Kleingebäck verwendet.*

Zubereitungszeit *5 Minuten*
Schwierigkeitsgrad *sehr leicht*
**Zutaten**
*200 g Puderzucker*
*3–4 EL warmes Wasser*

nach Belieben *1 EL Lebens-*
*mittelfarbe zum Einfärben*

Zucker in eine Rührschüssel
geben, nach und nach das
Wasser dazugeben und so lange rühren, bis die Glasur dick-
flüssig ist. Beliebig färben.

## ZITRONENGLASUR

*Sie ist der Fondant– oder*
*Schmelzglasur recht ähnlich,*
*aber viel einfacher herzustel-*
*len. Wenn man einen Spritz-*
*beutel mit feiner Tülle verwen-*
*det, erhält man einen Glasur-*
*strang, mit dem sich gut deko-*
*rieren läßt. Diese Glasur ist*
*auch zum Mitbacken geeignet.*

Zubereitungszeit *10 Minuten*
Schwierigkeitsgrad *sehr leicht*
**Zutaten**
*1 Eiweiß*
*200 g Puderzucker*
*2 TL Zitronensaft*

Eiweiß zu steifem Schnee
schlagen, nach und nach Puderzucker einrühren. Zitronensaft dazugeben und die
Glasur beliebig verarbeiten.

## FONDANTGLASUR
## (SCHMELZGLASUR)

*Glänzende Zuckerglasur, die*
*in der Süßspeisenküche zum*
*Überziehen verwendet wird*
*und nach Belieben mit Likör,*
*Aromen oder Schokolade*
*geschmacklich variiert werden*

## PUDERZUCKER

Puderzucker ist puderfein
gemahlener und gesiebter
Kristallzucker, in dem keine
kristalline Struktur mehr
fühlbar ist. In kleinen Mengen wird er zum Süßen von
Schlagsahne oder Eischnee
verwendet. Wichtige Zutat
auch für Glasuren und Baisers.

kann. Schwieriger als die bis-
herigen Glasuren, aber feiner
im Geschmack und exquisiter.
Lange haltbar.

Zubereitungszeit *20 Minuten*
Schwierigkeitsgrad *sehr leicht*
**Zutaten**
*200 g Würfelzucker*
*2 EL Wasser*
*1/2 EL Weinstein*

Zucker mit dem Wasser in
einen Topf geben, dazu den
Weinstein, und unter fleißigem Abschäumen bis zur Kugel kochen, also so lange, bis
eine zwischen zwei in kaltes
Wasser getauchten Fingern
gehaltene kleine Kugel sich
weich anfühlt. Die Zuckermasse auf die mit kaltem Wasser benetzte Arbeitsfläche
schütten und erkalten lassen.
Mit einem Metallspatel durcharbeiten, immer von außen
nach innen, bis sich eine weiße, milchige Masse ergibt.
Dann mit den Händen durchkneten und eine Kugel formen. In einem Glasgefäß aufbewahren. Für die Weiterverarbeitung Fondant unter Rühren nur leicht erwärmen, damit er sich leichter verteilen
läßt.

## LIKÖR-GLASUR

*Auch diese Glasur ist einfach*
*zuzubereiten; sie wird je nach*
*Geschmack der Süßspeise mit*
*dem passenden Likör aromati-*
*siert: für Orangenspeisen mit*
*Grand Marnier, für Schokola-*
*denspeisen mit Pfefferminz-*
*oder Kaffee–Likör.*

Zubereitungszeit *5 Minuten*
Schwierigkeitsgrad *sehr leicht*
**Zutaten**
*200 g Puderzucker*
*2 EL Likör nach Wahl*
*2 EL warmes Wasser*

Zucker in eine Rührschüssel
geben, zunächst nach und
nach den Likör und anschließend das Wasser dazugeben.
So lange rühren, bis die Glasur
cremig glattgerührt ist.

## SCHOKOLADEN-
## GLASUR

*Schön glänzende Glasur, die*
*man vor allem zum Überzie-*
*hen von Schokoladenspeisen,*
*Profiteroles oder Beignets ver-*
*wendet.*

FRISCHE FRÜCHTE MIT ZUCKERREIF

■ Frische Früchte können sowohl überzuckert als auch glasiert werden. In letzterem Fall wird der Puderzucker zuerst im Likör und dann in wenig Wasser aufgelöst und cremig glattgerührt. Früchte in die Glasur tauchen und trocknen lassen.

Zubereitungszeit *10 Minuten*
Schwierigkeitsgrad *sehr leicht*
**Zutaten**
*100 g Blockschokolade*
*200 g Puderzucker*
*4 EL Wasser*

Schokolade in Stücke brechen, im Wasserbad erwärmen und glattrühren. Den Puderzucker und nach und nach das Wasser dazugeben. Vom Herd nehmen, Masse unter Rühren abkühlen lassen, bis sie "lippenwarm" ist und anzieht. Backwerk damit überziehen und Glasur auskühlen lassen.

## FRISCHE FRÜCHTE MIT ZUCKERREIF

Zubereitungszeit *20 Minuten*
Schwierigkeitsgrad *sehr leicht*

**Zutaten**
*Insgesamt 800 – 900 g verschiedene Früchte*
*500 g Zucker*
*50 ml heißes Wasser*

Früchte säubern und in Eiswasser waschen, vorsichtig trockentupfen. 100 g Zucker im Wasser auflösen, abkühlen lassen. Den übrigen Zucker in eine Schüssel geben. Früchte einzeln zuerst in den Zuckersirup tauchen, dann in der Schüssel wälzen. Auf einer Obstplatte in Grüppchen anrichten.

### WÜRFELZUCKER

In der Süßspeisenküche verwendet man Würfelzucker meist zum Abreiben von Orangen– und Zitronenschale, weil er das Aroma gut annimmt. In ganz wenig Wasser aufgelöst, gibt er dann sein Aroma an die Süßspeise ab.

53

V on manchen Menschen oder Problemen sagt man, sie machen "mürbe". Im Gefühlsleben ist also "mürbe" etwas Unerfreuliches – nicht so in der Kochkunst! Mürbteig ist eine ideale Grundmasse für Obstkuchen, Torteletten, Teegebäck u.a.m. Seine mürbe, bröselige Beschaffenheit verdankt er der richtigen Mischung der beiden Hauptzutaten: Mehl und Butter. Kochkünstler haben sich seine Konsistenz zunutze gemacht und durch individuelle Zugaben, wie z.B. Eier, Zucker, Orangen– und Zitronenschale, Wasser, Schokolade, variiert. Heute gibt es daher eine Menge verschiedener Rezepte für Mürbteig: als Rührteig zubereitet, läßt er sich leichter formen und bricht weniger. Als Knetteig oder gebröselter Teig wird er aus allen Zutaten rasch zusammengeknetet.

## MÜRBTEIG
## (Grundrezept)

*Mürbteig ist der Grundteig für alle Obstkuchen. Er muß rasch durchgearbeitet werden und kann auch tiefgefroren werden, muß aber dann mindestens 3 Stunden vor der Weiterverarbeitung bei Zimmertemperatur aufgetaut werden.*

Zubereitungszeit *20 Minuten + Zeit für das Kühlstellen*
Schwierigkeitsgrad *leicht*
**Zutaten**
*300 g Mehl + 1 EL Mehl*
*100 g Zucker*
*150 g Butter + 1 EL Butter*
*3 Eigelb*
*abgeriebene Schale von 1 Zitrone (unbehandelt)*
*1 Prise Salz*

Das Mehl auf die Arbeitsplatte geben, eine Grube hineindrücken, die weiche, in Stückchen geschnittene Butter, den Zucker, die Eigelb, die geriebene Zitronenschale und das Salz dazugeben und zu einem glatten, weichen Teig verarbeiten. Teig zur Kugel oder zum Laib formen und, in Plastikfolie gewickelt, vor dem Ausrollen 30 Minuten kalt stellen. Dann auf leicht bemehlter Unterlage (evtl. Plastikfolie unterschieben) mit der Teigrolle ausrollen. Kuchenform (Ø 26 cm, Höhe nicht mehr als 3 cm) mit 1 EL Butter ausbuttern und mit 1 EL Mehl bestäuben. Teig hineingeben und backen. Falls der Tortenboden ohne Obstauflage, also "blind", gebakken wird, mit einer Gabel

□*Wenn Mürbteig kunstgerecht zubereitet wird, muß er – fertig gebacken – auf der Zunge zergehen.*
*Mürbteig wird zunächst mit den Händen ausgebreitet und geprüft, ob die Konsistenz richtig ist, dann mit der Teigrolle ausgerollt. Er darf nicht zu dünn sein, sondern glatt und kompakt. Mit Backförmchen kann man beliebige Formen ausstechen. Wichtig ist, daß man beim Backen auf die richtige Einschubhöhe im Rohr (eher weiter oben als unten) und konstante Temperatur bei 180°C achtet.*

□*Wenn der Teig zu hart wird, einfach einen Eßlöffel Wasser dazugeben. Eier und Butter nicht aus dem Eisschrank, sondern bei Zimmertemperatur verwenden. Teig so rechtzeitig herstellen, daß er noch eine halbe Stunde kaltgestellt werden kann, bevor man ihn formt. Man kann ihn auch am Vortag zubereiten, in Plastikfolie wickeln und im Kühlschrank aufbewahren. Mürbteig eignet sich auch zum Tieffrieren. Mürbteig kann sowohl nach dem Grundrezept als auch als einfacher Mürbteig mit dem Rührwerk der Küchenmaschine hergestellt werden.*

□*Hier die Zubereitung von Mürbteig nach klassischer Art: auf einer Marmorplatte Mehl, Zucker, eine Prise Salz, die Eigelb, die kleingeschnittene Butter und etwas abgeriebene Orangen– oder Zitronenschale zum Teig verarbeiten. Die im Rezept auf S. 56 angegebenen Mengen können leicht variiert werden.*

□ *Mürbteig kann mit Schokolade, Mandeln, Haselnüssen nahrhafter oder durch Weglassen der Eier sparsamer zubereitet werden. Je nach Wahl der Mengen bzw. der verschiedenen Zugaben und Veränderungen gibt es viele Namen für diese Teigart (z.B. Linzer Teig oder Schweizer Mürbteig), die jedoch immer bei Mittelhitze (um 180°C) gebacken wird.*

□ *Der als Pâte brisée bezeichnete Mürbteig mit reduzierter Zuckermenge (der klassische Teig der englischen Pies) kann als naher Verwandter des Mürbteigs betrachtet werden. Er hat dieselben Eigenschaften und Bestandteile mit Ausnahme des Zuckers, der nicht oder nur in kleinsten Mengen auftritt. Dieser Unterschied ist der Grund, warum Pâte brisée sowohl für süßes Backwerk als auch für pikant belegte Torten und Förmchen verwendet werden kann. Sowohl für Mürbteig als auch für Pâte brisée verwendet man Formen, die in der Regel mit dem Teig ausgekleidet werden. Heute sind Formen im Handel, die angeblich nicht gebuttert werden müssen. Aber lieber vorsichtig sein: die Stunde der Wahrheit schlägt beim Herausnehmen aus der Form. Noch leichter löst sich der gebackene Teig, wenn die Form vorher nicht nur gebuttert, sondern auch bemehlt wurde.*

mehrfach einstechen, ein Blatt Backpapier darauflegen und mit getrockneten Bohnen belegen. Ca. 40 Minuten bei 180 °C backen. 10 Minuten vor Ende der Backzeit Backpapier und Bohnen entfernen.

## EINFACHER MÜRBTEIG

*Weniger fettreich als das Grundrezept, aber für die gleichen Backzwecke geeignet.*

Zubereitungszeit *20 Minuten + Zeit für das Kühlstellen*
Schwierigkeitsgrad *leicht*
**Zutaten**
*300 g Mehl*
*100 g Butter*
*100 g Zucker*
*1 ganzes Ei, abgeriebene Schale von 1 Zitrone (unbehandelt)*
*1 Prise Salz*

Mehl auf die Arbeitsfläche geben, ein Grube hineindrükken, weiche Butter in Stückchen, Eier, abgeriebene Zitronenschale und Salz einarbeiten und rasch zu einem glatten Teig kneten. Vor dem Formen eine halbe Stunde kalt stellen. Auf leicht bemehlter Plastikfolie ausrollen. Backzeit wie im Grundrezept.

## PÂTE BRISÉE

*Dieser Teig läßt sich auch ohne Zucker herstellen und wird gerne für pikant belegte Kuchen und Kleingebäck mit Fleisch-, Gemüse- und Fischfülle verwendet.*

ANANASTORTE
■ Für dieses Rezept kann man auch Pâte brisée mit Zucker oder gut abgetropfte und kurz getrocknete Ananas aus der Dose verwenden.

Zubereitungszeit *20 Minuten*
Schwierigkeitsgrad *leicht*
**Zutaten**
*300 g Mehl*
*150 g Butter*
*3 EL kaltes Wasser*
*2 EL Zucker*
*1 Prise Salz*

Mehl glattsieben und auf der Arbeitsfläche aufhäufen, in die Mitte eine Grube machen und in diese die in Stückchen geschnittene weiche Butter, den Zucker und das Salz hineingeben. Mit den Fingerspitzen schnell durcharbeiten, bis die Butter das ganze Mehl aufgenommen hat. Das Wasser dazugeben, den Teig glattkneten, zur Kugel formen, in Plastikfolie einwickeln und eine halbe Stunde im Kühlschrank kalt stellen. Dann auf leicht bemehlter Plastikfolie ausrollen. Obstkuchenform (Ø 26 cm, Höhe max. 3 cm) ausbuttern und bemehlen. Teig hineingeben; falls er ohne Belag, also "blind" gebacken wird, mit der Gabel mehrfach einstechen, mit Backpapier belegen und getrocknete Bohnen darauflegen. Backzeit 40 Minuten bei 180 °C. 10 Minuten vor Ende der Backzeit Backpapier und Bohnen entfernen.

## ANANASTORTE

Zubereitungszeit *60 Minuten*
Schwierigkeitsgrad *leicht*
**Zutaten**
*1 Grundmenge einfacher Mürbteig*
*2 EL zerbröselte Kekse*
*1 Ananasfrucht von ca. 1 kg*

*1 Glas Weinbrand*
*1 EL Puderzucker*
*10 eingemachte Kirschen*
*6 eingemachte Aprikosen*
*1 Orange*
*1 Banane*

Grundmasse für Pies, Obstkuchen und –torten, bei der Zucker die Mürbheit und Eier als Bindemittel die Kompaktheit bewirken. Um Mürbteig mit der Hand zu verarbeiten, braucht man ungefähr 5 Minuten; das Rührgerät der Küchenmaschine liefert in wenigen Sekunden einen etwas weniger mürben Teig. Das hier vorgestellte Rezept ist für eine große Obstkuchenform berechnet und ergibt einen wesentlich weniger süßen Teig als das Rezept auf S. 56.

**Zutaten**
500 g Mehl
2 EL feiner Zucker (Grießzucker) oder Puderzucker
2 TL Salz
300 g weiche Butter
2 ganze Eier oder 4 Eigelb

Die Butter bei Zimmertemperatur 1–2 Stunden weich werden lassen. Mehl, Zucker und eine Prise Salz auf die Arbeitsplatte häufen.

Die weiche Butter in eine Vertiefung in der Mitte geben und die Eier darüberschlagen.

Die Zutaten mit den Fingern verbröseln, bis sie sich etwas, aber noch nicht vollständig vermengt haben. Schnell arbeiten, damit die Butter nicht zu weich wird; nach ca. 1 Minute hat das Gemisch die Konsistenz eines zähflüssigen, weichen Teiges.

Mehl und Zucker mit Hilfe eines Metallspatels einarbeiten, also die trockenen Zutaten immer wieder auf das Butter–Eier–Gemisch aufhäufen. Mit raschen, leichten Bewegungen arbeiten.

Das Mehl weiter einarbeiten, dabei immer wieder mit dem Spatel vom Rand und von unten auf die Teigmitte häufeln, bis der Teig grobbröselig wird. Falls die Masse zu trocken ist, um das ganze Mehl aufzunehmen, ein paar Tropfen Wasser dazugeben.

Das Gemisch durch leichtes Kneten und Drücken zum Teig verkneten, diesen zur Kugel formen, in Plastikfolie einwickeln und im Kühlschrank vor der weiteren Verarbeitung ein halbe Stunde kaltstellen.

Den Teig nach Grundrezept zubereiten und eine gebutterte, bemehlte und mit Keksbröseln bestreute Kuchenform (Ø 26 cm) damit auslegen. Ananas schälen, den Strunk im Inneren entfernen und die Frucht in Scheiben schneiden. Orange schälen und von den Spalten die Haut entfernen; Banane schälen. Den Teigboden mit den Ananasscheiben belegen und bei 180 °C ca. 40 Minuten im Rohr backen. Die Torte auf eine Platte legen, mit dem vorgewärmten Weinbrand übergießen und flambieren. Die Aprikosen in Spalten schneiden, mit Puderzucker bestäuben und die Torte mit den Kirschen, Aprikosen- und Orangenspalten und Bananenscheiben garnieren.

## BANANENTORTE

*Man kann bei dieser Torte die Bananen auch – je nach Jahreszeit – mit Apfel–, Aprikosen–, Pfirsichscheiben oder Kirschen mischen.*

Zubereitungszeit *90 Minuten*
Schwierigkeitsgrad *leicht*
**Zutaten**
*1 Grundmenge Mürbteig*
*4 Bananen*
*2 Birnen*
*1/2 Glas Weißwein (ca. 3 cl)*
*6 Dörrpflaumen, entkernt*
*6 EL Zucker*
*Schale von 1 Zitrone*

Bananen schälen und in Scheiben schneiden, Birnen in kleine Stückchen, und diese in einem Topf auf kleiner Koch-

stufe mit dem Wein, den Pflaumen, dem Zucker und der in kleine Stücke geschnittenen Zitronenschale ungefähr 20 Minuten kochen lassen. Den Teig nach dem Grundrezept zubereiten. Vom fertigen Teig ein Drittel beiseitestellen, mit dem Rest die Tortenform auslegen. Das gekochte, gut abgetropfte Obst auf die Tortenform verteilen, die Oberfläche glattstreichen. Aus dem restlichen Teigdrittel mit dem Teigrädchen Streifen ausschneiden und gitterförmig auf den Obstbelag legen. Im gut vorgeheizten Rohr 40 Minuten backen.

## CREMETORTE

*Das Besondere an dieser Torte ist eine ziemlich feste Creme, deren Geschmack durch Zugabe von einigen Tropfen Kaffee-Extrakt oder 1 TL starken Kaffees, geriebener Orangen- oder Zitronenschale oder Likör variiert werden kann.*

Zubereitungszeit *75 Minuten*
Schwierigkeitsgrad *leicht*
**Zutaten**
*1 l Milch*
*2 Eigelb*
*100 g Zucker*
*30 g Mehl*
*1 nußgroßes Stück Butter*
*1 ganzes Ei*

Mürbteig nach Grundrezept zubereiten und eine gebutterte, bemehlte Tortenform (Ø 26 cm) damit auslegen. Tortenboden 40 Minuten bei 180 °C backen. Die Milch aufkochen. Inzwischen die Eigelb mit dem Zucker schaumig schlagen und schließlich das Mehl einrühren. Die Milch daraufgießen, zuerst in kleinen Mengen und allmählich schneller, dabei ständig weiterrühren. Die Creme in einem Topf erhitzen, dabei ständig schlagen und eindicken lassen, bis zum ersten Aufwallen. Vom Herd nehmen, die Butter dazugeben und weiterrühren, bis die Creme vollständig abgekühlt ist, zuvor das zu festem Schnee geschlagene Eiweiß unterheben. Die Creme auf dem Tortenboden verteilen, Torte aus der Form lösen und servieren.

## MAKRONENTORTE

*Die zerkrümelten Mandelmakronen werden nicht nur für den besonderen Geschmack der Torte benötigt, sie verhindern auch das Durchweichen des Tortenbodens durch die Birnen, was das richtige Backen erschweren würde.*

Zubereitungszeit *60 Minuten*
Schwierigkeitsgrad *leicht*
**Zutaten**
*1 Grundmenge Mürbteig*
*1 kg Birnen*
*100 g Zucker*
*1 Zitrone*
*2 Eier*
*150 g Mandelmakronen*

Einfachen Mürbteig nach Rezept zubereiten. Eine halbe Stunde kaltstellen. Inzwischen Birnen schälen, in Stücke schneiden und in einer feuerfesten Glasform mit wenig Wasser, der halben Zuckermenge und dem Zitronensaft weichkochen. Das Ganze durch ein Sieb streichen und das passierte Fruchtfleisch in einem Topf bei geringer Hitze trockendünsten. Die 2 Eigelb mit dem restlichen Zucker verrühren, 1 Eiweiß zu steifem Schnee schlagen und in die Ei–Zucker–Masse einrühren. Die Makronen zerbröseln und den Teigboden damit bestreuen. Darüber die Birnenmasse verteilen und mit der geschlagenen Eimasse bedecken. Ca. 40 Minuten bei 180 °C backen, aber aufpassen, daß die Oberfläche nicht zu dunkel wird.

## KIRSCHTORTE

*Feste, fleischige Süßkirschen verwenden; auch Sauerkirschen sind geeignet, doch muß in diesem Fall die angegebene Zuckermenge erhöht werden.*

Zubereitungszeit *75 Minuten*
Schwierigkeitsgrad *leicht*
**Zutaten**
*1 Grundmenge Mürbteig*

1 kg Kirschen
100 g Zucker
Schale von 1 Zitrone
2 Nelken
1 Msp. Zimt
1 Glas Weißwein
1 ganzes Ei + 1 Eigelb
1 EL Mehl
1 Päckchen Vanillin–Zucker
1/4 l Milch

Kirschen entkernen und eine
Viertelstunde lang mit der halben Zuckermenge, Nelken,
Zimt und Weißwein kochen.
Vom Herd nehmen und den
Kochsaft abgießen. Den Teig
zubereiten und ausrollen, eine
gebutterte und bemehlte
Springform (Ø 26 cm) damit
auskleiden. Die Eier und den
Zucker lange kräftig schlagen,
nach und nach das durchge-
siebte und mit dem Vanillin–
Zucker gemischte Mehl zugeben. In das Gemisch die heiße
Milch einrühren. Die Creme
kochen, bis sie festzuwerden
beginnt, auskühlen lassen und
lauwarm auf den Teigboden
gießen, die Kirschen daraufgeben und die Torte 40 Minuten
lang bei 180 °C backen.

# BAISER-TORTE

Zubereitungszeit *60 Minuten*
Schwierigkeitsgrad *leicht*
**Zutaten**
1 Grundmenge Mürbteig
200 g Orangenmarmelade
12 Löffelbiskuits
1 Gläschen (2 cl) Grand Marnier
2 Eiweiß
100 g Zucker
1 Prise Salz

ZITRONE
■ *Französischer Stich aus dem 17. Jahrhundert. Bei Zitronen aus Anbaugebieten, in denen Chemikalien für die Schädlingsbekämpfung eingesetzt werden, ist es ratsam, dieSchalen vor Verwendung gut auszukochen und dabei mehrmals das Kochwasser zu wechseln.*

Mürbteig nach Grundrezept zubereiten und eine gebutterte und bemehlte Tortenform (Ø 26 cm) damit auskleiden. Den Boden mehrfach mit einer Gabel einstechen, mit Backpapier belegen und mit trockenen Bohnen füllen. Eine halbe Stunde bei mäßiger Hitze bakken. Tortenboden aus dem Rohr nehmen, auskühlen lassen, dann die Marmelade darauf schön glatt verstreichen und die mit Grand Marnier beträufelten Biskuits darauf verteilen. Die Eiweiß mit dem Zucker und einer Prise Salz zu steifem Schnee schlagen, in einen Spritzbeutel mit gezackter Tülle geben und die Oberfläche der Torte damit vollständig bedecken. Die Torte nochmals für ca. 10 Minuten ins Rohr geben, bis die Baisermasse etwas Farbe annimmt (gut überwachen!). Herausnehmen und servieren.

## FEIGEN-ZITRONEN-TORTE

*Die besten Feigen sind klein, weich, süß und saftig. Auch schwarze Feigen sind ausgezeichnet.*

Zubereitungszeit *60 Minuten*
Schwierigkeitsgrad *leicht*
**Zutaten**
*1 Boden aus Mürbteig*
*1 kg nicht zu reife frische Feigen*
*100 g Zucker*
*Saft und Schale von 1 Zitrone (unbehandelt)*
*4 Scheiben Biskuit, zerbröselt*
*200 g Schlagsahne*

Den Mürbteig wie gewohnt zubereiten, eine halbe Stunde im Kühlschrank kalt stellen. Herausnehmen, ausrollen und damit die gebutterte, bemehlte Form auslegen. Die Schale der Feigen abziehen, Feigen in Hälften teilen und diese 1 Stunde in einem Gemisch aus Zucker, Zitronensaft und abgeriebener Zitronenschale ziehen lassen. Auf dem Teig die Biskuitbrösel verteilen und darauf die Feigen legen, mit der Schnittseite nach oben. Die Torte im Backrohr ca. 40 Minuten bei 180 °C backen. Sobald sie abgekühlt ist, mit Schlagsahnetupfen verzieren.

## KASTANIENTORTE

*Kastanienkonfitüre kann man durch Schokoladecreme ersetzen.*
Zubereitungszeit *60 Minuten*
Schwierigkeitsgrad *leicht*

**Zutaten**
*1 Grundmenge einfacher Mürbteig*
*300 g Kastanienkonfitüre*
*1 EL Kakao, ungesüßt*
*2 EL Weinbrand*
*1 EL Aprikosen- oder Pfirsichkonfitüre*
*1 EL Zucker*
*100 g zerbröselte glasierte Maronen*

APFELKUCHEN
■ Darauf achten, daß nur Äpfel
mit festem Fruchtfleisch (z.B.
Golden Delicious, Cox Orange, Boskop) für dieses Rezept
verwendet werden, denn
sonst zerfallen sie während
der Backzeit zu sehr.

Den Teig wie gewohnt zubereiten und eine halbe Stunde
kühlstellen. Kastanienkonfitüre mit dem Kakao und dem
Weinbrand mischen. Die Tortenform buttern und bemehlen und mit drei Vierteln der
Teigmenge auslegen. Mit Kastanienkonfitüre bestreichen.
Restlichen Teig mit dem Teigrädchen in dünne Streifen
schneiden und die Oberfläche
des Kuchens gitterförmig damit belegen. Im vorgeheizten
Backrohr 40 Minuten bei 180
°C backen. Herausnehmen
und sofort mit der Aprikosenkonfitüre bestreichen, die zu-

vor auf kleiner Flamme mit
dem Zucker glattgerührt wurde – das gibt Glanz. In die Zwischenräume des Teiggitters
die glasierten Maronen füllen.
Auskühlen lassen und servieren.

## APFELKUCHEN

Zubereitungszeit *30 Minuten*
Schwierigkeitsgrad *leicht*
**Zutaten**
*1 Grundmenge Pâte brisée
mit Zucker*

*500 g Äpfel (z.B. Golden De-
licious)*
*2 Eigelb*
*100 g Zucker*
*1 EL Mehl*
*1/4 l Milch*

Die Zutaten rasch zu glatter
Pâte brisée verarbeiten. Eine
Tortenform (Ø 26 cm) damit
auslegen. Mit den geschälten
und in dünne Spalten geschnittenen Äpfeln belegen. Eigelb
mit Zucker verrühren, Mehl
und nach und nach die Milch

dazugeben. Das cremige Ge-
misch über die Äpfel gießen.
Bei Mittelhitze (180 °C) 40
Minuten im Rohr backen.
Warm oder kalt servieren.

## MANDELKUCHEN

Zubereitungszeit *60 Minuten*
Schwierigkeitsgrad *leicht*
**Zutaten**
*1 Grundmenge Pâte brisée*
*2 Eigelb*
*100 g Zucker*
*300 g geschälte Mandeln*
*50 g Pinienkerne*

MANDELKUCHEN
■ Mandeln gibt es bereits geschält zu kaufen. Wo dies nicht der Fall ist, kann man die dunkle Schale ganz leicht abziehen, wenn man die Mandeln vorher eine Minute in kochendes Wasser legt.

Die Pâte brisée nach Rezept zubereiten und eine halbe Stunde im Kühlschrank kaltstellen. Ausrollen und eine Tortenform (Ø 26 cm) damit auslegen, Rand 2 cm überstehen lassen. Mandeln fein hakken. Eigelb zu steifem Schnee schlagen, Zucker, gehackte Mandeln und Pinienkerne dazugeben. Die Masse auf den Teig geben, überstehenden Teigrand einschlagen und mit zwei Fingern ganz leicht ein Wellenmuster aufdrücken. 40 Minuten bei 180 °C im Rohr backen. Wenn die Torte zu früh Farbe annimmt, mit Alufolie abdecken bis zum Ende der Backzeit.

## DÖRRPFLAUMENKUCHEN

*Dörrpflaumen gibt es oft schon entkernt zu kaufen – die besten sind an der dünnen Schale zu erkennen. Wenn man die Quellzeit verkürzen will, kann man sie auch 10 Minuten im Wein kochen.*

Zubereitungszeit *60 Minuten + Einweichzeit für die Pflaumen*
Schwierigkeitsgrad *leicht*
**Zutaten**
*1 Grundmenge Pâte brisée mit Zucker*
*300 g Dörrpflaumen*
*400 ml lieblicher Weißwein*
*200 g Aprikosenkonfitüre*
*2 EL Cointreau*
*1 EL Puderzucker*

Dörrpflaumen gut abwaschen und im Wein eine Nacht lang eingeweicht quellen lassen.

Teig nach Rezept zubereiten und eine halbe Stunde abliegen lassen. Pflaumen entkernen. Teig 4 mm dick ausrollen und leicht gebutterte Tortenform (Ø 26 cm) damit auslegen. Aprikosenkonfitüre mit Cointreau glattrühren und Teigboden damit bestreichen. Pflaumen darauflegen. Kuchen im Rohr 40 Minuten bei 180 °C backen. Herausnehmen, erkalten lassen und vor dem Servieren mit Puderzucker bestäuben.

## PFLAUMENKUCHEN

*Für diesen Kuchen sind Reineclauden (Regina Claudia) die geeignetste Pflaumensorte, weil sie viel Fruchtfleisch haben, aber nicht zu saftig sind. Die Keksbrösel saugen die Flüssigkeit auf, die die Pflaumen beim Backen abgeben.*

Zubereitungszeit *60 Minuten*
Schwierigkeitsgrad *leicht*
**Zutaten**
*1 Grundmenge Pâte brisée mit Zucker*
*12 Pflaumen (Reineclauden)*
*80 g trockene Kekse (Löffelbiskuits oder andere)*
*2 Eigelb*
*60 g Zucker*
*15 g Mehl*
*1 nußgroßes Stück Butter*
*1 Prise Vanillin–Zucker*
*200 ml Milch*
*1 EL Puderzucker*

Gezuckerte Pâte brisée nach dem Grundrezept zubereiten. Pflaumen in kochendem Wasser überbrühen, schälen, in Hälften teilen und entkernen, auf einen Teller legen, mit Plastikfolie zudecken und kühlstellen. Tortenform (Ø 26 cm) mit dem Teig auslegen, Teig mehrfach mit der Gabel einstechen und mit den Keksbröseln bestreuen, kühlstellen. Inzwischen Cremefülle zubereiten: Eigelb mit Zucker schlagen, nach und nach glattgesiebtes Mehl, weiche Butter, Vanillin–Zucker und Milch zugeben. Die Pflaumen auf dem Teig verteilen, Creme darübergießen und den Kuchen 40 Minuten bei 180 °C im Rohr backen. Herausnehmen und vor dem Servieren mit Puderzucker bestäuben.

### ZITRUS-FRÜCHTE

Sie kommen fast in jedem Süßspeisenrezept vor, weil ihre Schale ein so starkes Aroma hat. Orangen, gefolgt von Zitronen, sind die wichtigsten davon. In Amerika verwendet man statt Zitronen oft Limetten, sehr süße, kleine grüne Früchte mit charakteristischem Duft. Aus Zedratzitronen wird das Zitronat gemacht. Kumquats, Zwergorangen chinesischer Herkunft, eignen sich hervorragend zum Dekorieren.

## ORANGENKUCHEN

Zubereitungszeit *60 Minuten*
Schwierigkeitsgrad *leicht*
**Zutaten**
*1 Grundmenge einfacher
Mürbteig
100 g ganze Mandeln
1 Vanilleschote
150 g Zucker + 1 EL Zucker
für die Mandelmasse
3 Orangen (unbehandelt)
1 Handvoll Semmelbrösel
1 ganzes Ei + 1 Eigelb
1 Päckchen Vanillin–Zucker*

Teig nach Rezept zubereiten
und eine halbe Stunde kaltstellen. Inzwischen Mandeln eine
Minute in kochendes Wasser
geben und schälen, danach im

ner Kochstufe erhitzen, weiterrühren, bis sie dick wird,
aber nicht zum Kochen kommen lassen. Vollständig auskühlen lassen, inzwischen die
Schlagsahne und – in einem
anderen Gefäß – ein Eiweiß zu
festem Schnee schlagen; beide
vorsichtig unter die Creme ziehen, damit sie nicht zusammenfällt. Tortenboden aus Pâte brisee (Grundrezept) mit
der Creme füllen. Kurz vor
dem Servieren mit Puderzukker bestäuben.

## ZITRONENTORTE AUF FRANZÖSISCHE ART

Zubereitungszeit *60 Minuten*
Schwierigkeitsgrad *leicht*
**Zutaten**
*2 Eier
4 EL Zucker
Schale und Saft von 2 Zitronen (unbehandelt)*
*250 g Schlagsahne
1 Grundmenge Pâte brisée
1 EL Puderzucker*

Die Eigelb mit dem Zucker
lange und kräftig schlagen, bis
die Masse schaumig und voluminös wird, dann die Schale
und den Saft von 2 Zitronen
dazugeben. Creme gut verrühren und im Wasserbad auf klei-

ZITRONENTORTE AUF
FRANZÖSISCHE ART
■ Diese Torte ist besonders
köstlich, weil ihr Belag aus
einer feinen Zitronen-Mousse
besteht. Man kann sie auch
mit enthäuteten, 1 Minute gekochten und getrockneten
Orangenspalten dekorieren.

ORANGENKUCHEN
■ Auf gleiche Art kann man
Obstkuchen mit Zitronen, Bit-
terorangen oder Grapefruits
zubereiten.

Rohr goldgelb rösten. Auf kleiner Kochstufe einen Sirup aus 100 ml Wasser, Vanille-schote und 100 g Zucker 10 Minuten lang einkochen. Die Orangen schälen und mit einem scharfen Messer die Spalten von der Haut be-freien. Einen Teil der Schale in feine Streifen schneiden, zum Sirup dazugeben und 5 Minu-ten weiterkochen lassen. Sirup vom Herd nehmen und aus-kühlen lassen. Die Mandeln mit dem Zucker im Mörser stampfen oder im elektrischen Zerkleinerer pulverfein mah-len. Den Teig ausrollen und Boden und Rand einer gebut-terten und mit Semmelbröseln bestreuten Springform (Ø 26 cm) damit auskleiden. Über-

## ORANGE

Die Orange (Citrus sinen-sis) ist wohl auch deshalb heute die in der Süßspeisen-küche am meisten verwen-dete Zitrusfrucht, weil sie ganzjährig in verschiedenen Qualitäten verfügbar ist. Im Sommer sind die Orangen besonders süß und länglich-oval, im Winter säuerlicher und saftiger (Tarocco- und Moro-Orangen). Auch ihre abgeriebene Schale wird vielfach verwendet.

stehenden Teig abschneiden. In einer Rührschüssel die Eier mit dem restlichen Zucker schlagen, das Mandelpulver und Vanillin–Zucker einrüh-ren, die Masse auf dem Teig verteilen und glattstreichen. Im mäßig heißen Rohr (180 °C) 40 Minuten backen. Ku-chen herausnehmen und ab-kühlen lassen, aus der Form lösen und auf eine Kuchen-platte geben. Den Kuchen mit dem Orangensirup bestrei-chen, besonders am Rand, die Orangenspalten in konzentri-schen Kreisen dicht an dicht darauflegen und servieren.

## EINFACHER ERDBEERKUCHEN

Zubereitungszeit *60 Minuten*
Schwierigkeitsgrad *leicht*
**Zutaten**
*1 Grundmenge einfacher Mürbteig*
*200 g Himbeermarmelade*
*300 g kleine Erdbeeren*
*1 EL Puderzucker*

Einfachen Mürbteig nach Re-zept zubereiten, ausrollen und eine Form (Ø 26 cm) damit auskleiden, Teig ca. 2 cm über den Rand überstehen lassen, dann nach innen schlagen, so daß ein Randwulst entsteht.

Den Teig mit Backpapier abdecken, trockene Bohnen daraufgeben. Bei 180 °C eine halbe Stunde im Rohr backen. Herausnehmen, Innenfläche mit Marmelade bestreichen, mit den gut gewaschenen und getrockneten Erdbeeren belegen und mit Puderzucker bestäuben.

## ERDBEERKUCHEN MIT CREME

*Für diesen Kuchen nimmt man am besten mittelgroße Erdbeeren; sie werden mit der Spitze nach oben auf die Creme gelegt.*

Zubereitungszeit *90 Minuten*
Schwierigkeitsgrad *leicht*
**Zutaten**
*2 Blatt Gelatine oder*
*1/2 EL Gelatinepulver*
*1 Grundmenge Mürbteig*
*2 Eier*
*4 EL Zucker*
*1 EL Mehl*
*1/4 l Milch*
*200 g Schlagsahne, geschlagen*
*100 g Erdbeergelee*
*2 EL Kirschwasser*
*400 g Erdbeeren*

Blattgelatine in kaltem Wasser einweichen oder Gelatinepulver nach Gebrauchsanweisung auf der Verpackung auflösen.

Mürbteig nach Grundrezept zubereiten, mit dem ausgerollten Teig eine Kuchenform (Ø ca. 26 cm) auskleiden und ringsum einen Rand bilden. Teigboden mehrfach mit der Gabel einstechen, mit Backpapier auslegen, trockene Bohnen daraufgebenund im Rohr bei 180 °C ca. eine halbe Stunde backen. Backpapier und Bohnen entfernen und nochmals 10 Minuten backen. Ein ganzes Ei und ein Eigelb mit dem Zucker schaumig schlagen, Mehl und heiße Milch dazugeben. Unter ständigem Rühren die Creme so lange erhitzen, bis sie dick wird, dann die ausgedrückte Blattgelatine oder das aufgelöste Gelatinepulver dazugeben. Creme vollständig auskühlen lassen. Das zweite Eiweiß zu

EINFACHER ERDBEERKU-
CHEN
■ Für diesen Kuchen am besten die aromatischeren
Walderdbeeren verwenden.
Falls man Gartenerdbeeren
nehmen will, diese halbieren
und mit der Schnittseite nach
unten auf die Creme legen.

Schnee schlagen und unterziehen, Schlagsahne und Kirschwasser dazugeben. Die Creme
auf dem Kuchenboden glattstreichen, darauf die gewaschenen und trockengetupften
Erdbeeren legen. Erdbeergelee mit Kirschwasser auf kleiner Kochstufe glattrühren, etwas abkühlen lassen und die
Oberfläche des Kuchens damit
bepinseln.

## ZUCKERKUCHEN

*Dieser Kuchen ist sehr süß,
schmeckt aber ausgezeichnet.
Beim Backen wird der Zucker
ganz leicht karamelisiert.*

Zubereitungszeit *60 Minuten*
Schwierigkeitsgrad *leicht*
**Zutaten**
*1 Grundmenge einfacher
Mürbteig
200 g Zucker
50 g Butter
1 EL Mehl*

Den Teig nach Rezept zubereiten. Den Teig mit der Teigrolle ausrollen und eine gebutterte Tortenform (Ø 26 cm)
damit auslegen. Auf den Teig
eine dicke Schicht Zucker geben, Butter in Flöckchen darauf verteilen, Mehl durch ein
Sieb darüberstäuben. Mit dem
restlichen Zucker bestreuen.
Bei mäßiger Hitze (180 °C) im
Backrohr ca. 40 Minuten bakken. Noch lauwarm servieren.

## APFEL-HEIDELBEER-KUCHEN

*Obstkuchen kann mit frischen
Beeren der jeweiligen Jahreszeit oder tiefgefrorenen Beeren
verfeinert werden.*

Zubereitungszeit *60 Minuten*
Schwierigkeitsgrad *leicht*
**Zutaten**
*1 Grundmenge Pâte brisée
200 g Heidelbeerkonfitüre
3 Äpfel (z.B. Cox Orange)
100 g frische Heidelbeeren
50 g Zucker
1 Eiweiß*

Teig nach Grundrezept zubereiten und in Plastikfolie wik-
keln, eine halbe Stunde im
Kühlschrank kalt stellen. Eine
Form von 26 cm Durchmesser
buttern und bemehlen. Gut
zwei Drittel des fertig gekühlten Teig ausrollen und Boden
und Wände der Obstkuchen-
form damit auslegen. Boden
mit der Konfitüre bestreichen.
Äpfel schälen, Kerngehäuse
entfernen und in Spalten
schneiden, die in konzentrischen Kreisen, vom Rand zur
Mitte hin, leicht überlappend
auf den Teigboden gelegt werden. Heidelbeeren darauf verteilen und mit Zucker bestreu-
en. Aus dem restlichen Teig
mit der Handfläche lange,
dünne Röllchen ausrollen,
Torte gitterförmig damit belegen. Das Eiweiß leicht schlagen und damit die Torte bestreichen. Ins Rohr schieben
und 40 Minuten bei 180 °C
backen. Auskühlen lassen und
servieren.

### ERDBEEREN

Man unterscheidet verschiedene Arten: Am kleinsten
und aromatischsten sind
Walderdbeeren. Die übri-
gen Sorten gibt es in sehr
unterschiedlichen Größen,
sie sind heute ganzjährig aus
Importen erhältlich. Erd-
beeren gibt es auch tiefgefroren zu kaufen. Sie werden
aufgetaut leicht matschig
und sind daher möglichst
nur für Saucen oder Konfitüren zu verwenden.

## OBSTKUCHEN MIT KANDIERTEN FRÜCHTEN

*Kandierte Früchte kann man
entweder fertig kaufen oder
nach dem Rezept auf S. 27
selbst zubereiten. Variationen
dieses Rezepts erhält man
durch die Verwendung ver-
schiedener kandierter Früchte.*

Zubereitungszeit *60 Minuten*
Schwierigkeitsgrad *leicht*
**Zutaten**
*50 g Rosinen
1 Grundmenge Mürbteig
2 Eier
100 g Zucker
1 EL Mehl
50 g Butter
100 g Mandeln
100 g Haselnüsse
100 g kandierte Früchte, gemischt
abgeriebene Schale von 1 Zitrone (unbehandelt)
1 TL Puderzucker*

Rosinen in lauwarmem Was-
ser einweichen. Mürbteig wie
gewohnt zubereiten, gebutterte und bemehlte Obstkuchenform (Ø 26 cm) damit auslegen, Teigrand 2 cm überstehen
lassen. Die Eier mit dem Zukker kräftig schlagen. Mehl sieben, Butter zerlassen, Mandeln schälen und feinhacken,
Haselnüsse schälen und feinhacken, Rosinen abtropfen
lassen, kandierte Früchte feinwürfelig schneiden, Zitronenschale abreiben und Zutaten
in dieser Reihenfolge in die
Eiermasse einrühren. Masse
in die Tortefüllen, glattstreichen, überstehenden Teigrand
nach innen einschlagen. 40 Minuten im Rohr bei 180 °C bakken. Herausnehmen, erkalten
lassen und vor dem Anrichten
mit Puderzucker bestäuben.

## SCHOKO-BIRNEN-KUCHEN

Zubereitungszeit *90 Minuten*
Schwierigkeitsgrad *leicht*
**Zutaten**
*200 g Zucker
3 Birnen
1 Grundmenge Mürbteig
2 Eigelb
1/4 l Milch
120 g Blockschokolade
2 EL Sahne
etwas abgeriebene Orangenschale (unbehandelt)*

Die Hälfte des Zuckers in
einem halben Glas Wasser
auflösen, zum Kochen bringen
und die geschälten, in Achtel
geschnittenen Birnen hineingeben. 10 Minuten dünsten.
Mürbteig nach Grundrezept
zubereiten. Eigelb mit dem

KÜRBISKUCHEN
■ Für Süßspeisen, Konfitüren
und Kompott wird meist der
Gartenkürbis verwendet, der
ein festes Fruchtfleisch hat.
Schale und Kerne müssen
entfernt werden, bevor man
das Kürbisfleisch weiter verarbeitet.

restlichen Zucker verschlagen, kochend heiße Milch
nach und nach zugießen. Gemisch unter ständigem Rühren
auf kleiner Kochstufe eindikken. Birnen abtropfen lassen,
Sirup weiterkochen, bis er
dunkler zu werden beginnt. Sirup vom Feuer nehmen, in die
noch heiße Creme einrühren.
Teig ausrollen und eine gebutterte Form (Ø 26 cm) damit
auslegen, mit Backpapier abdecken, mit trockenen Bohnen füllen und eine halbe
Stunde bei 180 °C im Rohr
backen. Backpapier und Bohnen entfernen, Teig noch 10
Minuten fertigbacken, auskühlen lassen. Die Creme auf
dem Tortenboden verteilen,
Birnenspalten kreisförmig
darauflegen. Schokolade in
Stücke teilen und mit der Sahne im Wasserbad zergehen lassen. Schokoladensauce mit
dem Löffel auf den Birnen verteilen und abkühlen lassen.
Kuchen erst dann servieren.

Kürbisfleisch im Rohr bei 180
°C ca. 20 Minuten braten;
wenn es weich ist, durch ein
Sieb passieren. Einfachen
Mürbteig nach Grundrezept
zubereiten und eine Form damit auslegen. Teig mit den
Zinken einer Gabel mehrfach
einstechen und ca. 20 Minuten
im Rohr bei 180 °C backen
oder "blindbacken". In einem
Topf das passierte Kürbisfleisch, die zerbröselten Makronen, Gewürze und die
Milch mit einem Holzlöffel
verrühren und das Gemisch
bei mäßiger Hitze eindicken,
dann vom Herd nehmen. Die
Eier und den Zucker verschlagen und in die Kürbismasse
einrühren. Das Gemisch auf
den Teig geben und gleichmäßig verteilen. Mit einer Gabel
ein Muster auf die Oberfläche
zeichnen. Im Rohr in 20 Minuten fertigbacken. Herausnehmen, abkühlen lassen, mit
Schlagsahnetupfen verzieren
und anrichten.

## KÜRBISKUCHEN

Zubereitungszeit *90 Minuten*
Schwierigkeitsgrad *leicht*
**Zutaten**
*400 g Kürbisfleisch*
*1 Grundmenge Mürbteig*
*10 geriebene Mandel-*
*makronen*
*1/2 TL Zimt*
*1/2 TL geriebene Muskatnuß*
*1/2 TL Nelkenpulver*
*1/4 l Milch*
*2 Eier*
*100 g Zucker*
*250 g Schlagsahne*

## GRANATAPFELKUCHEN

*Der Granatapfel stammt aus*
*dem Mittleren Osten, ist leicht*
*säuerlich im Geschmack und*
*sehr dekorativ.*

Zubereitungszeit *60 Minuten*
*+ Zeit für das Einlegen*
Schwierigkeitsgrad *leicht*
**Zutaten**
*4 Granatäpfel*
*2 Gläser (ca. 100 ml) Rotwein*
*100 g Zucker*
*1 Gewürznelke*
*50 g geschälte Mandeln*
*1 Grundmenge Mürbteig*

Granatäpfel schälen, die Kügelchen (Kerne) im Inneren herausnehmen und die Zwischenhäute entfernen, weil sie bitter schmecken. Wein, Zucker und Nelke mischen und über die Kerne gießen. Mindestens 6 Stunden ziehen lassen, dann abtropfen. Mürbteig nach Grundrezept zubereiten, eine gebutterte Form damit auslegen, mit trockenen Bohnen füllen und im vorgeheizten Rohr bei 180 °C eine halbe Stunde backen. Backpapier und Bohnen entfernen, Granatapfelkerne und die in Stifte geschnittenen Mandeln auf den Kuchen legen. Noch einmal für 10 Minuten ins Rohr geben, herausnehmen und auf einer Kuchenplatte anrichten.

## KAKAOKUCHEN MIT WEINTRAUBEN

*Varianten: Im Sommer Himbeeren, im Winter Orangenscheiben oder Birnen statt der Weintrauben verwenden.*

Zubereitungszeit *60 Minuten*
Schwierigkeitsgrad *leicht*
**Zutaten**
*100 g Zucker*
*200 g Mehl*
*120 g Butter*
*100 g Kakaopulver*
*1 Ei*
*200 g Himbeerkonfitüre*
*300 g Weintrauben*
*2 EL Zitronensaft*

Die Hälfte des Zuckers mit dem Mehl, 100 g weichgerührter Butter, Kakao und dem Ei mischen und zu einer glatten Teigkugel verarbeiten. Mit der restlichen Butter eine Form von 26 cm Ø einfetten und mit dem ausgerollten Teig auskleiden. Mit Backpapier belegen und mit trockenen Bohnen füllen. Kuchen bei 180 °C eine halbe Stunde backen, Backpapier und Bohnen entfernen und auskühlen lassen. Mit Konfitüre bestreichen, abgeschälte Weintraubenbeeren darauf verteilen. Restlichen Zucker mit dem Zitronensaft zergehen und goldgelb werden lassen. Noch ganz heiß über die Trauben gießen. Kuchen ausgekühlt servieren.

## MELONENKUCHEN

*Für dieses Rezept eignen sich am besten die runden Zuckermelonen mit festem, kräftig gelbem Fruchtfleisch. Es gibt auch andere süße Melonensorten, deren Aroma aber oft nicht so ausgeprägt ist.*

Zubereitungszeit *60 Minuten*
Schwierigkeitsgrad *leicht*
**Zutaten**
*1 Grundmenge Pâte brisée*
*1 Melone von ca. 1 kg*
*50 g Zucker*
*1 Glas Vin Santo*
*abgeriebene Schale von 1 Zitrone (unbehandelt)*
*3 Eier*

Pâte brisée nach Rezept zubereiten und kühlstellen. Melone schälen, Kerne samt Geflecht entfernen, Fruchtfleisch in Würfel schneiden und mit dem Zucker, dem Vin Santo

und der Zitronenschale in einen Topf geben. Ca. 20 Minuten kochen, dann durch ein Sieb passieren und mit den geschlagenen Eiern vermischen. Teig ausrollen und damit eine gebutterte Form (Ø 26 cm) auskleiden. Mit dem passierten Fruchtfleisch der Melone füllen und im Rohr 40 Minuten bei 180 °C backen. Vor dem Anrichten auskühlen lassen.

# RHABARBERKUCHEN

Zubereitungszeit *60 Minuten*
Schwierigkeitsgrad *leicht*
**Zutaten**
*1 Grundmenge Pâte brisée*
*500 g Rhabarberstiele*
*100 g Zucker*
*1 Vanilleschote*
*50 ml Wasser*
*500 g geschälte und gehackte Mandeln*

Teig nach Grundrezept (S. 56) zubereiten. Rhabarber putzen, die rote Haut abziehen, in Stücke schneiden und unter fließendem Wasser waschen. In einem Topf den Zucker mit der Vanilleschote und dem Wasser erhitzen. Sobald sich der Zucker aufgelöst hat, den Rhabarber dazugeben und 20 Minuten kochen. Der Rhabarber muß ganz weich werden. Topf vom Herd nehmen und auskühlen lassen, Vanilleschote herausnehmen. Kochflüssigkeit zu einem dicken Sirup einkochen. Kuchenform (Ø 26 cm) buttern, mit dem Teig auslegen und mit den feingehackten Mandeln be-

streuen. Teig mit Rhabarber belegen und den eingedickten Sirup darübergießen. Den Kuchen im Rohr ca. 40 Minuten bei 180 °C backen und vor dem Servieren auskühlen lassen. Da Rhabarber leicht säuerlich schmeckt, paßt gezuckerte Schlagsahne besonders gut zu diesem Kuchen.

## PFIRSICHKUCHEN

*Pfirsiche und Makronen passen sehr gut zusammen und werden daher in vielen Rezepten kombiniert. Dieses Rezept kann man auch mit Aprikosenhälften variieren (frische oder aus der Dose, dann aber gut abtropfen lassen).*

Zubereitungszeit *60 Minuten*
Schwierigkeitsgrad *sehr leicht*
**Zutaten**
*1 Grundmenge Pâte brisée*
*4 Pfirsiche*
*100 g Zucker*
*100 g kleine Mandelmakronen*
*100 g Schlagsahne, geschlagen*

Pâte brisée wie gewohnt zubereiten. Pfirsiche waschen, trockentupfen, halbieren und Kerne entfernen. Teig ausrollen und eine gebutterte und bemehlte Form (Ø 26 cm) damit auslegen. Tortenboden mit 1 EL Zucker bestreuen. Statt des Kerns je eine Makrone in die Mitte der Pfirsichhälften geben und diese mit der Außenseite nach unten auf den Teig legen. Mit dem restlichen Zucker bestreuen und bei Mittelhitze (180 °C) im Rohr 40 Minuten backen. Ganz auskühlen lassen, mit dem Dressiersack Schlagsahnetupfen aufspritzen und anrichten.

## FEIGENKUCHEN MIT BROMBEEREN

*Dies ist ein typisches Rezept für den Spätsommer, wenn die Brombeeren reif sind. Den Vin Santo kann man durch andere Dessertweine ersetzen.*

Zubereitungszeit *60 Minuten*
*+ Einweichzeit*
Schwierigkeitsgrad *leicht*
**Zutaten**
*12 schöne, fehlerlose, ziemlich reife Feigen*
*1 Glas (5 cl) Vin Santo*
*24 vollreife Brombeeren*
*1 Grundmenge Mürbteig*
*100 g Schlagsahne*
*50 g Puderzucker*

Feigen schälen und der Länge nach in Hälften schneiden, diese ungefähr 12 Stunden in Vin Santo einweichen. Brombeeren putzen, waschen und auf einem Tuch trocknen lassen. Gebutterte und bemehlte Kuchenform (Ø 26 cm) mit dem Mürbteig auskleiden. Teigboden mehrfach mit der Gabel einstechen, mit Backpapier belegen und mit trockenen Bohnen füllen. Bei 180 °C ca. 30 Minuten backen. Backpapier und Bohnen entfernen und noch 10 Minuten weiterbacken. Auskühlen lassen. Schlagsahne mit dem Zucker steifschlagen und auf den Kuchen streichen. Mit abgetropften Feigen und Brombeeren belegen und anrichten.

## KONFITÜRENKUCHEN

*Konfitürenkuchen wird im allgemeinen aus Mürbteig mit etwas Backpulver zubereitet und ist besonders in der italienischen Küche sehr beliebt.*

Zubereitungszeit *60 Minuten*
Schwierigkeitsgrad *leicht*
**Zutaten**
*1 Grundmenge Mürbteig*
*1 Päckchen Backpulver*
*300 g Aprikosenkonfitüre*

Mürbteig nach Grundrezept zubereiten, aber 1 Päckchen Backpulver dazugeben. Drei Viertel des Teiges in eine gebutterte Kuchenform (Ø 24 cm) füllen und gleichmäßig dick mit Konfitüre bestreichen. Aus dem restlichen Teig mit dem Teigrädchen Streifen schneiden und Kuchen gitterförmig damit belegen. 40 Minuten im Rohr bei 180 °C backen. Den Kuchen vor dem Anrichten auf einer Tortenplatte auskühlen lassen.

*Dieser Kuchen gelingt immer, wenn man sich strikt an einige Regeln hält; so muß die Butter ca. 2 Stunden vor Verwendung aus dem Kühlschrank genommen werden. Die Äpfel werden in Scheiben geschnitten und in mit Zitronensaft gesäuertes Wasser gelegt, damit sie nicht braun werden.*

**Zutaten** für den Mürbteig
*300 g Mehl*
*100 g Zucker*
*1/2 TL Salz*
*100 g Butter*
*2 Eigelb*

*für den Apfelbelag*
*1 kg Äpfel*
*1 dicke Scheibe Zitrone*
*120 g Zucker*
*1 Msp. Muskatnuß*
*1/2 TL Zimt*
*2 EL Mehl*
*2 EL Orangensaft*
*1 Ei zum Bestreichen*

Mürbteig nach Grundrezept (S. 58) zubereiten, mit 2/5 davon eine gebutterte, bemehlte Kuchenform auslegen.

1/5 der Teigmenge zu einer 5 mm dicken Teigplatte ausrollen. Mit dem Teigrädchen in ca. 1 cm breite Streifen schneiden.

Die Äpfel, die man zuvor geschält, vom Kerngehäuse befreit, grob in Scheiben geschnitten und in mit Zitronensaft gesäuertes Wasser gelegt hat, abtropfen lassen und mit Zucker, Muskatnuß und Zimt weichkochen. Dann den Teigboden mit der Apfelmasse belegen. Die eine Hälfte der Teigstreifen in gleichmäßigem Abstand parallel über die Äpfel legen, darauf diagonal die andere Hälfte der Teigstreifen, sodaß ein Gitter entsteht.

Teigstreifen mit dem verquirlten Ei bestreichen.

Restlichen Teig zur Kreisform ausrollen, in der Mitte ein großes, rundes Loch ausstechen, und den Kuchen damit zudecken.

Mit einem Förmchen aus dem übrig gebliebenen, ausgestochenen Teigrund kleine Verzierungen ausstechen und auf den Teigkranz legen.

Teigkranz mit verquirltem Ei bestreichen. Kuchen ungefähr 40 Minuten bei 180 °C im Rohr backen.

## APFEL-MANDEL-KUCHEN

Zubereitungszeit *75 Minuten*
Schwierigkeitsgrad *leicht*
**Zutaten**
*3 Äpfel*
*2 Birnen*
*3 EL Zucker*
*abgeriebene Schale von 1 Zi-
trone*
*2 EL Wasser*
*1 Grundmenge Pâte brisée*
*100 g geschälte, gemahlene
Mandeln*
*Mandelstifte zum Dekorieren*

Äpfel und Birnen schälen und
achteln, in einem Topf zusammen mit dem Zucker, der Zitronenschale und dem Wasser
zugedeckt weichkochen. Inzwischen den Teig nach Rezept
zubereiten und mit 2/3 davon
eine gebutterte und bemehlte
Springform (Ø 20 cm) auskleiden. Obstmasse einfüllen, mit
den gemahlenen Mandeln bestreuen und mit dem restlichen, ausgerollten Teig zudekken, den Rand vorsichtig andrücken. Teigoberfläche mit
einer Gabel mehrfach einstechen. Ca. 40 Minuten bei 180
°C backen. Mit den Mandelstif-
ten verzieren und anrichten.

## KIWITORTE

*Die Kiwi ist eine leicht säuer-
lich schmeckende tropische
Frucht (wird aber heute auch
in Europa angebaut) und reich
an Vitamin C. Dank ihrer
kräftigen Farbe eignet sie sich
sehr gut zum Verzieren von
Obstkuchen oder Fruchtsalat.*

Zubereitungszeit *80 Minuten*
Schwierigkeitsgrad *leicht*
**Zutaten**
*1 Grundmenge Mürbteig*
*2 Eigelb*
*50 g Zucker*
*30 g Mehl*
*1/4 l Milch*
*8 Kiwis*
*2 EL Zitronenlikör*
*50 g Aprikosenkonfitüre*

Teig wie sonst zubereiten, ausrollen und eine gebutterte Form damit belegen. Mit Backpapier bedecken und mit trockenen Bohnen füllen, dann bei 180 °C im Rohr eine halbe Stunde backen. Backpapier und Bohnen herausnehmen, Teig noch 10 Minuten weiterbacken. Kuchen auskühlen lassen. Die Eigelb mit dem Zucker schaumig schlagen, das Mehl und die kochend heiße Milch nach und nach einrühren. Die Creme auf kleiner Kochstufe eindikken lassen, dabei ständig weiterrühren. Die Kiwis schälen, 2 davon mit dem Likör im Mixer pürieren. Die Kiwimasse zur Creme geben. Die Creme auf dem Kuchenboden verteilen und mit schuppenartig übereinander gelegten Kiwischeiben bedecken. Konfitüre auf kleiner Kochstufee glattrühren und damit den Kiwibelag bestreichen.

# KOKOSTORTE

Zubereitungszeit *60 Minuten*
Schwierigkeitsgrad *leicht*
**Zutaten**
*1 Grundmenge einfacher Mürbteig*
*2 Eier*
*1 Eigelb*
*100 g Zucker*
*1 EL Speisestärke*
*100 g Schlagsahne*
*200 g Kokosraspeln*

Teig nach Anleitung zubereiten. Mit der Teigrolle ausrollen und eine gebutterte Form damit auskleiden. Die Eigelb mit dem Zucker verquirlen, Speisestärke dazugeben. Sahne steifschlagen und darunterziehen. Die Eiweiß zu steifem Schnee schlagen und untermischen, Kokosraspeln dazugeben, Gemisch durchrühren und löffelweise auf den Teig geben. Bei 180 °C im Rohr 40 Minuten backen. Vor dem Anrichten auskühlen lassen.

# ERDNUSSKUCHEN

*Erdnüsse haben einen charakteristischen Geschmack, der gut zum Apfelaroma paßt. Man legt sie auf den Kuchenboden, damit dieser schön knusprig bleibt und durch die Apfelmasse nicht aufgeweicht wird.*

Zubereitungszeit *80 Minuten*
Schwierigkeitsgrad *leicht*
**Zutaten**
*1 Grundmenge Mürbteig*
*5 Äpfel (Golden Delicious)*
*2 Eier*
*100 g Zucker*

100 g Schlagsahne
abgeriebene Schale von 1 Zitrone (unbehandelt)
100 g ungesalzene Erdnußkerne

Mürbteig wie gewohnt zubereiten. Äpfel schälen, in Scheiben schneiden und 20 Minuten auf kleiner Kochstufe mit 1 EL Wasser dünsten, aber nicht zerfallen lassen, dann durch ein Sieb passieren. Die Eigelb mit dem Zucker verrühren, Apfelpüree, Sahne Zitronenschale und die zu Schnee geschlagenen Eiweiß dazugeben. Mit dem Mürbteig eine gebutterte Form auslegen, den Teigboden mit den grob gehackten Erdnußkernen bestreuen. Apfelmasse daraufgeben, Oberfläche glattstreichen. Im vorgeheizten Rohr bei 180 °C 40 Minuten backen.

## APFELKUCHEN MIT BAISERHAUBE

Zubereitungszeit *60 Minuten*
Schwierigkeitsgrad *leicht*
**Zutaten**
*1 Grundmenge Mürbteig*
*4 Äpfel (Golden Delicious)*
*50 g Zucker*
*30 g Butter*
*2 Eiweiß*
*100 g Puderzucker*
*1 Prise Salz*

Mürbteig nach Anweisung zubereiten, kühlstellen, dann ausrollen und eine gebutterte Kuchenform damit auslegen. Äpfel schälen, vierteln und die Viertel in Scheiben schneiden.

Apfelscheiben in die Teigform geben, mit dem Zucker bestreuen und die zerlassene Butter darübergießen. Im vorgeheizten Rohr bei 180 °C 20 Minuten backen. Eiweiß mit Salz zu steifem Schnee schlagen. Puderzucker dazugeben und noch einige Minuten weiterschlagen. Eischnee mit dem Dressiersack auf dem Apfelbelag verteilen und im Rohr in 20 Minuten fertigbacken.

### BACKTRIEB-MITTEL

Hefe besteht aus Mikroorganismen und dient dazu, Backteige locker zu machen. Trockenhefe oder frische Hefe eignet sich für Hefeteige und ihre Varianten. Backpulver ist ein Gemisch von Natriumbicarbonat, Säureträger und Trennmittel für Kuchen und Kleingebäck.

## WEINTRAUBENKUCHEN

Zubereitungszeit *60 Minuten*
Schwierigkeitsgrad *leicht*
**Zutaten**
*1 Grundmenge Mürbteig*
*2 Eier*
*50 g Zucker*
*1 TL Mehl*
*1/4 l Milch*
*700 g sehr süße weiße Weintrauben*
*100 g Traubengelee oder Zitronengelee*

Mürbteig nach Rezept zubereiten. Ausrollen und eine ge-

WEINTRAUBENKUCHEN
■ Man kann Weintrauben
leicht abschälen, wenn man
sie vorher ein paar Sekunden
in kochendes Wasser legt.

1/4 l Milch
3 Bananen
40 g Butter
4 EL Weinbrand

Die Pâte brisée nach Anleitung zubereiten. Ausrollen und eine runde, gebutterte Form damit auslegen. Mit Backpapier belegen und mit trockenen Bohnen füllen, im Rohr bei 180 °C eine halbe Stunde backen. Backpapier und Bohnen herausnehmen, noch 10 Minuten weiterbakken. Die Eigelb mit einem Drittel der Zuckermenge verrühren, abgeriebene Schale der Zitrone und Mehl dazugeben, kochende heiße Milch nach und nach einrühren. Creme auf kleiner Kochstufe dick werden lassen, dabei ständig weiterrühren. Bananen schälen, in Scheiben schneiden und mit Zitronensaft beträufeln. Die Butter in einem ausreichend großen Topf zergehen lassen, die Bananen dazugeben, mit den 3 EL Weinbrand übergießen und eine Minute lang kochen. Die Creme auf den ausgekühlten Teigboden streichen und mit den Bananenscheiben belegen. Den restlichen Zucker mit Wasser auf der Kochstelle goldgelb karamelisieren lassen, den restlichen Weinbrand vorgewärmt dazugeben, die Bananen rasch damit übergießen und anrichten.

## MASCARPONE-KUCHEN

*Mascarpone ist eine Art Sahnequark. Er stammt aus der Lombardei und ist ein Frisch-*

---

butterte Form damit auslegen. Mit Backpapier bedecken, trockene Bohnen darauflegen. Eine halbe Stunde bei 180 °C backen. Backpapier und Bohnen entfernen und 10 Minuten weiterbacken. Herausnehmen und auskühlen lassen. Die Eigelb mit dem Zucker verrühren, das Mehl einrühren und unter Rühren die kochend heiße Milch nach und nach dazugeben. Auf kleiner Flamme

weiterrühren und dick werden lassen. Creme auskühlen lassen, dann die zu steifem Schnee geschlagenen Eiweiß darunterziehen. Die Creme auf den Mürbteig geben und die Weintraubenbeeren darauf verteilen. Gelee auf kleiner Kochstufe glattrühren, Weintrauben damit glasieren.

## BANANEN-
## KARAMELKUCHEN

*Der Karamel muß sehr schnell verarbeitet werden, weil er sofort hart wird, sobald man ihn vom Herd nimmt.*

Zubereitungszeit *75 Minuten*
Schwierigkeitsgrad *leicht*
**Zutaten**
*1 Grundmenge Pâte brisée*
*2 Eigelb*
*150 g Zucker*
*Saft und abgeriebene Schale*
*von 1 Zitrone (unbehandelt)*
*30 g Mehl*

HIMBEERKUCHEN
■ Dies ist ein einfaches Rezept, das auch mit Brombeeren, roten Johannisbeeren, Stachelbeeren, Heidelbeeren oder Erdbeeren köstliche Kuchen ergibt. Man kann auch verschiedene Beeren abwechselnd in konzentrischen Kreisen anordnen – das sieht sehr elegant aus.

käse mit hohem Fettanteil, der sich in vielen italienischen Süßspeisen findet (evtl. durch Sahnequark ersetzen).

Zubereitungszeit *60 Minuten*
Schwierigkeitsgrad *leicht*
**Zutaten**
*1 Grundmenge Pâte brisée*
*300 g Mascarpone*
*1 Prise Zimt*
*2 Eier*
*4 EL Zucker*
*125 g Schlagsahne*
*4 EL Weinbrand*
*8 Makronen*
*100 g Blockschokolade*

Mit der Pâte brisée eine gebutterte Kuchenform auslegen. Mascarpone durch ein Sieb passieren, dann mit Zimt, geschlagenen Eiern, Zucker, Schlagsahne und Weinbrand verrühren; die zerkrümelten Makronen dazugeben. Dieses Gemisch in die Form füllen und den Kuchen bei 180 °C ungefähr 40 Minuten backen. Abkühlen lassen, herausnehmen und auf einer Platte anrichten. Die Oberfläche mit der geriebenen Schokolade bestreuen und servieren.

## HIMBEERKUCHEN

Zubereitungszeit *90 Minuten*
Schwierigkeitsgrad *leicht*
**Zutaten**
*1 Grundmenge Pâte brisée*
*250 g frische Sahne*
*50 g Puderzucker*
*1 Päckchen Vanillin–Zucker*
*500 g Himbeeren*
*100 g Johannisbeergelee*
*1 Gläschen (2 cl) Kirschwasser*

Pâte brisée zubereiten und eine halbe Stunde kühlstellen, dann in eine gebutterte Kuchenform (∅ 26 cm) geben und Boden mehrfach mit der Gabel einstechen. Mit Backpapier und trockenen Bohnen füllen und im heißen Rohr backen. Abkühlen lassen, dann herausnehmen. Schlagsahne schlagen, nach und nach Puderzucker und Vanillezukker dazugeben. Die Sahnemasse auf den Teigboden geben und glätten, mit Himbeeren bedecken. Das Johannisbeergelee mit dem Kirschwasser erwärmen, die Himbeeren damit bestreichen und den Kuchen anrichten.

## OBSTTORTE MIT TROCKENFRÜCHTEN

Wenn man die getrockneten Früchte 12 Stunden vorher in Weinbrand oder Rum einlegt, bekommt die Torte noch mehr Aroma.

Zubereitungszeit *60 Minuten*
Schwierigkeitsgrad *leicht*
**Zutaten**
*1 Grundmenge Pâte brisée*
*6 entsteinte Trockenpflaumen*
*6 getrocknete Aprikosen*
*6 getrocknete Feigen*
*50 g Rosinen*
*1/4 l Weißwein*
*60 g gemahlene Walnüsse*
*abgeriebene Schale von 1 Zitrone (unbehandelt)*
*50 g Zucker*
*50 g Butter*
*250 g frische Sahne*

*BIRNENTORTE MIT ROSI-
NEN*
■ *Für Süßspeisen sind Abate—
Birnen am besten geeignet.
Sie haben ein festes Frucht-
fleisch und zerfallen daher
nicht so leicht während des
Backens.*

Pâte brisée nach dem Grundrezept zubereiten. Getrocknete Pflaumen, Aprikosen, Feigen und die Rosinen in einen
Topf geben, Weißwein dar-
übergießen, aufkochen und
zugedeckt 5 Minuten kochen.
Früchte abtropfen und gut
trocknen lassen. Pflaumen,
Feigen und Aprikosen in
Stückchen schneiden, mit
Walnußkernen, abgeriebener
Zitronenschale, Zucker und
zerlassener Butter mischen.
Mit zwei Dritteln des Teiges
eine gebutterte Form (Ø 24
cm) auslegen, die Trockenfrüchte darauf verteilen und
Teigstreifen, die man mit dem
Teigrädchen aus dem restlichen, ausgerollten Teigdrittel
geschnitten hat, gitterförmig
darauflegen. 40 Minuten im
Rohr bei 180 °C backen. Torte
auskühlen lassen und mit
Schlagsahne aus dem Spritzbeutel dekorieren.

ROSINEN
■ Bevor man Rosinen ver-
wendet, sollte man sie mindestens eine halbe Stunde einweichen, dann ausdrücken
und etwas trocknen lassen.

## BIRNENTORTE MIT ROSINEN

Zubereitungszeit *60 Minuten*
Schwierigkeitsgrad *leicht*
**Zutaten**
*1 Grundmenge Mürbteig*
*200 g Himbeerkonfitüre*
*4 Birnen (Abate)*
*100 g Rosinen*

*1 TL Zimt*
*abgeriebene Schale von 1 Zi-*
*trone (unbehandelt)*
*50 g Zucker*

Die Rosinen mindestens eine
Stunde in lauwarmem Wasser
einweichen. Mürbteig wie gewohnt zubereiten, kühlstellen,
dannmit der Teigrolle ausrollen, eine gebutterte Kuchenform (Ø 26 cm) damit auslegen
und mit der Konfitüre bestreichen. Die Birnen vierteln,
schälen und die Viertel in
Scheiben schneiden. Den Teig
damit belegen, mit den gewaschenen, gut abgetropften Rosinen bestreuen, darüber
Zimt, Zitronenschale und
Zucker streuen und die Torte
40 Minuten im Backrohr bei
180 °C backen, bis sie Farbe
bekommt.

## MILCHREISTORTE

*Damit der Reis beim Kochen*
*nicht anbrennt, schüttet man*
*ihn in kochendes Wasser und*
*rührt ihn nicht um. Für Süß-*
*speisen eignet sich ein Rund-*
*kornreis am besten.*

Zubereitungszeit *60 Minuten*
*+ Einweichzeit*
Schwierigkeitsgrad *leicht*
**Zutaten**
*50 g Rosinen*
*1 Gläschen (2 cl) Rum*
*100 g Reis*
*1/2 l Milch*
*100 g Zucker*
*1 Zimtstange*
*1 Vanilleschote*
*2 Eigelb*
*1 Grundmenge Mürbteig*

Rosinen ungefähr eine Stunde
in Rum einweichen. Zwei Liter Wasser aufkochen lassen,
leicht salzen und den Reis 5
Minuten darin kochen. Milch
mit Zucker, Zimt und Vanille
aufkochen, den Reis einstreu-
en und auf ganz kleiner Flamme 45 Minuten köcheln lassen,
bis der Reis ziemlich trocken
ist. Heizquelle ausschalten,
Vanille– und Zimtstange herausnehmen, etwas abkühlen
lassen und dann die Rosinen
und die Eigelb einrühren.
Mürbteig nach Grundrezept
zubereiten, eine gebutterte
Form damit auslegen, Milchreis einfüllen und glattstreichen. 40 Minuten im Backrohr
bei 180 °C backen.

### REIS

In der Süßspeisenküche verwendet man Rundkornreis
(Milchreis), weil er viel
Stärke enthält, die das Korn
zusammenhält und die cre-
mige Konsistenz des Milch-
reises nach dem Kochen bewirkt. Manchmal kocht man
den Rundkornreis zuerst einige Minuten in Wasser, damit er die überschüssige
Stärke abgibt.

## HASELNUSSTORTE

*Diese Torte ist ziemlich trok-*
*ken und kräftig im Ge-*
*schmack. Dazu reicht man*
*flüssige Sahne in einer*
*Saucière oder eine nicht zu*
*feste Schokoladecreme.*

Zubereitungszeit *60 Minuten*
Schwierigkeitsgrad *leicht*
**Zutaten**
*1 Grundmenge einfacher*
*Mürbteig*
*4 EL Pfirsich- oder Apriko-*
*senkonfitüre*
*2 Eiweiß*
*100 g Puderzucker*
*300 g Haselnüsse, gemahlen*

Einfachen Mürbteig zubereiten, kühlstellen und dann eine
gebutterte Form damit auskleiden. Das Gelee auf kleiner
Kochstufe glattrühren und mit
2 EL davon den Teigboden bestreichen. Die Eiweiß zu steifem Schnee schlagen, dabei
nach nach den Zucker dazugeben und schließlich die ganz
fein gemahlenen Haselnüsse.
40 Minuten im Backrohr bei
180 °C backen. Auskühlen lassen, mit der restlichen Konfitüre bestreichen und noch lauwarm oder kalt servieren.

SAUERKIRSCHEN
■ Sie schmecken am besten, wenn man sie in einem Glasgefäß, mit Zucker bedeckt, einige Wochen lang täglich dem Sonnenlicht aussetzt.

## SAUERKIRSCHENKUCHEN

*Statt Früchten in Zuckersirup kann man auch tiefgefrorene oder gedünstete Kompott–Früchte verwenden: geeignet sind Sauerkirschen, Pfirsiche, Aprikosen oder Kirschen, aber auch Ananas in kleinen Stückchen.*

Zubereitungszeit *60 Minuten*
Schwierigkeitsgrad *leicht*
**Zutaten**
*1 Grundmenge Pâte brisée*
*2 Eigelb*
*500 g Zucker*
*30 g Mehl*
*1/4 l Milch*
*1 kg Kompott–Sauerkirschen*

Pate brisée nach Grundrezept zubereiten. Eine gebutterte Kuchenform (Ø 26 cm) damit auskleiden, Teig mit Backpapier abdecken und trockene Bohnen darauffüllen, eine halbe Stunde bei 180 °C backen. Backpapier und Bohnen entfernen, 10 Minuten weiterbakken. Herausnehmen und auskühlen lassen. Eigelb und Zucker mit dem Schneebesen schlagen, das Mehl und nach und nach die heiße Milch dazugeben und die Creme unter Rühren auf kleiner Kochstufe dick werden lassen. Noch lauwarm auf den Teig geben, mit den gut abgetropften Sauerkirschen belegen.

## ZITRONEN-ORANGEN-KUCHEN

*Zitrusfrüchte eignen sich gut für besonders feine Süßspeisen, müssen aber sorgfältig von der weißen, bitteren In-nenhaut befreit werden. Wenn man auch die Schale verwenden will, sollte man sie vorher auskochen und dabei mindestens dreimal das Wasser wechseln.*

Zubereitungszeit *60 Minuten*
Schwierigkeitsgrad *leicht*
**Zutaten**
*1 Grundmenge Mürbteig*
*2 Eigelb*
*2 Eier*
*200 g Zucker*
*10 g Speisestärke*
*4 Zitronen*
*4 Orangen*
*2 EL Wasser*
*100 g Fruchtgelee*
*1 EL Weinbrand*

Mürbteig wie gewohnt zubereiten, ausrollen und eine gebutterte Kuchenform damit auskleiden. Backpapier und trockene Bohnen darauflegen und im vorgeheizten Rohr bei 180 °C eine halbe Stunde bakken; Backpapier und Bohnen herausnehmen, weitere 10 Minuten backen. Tortenboden auskühlen lassen. Eigelb und ganze Eier mit 50 g Zucker verrühren, Speisestärke und den Saft von 1 Zitrone und 1 Orange dazugeben. Die Creme auf kleiner Kochstufe dick rühren. Den restlichen Zucker in 2 EL Wasser auflösen und 5 Minuten wallend kochen lassen, abschäumen. Die übrigen Orangen und Zitronen schälen, in Spalten teilen, Haut abziehen. Die Spalten – jeweils mehrere gemeinsam – in einem Schaumlöffel in den kochenden Sirup tauchen; sofort herausnehmen, sobald der Sirup wieder zu kochen anfängt, abtropfen und abkühlen lassen. Creme in den Tortenboden füllen, Orangen– und Zitronenspalten abwechselnd darauflegen. Gelee mit dem Weinbrand auf kleiner Kochstufe glattrühren und Tortenoberfläche damit glasieren.

## ZIMTKUCHEN

Zubereitungszeit *60 Minuten*
Schwierigkeitsgrad *leicht*
**Zutaten**
*300 g Mehl*
*1 Päckchen Backpulver*
*2 Eigelb*
*150 g Butter*
*100 g Zucker*
*1 EL Marsala*
*2 TL Zimt*
*1 TL Ingwer, gemahlen*
*1 Prise Salz*
*1 Eiweiß*

Mehl mit Backpulver sieben und aufhäufen. In eine Vertiefung in der Mitte Eigelb, weiche Butter in Flocken, Zukker, Marsala, Zimt, Ingwer und Salz zunächst miteinander vermengen, dann mit den Fingerspitzen von innen nach au-

**ZIMTKUCHEN**
■ Zimt kann man in Stangenform oder gemahlen in Pulverform kaufen. Zimtpulver ist nicht so intensiv im Geschmack wie Stangenzimt. Ingwer ist die Wurzel der Ingwerpflanze und kommt frisch, getrocknet und zu Pulver gemahlen oder kandiert in den Handel.

ßen das Mehl zum glatten Teig einarbeiten. Teig zur Kugel formen, eine halbe Stunde im Kühlschrank kaltstellen. Ausrollen, eine gebutterte Form (Ø 26 cm) damit auskleiden. Mit kurz geschlagenem Eiweiß bestreichen und 40 Minuten im Rohr bei 180 °C backen. Auskühlen lassen und herausnehmen.

## WALDBEERENTORTE

Zubereitungszeit *60 Minuten*
Schwierigkeitsgrad *leicht*
**Zutaten**
*1 Grundmenge Mürbteig*
*2 Eier*
*200 g Zucker*
*30 g Mehl*
*1/4 l Milch*

*100 g Heidelbeeren*
*100 g Walderdbeeren*
*100 g Brombeeren*
*100 g Himbeeren*
*50 g rote Johannisbeeren*
*2 EL Zitronensaft*

Mürbteig nach Grundrezept zubereiten. Ausrollen und eine gebutterte Kuchenform damit auskleiden. Mit Backpapier belegen, mit trockenen Bohnen füllen und eine halbe Stunde im vorgeheizten Backrohr bei 180 °C backen. Backpapier und Bohnen entfernen,

10 Minuten weiterbacken. Die Eigelb mit 50 g Zucker verrühren, Mehl und nach und nach die kochend heiße Milch dazugeben. Die Creme auf kleiner Kochstufe dick werden lassen, dabei ständig rühren. Beeren verlesen, waschen und trockentupfen. Den Mürbteigboden mit der Creme bestreichen und die Beeren darauf verteilen. Restlichen Zucker mit 2 EL durchgesiebtem Zitronensaft zu Karamel kochen, noch heiß über die Beeren gießen.

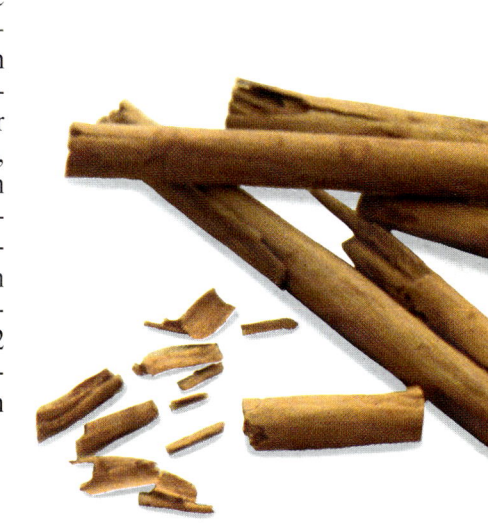

ZIMT

■ Aus der getrockneten Innenrinde des tropischen Zimtbaumes gewonnenes Gewürz; Ceylon–Zimt (Kaneel) wird fast immer in geschnittenen Stangen, Kassia meist als gemahlener Zimt im Handel angeboten.

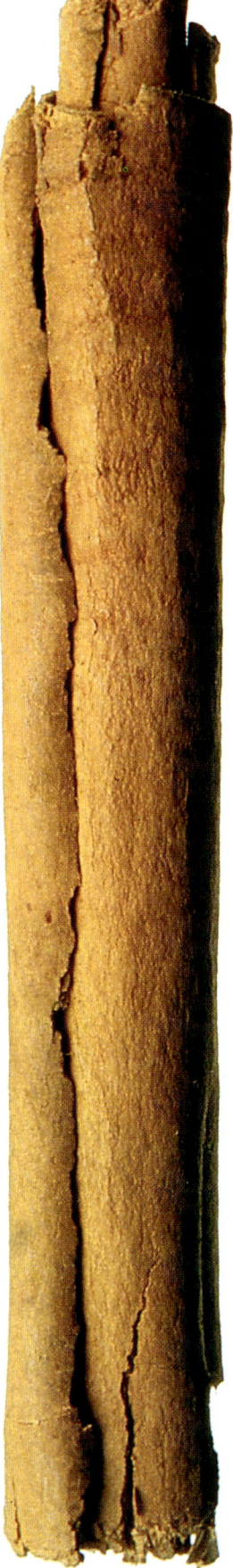

## QUARKKUCHEN

Zubereitungszeit *60 Minuten*
Schwierigkeitsgrad *leicht*
**Zutaten**
*1 Grundmenge Pâte brisée*
*2 Eier*
*100 g Zucker*
*300 g Quark*
*50 g Korinthen oder kandierte Kirschen*
*1 EL Rum oder Weinbrand*
*1 Prise Zimt*

Pâte brisée nach Grundrezept zubereiten. Mit dem Schneebesen die Eigelb mit dem Zukker schlagen, nach und nach den Quark dazugeben. In Wasser eingeweichte, ausgedrückte Korinthen oder halbierte kandierte Kirschen, Weinbrand und Zimt einrühren, schließlich die zu steifem Schnee geschlagenen Eiweiß darunterziehen. Teig ausrollen und eine gebutterte Springform damit auskleiden, mit der Quarkmasse füllen. Oberfläche strahlenförmig einschneiden. 40 Minuten bei 180 °C backen. Schmeckt am besten, wenn er schon am Vortag gebacken wurde.

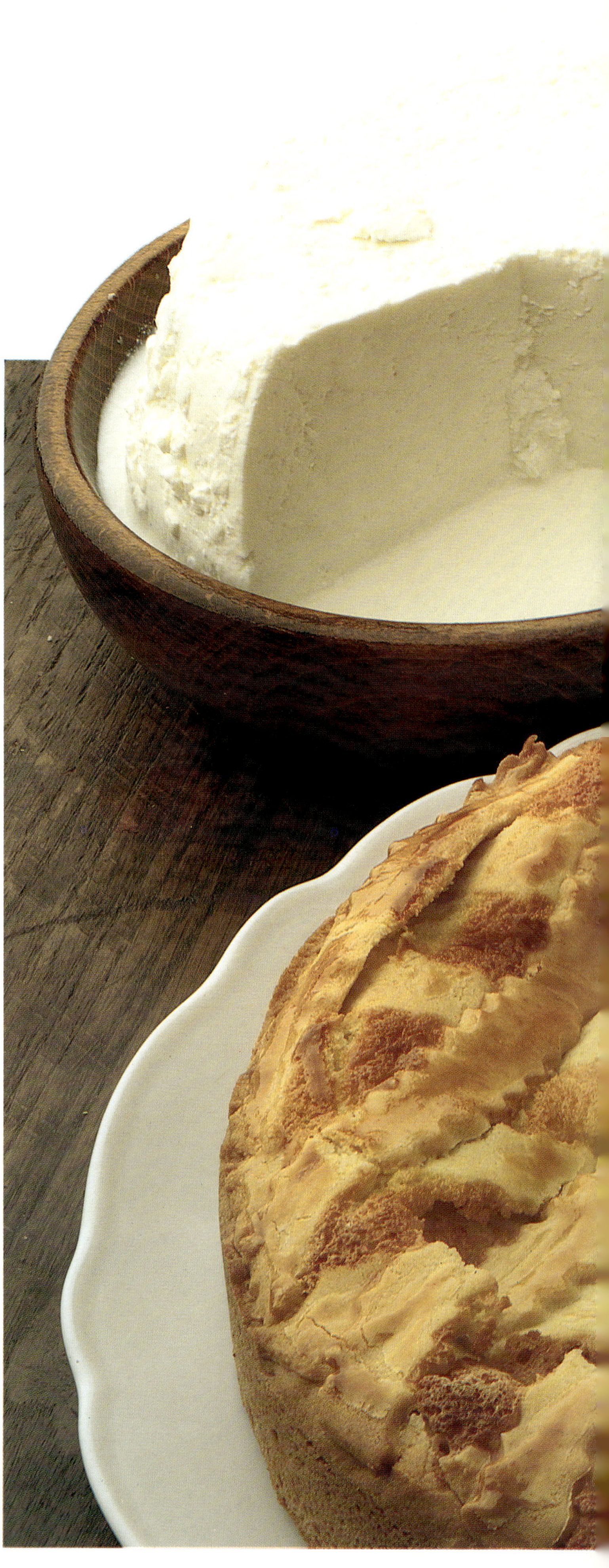

## KAKITORTE

*Reichlich mit Zimt bestäubt, schmeckt diese Torte besonders fein.*

Zubereitungszeit *90 Minuten*
Schwierigkeitsgrad *leicht*
**Zutaten**
*4 Kakis*
*4 EL Cognac*
*1 Grundmenge Pâte brisée*

QUARKKUCHEN
■ Für diesen Kuchen verwendet man Magerquark, der wegen seines hohen Eiweißgehaltes und niedrigen Fettanteils sehr gesund ist.

100 g Zucker
30 g Speisestärke
1/4 l kochendes Wasser
2 Eigelb
abgeriebene Schale von
1 Orange (unbehandelt)
6 EL Orangensaft
20 g Butter
50 g Orangeat
1 Prise Salz

Kakis waschen und abtrocknen, Stielansatz entfernen, die Früchte quer halbieren, mit dem Cognac beträufeln und ungefähr eine halbe Stunde ziehen lassen. Pâte brisée wie gewohnt zubereiten, ausrollen und eine gebutterte Form damit auskleiden, mit Backpapier belegen und trockene Bohnen hineinfüllen, im Rohr bei 180 °C ca. eine halbe Stunde backen. Backpapier und Bohnen herausnehmen, 10 Minuten weiterbacken. Tortenboden auskühlen lassen. In einem Topf den Zucker mit der Stärke verrühren, das kochende Wasser nach und nach dazugießen und unter ständigem Rühren auf kleiner Kochstufe kochen. Die Eier verschlagen, Topf vom Herd nehmen und die Eier einrühren. Noch zwei Minuten weiterkochen, dabei umrühren. Topf vom Herd nehmen, Orangenschale und –saft sowie die Butter dazugeben und weiterrühren. Die so entstandene Creme auf den Tortenboden geben und glattstreichen.Die Kakis auf die Cremeschicht legen, mit Orangeatstiften verzieren und anrichten.

Der beste Einstieg wäre natürlich, wenn man einem Konditormeister bei der kunstgerechten Zubereitung des Blätterteigs als wißbegieriger Lehrling zusehen könnte. Blätterteig bedeutet nämlich mehr als nur eine Teigart – das Wort beschwört ein Ritual herauf, das minutiöse Einhaltung erfordert. Wird der Ablauf nicht exakt eingehalten oder die Dauer der einzelnen Zubereitungsphasen willkürlich verändert, so hat dies unweigerlich eine Beeinträchtigung des Endergebnisses zur Folge.

## BLÄTTERTEIG

*Blätterteig ist die Grundlage für viele Süßspeisen. Er ist ein feiner Teig und nicht ganz einfach zuzubereiten, doch wenn man sich genau an den Zeitplan hält und einige Tips beherzigt, ist der Preis der Mühe ein luftiger, leichter Teig, der sich zu Vol–au–vent, Gebäck mit Marmelade, Torten mit Marzipanfüllung usw. weiterverarbeiten läßt.*

Zubereitungszeit *30 Minuten + Zeit für das Kühlstellen* Schwierigkeitsgrad *mittel*
**Zutaten**
*250 g Mehl*
*1 Prise Salz*
*250 g Butter*
*50 ml kaltes Wasser*

220 g Mehl mit dem Salz auf der Arbeitsplatte anhäufen. Eine Mulde eindrücken, nach und nach das Wasser hineingießen und mit den Fingerspitzen zu glattem, weichem Teig verarbeiten, dabei ein nußgroßes Stück Butter einarbeiten. Teig in Plastikfolie einschlagen und im Kühlschrank eine halbe Stunde kalt stellen. Danach mit der Teigrolle zu einem Rechteck ausrollen, in dessen Mitte die restliche, weiche Butter gegeben und mit dem restlichen Mehl verarbeitet wird. Den Teig zur Mitte hin so einschlagen, daß er die Butter bedeckt. Den Teig vorsichtig ausrollen, so daß die Butter aufgenommen wird, bis wieder ein Rechteck entsteht. Der Teig darf nicht zu fest sein. Teig dreifach einschla-

☐ *Damit Blätterteig beim Backen besonders schön aufgeht und blättrig wird, benetzt man das Backblech oder die Backform gut mit kaltem Wasser, das beim Backen verdampft. Man kann vorher Back–Trennpapier daruntergeben, benötigt jedoch kein Fett.*

☐ *Blätterteig geht nicht so stark auf wie Mürbteig, kann aber ebenso "blind" – also ohne Belag – gebacken werden. Dazu kann man zwar die Füllung mit trockenen Bohnen weglassen, muß aber den Teigboden mit einer Gabel mehrfach einstechen, damit allenfalls noch zwischen Teig und Form eingeschlossene Luft entweichen kann und den Boden nicht aufwirft.*

☐ *Auch geschälte Mandeln haben noch eine braune, dünne Haut, die sich aber leicht entfernen läßt, wenn man die Mandeln 1–2 Minuten in kochendes Wasser gibt. Man kann die Mandeln auch bereits enthäutet (blanchiert) kaufen.*

☐ *Rosinen läßt man aufquellen, indem man sie ca. 1/2 Stunde in die doppelte Menge lauwarmes Wasser legt. Wer es eilig hat, gibt sie wenige Minuten lang in kochendes Wasser, aber nicht länger, sonst platzen sie.*

☐ *Rationell und zeitsparend ist die Verwendung von tiefgefrorenem Blätterteig (TK–Blätterteig), den es überall im Handel zu kaufen gibt. Übliche Verpackungsmengen sind 300 und 450 g TK–Blätterteig; Großverbraucherpackungen enthalten 1000 g. Einer Grundmenge Blätterteig oder einfacher Blätterteig, wie in unseren Rezepten angegeben, entsprechen 450–500 g TK–Blätterteig. Meistens besteht er aus Teigblättern; ist eine größere Teigfläche erforderlich, legt man 2 oder mehr Blätter sich überlappend nebeneinander und verbindet sie durch den Druck mit dem Wellholz.*

gen. Bis hierher nennt man den Vorgang die "erste Tour". Zweite Tour: Teig in entgegengesetzter Richtung ausrollen, danach wieder in Plastikfolie einschlagen und im Kühlschrank eine halbe Stunde kalt stellen.
Vorgang bis zur 6. Tour wiederholen, nach je zwei Touren den Teig eine halbe Stunde im Kühlschrank kalt stellen.
Danach ist der Blätterteig fertig, kann auf die gewünschte Dicke ausgerollt und im Rohr gebacken werden.
Blätterteig in die jeweilige, mit kaltem Wasser benetzte Form legen und mindestens 10 Minuten stehen lassen. Teig mit Eigelb bestreichen, aber nicht ganz bis zum Rand, und im Backrohr 25 Minuten bei 200 °C backen. Diese Teigmenge ist für einen Tortenboden von 26 cm Durchmesser oder für eine Quadrat von 30 x 30 cm berechnet.

## EINFACHER BLÄTTERTEIG

*Einfacher Blätterteig wird mit weniger Butter gemacht, eignet sich aber für die gleichen Zwecke. Er wird nur etwas weniger luftig und natürlich nicht ganz so fein.*

Zubereitungszeit *30 Minuten + Zeit für das Kühlstellen* Schwierigkeitsgrad *mittel*
**Zutaten**
*300 g Mehl*

■ *Aprikosen und Makronen ergeben eine klassische und in der Süßspeisenküche sehr beliebte Kombination. Bei diesem Rezept werden die Makronen außerdem zur Aufnahme der Flüssigkeit gebraucht, die die Aprikosen beim Backen abgeben.*

5 g Salz
150 g Butter
kaltes Wasser

Genauso vorgehen wie beim Blätterteig und genauso oft tourieren.

## BLÄTTERTEIGTORTE MIT APRIKOSEN UND MAKRONEN

Zubereitungszeit *85 Minuten*
Schwierigkeitsgrad *mittel*
**Zutaten**
*1 Grundmenge Blätterteig*
*oder einfacher Blätterteig*
*nach Grundrezept*
*6 reife Aprikosen*
*200 g Makronen*
*1 Ei*
*50 g Zucker*
*50 g zerlassene Butter*
*20 g Speisestärke*
*250 g Magerquark*
*abgeriebene Schale von 1 kleinen Zitrone (unbehandelt)*
*1 Prise Salz*
*50 g Rosinen, eingeweicht*

Blätterteig ausrollen, eine kalt ausgespülte Kuchenform (Ø 26 cm) damit auslegen und in den Kühlschrank stellen.
Aprikosen waschen, entkernen und halbieren. Makronen grob zerbröseln.
In einer Rührschüssel das Eigelb mit dem Zucker verrühren. Nacheinander Butter, Speisestärke, Quark, Zitronenschale und Salz dazugeben und alle Zutaten gut vermengen. Zuletzt das zu steifem Schnee geschlagene Eiweiß einrühren.

Die Hälfte der zerbröselten Makronen auf dem Blätterteigboden verteilen. Torte mit dem Quarkgemisch, den restlichen Makronen, Aprikosenhälften und Rosinen belegen und im Backrohr 45 Minuten bei 180 °C backen.

## ANANASTORTE VON BLÄTTERTEIG

Zubereitungszeit *70 Minuten*
Schwierigkeitsgrad *mittel*
**Zutaten**
*1 Grundmenge Blätterteig*
*nach Grundrezept*
*2 Eigelb*
*80 g Zucker*
*300 g Magerquark*
*30 g Butter*
*8 Scheiben frische Ananas*
*von 1 Ananasfrucht*
*1 Päckchen Vanillin–Zucker*
*1 Eiweiß*
*1 Stückchen kandierte Engelwurz*
*1 frische Ananasfrucht*

Blätterteig ausrollen. Eine leicht gebutterte und bemehlte Springform (Boden und Wände) damit auskleiden und eine Stunde im Kühlschrank kalt stellen.
Inzwischen die Eigelb mit dem Zucker schaumig schlagen, den durch ein Sieb gestrichenen Quark, die zerlassene Butter, 1 EL Ananassaft, der sich beim Schälen der Ananas bildete, und Vanillezucker dazugeben und gut verrühren. Dann 6 feingehackte Ananasscheiben und schließlich das zu

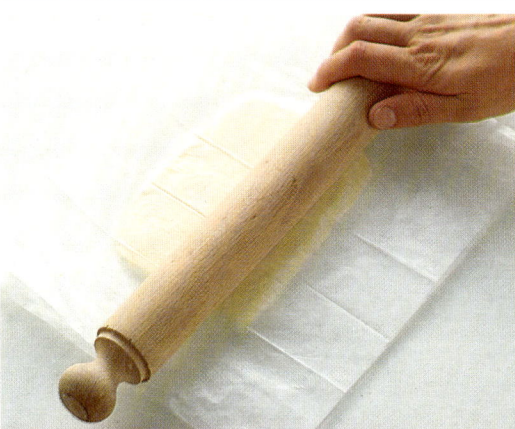 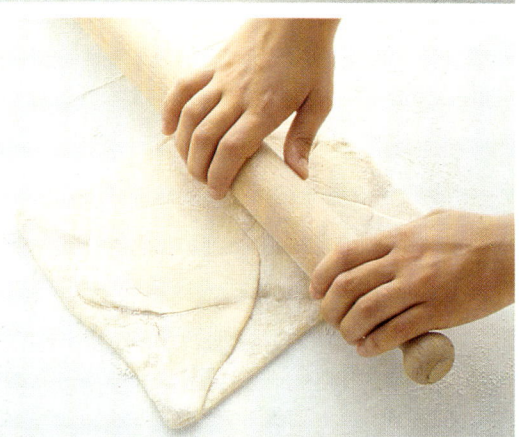

*Blätterteigböden nach dem Grundrezept kann man entweder mit einer leichten Fülle aus Konfitüre oder Crème pâtissière backen, oder aber zuerst "blind" backen und nachher mit frischem Obst oder einer anderen Creme belegen. Manche Konditoren verstärken durch Zugabe von etwas Zitronensaft oder Essig die Kleberfasern und damit die Fähigkeit des Teiges, während des Backens seine Schichtstruktur zu behalten. Die hier angegebenen Mengen sind für eine große Tortenform und gegenüber dem Rezept auf S. 86 leicht variiert.*

**Zutaten** für ca. 1 kg Teig:
500 g Mehl
2 TL Salz
500 g Butter
150 – 200 ml Wasser

Mehl und Salz in eine Schüssel sieben. Ein wenig kalte Butter dazugeben und die Zutaten mit den Fingerspitzen zerbröseln. Das kalte Wasser dazugießen und damit den Teig binden. Eine Plastiktüte mit Mehl bestäuben, den Teig hineingeben und kaltstellen.

Teig aus dem Kühlschrank nehmen. Auf der Arbeitsplatte ein Rechteck aus Butterbrotpapier ausbreiten, die kalte Butter darauflegen und mit einem zweiten Rechteck aus Butterbrotpapier bedecken, damit die Butter an der Teigrolle nicht festkleben kann. Die Butter zu einem Butterziegel von 2 cm Dicke ausrollen.

Den Teig aus der Plastiktüte nehmen und auf die bemehlte Arbeitsfläche legen. Daraus ein 1 cm dickes Rechteck so formen, daß man die Ecken über die Butter einschlagen kann. Mit der Teigrolle ausrollen, dabei den Teig oft drehen.

Das Butterbrotpapier vom Butterziegel ablösen, die Butter mit der papierfreien Seite nach unten auf die Teigmitte legen und das zweite Butterbrotpapier abziehen.
Die Teigecken diagonal nach innen einschlagen, sodaß eine Tasche in Form eines Kuverts entsteht, jedoch zwischen Butterrand und Teigkante 1 cm Zwischenraum lassen. Ränder des eingeschlagenen Teiges leicht flachklopfen.

Teigtasche mit leichtem Druck zu einem Rechteck ausrollen, das dreimal so lang wie breit ist.

Ein Drittel der Teigfläche von einer Schmalseite zur Mitte hin einschlagen, dann die andere Seite darüberschlagen, so daß drei Teigschichten übereinander liegen. Durch leichten Druck auf die Kanten des Rechtecks eventuell noch vorhandene Luft zwischen den Schichten entweichen lassen.

Die letzten beiden Vorgänge (Touren) wiederholen, also immer den Teig ausrollen und dann dreifach einschlagen. Teig in ein feuchtes Tuch einschlagen und eine halbe Stunde im Kühlschrank kaltstellen. Guter Blätterteig muß vier– bis sechsmal touriert werden.

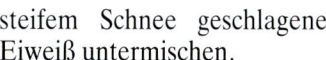

*APFELTORTE (BLÄTTER-
TEIG)*
■*Für dieses Rezept kann man
statt Äpfeln auch andere Obst-
arten, z.B. Birnen– oder Bananenscheiben, verwenden.*

steifem Schnee geschlagene
Eiweiß untermischen.
Springform aus dem Kühl-
schrank nehmen, Teigboden
mehrfach mit der Gabel einstechen, mit der Quark–Ananas–Creme bestreichen. Torte
eine halbe Stunde bei 200 °C
backen.
Mit den restlichen, in Stückchen geteilten Ananasscheiben und der in dünne Streifen
geschnittenen Engelwurz dekorieren.

## APFELTORTE (BLÄTTERTEIG)

Zubereitungszeit *75 Minuten*
Schwierigkeitsgrad *mittel*
**Zutaten**
*1 Grundmenge Blätterteig
nach Grundrezept
2 Eigelb
150 g Zucker
30 g Mehl
2 Eier
1/2 l Milch
3 Äpfel (Golden Delicious)
50 g Butter
50 g gemahlene Mandeln
1 EL Vanillezucker*

Blätterteig ausrollen und eine
kalt ausgespülte Tortenform
(Ø 26 cm) damit auslegen.
Teigboden mehrfach mit der
Gabel einstechen und die
Form eine halbe Stunde im
Kühlschrank kaltstellen.
Mit dem Schneebesen die zwei
Eigelb mit 100 g Zucker schau-
mig schlagen, Mehl einrühren.
Ein ganzes Ei dazugeben und
10 Minuten weiterschlagen.
Die kochend heiße Milch lang-

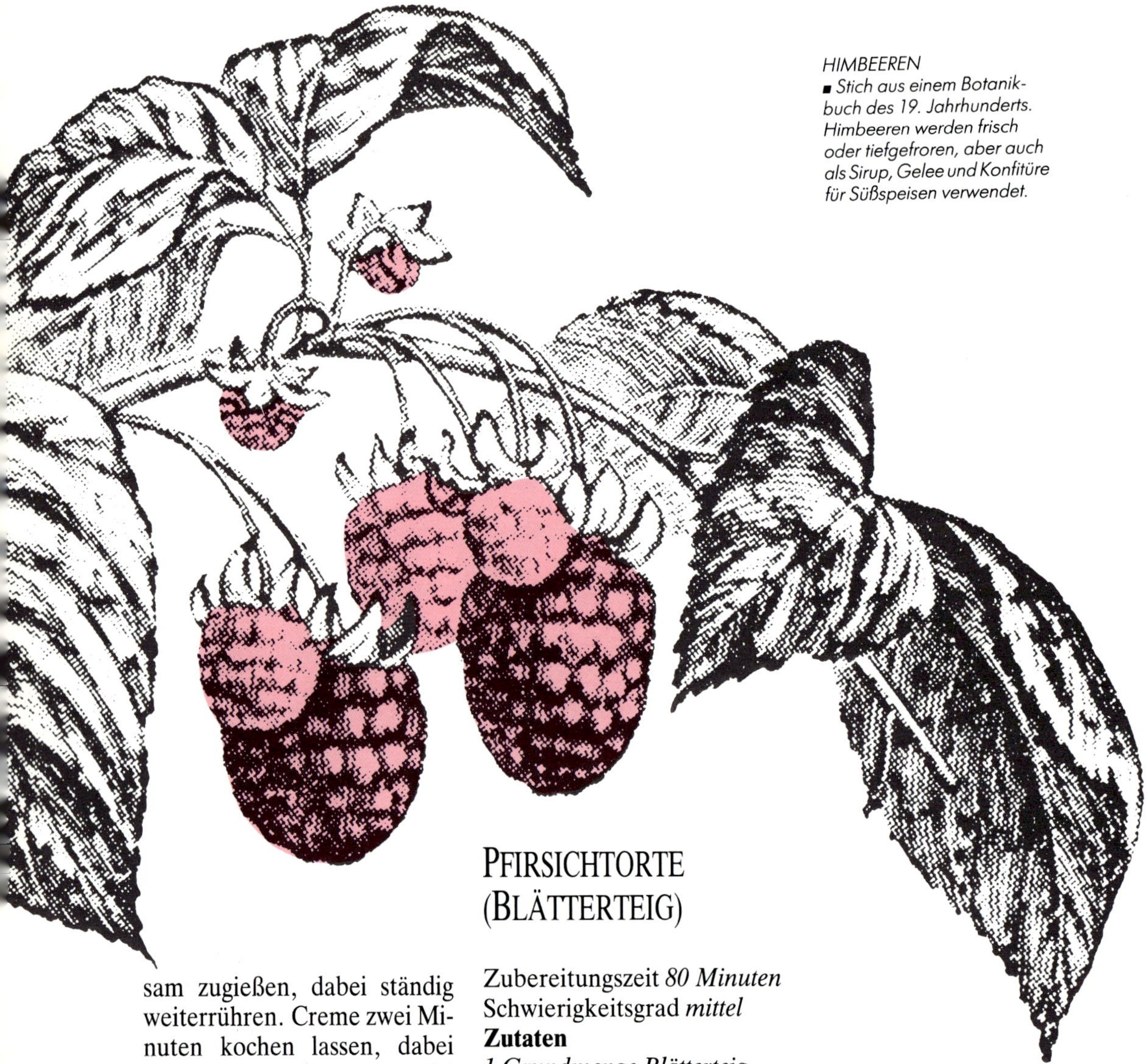

HIMBEEREN
■ Stich aus einem Botanikbuch des 19. Jahrhunderts. Himbeeren werden frisch oder tiefgefroren, aber auch als Sirup, Gelee und Konfitüre für Süßspeisen verwendet.

sam zugießen, dabei ständig weiterrühren. Creme zwei Minuten kochen lassen, dabei ständig mit einem Holzlöffel umrühren. Abkühlen lassen, dann die Creme auf den Tortenboden gießen und mit einem Messer oder Spatel glattstreichen.
Äpfel schälen, in dünne Scheiben schneiden und in konzentrischenKreisen auf die Creme legen.
Die Torte im Rohr 10 Minuten bei 210 °C backen, dann die Backhitze auf 180 °C reduzieren und 20 Minuten weiterbacken.
Restlichen Zucker, zerlassene Butter und das zweite Ei verrühren, das Gemisch über die Äpfel gießen. Mit den gemahlenen Mandeln bestreuen und die Torte noch einmal 10 Minuten backen, bis die Oberfläche goldgelb wird. Herausnehmen, abkühlen lassen und vor dem Anrichten mit Vanillezucker bestäuben.

## PFIRSICHTORTE (BLÄTTERTEIG)

Zubereitungszeit *80 Minuten*
Schwierigkeitsgrad *mittel*
**Zutaten**
*1 Grundmenge Blätterteig oder einfacher Blätterteig nach Grundrezept*
*1 kg reife Pfirsiche*
*250 g Zucker*
*4 Eier*
*1 Msp. Vanillemark*
*ca. 100 g Butter*
*20 ganze, geschälte Mandeln*

Blätterteig ausrollen und eine kalt ausgespülte Form (Ø 26 cm) damit auslegen. Teigboden mit der Gabel mehrfach einstechen. Form eine halbe Stunde im Kühlschrank kaltstellen.
Pfirsiche waschen und trokkentupfen, halbieren und entkernen. Vier Pfirsiche mit dem Zucker, den ganzen Eiern, der Vanille und der zerlassenen Butter in den Mixer geben und durchmixen. Restliche 2 Pfirsiche in dünne Spalten schneiden und den Blätterteig damit belegen (Spitzen nach oben). Mandeln darauf verteilen und Fruchtcreme darübergießen. Im Backrohr ca. 40 Minuten bei 200 °C backen.

## DREIFRUCHTTORTE (BLÄTTERTEIG)

Zubereitungszeit *70 Minuten*
Schwierigkeitsgrad *mittel*
**Zutaten**
*1 Grundmenge Blätterteig oder einfacher Blätterteig nach Grundrezept*
*500 g Waldbeeren, gemischt (Himbeeren, Walderdbeeren, Heidelbeeren)*
*100 g Rohrzucker*
*100 g Mehl*
*150 g Zucker*
*150 g Butter*
*50 g Johannisbeerkonfitüre*

Blätterteig dünn ausrollen, drei gleich große Kreise ausschneiden und diese auf dem kalt abgespülten Backblech ca. 20 Minuten bei 200 °C im Rohr backen.
Inzwischen die Beeren waschen, trocknen und mit dem Rohrzucker eingezuckert ca. eine Stunde ziehen lassen.
In einer Schüssel mit den Fingerspitzen das Mehl, den Zukker und die weich gemachte Butter in kleinen Stückchen rasch miteinander vermengen, bis ein krümeliges Gemisch entsteht. Das erste runde Tortenblatt aus dem Backrohr nehmen, mit diesem Gemisch bestreuen und mit Beeren belegen. Ebenso werden die beiden anderen Tortenblätter belegt. Alle drei aufeinanderschichten, die oberste Schicht noch mit Konfitüre und Beeren garnieren.

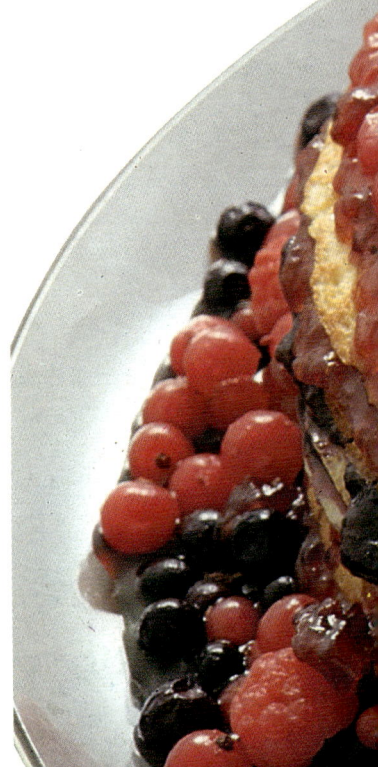

DREIFRUCHTTORTE
(BLÄTTERTEIG)
■ Wer diese Torte außerhalb
der Beerenzeit backen möchte, kann tiefgefrorene Beeren
verwenden, sollte sie aber
vorher bei Zimmertemperatur
auftauen und gut abtropfen
lassen.

## BANANENCREMETORTE (BLÄTTERTEIG)

*Damit die Bananen nach dem Schälen nicht braun werden, beträufelt man sie mit Zitronensaft, sobald sie in Scheiben geschnitten oder püriert werden.*

Zubereitungszeit *80 Minuten*
Schwierigkeitsgrad *mittel*
**Zutaten**
*1 Grundmenge Blätterteig nach Grundrezept*
*100 g Zucker*
*200 ml Wasser*
*2 Eigelb*

*200 g Butter*
*1 Päckchen Vanillin–Zucker*
*2 sehr reife Bananen*
*1 EL Maraschino*
*80 g blättrig geschnittene Mandeln*

Blätterteig auf 4 mm Dicke ausrollen, vier gleich große Rechtecke ausschneiden. Backblech mit kaltem Wasser abspülen, Rechtecke darauflegen und mit einer Gabel mehrfach einstechen. Bei 200 °C ca. 20 Minuten backen. Auskühlen lassen.

Zucker in einen Topf geben, Wasser dazugießen und einkochen, bis ein von der Gabel fallender Tropfen keinen Faden mehr zieht. Hitzezufuhr abschalten.
Eigelb mit einem Schneebesen schlagen, kochend heiße Zuckerlösung ganz langsam dazugießen und ständig rühren, bis das Gemisch vollständig ausgekühlt ist. Butter mit Vanillin-Zucker cremig rühren, die pürierten Bananen dazugeben und gut vermengen. Nach und nach die Eiercreme und den Maraschino tropfenweise untermischen.

Ein Drittel der Creme auf das erste Teigblatt verteilen, das zweite Teigblatt darauflegen, genauso mit dem zweiten verfahren und mit dem dritten Teigblatt obenauf abschließen.
Mandeln 5 Minuten bei 200 °C im Backrohr goldgelb rösten und die Torte zur Verzierung damit bestreuen.

## TORTE AUS BLÄTTERTEIG, BISKUIT UND ROSINEN

*Die Biskuitschicht zwischen den Blätterteigschichten macht die Torte luftiger und zarter. Die Crème pâtissière kann auch noch mit Schokolade verfeinert werden.*

Zubereitungszeit *75 Minuten*
Schwierigkeitsgrad *mittel*
**Zutaten**
*1 Grundmenge Blätterteig*
*oder einfacher Blätterteig*
*nach Grundrezept*
*100 g Rosinen*
*1/2 Glas Grand Marnier*
*500 g Crème pâtissière nach*
*Rezept S. 44*
*1 Scheibe Biskuit von*
*22 cm ⌀ nach Rezept S. 146*
*Puderzucker zum Bestäuben*

Blätterteig in 2 Hälften teilen, jede Hälfte zu einem Kreis von 22 cm Durchmesser ausrollen, beide auf ein kalt abgespültes Backblech legen und ca. 20 Minuten im Backrohr bei 200 °C backen.

Rosinen ca. 10 Minuten in lauwarmem Wasser einweichen. Danach ausdrücken, trocknen und mit 2 EL Grand Marnier beträufeln.

Crème pâtissiere nach Rezept zubereiten. Wenn sie erkaltet ist, die abgetropften Rosinen dazugeben.

Eine der beiden Blätterteigscheiben auf die Tortenplatte legen und mit der Hälfte der Rosinencreme bestreichen. Biskuitscheibe darauflegen, mit dem restlichen Likör beträufeln und mit der restlichen Creme bestreichen. Zweite Blätterteigscheibe als Deckschicht darauflegen, vor dem Anrichten mit Puderzucker bestäuben.

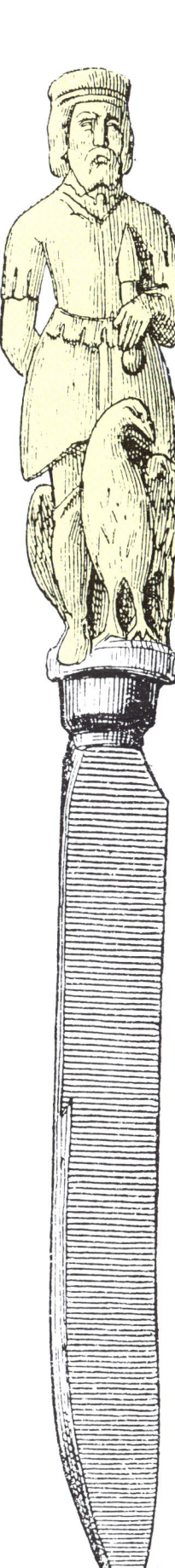

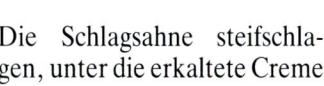

## SAHNE

Damit Sahne sich gut schlagen läßt, muß sie vorher lange im Kühlschrank gewesen sein. Eiweiß hingegen läßt sich bei Raumtemperatur am besten zu luftigem Schnee schlagen. Eine Prise Salz oder Zucker bewirkt, daß er schön fest wird.

## CREMESCHNITTEN MIT WALDERDBEEREN

Zubereitungszeit *80 Minuten*
Schwierigkeitsgrad *mittel*
**Zutaten**
*1 Grundmenge Blätterteig oder einfacher Blätterteig nach Grundrezept*
*2 Eigelb*
*100 g Zucker*
*30 g Mehl*
*200 ml Milch*
*125 g Schlagsahne, geschlagen*
*300 g Walderdbeeren*
*1 EL Puderzucker*

Blätterteig in vier Teile teilen, die Viertel zu gleich großen Quadraten ausrollen. Die 4 Quadrate auf einem kalt abgespülten Backblech 20 Minuten bei 200 °C im Backrohr bakken.
Die Eigelb mit dem Zucker schaumig rühren, das Mehl dazugeben und die kochend heiße Milch zugießen. Bei geringer Hitzezufuhr die Creme unter ständigem Rühren eindicken. Auskühlen lassen.

Die Schlagsahne steifschlagen, unter die erkaltete Creme ziehen.
Walderdbeeren waschen und trocknen lassen.
Das erste Blätterteigquadrat mit einem Drittel der Creme bestreichen, darauf ein Drittel der Erdbeeren verteilen. Das zweite Quadrat darauflegen, ebenso belegen. Drittes Quadrat auch darauflegen, letzte Schicht Creme und Erdbeeren mit dem vierten Quadrat zudecken. Darauf die restlichen Erdbeeren garnieren, mit Puderzucker bestäuben und anrichten.

## NEKTARINENTORTE (BLÄTTERTEIG)

*Bei diesem Rezept saugen Corn flakes den Saft, den die Nektarinen beim Backen abgeben, auf.*

Zubereitungszeit *70 Minuten*
Schwierigkeitsgrad *mittel*
**Zutaten**
*1 Grundmenge Blätterteig oder einfacher Blätterteig nach Grundrezept*
*4 Nektarinen*
*50 g Butter*
*100 g Zucker*
*30 g Mehl*
*2 Eier*
*1/4 l Milch*
*6 EL Corn flakes, zerkrümelt*

Blätterteig ausrollen, Boden und Rand einer runden, mit kaltem Wasser ausgespülten Form damit belegen. Form im Kühlschrank eine halbe Stunde kaltstellen.

93

Inzwischen Nektarinen waschen, schälen, entkernen und in Stückchen schneiden.
Butter weichrühren, Zucker und Mehl dazugeben und 5 Minuten durchschlagen. Die vier Eier einzeln einrühren, schließlich die heiße Milch langsam zugießen.
Tortenform mit dem Teig aus dem Kühlschrank nehmen. Boden zuerst mit den zerkrümelten Corn flakes, dann mit den Nektarinenstückchen belegen. Creme darübergießen. Torte 40 Minuten bei 200 °C backen.

## HIMBEER- SCHOKOLADE-TORTE (BLÄTTERTEIG)

Zubereitungszeit *85 Minuten*
Schwierigkeitsgrad *mittel*
**Zutaten**
*1 Grundmenge Blätterteig oder einfacher Blätterteig nach Grundrezept*
*4 Eier*
*100 g Zucker*
*1 TL Vanillin–Zucker*
*30 g Mehl*
*30 g Butter*
*400 ml Milch*
*250 g Himbeeren*
*100 g Blockschokolade*

Teig auf 4 mm Dicke ausrollen. Eine runde Kuchenform kalt ausspülen und mit dem Teig so auskleiden, daß ringsum ein gut 1 cm breiter Teigrand übersteht. Boden mit einer Gabel mehrfach einstechen, Form 1/2 Stunde in den Kühlschrank geben.
In einer Schüssel 2 ganze Eier

□ *Grießzucker (mittelfeine oder feine Raffinade) sieht wie feiner Sand aus und wird aus Zuckerrüben hergestellt. Zucker kann man aber auch als Hagelzucker kaufen, der meist zum Verzieren von Süßspeisen verwendet wird, oder als Puderzucker, der pulverfein gemahlen ist. Vanillezucker ist mit Vanillemark aromatisiert. Es gibt auch Rohrzucker zu kaufen – grob oder fein, weiß oder braun –, doch hat dieser etwas weniger Süßkraft als Rübenzucker.*

□ *Zitronen und Orangen sind heute sehr oft mit Diphenyl behandelt, was sie zwar lange haltbar, die Schale jedoch sehr bitter und praktisch ungenießbar macht. Wenn in einem Rezept die Schale verwendet werden soll, ist es daher ratsam, entweder unbehandelte Zitrusfrüchte zu kaufen oder behandelte Schalen einige Minuten kochen zu lassen und das Kochwasser mindestens dreimal zu wechseln.*

□ *Beim Backen von Torten mit frischem Obst oder flüssigen Cremes hat es sich bewährt, den Tortenboden mit Keks– oder Biskuitbröseln, fein gemahlenen Mandeln oder Konfitüren zu bestreuen bzw. zu bestreichen, damit die beim Backen freigesetzte Flüssigkeit den Tortenboden nicht durchweichen und den Backprozeß beeinträchtigen kann.*

□ *Die Backzeit muß genau überwacht werden, denn die im Rezept angegebene Zeit kann je nach Backrohrtyp zu lang oder zu kurz sein. Die Backzeiten variieren nämlich zwischen Gas–, Elektro– und Umluft–Backrohren bis zu 5 Minuten pro halber Stunde.*

□ *Blätterteig– und Mürbteigkuchen schneidet man am besten mit einem Wellenschliffmesser. Man erhält auf diese Weise saubere Schnittkanten. Kuchen aus weichem Teig werden mit Hilfe eines normalen Messers oder eines Tortenmessers mit breiter Klinge zerteilt.*

□ *Kuchen– und Backformen gibt es in vielen verschiedenen Formen und Größen. Für Blätter– und Mürbteigkuchen nimmt man im allgemeinen Kuchenformen mit großem Durchmesser, die nicht höher als 3 cm sind, am besten mit Liftboden, damit man die Kuchen leicht herausnehmen kann. Sehr beliebt sind die Springformen mit Randverschluß und herausnehmbarem Boden, auch niedrige Kupfer– und Keramikformen.*

und zwei Eigelb mit Zucker und Vanillin–Zucker schaumig schlagen, dann Mehl und weiche Butter einrühren. Die heiße Milch zugießen und zuletzt die zu Schnee geschlagenen Eiweiß.
Himbeeren waschen und trockentupfen, dann auf dem Teigboden verteilen und die Creme darübergießen. Überstehenden Teig einschlagen, so daß ein Rand entsteht. Torte 20 Minuten im vorgeheizten Rohr bei 200 °C backen, dann mit Alufolie abdecken, Hitze auf 160 °C reduzieren und in ca. 40 Minuten fertigbacken.
Schokolade in Stücke brechen, 2 EL Wasser dazugeben und im Wasserbad zergehen lassen. Flüssige Schokolade vom Teelöffel in beliebigen Mustern auf die Torte tropfen.

## BLÄTTERTEIGKUCHEN MIT SAUERKIRSCHEN

Zubereitungszeit *90 Minuten*
Schwierigkeitsgrad *mittel*
**Zutaten**
*1 Grundmenge Blätterteig oder einfacher Blätterteig nach Grundrezept*
*100 g Butter*
*100 g Zucker*
*100 g Mandeln, in der Küchenmaschine gemahlen*
*1 TL Mehl*
*3 Eier*
*3 EL Rum*
*600 g Sauerkirschen*
*6 Löffelbiskuits*
*100 g Johannisbeergelee*

Blätterteig ausrollen und eine kalt ausgespülte Form (Ø 26 cm) damit auskleiden. Boden mit der Gabel mehrfach einstechen und 30 Minuten in den Kühlschrank stellen.

Die weiche Butter mit einem Holzlöffel cremig rühren, Zucker, gemahlene Mandeln und Mehl dazugeben, die Eier und schließlich 2 EL Rum darunterrühren.

Sauerkirschen entkernen und Löffelbiskuits zerbröseln.

Den Teigboden mit den Biskuitbröseln bestreuen, darauf eine Schicht Sauerkirschen verteilen. Die Mandelcreme darübergießen und den Kuchen 1/2 Stunde im Backrohr bei 200 °C backen. Mit Alufolie abdecken, in 20 Minuten fertigbacken.

Johannisbeergelee mit dem restlichen Rum auf kleiner Flamme glattrühren. Kuchen heiß mit dem Gelee bestreichen.

DIPLOMATENSCHNITTEN
MIT MASCARPONE–FÜLLE
■ Die Fülle dieser Blätter-
teigschnitten enthält Mascarpone – einen fettreichen
Frischkäse aus Italien, der
auch mit Kakao, Zucker und –
nach Belieben – Cognac köstlich schmeckt.

### DIPLOMATENSCHNITTEN MIT MASCARPONE-FÜLLE

Zubereitungszeit *60 Minuten*
Schwierigkeitsgrad *mittel*
**Zutaten**
*1 Grundmenge Blätterteig*
*oder einfacher Blätterteig*
*nach Grundrezept*
*1 EL Puderzucker*
*2 Eier*
*4 EL Zucker*
*200 g Mascarpone (oder Sah-*
*nequark)*
*100 g Schlagsahne, geschla-*
*gen*
*2 Scheiben Biskuit nach Re-*
*zept auf S. 146*
*1/2 Tasse starker Kaffee*
*1/2 Tasse Cognac*

Blätterteig ausrollen und in
vier gleich große Rechtecke
schneiden. Auf ein kalt abgespültes Backblech legen und
1/2 Stunde kühlstellen. Dann
20 Minuten im Backrohr bei
200 °C backen. Die Rechtecke
mit Puderzucker bestäuben
und auskühlen lassen.
Inzwischen die Eigelb mit dem
Zucker schaumig schlagen,
dann den Mascarpone dazugeben, gut durchrühren und zuletzt die geschlagene Schlagsahne vorsichtig darunterziehen.
Auf die Blätterteig-Rechtecke
eine Scheibe Biskuit legen, die
man zuvor kurz in das Kaffee-
Cognac-Gemisch getunkt hat,
auf diese eine Schicht Mascarponecreme streichen. Dann
noch mit dem Puderzucker bestäuben.

### MANGOTORTE (BLÄTTERTEIG)

Zubereitungszeit *75 Minuten*
Schwierigkeitsgrad *mittel*
**Zutaten**
*1 Grundmenge Blätterteig*
*oder einfacher Blätterteig*
*nach Grundrezept*
*2 vollreife Mangofrüchte*
*3 Eigelb*
*Saft von 1 Zitrone*
*125 g Puderzucker*
*30 g Mehl*
*100 g Schlagsahne*
*200 ml Milch*
*30 g Butter*

Blätterteig ausrollen und eine
kalt ausgespülte Form damit
auskleiden. Boden mehrfach
mit der Gabel einstechen und
Form 30 Minuten in den Kühlschrank stellen.
Mangofrüchte schälen, Kerne
entfernen und das Frucht-
fleisch mit dem Zitronensaft
und 50 g Zucker im Mixer pürieren.
Eigelb mit dem restlichen
Zucker verrühren, Mehl dazugeben und die Sahne mit der
heißen Milch zugießen. Bei
geringer Hitze die Creme
unter ständigem Rühren dick
werden lassen. Topf mit der
Creme vom Herd nehmen,
weiche Butter und Mango-
fruchtbrei gründlich daruntermischen.
Bei 200 °C den Blätterteig 20
Minuten im Rohr backen.
Form herausnehmen, den
Tortenboden mit der Creme
füllen, zurück ins Rohr schieben und in ca. 20 Minuten fertigbacken. Torte kalt servieren.

### MARONEN-SCHICHTTORTE (BLÄTTERTEIG)

*Maronen (Edelkastanien)*
*kann man frisch nur im Herbst*
*und Winter, der Erntezeit*
*der Edelkastanien, kaufen.*
*Glasierte Maronen (marrons*
*glacés) hingegen sind im Fein-*
*kosthandel ganzjährig erhält-*
*lich.*

Zubereitungszeit *75 Minuten*
Schwierigkeitsgrad *mittel*
**Zutaten**
*300 g glasierte Maronen,*
*zerkrümelt*
*1/2 Glas (ca. 2 cl) Weinbrand*
*1 Grundmenge Blätterteig*
*oder einfacher Blätterteig*
*nach Grundrezept*
*250 g Mascarpone*
*200 g Kastanienkonfitüre*
*(Maronenpüree)*
*100 g Bitterschokolade*
*1 EL Puderzucker*
*6 ganze glasierte Maronen*

Die zerkrümelten glasierten
Maronen in eine Schüssel geben und mit dem Weinbrand
begießen.
Blätterteig auf 4 mm Dicke
ausrollen und in vier gleich
große Rechtecke teilen.
Das Backblech mit kaltem
Wasser benetzen, Rechtecke
darauflegen und mit einer Gabel mehrfach einstechen, ca.
20 Minuten im Backrohr bei
200 °C backen. Auskühlen lassen.
Mascarpone mit Kastanien-
konfitüre und der im Wasserbad geschmolzenen Schokolade verrühren, Maronenkrü-

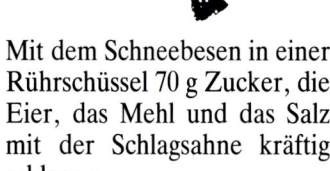

mel dazugeben, vorher den Weinbrand abtropfen lassen. Das erste Teig–Rechteck mit einem Drittel der Maronenmischung bestreichen. Das zweite Rechteck darauflegen, genauso bestreichen usw., bis das vierte Rechteck obenauf liegt. Es wird mit Puderzucker bestäubt und mit den ganzen glasierten Maronen dekoriert.

## COGNAC-PFLAUMEN-BLÄTTERTEIGTORTE

*Die für diese Torte verwendeten, in Cognac eingelegten Trockenpflaumen kann man zuhause selbst herstellen: große, getrocknete Pflaumen entkernen, in ein Glas legen und mit erstklassigem Cognac übergießen, bis sie bedeckt sind. Im verschlossenen Glas einen Monat ziehen lassen.*

Zubereitungszeit *60 Minuten*
Schwierigkeitsgrad *mittel*
**Zutaten**
*1 Grundmenge Blätterteig
oder einfacher Blätterteig
nach Grundrezept
20 Cognac–Pflaumen
80 g Zucker
4 Eier
30 g Mehl
1 Prise Salz
100 g Schlagsahne*

Blätterteig ausrollen und Boden und Rand einer kalt ausgespülten Backform damit auskleiden. Form eine halbe Stunde in den Kühlschrank stellen. Pflaumen aus dem Cognac herausnehmen, gut abtropfen lassen.

Mit dem Schneebesen in einer Rührschüssel 70 g Zucker, die Eier, das Mehl und das Salz mit der Schlagsahne kräftig schlagen.
Backform mit dem Teig aus dem Kühlschrank nehmen, mit der Gabel mehrfach einstechen. Pflaumen auf dem Teig verteilen und das Gemisch aus Eiern, Mehl und Sahne darübergießen.
Torte 40 Minuten bei 200 °C backen. Ein paar Minuten vor Ende der Backzeit mit dem restlichen Zucker bestreuen, die Oberfläche wird dann leicht karamelisiert.

## ZITRONENCREMETORTE (BLÄTTERTEIG)

Zubereitungszeit *60 Minuten*
Schwierigkeitsgrad *mittel*
**Zutaten**
*1 Grundmenge Blätterteig
oder einfacher Blätterteig
nach Grundrezept
2 Eigelb*

*100 g Zucker
20 g Mehl
1/4 l Milch
Saft und Schale von 2 Zitronen (unbehandelt)
100 g Butter
1 EL Puderzucker*

Blätterteig in drei gleiche Teile teilen, daraus 3 Kreise von je 18 cm Durchmesser ausrollen, auf ein kalt abgespültes Backblech legen, mit der Gabel mehrfach einstechen und 20 Minuten bei 200 °C backen.
Die Eigelb mit dem Zucker schaumig schlagen, Mehl zugeben und kochend heiße Milch zugießen. Abgeriebene Zitronenschale einrühren, die Creme bei geringer Hitze unter ständigem Rühren eindicken lassen. Gefilterten Zitronensaft dazugeben, weiterrühren.
Butter schaumig rühren und löffelweise in die ausgekühlte Creme einrühren.
Die erste Teigscheibe mit der Hälfte der Creme bestreichen und die zweite Teigscheibe darauflegen. Darauf eine zweite Cremeschicht auftra-

gen und mit der dritten und letzten Teigscheibe abschließen.
Mit Puderzucker bestäuben, eventuell noch verzieren und anrichten.

## KOKOSCREMETORTE (BLÄTTERTEIG)

Zubereitungszeit *70 Minuten*
Schwierigkeitsgrad *mittel*
**Zutaten**
*1 Grundmenge Blätterteig
oder einfacher Blätterteig
nach Grundrezept
100 g Kokosraspeln
125 g vanillierter Puderzucker
15 g Speisestärke
125 g Schlagsahne
3 Eier
6 Löffelbiskuits*

Blätterteig ausrollen, eine kalt ausgespülte Kuchenform damit auskleiden und eine halbe Stunde kalt stellen.
In einer Schüssel Kokosraspeln, Zucker, vanillierten

Zucker, Speisestärke und Schlagsahne miteinander verrühren. Die vorher bereits kurz geschlagenen Eier einrühren, zuletzt das zu steifem Schnee geschlagene Eiweiß unterziehen.

Form mit dem Blätterteig aus dem Kühlschrank nehmen, Boden mit den zerbröselten Biskuits bestreuen, mit der Creme füllen. Torte 20 Minuten bei 200 °C backen, dann Hitze auf 180 °C reduzieren und in ca. 20 Minuten fertigbacken.

## PFIRSICHCREMETORE (BLÄTTERTEIG)

*Im Sommer kann man für dieses Rezept frische Pfirsiche statt der in Zuckersirup eingelegten verwenden, muß sie dafür aber zuerst in Zuckerwasser kochen.*

Zubereitungszeit *45 Minuten*
Schwierigkeitsgrad *mittel*

**Zutaten**
*1 Grundmenge Blätterteig oder einfacher Blätterteig nach Grundrezept*
*400 g Pfirsiche aus der Dose, abgetropft*
*2 Eier*
*50 g Zucker*
*20 g Speisestärke*
*2 cl Wasser*
*200 g Schlagsahne*

Blätterteig zu einer Dicke von 4 mm ausrollen, auf das kalt abgespülte Backblech legen, mit einer Gabel mehrfach einstechen und bei 200 °C im Backrohr ca. 20 Minuten backen. Teigblatt in vier gleich große Rechtecke schneiden, auskühlen lassen. Die Pfirsiche pürieren.

Die Eigelb mit dem Zucker schlagen, Speisestärke in 2 cl Wasser glattrühren und dazu-

geben. Zuletzt die pürierten Pfirsiche hineingeben. Die so entstandene Creme unter vorsichtigem Rühren eindicken. Drei Blätterteig–Rechtecke mit der Creme bestreichen und aufeinanderschichten. Das vierte Rechteck darauflegen, Schlagsahne steifschlagen und die Torte damit verzieren.

## RHABARBERKUCHEN MIT ROSINEN (BLÄTTERTEIG)

Zubereitungszeit *70 Minuten*
Schwierigkeitsgrad *mittel*
**Zutaten**
*1 Grundmenge Blätterteig*
*oder einfacher Blätterteig*
*nach Grundrezept*
*1 kg Rhabarber*
*2 Eier*
*100 g Zucker*
*250 g Schlagsahne*
*60 g Rosinen, eingeweicht*

Blätterteig ausrollen und eine kalt ausgespülte Form (Ø 26 cm) damit auslegen. Boden mit einer Gabel mehrfach einstechen und die Form eine halbe Stunde in den Kühlschrank stellen.
Rhabarberstengel putzen, Blätter und Fäden entfernen, in Stücke schneiden und zwei Minuten in Wasser kochen. Abtropfen lassen und auf dem Blätterteigboden verteilen.
Eier mit dem Zucker, der Schlagsahne und den Rosinen verquirlen, das Gemisch über den Rhabarber gießen. Kuchen 20 Minuten bei 200 °C backen, dann mit Alufolie zu-

decken, die Hitze auf 180°C reduzieren und noch einmal ca. 20 Minuten weiterbacken. Alufolie entfernen und den Kuchen lauwarm servieren.

## ZITRONENKUCHEN AUS BLÄTTERTEIG

*Beim Backen wird viel mit Zitrone gearbeitet, besonders mit der Schale, die allen Teigarten und Cremes ein feines, aber zugleich auch kräftiges Aroma verleiht.*

Zubereitungszeit *45 Minuten*
Schwierigkeitsgrad *mittel*
**Zutaten**
*1 Grundmenge Blätterteig nach Grundrezept*
*6 Eigelb*
*100 g Zucker*
*100 g Butter*
*150 ml Zitronensaft*
*1 EL dünn abgeriebene Zitronenschale (unbehandelt)*

Blätterteig ausrollen und Boden und Rand einer mit kaltem Wasser ausgespülten Kuchenform damit auskleiden. Teig mit einer Gabel mehrfach einstechen und ca. 20 Minuten bei 200°C backen.
Die Eigelb mit dem Zucker ca. 10 Minuten lang schaumig rühren. Weiche Butter und Zitronensaft dazugeben. Gemisch im Wasserbad erhitzen und dabei mit dem Schneebesen weiterrühren, bis die Creme dick wird, dann vom Herd nehmen und die Zitronenschale dazugeben. Creme vollständig erkalten lassen, dann auf den Blätterteig geben.

## HEIDELBEER-SCHICHTTORTE

*Statt Heidelbeeren eignen sich auch andere Kompottfrüchte, wie z.B. Kirschen, Sauerkirschen, Himbeeren, für dieses Rezept; ebenso größere Früchte, die dann aber in Würfel geschnitten werden sollten.*

Zubereitungszeit *60 Minuten*
Schwierigkeitsgrad *mittel*
**Zutaten**
*1 Grundmenge Blätterteig oder einfacher Blätterteig nach Grundrezept*
*300 g Creme Chantilly nach Rezept S. 48*
*400 g Heidelbeerkompott*
*1 EL Puderzucker*

Blätterteig rechteckig ausrollen, auf ein mit kaltem Wasser abgespültes Blech legen und bei 200°C im Rohr backen. Herausnehmen und noch heiß in vier gleich große Rechtecke schneiden.
Creme Chantilly zubereiten. Mit einem Drittel der Creme das erste Rechteck bestreichen, ein Drittel der gut abgetropften Heidelbeeren darauf verteilen. Das zweite Rechteck mit dem gleichen Belag daraufschichten usw., bis das vierte Rechteck als Abschluß obenaufliegt. Im Kühlschrank bis zum Anrichten kaltstellen. Im letzten Moment mit reichlich Puderzucker bestäuben.

## APFEL-HEIDELBEER-KUCHEN

*Ein klassisches September–Rezept, denn dann sind sowohl die Äpfel als auch die Heidelbeeren reif. Im Winter kann man tiefgefrorene, zwei Stunden vorher aufgetaute Heidelbeeren nehmen.*

Zubereitungszeit *40 Minuten*
Schwierigkeitsgrad *mittel*
**Zutaten**
*1 Grundmenge Blätterteig oder einfacher Blätterteig nach Grundrezept*
*100 g Heidelbeerkonfitüre*
*100 g Zucker*
*500 g Äpfel*
*200 g Heidelbeeren*

Blätterteig ausrollen, eine kalt ausgespülte Kuchenform (Ø 26 cm) damit auskleiden, rundherum einen Teigrand von 2 cm überstehen lassen. Mit Heidelbeerkonfitüre bestreichen und mit der halben Zuckermenge bestreuen. Auf den Zucker den Belag aus geschälten, in dünne Scheiben geschnittenen Äpfeln und den Heidelbeeren verteilen, schließlich den restlichen Zuk-

## QUARKKUCHEN (BLÄTTERTEIG)

Zubereitungszeit *75 Minuten*
Schwierigkeitsgrad *mittel*
**Zutaten**
*1 Grundmenge Blätterteig*
*oder einfacher Blätterteig*
*nach Grundrezept*
*300 g Magerquark*
*2 EL Pinienkerne, im Rohr*
*geröstet*
*2 EL Mandeln, blättrig ge-*
*schitten*
*2 EL Zitronat, fein gehackt*
*1 gestrichener EL Mehl*
*3 Eier*
*175 g Zucker*
*1 EL Likör (z.B. Curaçao)*
*oder Weinbrand*

Blätterteig ausrollen und eine
kalt ausgespülte Kuchenform

---

ker darüberstreuen. Teigrand
einschlagen.
Im vorgeheizten Rohr bei
200°C ca. 40 Minuten backen.
Herausnehmen, Kuchen vollständig erkalten lassen, aus
der Form lösen und anrichten.

## BROMBEERKUCHEN (BLÄTTERTEIG)

*Die Brombeeren müssen voll-*
*reif sein, denn sonst sind sie*
*sehr sauer. Wildwachsende*
*Brombeeren haben ein starkes*
*Aroma. Wahlweise frische*
*Erdbeeren oder Himbeeren.*

Zubereitungszeit *45 Minuten*
Schwierigkeitsgrad *mittel*
**Zutaten**
*1 Grundmenge Blätterteig*
*oder einfacher Blätterteig*
*nach Grundrezept*
*250 g Schlagsahne*
*50 g Puderzucker*
*1 Msp. Vanillemark*
*500 g Brombeeren*
*3 EL beliebiges Fruchtgelee*
*2 EL Kirschwasser*

Blätterteig ausrollen, eine kalt
ausgespülte Kuchenform (Ø
26 cm) damit auskleiden,
Rand mit Kerben verzieren
und den Boden mit der Gabel

mehrfach einstechen, im vorgeheizten Rohr 25 Minuten
bei 200 °C backen, bis der Teig
eine goldgelbe Farbe an-
nimmt. Auskühlen lassen.
Inzwischen mit dem Schneebesen die Schlagsahne mit
dem Puderzucker und dem
Vanillemark zur Creme aufschlagen.
Die Creme in den Teigrand
gießen, vollständig mit Brombeeren bedecken.
Das Fruchtgelee leicht erwärmen, das Kirschwasser dazugeben und die Mischung kurz
vor dem Anrichten über die
Brombeeren träufeln.

QUARKKUCHEN (BLÄTTER-
TEIG)
■ Speisequark gibt es in verschiedenen Fettgehaltsstufen
(Magerquark und Sahne-
quark). Für dieses Rezept eignet sich Magerquark am besten. Die Abbildung zeigt eine
gedeckte Variante dieses
schmackhaften Quarkku-
chens.

BANANEN–SCHICHTTORTE
(BLÄTTERTEIG)
■ Leichter wird die Füllcreme,
wenn man die Butter wegläßt
oder durch dieselbe Menge
Frischkäse (Doppelrahmstufe
bzw. Mascarpone) ersetzt.

(Ø 26 cm) damit auskleiden. Den Teigboden mit der Gabel mehrfach einstechen und eine halbe Stunde in den Kühlschrank stellen.

Quark gut durchrühren, Pinienkerne, Mandeln und Zitronat dazugeben, Mehl darüberstäuben und nochmals durchrühren.

Eier mit dem Zucker schaumig schlagen, dann in die Quarkmasse einrühren. Mit dem Likör aromatisieren, Gemisch in die Kuchenform mit dem Blätterteig einfüllen. Ca. 40 Minuten bei 200 °C backen.

## BANANEN–SCHICHTTORTE (BLÄTTERTEIG)

Zubereitungszeit *60 Minuten*
Schwierigkeitsgrad *mittel*
**Zutaten**
*1 Grundmenge Blätterteig
oder einfacher Blätterteig
nach Grundrezept 2 Bananen
1 Gläschen (2 cl) Kirsch-
wasser
2 Eigelb
100 g Zucker
20 g Mehl
1/4 l Milch
100 g Butter
1 EL Puderzucker*

Blätterteig in 3 Teile teilen, zu 3 runden Teigplatten von je 18 cm Durchmesser ausrollen. Die Kreise auf ein mit kaltem Wasser abgespültes Backblech legen, mit der Gabel mehrfach einstechen und 20 Minuten bei 220°C backen.

Bananen schälen, in dünne Scheiben schneiden und eine halbe Stunde mit Kirschwasser beträufelt abgedeckt ziehen lassen.

Eigelb mit dem Zucker schaumig schlagen, Mehl dazugeben und die kochend heiße Milch langsam zugießen, dabei ständig rühren. Die so entstehende Creme wird bei geringer Hitze unter ständigem Rühren eingedickt. Dann völlig erkalten lassen.

Butter bei Zimmertemperatur schaumig rühren, löffelweise die kalte Crème pâtissière mit dem Schneebesen darunterschlagen.

Erste Blätterteigscheibe mit der Creme bestreichen, mit knapp der Hälfte der Bananenscheiben belegen. Zweite Teigscheibe darauflegen und ebenso belegen. Mit der dritten Teigscheibe zudecken und kühlstellen. Kurz vor dem Anrichten mit Puderzucker bestäuben, Oberfläche mit Schlagsahne, filetierten Orangenspalten und Bananenscheiben verzieren.

## BLÄTTERTEIGKUCHEN MIT BAISERHAUBE

*Hier – wie auch bei anderen Süßspeisen – macht die beliebig dekorierte Baiserschicht den Kuchen exquisit und elegant.*

Zubereitungszeit *60 Minuten*
Schwierigkeitsgrad *mittel*
**Zutaten**
*1 Grundmenge Blätterteig
oder einfacher Blätterteig
nach Grundrezept*

*Blätterteig ist der ideale Teig für die Mille-feuille–Torte, die hier aus drei dünnen Blätterteigschichten besteht. Die Füllcreme zwischen den Blätterteigschichten ist ein Gemisch aus Crème pâtissière und Schlagsahne. Der Schichtaufbau gelingt nur, wenn der Blätterteig leicht und luftig ist.*

**Zutaten** für eine Torte von 16 x 20 cm
*250 g Crème pâtissière*
*100 g Schlagsahne (aus dem Kühlschrank)*
*40 g Puderzucker*
*350 g Blätterteig*

Blätterteig zu einem großen Rechteck von 3 mm Dicke ausrollen. In drei gleich große Teile schneiden, diese mit einem Tuch bedeckt 30 Minuten kühlstellen. Im Backrohr bei 220°C backen, bis der Teig goldgelb wird (20 Minuten).

Rechtecke auskühlen lassen, dann übereinanderlegen und auf exakt gleiche Größe zuschneiden. Damit die Füllung locker und luftig wird, Crème pâtissière mit Schlagsahne, die mit etwas Puderzucker luftig geschlagen wurde, vermischen.

Drei der Rechtecke mit Creme bestreichen, auf einer Tortenplatte übereinanderschichten, das vierte Rechteck darauflegen und mit durchgesiebtem Puderzucker bestäuben.

Mit einem glühend heißen Rouladenspieß parallele Diagonallinien in die Zuckerschicht einbrennen.

400 g Himbeeren
100 g Zucker
3 Eiweiß
150 g Puderzucker

Blätterteig ausrollen und eine kalt ausgespülte Form (Ø 26 cm) damit auskleiden, mehrfach mit der Gabel einstechen und eine halbe Stunde in den Kühlschrank stellen.

Himbeeren waschen, abtropfen lassen und einzuckern.

Blätterteig ca. 20 Minuten bei 200°C backen, herausnehmen und abkühlen lassen. Abgetropfte Himbeeren auf dem Blätterteigboden verteilen.

Eiweiß mit dem Puderzucker zu steifer Baisermasse schlagen, in einen Spritzbeutel füllen und mit einer weiten Spritztülle in beliebigen Mustern auf die Himbeeren spritzen. Bei 250°C nochmals ca. 10 Minuten ins Rohr geben, bis das Baiser leicht goldgelb ist, und sofort servieren.

## QUARKTORTE MIT KANDIERTEN FRÜCHTEN

*Gemischte kandierte Früchte kann man entweder fertig kaufen oder nach dem Rezept auf S. 27 selbst herstellen.*

Zubereitungszeit *50 Minuten*
Schwierigkeitsgrad *mittel*
**Zutaten**
*1 Grundmenge Blätterteig oder einfacher Blätterteig nach Grundrezept*
*300 g Magerquark*
*200 g Puderzucker*

*200 g gemischte kandierte Früchte*
*1 EL Orangenblütenwasser (Apotheke)*
*100 g Schlagsahne*

Blätterteig 5 mm dick zum Rechteck oder Quadrat ausrollen, auf ein kalt abgespültes Backblech legen. Im Rohr 10 Minuten bei 220°C backen, dann Hitze auf 180°C reduzieren und 5–8 Minuten weiterbacken, bis der Teig richtig knusprig ist.

Mit einem scharfen Messer das Teigblatt waagrecht in drei dünne Schichten teilen.

Den Quark mit dem Puderzucker (1 Eßlöffel Puderzucker zum Bestäuben übriglassen) gründlich durchrühren, fein geschnittene kandierte Früchte und das Orangenblütenwasser dazugeben und vermischen. Steif geschlagene Schlagsahne vorsichtig unterheben.

Die unterste Teigschicht mit der Hälfte der Creme bestreichen, zweite Teigschicht darauflegen und mit einer zweiten Cremeschicht bestreichen. Deckschicht darauflegen und mit Puderzucker bestäuben.

## BLÄTTERTEIGKUCHEN MARTINIQUE

Zubereitungszeit *75 Minuten*
Schwierigkeitsgrad *mittel*
**Zutaten**
*8 Ananasscheiben*
*10 cl Grand Marnier*
*1 Grundmenge Blätterteig oder einfacher Blätterteig nach Grundrezept*
*1 Ei*
*2 Eigelb*
*100 g Zucker*
*30 g Mehl*
*400 ml Milch*
*200 g Schlagsahne, geschlagen*

Ananas mit Grand Marnier beträufeln und ziehen lassen.

Blätterteig ausrollen und eine kalt ausgespülte Form (Ø 26 cm) damit auskleiden. Teigboden mit der Gabel mehrfach einstechen, eine halbe Stunde in den Kühlschrank stellen.

Ananas abtropfen lassen und in ganz kleine Stückchen schneiden.

Das ganze Ei und die Eigelb mit dem Zucker verrühren, Mehl dazugeben und die heiße Milch langsam zugießen; weiterrühren, bis die Creme dick wird. Gut abgetropfte Ananasstückchen darunterrühren.

Blätterteig 20 Minuten bei 200 °C backen. Creme einfüllen, glattstreichen, Kuchen bei 180 °C nochmals ca. 20 Minuten backen. Auskühlen lassen und mit Schlagsahne verziert servieren.

## MOKKATORTE (BLÄTTERTEIG)

Zubereitungszeit *60 Minuten*
Schwierigkeitsgrad *mittel*
**Zutaten**
*1 Grundmenge Blätterteig oder einfacher Blätterteig*
*100 g Zucker*
*50 ml Wasser*
*2 Eigelb*
*1 TL Instant Kaffee*
*200 g Butter*
*1 TL Vanillezucker*
*Puderzucker und einige Kaffeebohnen zum Garnieren*

Teig in drei Teile teilen, zu drei gleich großen, runden Teigplatten von je 18 cm Durchmesser ausrollen. Auf

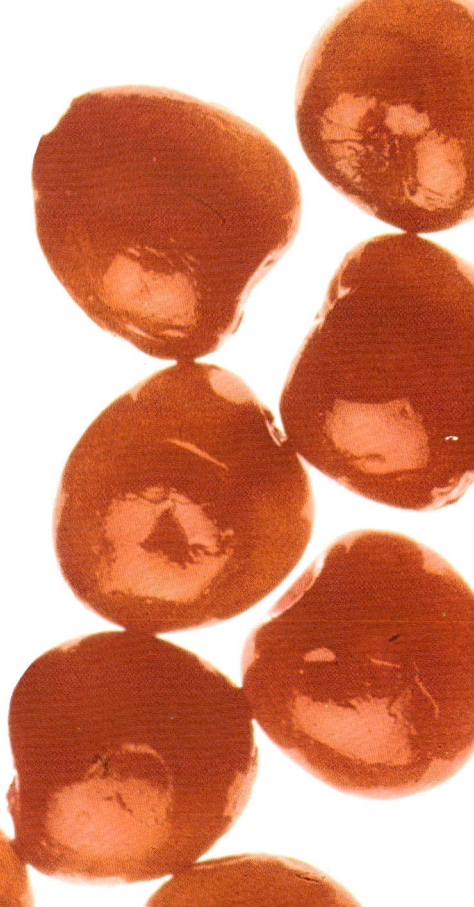

**MOKKATORTE (BLÄTTER-TEIG)**

■ Buttercreme ist eine der klassischen Füllcremes und kommt in vielen Rezepten vor, z.B. in der Genueser Torte, der Meringue-Torte, dem Baumstamm, der Torte Marguerite, der Madeleine und vielen anderen. Sie kann auch mit Eiweiß statt Eigelb gemacht werden: Man gießt dann den heißen Sirup zu dem steifgeschlagenen Eiweiß.

**HASELNÜSSE**
■Stich aus dem 18. Jahrhundert. Haselnüsse lassen sich leicht schälen, wenn man sie vorher einige Minuten im Backrohr geröstet hat.

ein kalt abgespültes Backblech legen, mehrfach mit der Gabel einstechen und im vorgeheizten Backrohr 20 Minuten bei 200°C backen. Lösung aus Zucker und Wasser herstellen und zum Faden einkochen. Eigelb rühren und dabei langsam die kochende Zuckerlösung dazugießen, bis die Masse hellgelb wird und bandförmig vom Löffel abreißt. Bis zum Erkalten weiterrühren. Instant Kaffee in 2 EL Wasser auflösen. Butter schaumig rühren und nach und nach in die Masse aus Eigelb und Zucker einarbeiten, abwechselnd mit dem Vanillezucker und dem Kaffee, der tropfenweise dazugegeben wird.

Ein Drittel der fertigen Creme auf das unterste Teigblatt streichen. Das zweite Teigblatt darauflegen, ebenfalls mit einem Drittel der Creme bestreichen. Drittes Teigblatt darauflegen, restliche Creme darauf verteilen, mit Puderzucker und Kaffeebohnen dekorieren.

## HASELNUSSTORTE (BLÄTTERTEIG)

Zubereitungszeit *60 Minuten*
Schwierigkeitsgrad *mittel*
**Zutaten**
*1 Grundmenge Blätterteig oder einfacher Blätterteig*
*300 g geschälte Haselnüsse*
*1/4 l Milch*
*2 Eigelb*
*100 g Zucker*
*20 g Mehl*
*1 EL Puderzucker*

Teig in 3 Teile teilen, daraus 3 gleich große, runde Teigplatten von je 18 cm Durchmesser ausrollen. 30 Minuten kühlen, dann im vorgeheizten Backrohr auf kalt abgespültem Blech 20 Minuten bei 200°C backen.

200 g Haselnüsse mit der Milch im Mixer pürieren, anschließend erhitzen bis zum Kochen.

Die Eigelb mit dem Zucker verrühren, Mehl dazugeben, kochend heiße Milch mit den Haselnüssen zugießen. Unter Rühren die Creme bei kleiner Hitze eindicken lassen. Restliche Haselnüsse fein mahlen, die Hälfte davon in die erkaltete Creme einrühren.

Erste Teigplatte mit der Hälfte der Creme bestreichen, zweite Teigplatte darauflegen und mit der restlichen Creme bestreichen. Dritte Teigplatte obenauf legen. Mit Puderzucker und den restlichen gemahlenen Haselnüssen verzieren.

## SAHNECREME-TORTE MIT FRÜCHTEN

Zubereitungszeit *70 Minuten*
Schwierigkeitsgrad *mittel*
**Zutaten**
*1 Grundmenge Blätterteig oder einfacher Blätterteig nach Grundrezept*
*2 Eigelb*
*100 g Zucker*
*1 EL Vanillezucker*
*20 g Mehl*
*1/4 l Milch*
*200 g Schlagsahne*
*1 TL Puderzucker*
*3 Kiwis*
*200 g Erdbeeren*
*2 EL beliebiges Fruchtgelee*
*1 EL Orangenlikör*

Blätterteig ausrollen und eine kalt ausgespülte Form (∅ 26 cm) damit auskleiden. Boden mit der Gabel mehrfach einstechen, Form eine halbe Stunde in den Kühlschrank stellen.

Eigelb mit dem Zucker und dem Vanillezucker verrühren, Mehl dazugeben und die kochend heiße Milch langsam zugießen, ständig rühren. Creme bei geringer Wärmezufuhr erhitzen und unter ständigem Rühren eindicken. Auskühlen lassen.

Schlagsahne mit dem Puderzucker steifschlagen, unter die erkaltete Creme ziehen.

Blätterteigboden im vorgeheizten Backrohr 20 Minuten bei 200°C backen, dann aus der Form lösen, auskühlen las-

sen und kalt mit der Sahnecreme füllen.

Die Kiwis schälen und in Dreiecke schneiden. Erdbeeren gut waschen und abtropfen lassen. Torte damit belegen. Fruchtgelee bei geringer Hitze mit dem Orangenlikör flüssig rühren und die Früchte damit bestreichen.

## ERDBEER-SAHNE-TORTE (BLÄTTERTEIG)

*Diese Torte wird mit Erdbeerglasur verziert. Wer wenig Zeit hat, dekoriert mit Schlagsahnetupfen statt mit der Glasur.*

Zubereitungszeit *50 Minuten + Zeit für das Ziehen der Erdbeeren*
Schwierigkeitsgrad *mittel*
**Zutaten**
*500 g Erdbeeren*
*100 g Zucker*
*10 cl Kirschwasser*
*1 Grundmenge Blätterteig oder einfacher Blätterteig nach Grundrezept*
*500 g Schlagsahne*
*250 g Puderzucker*
*1 EL Vanillezucker*
*200 g Erdbeerkonfitüre*

Erdbeeren putzen, halbieren und zwei Stunden mit dem Zucker und dem Kirsch ziehen lassen. Abtropfen und Abtropfflüssigkeit aufbewahren. Blätterteig zu einem Rechteck von 5 mm Dicke ausrollen, auf dem mit kaltem Wasser abgespülten Backblech 10 Minuten bei 220 °C backen. Hitze auf 180 °C reduzieren, nochmals

5 – 8 Minuten backen. Der Teig muß hart und knusprig werden.

Mit einem langen, scharfen Messer den Teig waagerecht in drei Lagen teilen.

Die Schlagsahne mit 100 g Puderzucker und dem Vanillezucker steifschlagen.

Die unterste Teiglage mit einer dünnen Schicht Konfitüre bestreichen, darauf eine Schicht Schlagsahne verteilen. Die Hälfte der Erdbeeren darauflegen und mit Schlagsahne bedecken. Zweite Teiglage daraufschichten, ebenso belegen. Die dritte Lage kommt als Abschluß obenauf.

Glasur nach dem Rezept S. 51 zubereiten, den restlichen Puderzucker und 4 EL der Abtropfflüssigkeit dafür verwenden und bei geringer Hitzezufuhr zusammen zergehen lassen.

Glasur auf die Torte gießen und mit einem Spatel verstreichen.

## SCHOKOLADE-PISTAZIEN-TORTE (BLÄTTERTEIG)

*Schokolade und Pistazien ergeben eine gelungene Kombination. Pistazien verwendet man sowohl für Gefrorenes und Desserts als auch für Sülzen und Pasteten. Die begehrtesten Pistazien sind die aus der Türkei.*

Zubereitungszeit *60 Minuten*
Schwierigkeitsgrad *mittel*
**Zutaten**
*1 Grundmenge Blätterteig oder einfacher Blätterteig nach Grundrezept*
*200 g Pistazien (ohne Schale)*
*1/4 l Milch*
*2 Eigelb*
*100 g Zucker*
*20 g Mehl*
*200 g Blockschokolade*
*200 g Schlagsahne*
*1 EL Puderzucker*

Blätterteig zu einem Rechteck von ca. 5 mm Dicke ausrollen, auf ein kalt abgespültes Backblech legen, mehrfach mit der Gabel einstechen und eine halbe Stunde kühlstellen. Die Pistazien pulverfein mahlen. Milch aufkochen, die gemahlenen Pistazien hineingeben und 3 – 4 Minuten bei minimaler Hitze unter ständigem Rühren köcheln lassen.

Die Eigelb mit dem Zucker schaumig und luftig schlagen, Mehl dazugeben und Milch langsam zugießen, dabei ständig rühren. Bei geringer Hitze Creme eindicken lassen, ständig weiterrühren. Schokolade

stückchenweise dazugeben und schmelzen lassen. Die Creme in eine Schüssel geben, erkalten lassen, gelegentlich umrühren.

Schlagsahne mit 1 EL Puderzucker steifschlagen, dann unter die erkaltete Creme heben.

Blätterteig im vorheizten Rohr ca. 20 Minuten bei 200°C backen. Teig in vier gleich große Rechtecke schneiden.

Creme je zu einem Drittel auf je ein Blätterteig-Rechteck streichen, die Rechtecke übereinanderschichten und mit dem vierten zudecken. Einige Stunden im Kühlschrank kaltstellen. Vor dem Servieren mit Puderzucker bestäuben.

## BLÄTTERTEIGTORTE MIT MASCARPONE

*Bei diesem Rezept läßt sich der Mascarpone gut durch Quark ersetzen. Man erhält so eine leichtere Variante.*

Zubereitungszeit *45 Minuten*
Schwierigkeitsgrad *mittel*
**Zutaten**
*1 Grundmenge Blätterteig oder einfacher Blätterteig nach Grundrezept*
*3 Eier*
*6 EL Zucker*
*200 g Mascarpone*
*100 g trockene Kekse*
*10 cl Rum*

Blätterteig ausrollen und zwei ca. 20 cm große Kreise ausschneiden, auf ein kalt abgespültes Backblech legen und mit einem verquirlten Eigelb

*SCHOKO–BIRNEN–TORTE
(BLÄTTERTEIG)*

■ *Mit Schokolade lassen sich
sehr gut auch Aprikosenhälften,Orangen– oder Ananas-
scheiben (aus der Dose)
kombinieren. Die Abbildung
zeigt diese Torte mit einem
Deckel aus vorgebackenem
Blätterteig.*

bestreichen. Eine halbe Stunde kalt stellen, danach 20 Minuten bei 200°C backen.
Inzwischen Creme zubereiten:
Restliche Eigelb mit dem Zukker ca. 10 Minuten schaumig
schlagen, Mascarpone dazugeben und schließlich das zu steifem Schnee geschlagenen Eiweiß unterheben.
Kekse im Mixer pulverfein
mahlen, mit Rum übergießen
und zu einer dicken Masse verrühren, diese auf eine der beiden aus der Form gelösten, erkalteten Teigplatten streichen. Die Hälfte der Mascarpone–Creme darauf verteilen,
die zweite Teigplatte darauflegen und mit der restlichen
Mascarpone–Creme bestrei-
chen.

## SCHOKO–BIRNEN–
## TORTE (BLÄTTERTEIG)

*Zubereitungszeit 50 Minuten*
*Schwierigkeitsgrad mittel*
**Zutaten**
*500 g Birnen (Konserve),
erste Wahl*
*1 Grundmenge Blätterteig
oder einfacher Blätterteig
nach Grundrezept*
*4 EL Birnenkonfitüre*
*200 g Blockschokolade*
*2 Eigelb*
*100 g Zucker*
*250 g Schlagsahne*

Blätterteig ausrollen und eine
kalt ausgespülte Kuchenform
(Ø 26 cm) damit auskleiden.
Boden mit einer Gabel mehrfach einstechen, Form eine
halbe Stunde in den Kühl-
schrank stellen.
Boden mit Birnenkonfitüre
oder einer anderen Frucht-
konfitüre bestreichen, Torte
im vorgeheizten Backrohr 20
Minuten bei 200°C backen.
Schokolade in Stücke brechen

und im Wasserbad zergehen
lassen. Eigelb mit dem Zucker
verrühren, die Schokolade
noch lauwarm nach und nach
mit dem Schneebesen einrühren.
Schlagsahne steifschlagen, die
Hälfte davon in die Schokoladecreme einrühren.
Birnen abtropfen lassen und

auf dem Teigboden verteilen.
Schoko-Sahne-Creme dar-
übergießen und kaltstellen.
Aus der restlichen Schlagsahne Tupfen spritzen und mit
Früchten nach Belieben dekorieren.

## ORANGENCREMETORTE (BLÄTTERTEIG)

Zubereitungszeit *60 Minuten*
Schwierigkeitsgrad *mittel*
**Zutaten**
*1 Grundmenge Blätterteig
oder einfacher Blätterteig
nach Grundrezept
200 g hochwertige Orangenmarmelade
2 EL Grand Marnier
2 Blatt Gelatine
200 ml Orangensaft
250 g Schlagsahne
1 EL Puderzucker
1 Orange*

Blätterteig zu einem ca. 4 mm
dicken Rechteck ausrollen,
auf ein mit kaltem Wasser abgespültes Backblech legen,
mit einer Gabel mehrfach einstechen und eine halbe Stunde
kühlstellen.
Orangenmarmelade mit dem
Grand Marnier im Mixer pürieren.
Gelatine in kaltem Wasser einweichen, ausdrücken und bei
geringer Hitze vollständig im
Orangensaft auflösen. Den
Saft zur Marmelade dazugießen und gut umrühren.
Schlagsahne steifschlagen,
auch sie unter die Marmelade-
masse heben und die so entstandene Mousse kühlstellen.

Blätterteig 20 Minuten im vorgeheizten Backrohr bei 200°C backen, auskühlen lassen und in vier gleich große Rechtecke schneiden.

Das erste Teigrechteck mit einem Drittel der Orangencreme bestreichen, zweites Rechteck darauflegen, ebenso bestreichen usw., bis das vierte Rechteck obenauf liegt.

Mit Puderzucker und filierten Orangenscheiben verzieren.

## BLÄTTERTEIGTORTE MIT GRIESSFÜLLE

*Diese Torte ist sehr nahrhaft und daher hauptsächlich als Dessert nach einer leichten Hauptmahlzeit geeignet. Sie sollte heiß oder noch lauwarm gegessen werden, denn kalt ist sie etwas schwer.*

Zubereitungszeit *75 Minuten*
Schwierigkeitsgrad *mittel*
**Zutaten**
*1 Grundmenge Blätterteig*
*oder einfacher Blätterteig*
*nach Grundrezept*
*1/2 l Milch*
*1 EL Vanillezucker*
*100 g Weizengrieß*
*100 g Zucker*
*2 Eier*
*100 g gemischte kandierte Früchte*
*50 g Rosinen*
*1 EL Aprikosenschnaps*

Blätterteig ausrollen, eine kalt ausgespülte Kuchenform (Ø 26 cm) damit auskleiden, Boden mit einer Gabel mehrfach einstechen und eine halbe Stunde kalt stellen.

Milch und Vanillezucker zusammen aufkochen, Grieß hineinstreuen und unter Rühren eine Viertelstunde kochen. Zucker dazugeben und umrühren. Topf vom Herd nehmen, auskühlen lassen, dann nacheinander die Eigelb, die in Würfel geschnittenen kandierten Früchte, die vorher in lauwarmem Wasser eingeweichten und ausgedrückten Rosinen sowie den Aprikosenschnaps dazugeben. Erkalten lassen.

Eiweiß zu festem Schnee schlagen und unter das Gemisch heben.

Die Grießfülle auf dem Teigboden verteilen. Torte im vorgeheizten Rohr ca. 40 Minuten bei 200 °C backen.

## MILCHREISTORTE (BLÄTTERTEIG)

Zubereitungszeit *120 Minuten*
Schwierigkeitsgrad *mittel*

**Zutaten**
*1 Grundmenge Blätterteig*
*oder einfacher Blätterteig*
*nach Grundrezept*
*100 g Milchreis (Rundkornreis)*
*100 g gemischte kandierte Früchte*
*3 EL Mandarinen– oder Orangenlikör*
*1 l Milch*
*100 g Zucker*
*2 Eier*
*1 TL Zimt, gemahlen*
*30 g Blockschokolade*

Blätterteig ausrollen und eine kalt ausgespülte Kuchenform (Ø 26 cm) damit auskleiden, Boden mit der Gabel mehrfach einstechen. Eine halbe Stunde in den Kühlschrank stellen.

Den Reis 5 Minuten in reichlich Wasser kochen und abgießen.

Die kandierten Früchte in ganz kleine Würfel schneiden und im Likör ziehen lassen.

Milch und Zucker aufkochen, Reis einstreuen und unter häufigem Umrühren auf kleinster Heizstufe ungefähr eine Stunde kochen. Abkühlen lassen, in den noch lauwarmen Reis die Eigelb, kandierten Früchte, den Zimt, den abgegossenen Likör und zuletzt die zu steifem Schnee geschlagenen Eiweiß einrühren.

Milchreis auf dem Blätterteig verteilen, glattstreichen und die Torte ca. 40 Minuten im vorgeheizten Rohr bei 200 °C backen. Abkühlen lassen und mit geriebener Schokolade bestreut servieren.

D ieser Abschnitt ist
nicht nur dem klassi-
schen Hefeteig und
seinen Verwandten gewidmet,
sondern auch Kuchen, Torten und
Kleingebäck, deren Teig mit Hilfe
eines anderen Backtriebmittels
beim Backen auf ungefähr das
doppelte Volumen "aufgeht",
während das Gewicht dasselbe
bleibt.

Unabhängig davon, daß die Chemie uns eine Reihe synthetischer
Backtriebmittel beschert hat, besitzt der traditionelle Hefeteig immer noch die Faszination dieses
uralten Zauberkunststücks der
Natur – der Trick klappt, man
kann dabei zuschauen und freut
sich. Entdeckt hat ihn wahrschein-
lich vor Jahrtausenden eine
Hausfrau, die einen Brotteig aus
Mehl und Wasser einfach vergessen hatte, nach einiger Zeit einge-
trocknet wiederfand und mit frischem Wasser und Mehl neu an-
mischte, um zu retten, was noch
zu retten war.

## MANDEL-BRIOCHES

*Brioches gehören in Italien und Frankreich zum Frühstück. Man ißt sie zum Kaffee oder tunkt sie in den Cappuccino. Es gibt sie in vielerlei Formen. Am gebräuchlichsten sind sie in runder Form mit kleinem "Köpfchen".*

Zubereitungszeit *60 Minuten + Zeit für das "Gehen"*
Schwierigkeitsgrad *mittel*
**Zutaten**
*15 g Backhefe*
*1/8 l Milch*
*200 g Mehl*
*100 g Mandeln, fein gemahlen*
*4 Eigelb*
*100 g Butter*
*50 g Zucker*
*1 Prise Salz*
*1 Ei zum Bestreichen*

In einer kleinen Schüssel die Hefe mit der lauwarmen Milch anrühren und 10 Minuten stehen lassen. 100 g Mehl dazugeben und daraus einen kleinen Laib formen, der mit einem Tuch zugedeckt 1/2 Stunde zum Gehen an einem warmen Ort gestellt wird.
Das restliche Mehl und das Mandelpulver in eine große Schüssel geben, in die Mitte eine Mulde drücken und den Hefelaib, die Eigelb, weiche Butter, Zucker und Salz hineingeben. Mit einem Holzlöffel kräftig schlagen, bis der Teig sich von der Schüssel zu lösen beginnt. Teig auf die bemehlte Arbeitsfläche geben und mit den Händen gut durchkneten, bis er weich und elastisch ist.

□ *Die Geschichte des Hefeteigs beginnt beim Brotbacken und hat in ihrem Verlauf in der europäischen Küche sehr ähnliche Rezepte mit sehr verschiedenen Namen hervorgebracht: Mailänder Brot, Venezianer Brot, Wiener Brot, Milchbrot, Pandoro, Panettone, Brioche–Brot usw. Allen gemeinsam ist ein Teig aus Auszugsmehl (Type 405), Wasser und Hefe, der durch Zugabe von Milch, Fetten und Eiern verfeinert wird.*

□ *Für das Aufgehen gibt es eine wissenschaftliche Erklärung: einige Stämme von Mikroorganismen verursachen die Vergärung der im Mehl enthaltenen Zucker; dabei entstehen Gase und diese blähen den Teig auf.*
*Im Gegensatz zum Mürbteig und zur Pâte brisée wird Hefeteig nie vor dem Backen gekühlt, denn die Kälte verhindert das Aufgehen. Hefeteig hat es gern warm und braucht seine Zeit, man kann ihn auch über Nacht stehenlassen. Wenn ein Teig mit Hefe zubereitet wird, muß er meist einige Zeit an einem warmen Ort rasten, damit der Gärprozeß in Gang kommt und der Teig aufgeht.*

□ *Im allgemeinen wird Hefeteig mit Backhefe – frisch oder getrocknet – zubereitet. Frische Hefe erkennt man an der glatten, hellgrauen Oberfläche, die einen starken und leicht süßlichen Geruch hat. Mit Wasser oder Milch angerührt, löst sich frische Hefe leicht auf und bewirkt eine kräftige Gärung. Ihre Wirkung ist jedoch am stärksten, wenn sie mit einer lauwarmen Flüssigkeit angerührt wird. Zu heiße Flüssigkeit tötet die Hefestämme, zu kalte bremst ihre Triebkraft.*
*Frische Hefe kann man nur wenige Tage im Kühlschrank aufbewahren, denn nach einigen Tagen läßt ihre Triebkraft merklich nach.*
*Trockenhefe gibt es als körniges Pulver vakuumverpackt in Tütchen; sie hält zwar länger als frische Hefe, ist jedoch weniger wirksam, und der Teig schmeckt nicht so typisch. Sie sollte nach aufgedruckter Vorschrift verwendet werden.*

□ *Backpulver besteht aus einer Mischung von Natron und Weinstein und ist bereits in der richtigen Dosierung abgepackt. Es ist sehr wichtig, Backpulver trocken aufzubewahren, weil Feuchtigkeit die Freisetzung von Kohlensäure bewirkt.*

Aus dem Teig eigroße Stücke und ebensoviele haselnußgroße Stücke formen, die kleinen auf die großen mit leichtem Druck aufsetzen. Die Brioches 2 Stunden an einen warmen Ort stellen, bis sich ihr Volumen verdoppelt hat.
Das ganze Ei mit einer Gabel verschlagen und die Brioches damit bestreichen. Im vorgeheizten Backrohr bei 200°C ca. 20 Minuten backen.
Garprobe mit einem Holzstäbchen: Wenn es beim Herausziehen aus dem Teig trocken bleibt, sind die Brioches fertig.

## BRIOCHE ALL'EMILIANA

*In der italienischen Provinz Emilia heißt diese Brioche–Art "Bensone" (mit Schweineschmalz statt Butter).*

Zubereitungszeit *60 Minuten + Zeit für das Gehen*
Schwierigkeitsgrad *leicht*
**Zutaten**
*300 g Mehl*
*50 g Zucker*
*Schale von 1 Zitrone (unbehandelt)*
*3 Eier*
*50 g Butter*
*25 g Backhefe*
*1/8 l Milch*
*1 Prise Salz*
*1 EL Olivenöl*
*30 g Hagelzucker*

Mehl mit Zucker und abgeriebener Zitronenschale auf die Arbeitsplatte häufen. In die Mitte ein Grube drücken, 2 Eier, die Butter in Stückchen,

*SAVARIN*

■ *Savarins können zu prunk-*
*vollen Gerichten werden,*
*wenn man den leeren Raum*
*in der Mitte mit Schlagsahne,*
*Fruchtsaucen oder Früchten*
*füllt.*

# HEFETEIG UND VERWANDTE

das Salz und die mit der lau-warmen Milch angerührte He-fe hineingeben. Mit den Hän-den in 10 Minuten zu einem glatten Teig verkneten, diesen als S–förmige Rolle auf einem eingeölten Backblech ca. eine halbe Stunde rasten lassen. Das letzte Ei verquirlen, Brio-che damit bestreichen und mit Hagelzucker bestreuen. Bei 200 °C im vorgeheizten Back-rohr ca. 1/2 Stunde backen.

## EIER

Im Kühlschrank kann man Eier bis zu einem Monat aufbewahren. Länger halt-bar sind sie in der Tiefkühl-truhe, doch müssen sie voll-ständig aufgetaut und dann sofort verwendet werden.

## SAVARIN

Zubereitungszeit *60 Minuten + Zeit für das Gehen*
Schwierigkeitsgrad *leicht*
**Zutaten**
*20 g Backhefe*
*1/8 l Milch*
*350 g Mehl*
*2 Eier*
*150 g Butter*
*Zum Übergießen*
*150 ml Wasser*
*5 EL Zucker*
*15 cl Kirschwasser*
*100 g Aprikosenkonfitüre*

Hefe in der lauwarmen Milch auflösen.
Mehl in eine Schüssel sieben, aufhäufen und in der Mitte eine Mulde eindrücken. In

diese Mulde die Hefe und die Eier geben. Gut vermengen, bis das Gemisch (Vorteig) glatt und eher weich ist. Schüssel mit einem Tuch zudecken und Vorteig etwa eine Stunde gehen lassen, bis sich das Volumen verdoppelt hat.

Butter cremig rühren, dann mit dem Salz und dem Zucker in den Vorteig einkneten.

Teig mit den Fingerspitzen aufheben und vier– bis fünfmal auf den Schüsselboden schlagen.

Eine glatte Savarin–Form (mit hohem Rand) buttern und bemehlen, mit dem Teig füllen und diesen nochmals gehen lassen.

Savarin im vorgeheizten Backrohr 10 Minuten bei 220°C backen, dann die Hitze auf 180°C reduzieren und ca. eine halbe Stunde weiterbacken, bis der Savarin hoch aufgegangen und goldgelb ist. Herausnehmen und auf eine Platte stürzen.

Für das Übergießen kocht man unter fleißigem Rühren das Wasser mit dem Zucker einige Minuten lang zu Sirup ein, gibt dann das Kirschwasser dazu, läßt aufkochen und nimmt sofort den Topf mit dem Sirup vom Herd. Mit diesem Sirup wird der Savarin übergossen.

Die Konfitüre im Wasserbad erwärmen und flüssigrühren, den Savarin damit bestreichen, bis er schön glänzt.

# BRIOCHE-KRANZ

Zubereitungszeit *60 Minuten + Zeit für das Gehen*
Schwierigkeitsgrad *leicht*
**Zutaten**
*25 g Backhefe*
*1/8 l Milch*
*300 g Mehl*
*100 g Butter*
*1 EL Zucker*
*1 EL Vanillezucker*
*4 Eier*
*1 Prise Salz*
*3 Pfirsiche (Konserve) und Schlagsahne zum Garnieren*

Die Hefe mit der lauwarmen Milch verrühren und 10 Minuten stehen lassen. Wenig Mehl dazugeben und Vorteig zu einem weichen Laibchen formen. Eine halbe Stunde gehen lassen.

Restliches Mehl in eine große Schüssel sieben. Den Vorteig, weich gerührte Butter, Zucker und Vanillezucker, 3 Eier und Salz dazugeben. Alle Zutaten gut verrühren, bis der Teig sich vom Schüsselrand löst. Evtl. noch 1 EL Mehl dazugeben. Teig zur Rolle formen.

Eine Ringform von 20 cm Durchmesser buttern und den Teig hineingeben. Mit einem Tuch zugedeckt ca. 40 Minuten an einem warmen Ort stehen lassen, bis sich das Volumen verdoppelt hat.

Das letzte Ei verquirlen und die Teigoberfläche vorsichtig damit bestreichen. Im vorgeheizten Backrohr ca. eine halbe Stunde bei 200°C backen. Eventuell die Form mit Alufolie abdecken, damit der Teig nicht zu dunkel wird. Fertig-

**BRIOCHE–KRANZ**
■ Brioche–Teig wird manchmal – wie hier – in einer Ringform mit Öffnung in der Mitte
gebacken. Das Ergebnis ist
eine Kranzform, die man hori-
zontal durchschneiden und
nach Belieben mit Kompottfrüchten oder einer Creme
füllen kann.

backen. Brioche–Kranz aus
der Form stürzen und mit Pfir-
sichspalten und Schlagsahne
garnieren.

## VENEZIANER HEFEKUCHEN

*Dieser Kuchen kann in klei-
nen oder großen Formen gebacken werden, ist aber in jedem Fall mit Hagelzucker verziert.*

Zubereitungszeit *60 Minuten
+ Zeit für das Gehen*
Schwierigkeitsgrad *leicht*
**Zutaten**
*20 g Backhefe
100 ml Milch
300 g Mehl
150 g Zucker
5 Eier
1 Prise Salz
200 g Butter
30 g Honig
2 EL Hagelzucker*

In einer Tasse Hefe und lauwarme Milch miteinander verrühren.
Das Mehl in eine große Schüssel geben, den Zucker, 4 Eigelb, das Salz, die weich gerührte Butter sowie den Honig
dazugeben und mit einem
Holzlöffel verrühren. Die
Milch mit der Hefe zugießen
und den Teig kräftig durchschlagen, bis er sich vom
Schüsselrand löst. Er muß sich
glatt, elastisch und weich an-
fühlen.
Teig in eine gut bemehlte
Schüssel legen, in der Mitte
kreuzweise einschneiden, mit
einem Tuch zudecken und ca.

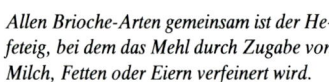

*Allen Brioche-Arten gemeinsam ist der Hefeteig, bei dem das Mehl durch Zugabe von Milch, Fetten oder Eiern verfeinert wird.*

**Zutaten**
Für den Teig
*50 ml Orangenblütenwasser oder Milch*
*15 g Backhefe*
*300 g Mehl*
*200 g Butter*
*30 g Zucker*
*1 TL Salz*
*3 Eier*

Zum Bestreichen
*1 verquirltes Ei*

Vorteig: Hefe und 1/6 der Mehlmenge mit dem Orangenblütenwasser verrühren und aufgehen lassen (bis zum doppelten Volumen).

Butter cremig rühren.

In einer Schüssel das restliche Mehl mit Zucker und Salz mischen, mit den Eiern zum Teig verkneten.

Sobald der Teig schön glatt ist, den Vorteig dazugeben.

Die cremig gerührte Butter untermischen, Teig zudecken und an einem warmen Ort gehen lassen, bis sich das Volumen verdoppelt hat (ungefähr 10 Stunden).

Die Brioche-Förmchen einölen und zur Hälfte mit dem Teig füllen, der seitlich so gerollt wurde, daß nach oben ein "Köpfchen" aufsteht.

Eine andere Methode, die "Köpfchen" aufzusetzen: Mit drei Vierteln des Teiges füllt man die Förmchen je zur Hälfte, drückt in die Teigmitte eine kleine Vertiefung und setzt in diese die "Köpfchen", die man aus dem restlichen Teig geformt hat.

Förmchen in die Fettauffangpfanne des Backrohres legen. Die Brioches mit dem verquirlten Ei bestreichen. 10–20 Minuten bei 230°C backen, bis sie schön goldgelb sind. Aus dem Backrohr nehmen und aus den Förmchen lösen; auskühlen lassen.

**ROSINENZOPF**
■ *Der Teig für diesen Zopf ähnelt dem Brioche-Teig, wird aber vor dem Backen zum Zopf geflochten. Mit Rosinen oder würfelig geschnittenen kandierten Früchten schmeckt der Hefezopf besonders fein.*

2 Stunden an einem warmen Ort gehen lassen.

Danach den Teig nochmals 15 Minuten kräftig durcharbeiten, zur Kuppel formen und in eine gebutterte und bemehlte Kuchenform geben. Das letzte Ei verquirlen und den Teig damit bestreichen, Hagelzucker daraufstreuen und ca. 35 Minuten bei 200 °C backen.

## ROSINENZOPF

Zubereitungszeit *60 Minuten + Zeit für das Gehen*
Schwierigkeitsgrad *leicht*
**Zutaten**
*100 g Rosinen*
*20 g Backhefe*
*1/8 l Milch*
*400 g Mehl*
*3 Eier*
*50 g Zucker*
*100 g Butterschmalz*
*1/2 Zitrone (unbehandelt)*
*1 Prise Salz*
*1 EL Hagelzucker*

Rosinen in lauwarmem Wasser einweichen, dann abtropfen lassen.

Hefe in einer großen Tasse mit der lauwarmen Milch verrühren, 50 g Mehl dazugeben, Vorteig zum Laibchen formen und mit einem Tuch zugedeckt an einem warmen Ort gehen lassen.

Restliches Mehl auf die Arbeitsplatte häufen, in eine Vertiefung in die Mitte zwei Eier, den Zucker, das Fett, die abgeriebene Zitronenschale, die abgetropften Rosinen und das Salz geben. Alle Zutaten vermengen, den Vorteig dazugeben und das Ganze zu einem weichen, elastischen Teig verkneten. Teig zur Kugel formen und diese in eine große, bemehlte Schüssel legen, Oberfläche mit einem Messer kreuzförmig einschneiden, mit einem doppelt zusammengefalteten Tuch zudecken und mindestens 2 Stunden gehen lassen (das Volumen muß sich verdoppeln).

Teig nochmals mit den Händen durchkneten, damit die Luft entweicht, und in zwei gleich große Hälften teilen, die man zum Zopf flicht und ca. 1 Stunde auf dem Backblech liegen läßt, dann mit dem dritten, verquirlten Ei bestreicht, mit Hagelzucker bestreut und schließlich ca. 1/2 Stunde bei 200°C bäckt.

## SCHOTTISCHES ADVENTSBROT

*Diese schottische Spezialität ist schnell zubereitet, weil der Hefeteig nicht gehen muß. In Alufolie gewickelt und in einer luftdichten Dose aufbewahrt, ist es lange haltbar. Deshalb haben wir im Rezept die Mengen für ca. 10 Personen angegeben.*

Zubereitungszeit *75 Minuten*
Schwierigkeitsgrad *sehr leicht*
**Zutaten**
*500 g Mehl*
*1 TL Backpulver*

MILCHBROT MIT HONIG
■ Ein süßes Brot, das besonders gern zum Frühstück oder
von Kindern als Pausenbrot
gegessen wird.
Zu stark duftender Honig (z.B.
Akazienblütenhonig) ist für
dieses Rezept nicht geeignet,
weil er den zarten Hefege-
schmack überdecken würde.

## MELASSE

Melasse ist ein Zwischen-
produkt bei der Zuckerer-
zeugung, ziemlich dunkel
gefärbt, sehr süß und stark
eisenhaltig. Sie taucht in
vielen Backrezepten auf.
Aus Melasse wird auch ein
dunkler Sirup gewonnen,
aus dem süße Saucen ge-
macht werden, sowie der
Melassezucker.

## MILCHBROT MIT HONIG

Zubereitungszeit *60 Minuten
+ Zeit für das Gehen*
Schwierigkeitsgrad *leicht*
**Zutaten**
*200 ml Milch
30 g Backhefe
500 g Mehl
50 g Zucker
30 g Honig
1 Prise Salz
abgeriebene Schale von 1 Zitrone (unbehandelt)
70 g Butter
1 Ei
1 EL Hagelzucker*

Hefe vollständig in der lauwarmen Milch auflösen.
Mehl auf der Arbeitsplatte
aufhäufen, in eine Vertiefung
in der Mitte den Zucker, den
Honig, das Salz, die Zitronenschale, die weichgerührte Butter und die Milch mit der Hefe
hineingeben. Kräftig durchkneten, dann Teig an einem
warmen Ort auf das doppelte
Volumen aufgehen lassen.
Nochmals durchkneten und

Mehl mit Backpulver, Salz,
Zucker und Gewürzen in eine
große Schüssel sieben.
Datteln entkernen, zerkleinern und mit den gemahlenen
Nüssen dazugeben.
Melasse mit der Butter bei geringer Hitzezufuhr flüssigrühren, dann nach und nach in die
Schüssel gießen und gut verrühren. Die ganzen Eier leicht
verschlagen und dazugeben,
mit einem Holzlöffel sanft
durchrühren. Der Teig muß
fest, aber weich sein; falls nötig, noch etwas Milch zugeben.
Eine niedrige Kastenform but-

tern und bemehlen, den Teig
hineingeben und im vorge-
heizten Rohr bei 180°C eine
halbe Stunde backen, dann die
Hitze auf 160°C reduzieren
und nochmals eine halbe Stunde weiterbacken.

*1 Prise Salz
50 g Zucker
1 TL Zimt
1 TL Muskatnuß
1/2 TL Nelken, gemahlen
240 g getrocknete Datteln, mit
Kern gewogen
120 g Walnußkerne
180 g Melasse
200 g Butter
4 Eier
evtl. 3–4 EL Milch*

RILLENBRETTCHEN ZUM BUTTERFORMEN
■ Gerät zum Verzieren der Butter mit Rillenmustern (Stich aus dem 18. Jahrhundert).

zwei ovale Laibe formen, die kreuzweise aufeinandergelegt werden. Wieder gehen lassen (Volumen muß sich verdoppeln), dann mit dem verquirlten Ei bestreichen.
Bei ca. 200 °C backen. Kurz vor Ende der Backzeit mit Hagelzucker bestreuen und fertigbacken.

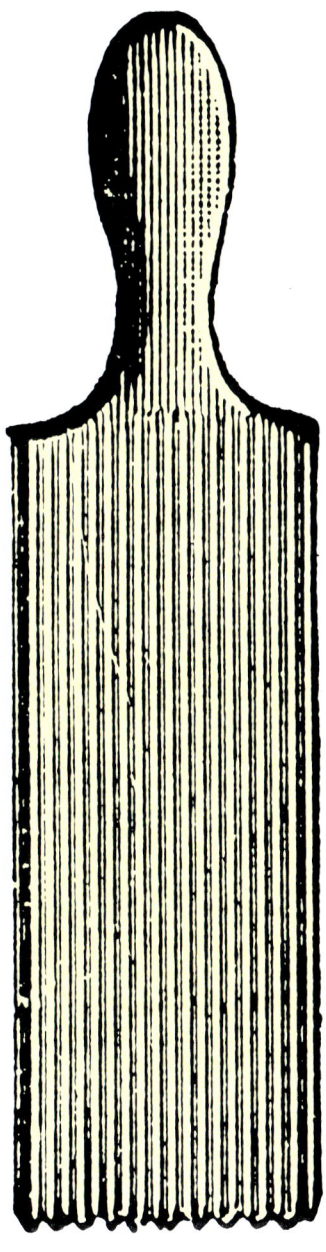

## FLADENBROT MIT GRAPPA

Zubereitungszeit *60 Minuten + Einweichzeit*
Schwierigkeitsgrad *sehr leicht*
**Zutaten**
*300 g altbackenes Weißbrot*
*1 l Milch*
*10 Makronen*
*1 TL Vanillin–Zucker*
*200 g Zucker*
*1 Ei*
*5 cl Grappa*
*1 Zitrone (unbehandelt)*
*200 g Rosinen*
*100 g Zitronat*
*1 EL Kakaopulver*
*100 g Pinienkerne (Pignoli)*
*1/2 TL Backpulver*
*1 nußgroßes Stück Butter*

Brot in Scheiben schneiden, in eine große Schüssel geben und mit heißer Milch übergießen. Mit einer Gabel das Brot in die Milch drücken, Schüssel zudecken und über Nacht stehen lassen.
Am nächsten Morgen mit den Händen zu einer breiigen Masse durchkneten und die zerbröselten Makronen, Vanillin–Zucker, Zucker, das ganze Ei, den Grappa, Saft und abgeriebene Schale der Zitrone, die eingeweichten Rosinen, das würfelig geschnittene Zitronat, den Kakao und 60 g Pinienkerne dazugeben. Gründlich durchrühren, dabei Backpulver unterrühren.
Eine Backform (Ø 22 cm) mit dem Teig füllen, Oberfläche mit Butterflocken und restlichen Pinienkernen verzieren. Bei 180 °C eine Stunde bak-

ken, bis die Oberfläche goldgelb wird.

## BABA MIT RUM

*Das klassische Rezept für Baba wird mit Backhefe gemacht, doch wenn man die Zeit für das Gehen abkürzen will, kann man statt Hefe 1 TL Backpulver nehmen.*

Zubereitungszeit *60 Minuten + Zeit für das Gehen*
Schwierigkeitsgrad *leicht*
**Zutaten**
*20 g Backhefe*
*200 ml Milch*
*300 g Mehl*
*200 g Zucker*
*60 g Butter*
*4 Eier*
*4 EL Rum*
*200 g Schlagsahne*

Die Hefe in der lauwarmen Milch auflösen und 10 Minuten stehen lassen. In einer Schüssel Mehl und Milch mit Hefe verrühren, die Hälfte des Zuckers, die weichgerührte Butter und die Eier dazugeben und gut durchmischen. Teig gehen lassen, bis sich das Volumen verdoppelt hat.

## HONIG

Je nach der vorherrschenden Blütenart sind die verschiedenen Honigsorten im Duft und Geschmack verschieden. Akazienhonig ist sehr leicht und bleibt meist flüssig; Kastanienhonig ist kräftig im Geschmack und dunkel. Andere Varianten sind Orangenblüten–, Heide–, Rosmarin– und Kleehonig.

Nochmals durchschlagen und in eine gebutterte Babaform (Ø 20 cm) füllen. Im Rohr bei 200 °C ca. 25 Minuten backen. Restlichen Zucker mit 4 EL Wasser 6 Minuten kochen lassen. Topf vom Herd nehmen und Rum dazugießen. Wenn der Baba fertig gebacken ist, mit dem Rumsirup nach und nach übergießen, bis er ganz getränkt ist. Baba mit steif geschlagener Schlagsahne verzieren und anrichten.

## BABA MIT APRIKOSEN

*Dieser Baba wird mit einer heißen Aprikosensauce in der Saucière serviert.*

*Zubereitungszeit 60 Minuten + Zeit für das Gehen*
Schwierigkeitsgrad *leicht*
**Zutaten**
*1 Baba nach Rezept "Baba mit Rum" auf S. 121*
*300 g Aprikosenkonfitüre*

Baba nach Rezept zubereiten und übergießen.
Die Aprikosenkonfitüre durch ein Sieb streichen, mit 2 EL Wasser verdünnen und auf kleiner Kochstufe erhitzen. Sehr heiß in eine Saucière füllen und Baba damit servieren.

## BABA MIT KANDIERTEN FRÜCHTEN

*Eine Variante dieses Rezepts verwendet anstelle von Schlagsahne Mascarpone, der mit den kandierten Früchten und Weinbrand oder Rum nach Wahl vermischt und mit Eischnee aufgelockert wird.*

*Zubereitungszeit 60 Minuten + Zeit für das Gehen*
Schwierigkeitsgrad *leicht*
**Zutaten**
*1 Baba nach Rezept "Baba mit Rum" auf S. 121*
*100 g kandierte Früchte, kleinwürfelig geschnitten*
*250 g Schlagsahne oder 200 g Mascarpone*
*Etwas Weinbrand oder Rum*
*1 Eiweiß*

Baba nach Rezept "Baba mit Rum" zubereiten und übergießen. Schlagsahne steifschlagen und kleinwürfelig geschnittene kandierte Früchte sowie Alkohol dazugeben. Falls Mascarpone verwendet wird, Eiweiß zu Schnee schlagen und unterheben. Baba vorsichtig stürzen, die Öffnung in der Mitte mit der Sahnecreme füllen und anrichten.

## FESTTAGSBROT

*Zubereitungszeit 60 Minuten + Zeit für das Gehen*
Schwierigkeitsgrad *leicht*
**Zutaten**
*50 g Rosinen*
*350 g Mehl*
*15 g Backhefe*
*20 g Zucker*
*4 Eier*
*50 g Pinienkerne (Pignoli)*
*1 Prise Salz*
*175 g Butter*

Rosinen in warmem Wasser einweichen, abtropfen lassen und trockentupfen.
80 g Mehl aufhäufen, in die Mitte eine Mulde eindrücken und die in 4 EL lauwarmem Wasser aufgelöste Hefe hineingeben. Zum Vorteig verarbeiten und 20 Minuten an einem warmen Ort gehen lassen.
Restliches Mehl in eine Schüssel sieben, in die Mitte eine Mulde eindrücken und den Zucker, 3 Eier, die Pinienkerne, die abgetropften Rosinen und das Salz hineingeben. Mit den Händen zu Teig verkneten, dabei nach und nach die

weich gerührte Butter und zuletzt den Vorteig dazugeben. Der Teig muß schön glatt werden.
Nochmals an einem warmen Ort auf doppeltes Volumen aufgehen lassen. Wieder durchkneten, damit die Luft entweicht. Zur Kuppel formen, auf ein gebuttertes Backblech legen, mit Mehl bestäuben und nochmals gehen lassen. Danach im vorgeheizten Backrohr ca. 40 Minuten bei 200°C backen.
Nach den ersten 30 Minuten Backzeit Oberfläche mit dem restlichen, verquirlten Ei bestreichen.

## PIGNOLI-KUCHEN

*Die gehackten Pinienkerne (Pignoli) sehen bei diesem Kuchen aus dunklerem Teig sehr gut aus.*

*Zubereitungszeit 60 Minuten*
Schwierigkeitsgrad *leicht*
**Zutaten**
*300 g Mehl*
*2 TL Backpulver*
*100 g Zucker*
*100 g Bitterschokolade, pulverfein gerieben*
*1 Prise Salz*
*1 Prise Zimt, gemahlen*
*100 g Pinienkerne (Pignoli)*
*100 g Butter*
*200 ml Milch*
*1 Gläschen (2 cl) Rum*
*Schale von 2 Orangen*

Mehl mit Backpulver in eine Schüssel sieben, Zucker, Schokoladepulver, Salz, Zimt, grob gehackte Pinienkerne,

**FESTTAGSBROT**
■ Wenn man bei diesem Rezept die Pinienkerne und die Rosinen wegläßt, jedoch mit 6 bunt gefärbten Eiern nach dem Backen dekoriert, kann man dieses Brot gut als Osterbrot verwenden.

zerlassene Butter, Milch, Rum und abgeriebene Zitronenschale dazugeben.

Alles gut vermischen und zu einer eher festen Masse verrühren; falls nötig, noch etwas Milch dazugeben.

Eine Backform (∅ 22 cm) buttern, mit Mehl bestäuben und den Kuchen darin ca. 40 Minuten bei 200 °C backen.

## RÜBLI-TORTE

Zubereitungszeit *80 Minuten*
Schwierigkeitsgrad *sehr leicht*
**Zutaten**
*6 Eier*
*5 EL Wasser*
*300 g Zucker*
*Saft von 1 Zitrone*
*1 Gläschen Rum*
*150 g Mehl*
*1 EL Backpulver*
*300 g Mandeln*
*500 g Karotten*

In einer Schüssel die Eigelb mit 5 EL lauwarmem Wasser lange rühren, dann langsam und unter ständigem Rühren den Zucker, Zitronensaft und Rum dazugeben.

Die Eiweiß zu festem Schnee schlagen und auch diesen vorsichtig daruntermischen. Das mit dem Backpulver gesiebte Mehl, 300 g fein gemahlene Mandeln und schließlich die abgeschabten, gewaschenen und fein geriebenen Karotten dazugeben, gut mischen.

Eine Springform (∅ 22 cm) buttern und bemehlen und den Teig hineinfüllen. Bei 180 °C ca. 1 Stunde backen. Erkalte-

ten Kuchen eventuell mit Marzipan-Karotten verzieren.

## OBSTKUCHEN

*Dieser Kuchen kann mit beliebigen Früchten je nach Jahreszeit – z.B. Bananen, Kiwi, Ananas – variiert werden.*

Zubereitungszeit *2 Stunden*
Schwierigkeitsgrad *leicht*
**Zutaten**
*1 Apfel (Golden Delicious)*
*2 Birnen (Abate)*
*200 g Kirschen, entsteint*
*4 Aprikosen*
*1 EL eingeweichte Rosinen*
*100 g kandierte Früchte*
*10 EL Mehl*
*1 TL Backpulver*
*10 EL Zucker*
*1 Prise Salz*
*4 Eier*
*200 g Butter*
*300 g Himbeerkonfitüre*

Obst schälen, würfelig schneiden und mit einem Tuch zudecken. Kandierte Früchte kleinwürfelig schneiden und mit 1 EL Mehl mischen.
Restliches Mehl mit dem Backpulver in eine Schüssel sieben und mit Zucker und Salz verrühren. Die Eier einige Minuten lang rühren, dann zu der Mehl–Zucker–Mischung dazugeben und das Gemisch – am besten mit dem elektrischen Handrührgerät – ca. 10 Minuten rühren.
Butter zergehen lassen, gut in das Gemisch einrühren, dann kandierte Früchte und zuletzt das frische Obst dazugeben.
Eine hochwandige Kuchen-form (∅ 18 cm) buttern und bemehlen.
Den Teig einfüllen, in das kalte Backrohr stellen, Thermostat auf 175 °C einstellen und ca. 30 Minuten backen. Garprobe machen: ein Holzstäbchen hineinstecken. Wenn beim Herausziehen kein Teig daran klebt und es trocken bleibt, ist der Kuchen fertig. Kuchen auskühlen lassen und aus der Form lösen.
Inzwischen Himbeerkonfitüre 1 Minute lang mit 2 EL Wasser erhitzen, mit ein paar Löffel voll davon den Kuchen bestreichen. Restliche Sauce in einer Saucière dazu reichen.

## FRÜCHTEBROT

*Dieser Kuchen ist nicht besonders weich, aber sehr gesund und kräftig im Geschmack. Am besten paßt er zum Tee am Nachmittag.*

Zubereitungszeit *60 Minuten*
Schwierigkeitsgrad *sehr leicht*
**Zutaten**
*600 g Äpfel*
*500 g Birnen*
*1 EL Zucker*
*60 g Walnüsse, geschält*
*60 g Mandeln, geschält*
*100 g getrocknete Feigen*
*50 g Orangeat oder Zitronat*
*50 g Rosinen*

*2 Eier*
*6 EL Mehl*
*1 nußgroßes Stück Butter*
*1 EL Semmelbrösel*
*1 TL Backpulver*

Äpfel und Birnen schälen, Kerngehäuse entfernen, in Scheiben schneiden und in einem Topf mit dem Zucker und einem Glas Wasser bei geringer Hitzezufuhr weichkochen, dabei gelegentlich umrühren.

Nüsse und Mandeln fein hacken, Feigen und Zitronat oder Orangeat in kleine Würfel schneiden. Rosinen in lauwarmem Wasser einweichen, dann trocknen lassen.

Gekochte Äpfel und Birnen durch ein Sieb passieren.

Eier verquirlen und zum Fruchtbrei geben. Die 6 EL Mehl mit dem Backpulver dazusieben, alle Zutaten gut umrühren und miteinander vermengen. Zuletzt noch die kandierten Früchte, die Rosinen, die Feigen, Mandeln und Nüsse einrühren.

Eine Backform buttern, mit den Semmelbröseln bestreuen, die Früchtemasse hineingeben und ca. 1 Stunde bei 180°C backen.

# KASTANIEN-ROULADE

Zubereitungszeit *45 Minuten*
Schwierigkeitsgrad *leicht*
**Zutaten**
*1 EL Butter*
*4 Eier*
*100 g Zucker*
*180 g Mehl*
*1 TL Backpulver*
*1 Prise Salz*

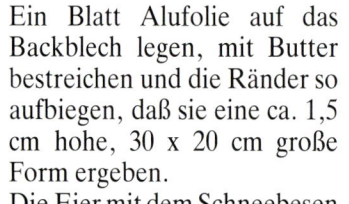

*1 EL Öl*
*400 g Kastanienkonfitüre*

Ein Blatt Alufolie auf das Backblech legen, mit Butter bestreichen und die Ränder so aufbiegen, daß sie eine ca. 1,5 cm hohe, 30 x 20 cm große Form ergeben.

Die Eier mit dem Schneebesen in einer Rührschüssel schlagen, nach und nach den Zucker, das mit dem Backpulver gesiebte Mehl, das Salz und zuletzt das Öl dazugeben. Das

Gemisch ca. 1 cm dick in die Aluform gießen, glattstreichen und 40 Minuten bei 180°C backen.

Ein feuchtes Tuch auf der Arbeitsfläche ausbreiten, den gebackenen Teig darauf stürzen, mit der Kastanienkonfitüre bestreichen und mit Hilfe des Tuches einrollen. Auskühlen lassen.

Die Roulade in Scheiben schneiden und mit flüssiger Sahne servieren.

## ORANGENKUCHEN

*Der Teig muß für dieses Rezept besonders sorgfältig zubereitet werden, weil der Kuchen ganz weich und locker sein muß.*

Zubereitungszeit *20 Minuten*
Schwierigkeitsgrad *leicht*

**Zutaten**
*150 g Butter*
*150 g Zucker*
*3 Eier*
*150 g Mehl*
*1 TL Backpulver*
*2 Orangen (unbehandelt)*
*120 g Puderzucker*

Butter mit einem Rührlöffel in einer angewärmten Schüssel schaumig rühren. Nach und nach den Zucker und die Eigelb (eins nach dem andern) darunterrühren. Das mit dem Backpulver gesiebte Mehl, Saft und abgeriebene Schale von 1 Orange und zuletzt die zu festem Schnee geschlagenen Eiweiß dazugeben.
Den Teig in eine gebutterte und bemehlte Backform (Ø 22 cm) füllen und ca. 50 Minuten bei 180°C backen.
Inzwischen den Puderzucker mit dem Saft der zweiten Orange in einem Topf bei geringer Hitzezufuhr auflösen und zu einer dicken, glatten Glasur verrühren.
Kuchen aus dem Backrohr nehmen, auskühlen lassen, auf eine Kuchenplatte geben, die Oberfäche gleichmäßig mit der Glasur bestreichen und nach Belieben verzieren.

## KASTANIEN

Die Edelkastanie reift im Herbst und wird für verschiedene Süßspeisen verwendet. Man kann sie geröstet und gekocht essen, in Zuckerlösung einmachen oder glasieren (Marrons glacés). Im Handel kann man sie auch in Dosen als Püree kaufen.

## MEXIKANISCHER KUCHEN

*Dieser Kuchen bekommt durch die Kombination von Olivenöl und Zitronenschale einen charakteristischen Geschmack.*

Zubereitungszeit *60 Minuten*
Schwierigkeitsgrad *sehr leicht*

**Zutaten**
*100 g Butter*
*200 g Zucker*
*3 Eier*
*200 g Mehl*
*150 g Haselnüsse, gemahlen*
*150 ml Olivenöl*
*4–5 EL Milch*
*abgeriebene Schale von 1 Zitrone (unbehandelt)*
*1 TL Backpulver*
*1 Prise Salz*

Butter bei Zimmertemperatur weich werden lassen, dann mit dem Zucker schaumig rühren und die Eigelb einzeln daruntermischen. Nach und nach auch die anderen Zutaten dazugeben. Zuletzt die zu sehr festem Schnee geschlagenen Eiweiß unterheben.

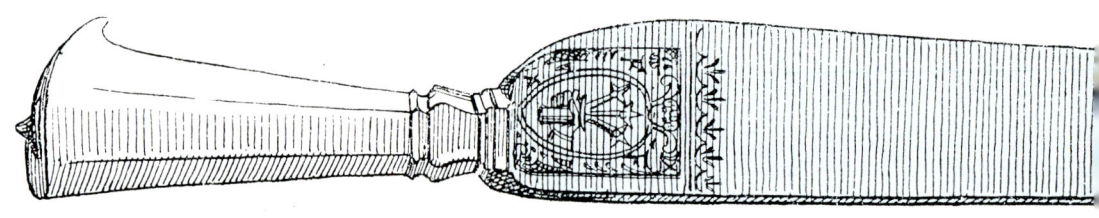

KAKAOROULADE
■ Mit einem Kännchen flüssiger Schlagsahne serviert, eignet sich diese Roulade auch als Dessert nach einem festlichen Mahl.

Eine Kuchenform (Ø 26 cm) buttern, mit Mehl bestäuben, den Teig hineingießen und den Kuchen in ca. 50 Minuten bei 180°C backen.

## KAKAOROULADE

Zubereitungszeit *60 Minuten*
Schwierigkeitsgrad *leicht*
**Zutaten**
*5 Eier*
*150 g Zucker*
*100 g Mehl*
*1 gestrichener TL Backpulver*
*125 g Butter*
*2 EL Kakaopulver*
*70 g Puderzucker*
*1 Gläschen Maraschino*
*250 g Schlagsahne*

Die Eigelb mit dem Zucker verrühren, das gesiebte Mehl und das Backpulver dazugeben, zuletzt vorsichtig die zu steifem Schnee geschlagenen Eiweiß unterheben.
Alufolie auf das Backblech legen und buttern, den Teig daraufgießen und ca. 1 cm hoch glattstreichen. Im Backrohr bei 180°C ca. 40 Minuten backen.
Das Backblech aus dem Rohr nehmen, Teig auf ein feuchtes Tuch stürzen und einrollen. Die Roulade mit dem feuchten Tuch zudecken und auskühlen lassen.
Inzwischen die Butter mit dem Kakao, dem Puderzucker und dem Likör vermengen. Die geschlagene Schlagsahne darunterziehen.
Das Tuch von der Teigrolle entfernen, diese vorsichtig ausrollen und mit der Hälfte der Creme bestreichen. Roulade wieder einrollen, mit der restlichen Creme ringsum bestreichen und anrichten.

## MASCARPONE-KUCHEN

Zubereitungszeit *60 Minuten*
Schwierigkeitsgrad *sehr leicht*
**Zutaten**
*3 ganze Eier*
*2 Eigelb*
*8 EL Zucker*
*300 g Mehl*
*1 TL Backpulver*
*100 ml Milch*
*200 g Mascarpone*
*1 Mokkatasse sehr starker Kaffee*
*einige Schoko–Kaffeebohnen*

Drei Eigelb mit der Hälfte des Zuckers verrühren, das mit dem Backpulver gesiebte Mehl und die Milch dazugeben und zuletzt die zu festem Schnee geschlagenen Eiweiß. Mit einem Rührlöffel alle Zutaten vorsichtig, aber gründlich, durchrühren.
Eine Kuchenform buttern, mit Mehl bestäuben und den Teig darin ca. 50 Minuten bei 180°C backen.
Kuchen auskühlen lassen, dann waagerecht in der Hälfte durchschneiden.
Die restlichen Eigelb mit dem restlichen Zucker schaumig rühren, dann den Mascarpone und den Kaffee dazugeben.
Die untere Kuchenhälfte auf eine Platte legen, mit der Hälfte der Creme bestreichen, die obere Hälfte darauflegen und die restliche Creme auf der Oberfläche verteilen und glattstreichen.
Den Kuchen in den Kühlschrank stellen, vor dem Anrichten noch mit Schoko–Kaffeebohnen verzieren.

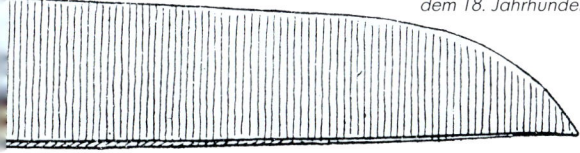

## KIRSCH-SCHOKOLADEN-KUCHEN

Zubereitungszeit *90 Minuten*
Schwierigkeitsgrad *leicht*
**Zutaten**
*500 g Kirschen*
*200 g Zucker*
*3 Eier*
*3 Eigelb*
*1 Prise Salz*
*1 Prise Vanillin–Zucker*
*200 g Mehl*
*100 g Speisestärke*
*50 g Schokoladepulver*
*1 TL Trockenhefe*
*70 g Butter*

Kirschen waschen, Stiele und Kerne entfernen, ohne die Früchte allzusehr zu beschädigen. Mit 2 EL Wasser und 50 g Zucker in einem Topf erhitzen, bis sich die ersten Anzeichen des Aufkochens zeigen; sofort von der Kochstelle nehmen und erkalten lassen.
Ganze Eier, Eigelb, Salz, restlichen Zucker und Vanillin–Zucker in einem Topf lange rühren, dann auf niedrigster Kochstufe aufstellen und ständig mit dem Schneebesen weiterrühren. Darauf achten, daß das Gemisch nur lauwarm wird, sonst mißlingt der Kuchen. Von der Kochstelle nehmen und energisch weiterrühren, bis die Masse ausgekühlt ist. Nach und nach das Mehl, die Speisestärke, das Schokoladepulver und das Backpulver dazugeben. Vorsichtig rühren und die zerlassene Butter sowie die abgetropften Kirschen dazugeben.

Eine ca. 24 cm lange, hochwandige Kastenform einfetten und mit dem Gemisch dreiviertelvoll füllen. Hitze auf 200 °C einstellen, Kuchen eine Stunde im Rohr backen, allmählich jedoch die Backtemperatur bis auf 160 °C reduzieren. Aus der Form stürzen und abkühlen lassen.

## ORANGENKUCHEN

*Dieser sehr leichte und wohlschmeckende Orangenkuchen wird wie ein Baba mit einem Orangensirup übergossen, den man auch mit Grand Marnier verfeinern kann.*

Zubereitungszeit *60 Minuten*
Schwierigkeitsgrad *sehr leicht*
**Zutaten**
*5 Eier*
*200 g + 6 EL Zucker*
*4 Orangen*
*200 g Mehl*
*1/2 TL Backpulver*

Die Eier in eine Schüssel geben und ca. 10 Minuten lang mit den 200 g Zucker schaumig rühren, dann abgeriebene Orangenschale und das mit dem Backpulver gesiebte Mehl dazugeben; nochmals ein paar Minuten rühren. Zuletzt die zerlassene Butter dazugießen.
Teig in eine gebutterte Kuchenform (Ø 26 cm) füllen und ca. 45 Minuten bei Mittelhitze (180 °C) backen.
Orangensaft mit den 6 EL Zucker 5 Minuten lang kochen. Den erkalteten Kuchen mit einer Gabel mehrfach ein-

stechen, mit dem Sirup übergießen und anrichten.

## VOLLKORN-BEEREN-KUCHEN

*Vollwert–Fans wird dieses leichte, knusprige Gebäck besonders gut schmecken.*

Zubereitungszeit *45 Minuten*
Schwierigkeitsgrad *leicht*
**Zutaten**
*5 Eier*
*5 EL lauwarmes Wasser*
*125 g Honig*
*Saft von 1/2 Zitrone*
*125 g Weizen, fein gemahlen*
*50 g Buchweizen, fein gemahlen*
*1/2 TL Backpulver*
*Fülle*
*200 g Schlagsahne*
*1 EL Honig*

*je 100 g Erdbeeren, Himbeeren und schwarze Johannisbeeren*

Eier trennen, Eiweiß sehr steif schlagen und kühl stellen. Eigelb, Wasser, Honig und Zitronensaft sehr schaumig schlagen. Eischnee auf die Schaummasse geben, den mit dem Backpulver gesiebten Schrot locker darüberstreuen. Mit dem Schneebesen unterheben. Teig auf ein mit Pergamentpapier belegtes Backblech streichen und im vorgeheizten Backofen bei 180 °C ca. 12 Minuten backen.
Teigplatte auf ein Tuch stürzen, Papier mit Wasser einstreichen und abziehen. Teigplatte mit dem Tuch locker aufrollen und auf ein Gitter zum Auskühlen legen.

Sahne sehr steif schlagen. Beeren entsprechend vorbereiten. Teigplatte vorsichtig ausrollen, Sahne aufstreichen, Beeren gleichmäßig darauf verteilen und flüssigen Honig mit dem Löffel darüberträufeln. Mit dem Tuch wieder aufrollen und auf eine Kuchenplatte legen. Sofort servieren.

## APFEL-KARTOFFEL-KUCHEN

*Bei einigen Backrezepten wird ein Teil der Mehlmenge durch Kartoffeln ersetzt. Übrigens ist ja auch die Kartoffelstärke als Zutat durchaus üblich.*

Zubereitungszeit *60 Minuten*
Schwierigkeitsgrad *leicht*
**Zutaten**
*1 gekochte Kartoffel*
*2 Eier*
*50 g Zucker*
*200 g Mehl*
*1 TL Backpulver*
*abgeriebene Schale von 1 Zitrone (unbehandelt)*
*100 ml Milch*
*3 Äpfel (Golden Delicious)*
*30 g Butter*
*1 EL Puderzucker*

Gekochte Kartoffel schälen und durch die Presse drücken. Eier und Zucker schaumig rühren, Mehl und Backpulver dazusieben, Kartoffel, abgeriebene Zitronenschale und Milch dazugeben. Zu einem glatten Teig verarbeiten.
Eine Kuchenform (⌀ 26 cm) buttern und bemehlen, Teig hineingeben und glattstreichen. Die geschälten, in dünne

### QUARK

*Quark wird aus geronnener Milch in verschiedenen Fettstufen hergestellt. Magerquark ist für Gebäck am besten geeignet und spart überdies Kalorien.*

Scheiben geschnittenen Äpfel in konzentrischen Kreisen darauflegen, mit Butterflöckchen bestreuen und den Kuchen ca. 45 Minuten bei 180°C backen. Sobald der Kuchen eine goldgelbe Farbe annimmt, herausnehmen und vor dem Anrichten mit Puderzucker bestäuben.

## APFEL-KOKOS-KUCHEN

Zubereitungszeit *60 Minuten*
Schwierigkeitsgrad *sehr leicht*
**Zutaten**
*100 g Butter*
*100 g Zucker*
*3 Eier*
*abgeriebene Schale von 1 Zitrone (unbehandelt)*
*100 g Kokosraspeln*
*150 g Mehl*
*1/2 TL Backpulver*
*3 Äpfel (Renette)*

Butter bei Zimmertemperatur weich werden lassen, mit dem Zucker schaumig rühren, dann die Eigelb (einzeln), die abgeriebene Zitronenschale, die Hälfte der Kokosraspeln dazugeben, Mehl und Backpulver darübersieben und

**BRAUNER ZUCKER (FARIN-ZUCKER)**
■ *Übliche Bezeichnung für nicht ganz fertig gereinigten Rohr– oder Rübenzucker. Er enthält noch etwas Melasse, was ihm den guten, aromatischen Geschmack verleiht.*

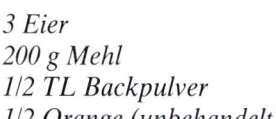

schließlich die zu festem Schnee geschlagenen Eiweiß unterheben.

Den Teig in eine gebutterte und bemehlte Springform (Ø 22 cm) füllen und glattstreichen. Die geschälten und in Scheiben geschnittenen Äpfel leicht in den Teig drücken, mit den restlichen Kokosraspeln bestreuen und den Kuchen ca. 40 Minuten bei 200°C backen. Auskühlen lassen.

## OBSTKUCHEN MIT PFIRSICHSAUCE

*Dieser Kuchen kann auch mit einem Sirup aus pürierten Früchten und Zucker serviert werden.*

Zubereitungszeit *75 Minuten*
Schwierigkeitsgrad *sehr leicht*
**Zutaten**
*8 EL Mehl*
*1 TL Backpulver*
*8 EL Zucker*
*4 Eier*
*1 Prise Salz*
*250 g Butter*
*4 EL Wasser*
*2 Birnen*
*2 Äpfel*
*4 Pfirsiche*
*200 g Pfirsichgelee*

Das Mehl mit dem Backpulver in eine Schüssel sieben; in eine Vertiefung in der Mitte Zucker, Eier, Salz und zuletzt die zerlassene Butter hineingeben, alle Zutaten gut vermischen. Wasser dazugeben, dann die geschälten, in Stückchen geschnittenen Birnen, Äpfel und 2 Pfirsiche.

Eine Kuchenform (Ø 26 cm) buttern und bemehlen, Teig einfüllen und den Kuchen ca. 1 Stunde bei 180 °C backen. Die restlichen Pfirsiche schälen, mit dem flüssiggerührten Gelee pürieren und in eine Saucière füllen.

## QUARK-ORANGENKUCHEN

*Wohlschmeckende Varianten dieses Kuchens kann man durch Verwendung einer Zitrone, Zitronatzitrone oder Mandarine herstellen.*

Zubereitungszeit *75 Minuten*
Schwierigkeitsgrad *sehr leicht*
**Zutaten**
*200 g Quark*
*200 g Zucker*
*3 Eier*
*200 g Mehl*
*1/2 TL Backpulver*
*1/2 Orange (unbehandelt)*

Quark durch ein Sieb streichen und sorgfältig mit dem Zucker vermischen. Die Eigelb einzeln, das mit dem Backpulver vermischte und gesiebte Mehl, Saft und abgeriebene Schale der Orange dazugeben und zuletzt die zu sehr festem Schnee geschlagenen Eiweiß unterheben.
Eine Kuchenform (Ø 22 cm) buttern und bemehlen, Kuchen ca. 1 Stunde bei 180 °C backen.

*Rosinen und kandierte Früchte machen diesen Kuchen besonders köstlich. Für ein Kinderfest genau das Richtige!*

**Zutaten** für den Teig
*100 ml Milch*
*1 EL Mandeln, gemahlen*
*150 g Mehl*
*1 TL Backpulver*
*100 g Zucker*
*1 Eigelb*
*1 ganzes Ei*
*60 g weiche Butter*
*1 Fläschchen Vanillearoma*
*Zimt und Ingwer, gemahlen*
*50 g kandierte Früchte, klein geschnitten*
*100 g Rosinen*

*Für die Rumglasur*
*30 g Puderzucker*
*Rum*

*Zum Garnieren*
*1 EL Walnußkerne*
*1 EL kandierte Früchte, fein geschnitten.*

In einer Schüssel Milch und gemahlene Mandeln verrühren; Mehl, Backpulver, Zucker, Eigelb, weiche Butter, ganzes Ei und Vanillearoma dazugeben und alles gut vermengen, bis der Teig die richtige Konsistenz hat.

Teig auf ein bemehltes Backbrett geben, gemahlenen Zimt und Ingwer darüberstreuen und gut durchkneten.

Teig mit den Händen flachdrücken, kandierte Früchte und Rosinen darauf verteilen und so zur Kugel formen, daß die Früchte im Inneren bleiben.

Ringförmige Kuchenform (Kranzkuchenform) mit Butter einfetten.

Teigkugel grob zum Ring umformen, in die Form legen und 30 Minuten im vorgeheizten Backrohr bei 200°C backen.

Kuchen stürzen und abkühlen lassen. Die Rumglasur (siehe S. 52) zubereiten, mit einem Löffel auf die Oberseite des Napfkuchens geben und seitlich herunterlaufen lassen. Sofort (möglichst noch, solange die Glasur weich ist) mit den kandierten Früchten und Walnußkernen verzieren.

BUTTERMODEL
■ Italienischer Stich aus dem 19. Jahrhundert

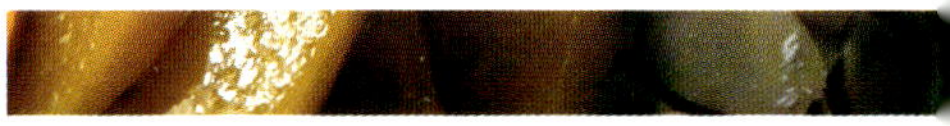

## KARAMELKUCHEN "ELFENBEINKÜSTE"

*Für diesen Kuchen kann man alternativ auch Pfirsiche oder Aprikosen verwenden, muß dann jedoch anstelle von Zimt Vanille nehmen.*

Zubereitungszeit *75 Minuten*
Schwierigkeitsgrad *sehr leicht*
**Zutaten**
*7 Scheiben Ananas (Konserve)*
*2 Eier*
*450 g brauner Rohrzucker*
*4 EL Milch*
*120 g Butter*
*360 g Mehl*
*1 Päckchen Backpulver*
*1/2 TL Zimt, gemahlen*
*7 Maraschinokirschen*

Ananasscheiben abtropfen lassen. Die Eier mit 300 g Zukker schaumig rühren. Die Milch und die halbe Buttermenge (zerlassen) dazugeben und gut durchrühren. Das mit dem Backpulver und dem Zimt vermischte Mehl sieben und in die Eiermasse einarbeiten.
In einer Kuchenform (∅ 26 cm) 150 g Zucker mit der restlichen Butter karamelisieren. Den Boden der Form mit den abgetrockneten Ananasscheiben auslegen, die Öffnung in der Mitte jeder Scheibe mit einer Kirsche füllen. Die Teigmasse daraufgießen und 50 Minuten bei 180 °C backen.
Kuchen gleich nach dem Herausnehmen aus dem Rohr stürzen, die Form sofort abheben, bevor der Karamel hart wird. Den Kuchen lauwarm servieren.

### BUTTER

Butter ist für das Backen das wichtigste Fett. Sie kann durch Erhitzen auf kleiner Hitzestufe geklärt werden, gibt dabei alle Eiweißstoffe ab und wird sehr bekömmlich. Geklärte Butter hat einen höheren Siedepunkt als normale und ist daher für Fettgebäck sehr geeignet.

## SCHOKOLADENKUCHEN

*Die Keksbrösel auf dem Boden der Kuchenform können durch reichlich gemahlene Haselnüsse ersetzt werden. Der Kuchen bekommt dann einen ganz besonders feinen Geschmack.*

Zubereitungszeit *60 Minuten*
Schwierigkeitsgrad *sehr leicht*
**Zutaten**
*130 g ungeschälte Mandeln*
*130 g Butter, ganz frisch*
*100 g Zucker*
*130 g Blockschokolade*
*3 Eier*
*1 TL Backpulver*
*30 g Speisestärke*
*50 g trockene Kekse*

Mandeln mit einem Tuch abreiben, aber die braune Schale nicht entfernen, dann in der Küchenmaschine zerkleinern. Die weiche Butter mit dem Zucker schaumig rühren, dann die gemahlenen Mandeln, die geriebene Schokolade, 3 Eigelb und 2 zu sehr steifem Schnee geschlagene Eiweiß zugeben und nach jeder Zutat gut durchmischen. Das Backpulver mit der Speisestärke sieben und vorsichtig in den Teig einrühren.

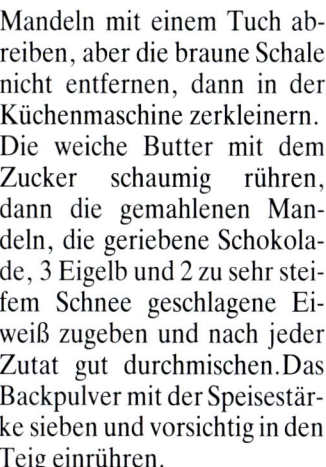

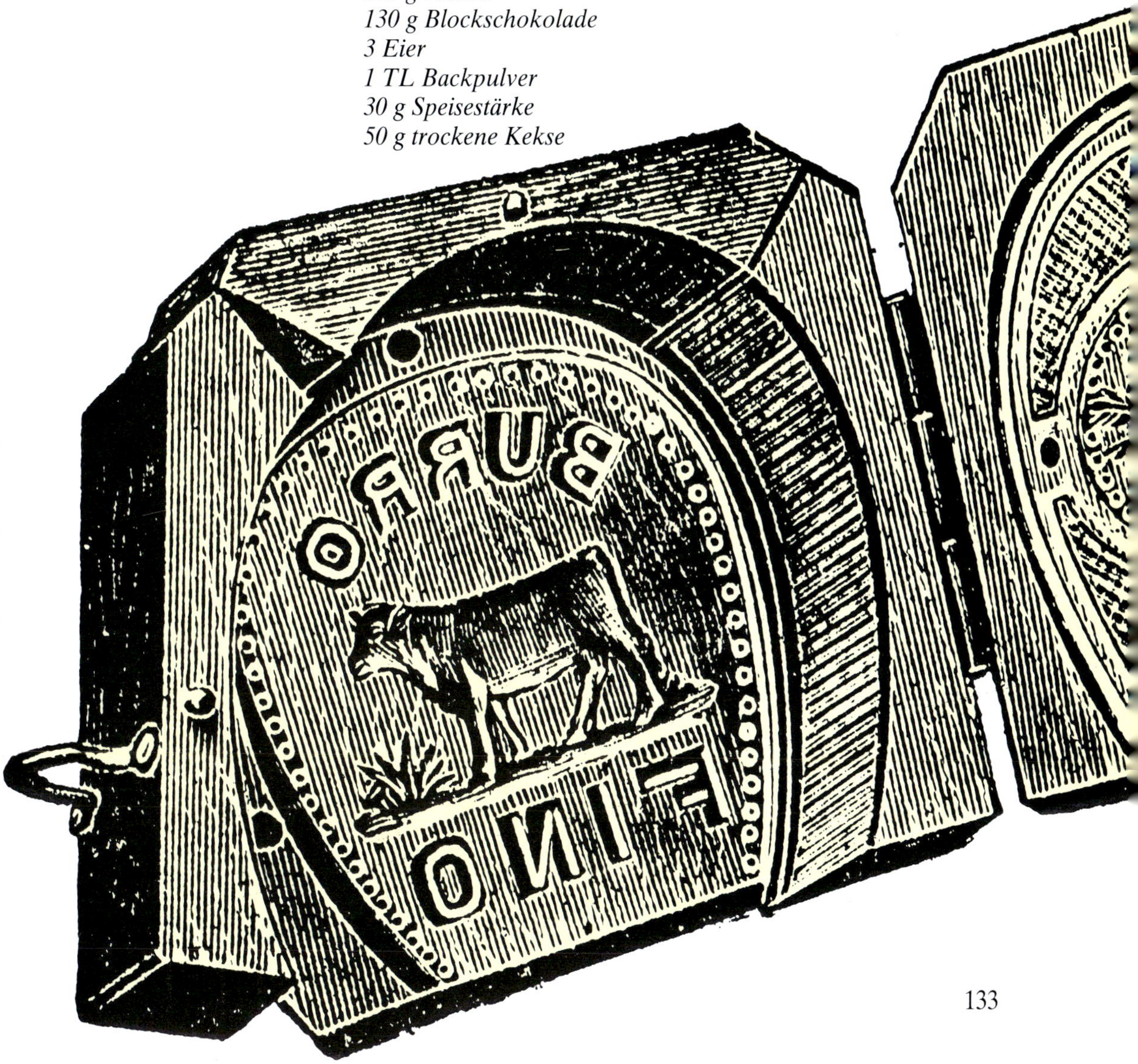

RINGKUCHEN MIT ORAN-
GENFÜLLE
■ Dieser Kuchen wird wie ein
Baba übergossen. Mit Wein-
trauben in der Mitte gefüllt,
sieht er noch dekorativer aus.

Eine Kuchenform (Ø 26 cm) buttern, mit den Keksbröseln ausstreuen, Teig einfüllen und 50 Minuten im vorgeheizten Backrohr bei 180°C backen.

## RINGKUCHEN MIT ORANGENFÜLLE

Zubereitungszeit *60 Minuten*
Schwierigkeitsgrad *sehr leicht*
**Zutaten** für den Kuchen
*300 g Mehl*
*1/2 TL Salz*
*2 EL Zucker*
*30 g Backhefe*
*100 ml Milch*
*4 Eier*
*140 g Butter*
Für die Fülle
*4 Orangen*
*200 g Zucker*
*2 Gläschen (4 cl) Kirschwasser*
*200 g weiße Weintrauben*

Für den Kuchenteig Mehl, Salz, Zucker, die in der lauwarmen Milch aufgelöste Hefe, die Eigelb und die Eier in eine Schüssel geben und vermengen. Teig gut durchrühren und die zerlassene Butter dazugeben. Der weiche, klebrige Teig muß ungefähr 10 Minuten geschlagen werden. Schüssel mit einem Tuch zudecken und Teig an einem warmen Ort aufgehen lassen. Nochmals gut durchschlagen, dann in eine gebutterte und bemehlte Ringform (Ø 22 cm) geben. Nochmals eine halbe Stunde an einem lauwarmen Ort gehen lassen, dann 20 Minuten bei 220°C backen. 2 Orangen schälen und mit

einem scharfen Messer die weiße Innenhaut abziehen, in Scheiben schneiden und jede Scheibe halbieren, dann in einem Sirup aus 1/2 Glas Wasser, 1 EL Zucker und 1 Gläschen Kirsch ziehen lassen. Die restlichen beiden Orangen ausdrücken, Saft mit Zucker und Kirsch erhitzen. Sobald der Kuchen fertig gebacken und aus der Form gestürzt ist, den kochend heißen Sirup darübergießen, auskühlen lassen und waagerecht in der Mitte durchschneiden. Mit den Orangenscheiben füllen, Traubenbeeren abzupfen und in die Mittelöffnung füllen.

## FRÜHSTÜCKSKUCHEN

*Ein besonders gesunder und ballaststoffreicher Kuchen, der am besten mit Kaffee oder Tee zum Frühstück schmeckt.*

Zubereitungszeit *60 Minuten*
Schwierigkeitsgrad *sehr leicht*
**Zutaten**
*1 Tasse Magerjoghurt*
*1 gehäufte Tasse Weizenkleie*
*2 Tassen Mehl*
*1/2 TL Backpulver*
*2 Eier*
*1 Zitrone (unbehandelt)*
*1/2 Tasse Pflanzenöl (Keimöl oder Distelöl)*
*2 Tassen Zucker*

Joghurt in eine Schüssel geben, nacheinander die Kleie, das Mehl, das Backpulver, die vorher verquirlten Eier, die abgeriebene Zitronenschale, das Öl und den Zucker dazurühren. Gut durchmischen, Teig in eine gebutterte und bemehlte Form (Ø 26 cm) gießen und ca. 50 Minuten bei 180 °C backen.

## SCHOKOLADE-NUSSKUCHEN

*Walnüsse haben einen ausgeprägten Geschmack; man kann sie gut durch Haselnüsse ersetzen, die im Geschmack zarter sind.*

Zubereitungszeit *90 Minuten*
Schwierigkeitsgrad *sehr leicht*
**Zutaten**
*200 g Butter*
*500 g Speisestärke*
*1 TL Backpulver*
*2 Eier*
*200 g Zucker*
*120 g ungesüßter Kakao*
*1/4 l Milch*
*1 TL Vanille, gemahlen oder Extrakt*
*1 Prise Salz*
*100 g Walnußkerne*

Die Butter in einer feuerfesten Glasschüssel zergehen lassen, Speisestärke mit dem Backpulver zusammen hineinsieben und mit einem Rührlöffel glattrühren. Eier, Zucker und Kakaopulver unter ständigem Rühren dazugeben, nach und nach etwas Milch zugießen. Vanille und die Prise Salz einrühren, wieder etwas Milch zugießen. Die restliche Milch allmählich dazugießen, so daß eine cremige, aber nicht zu dünnflüssige, Teigmasse entsteht.
Diese Masse in eine hochwandige Kuchenform (∅ 22 cm) füllen, Oberfläche mit Walnußhälften, die leicht in den Teig gedrückt werden, verzieren und den Kuchen ca. 1 Stunde bei 180°C backen.

## MARZIPAN-TORTE

Zubereitungszeit *90 Minuten*
Schwierigkeitsgrad *leicht*
**Zutaten**
*300 g Mehl*
*1 TL Backpulver*
*50 g Mandeln, geschält und fein gemahlen*
*1 EL Vanillezucker*
*200 g Zucker*
*150 g Butter*
*3 Eier*
*3 EL Aprikosenkonfitüre*
*1 EL ungesüßter Kakao*
*8 Makronen*
*1 Gläschen Orangenlikör*
*1 Birne*
*1 Apfel*
*150 g Marzipan–Rohmasse*
*100 g Puderzucker*

Das Mehl mit dem Backpulver auf die Arbeitsfläche sieben, gemahlene Mandeln, Vanillezucker, die halbe Menge Zucker, die weichgerührte Butter in Flöckchen und 3 Eigelb (2 Eiweiß getrennt für später wegstellen) daruntermischen und alles zu einem glatten Teig

Gemisch in eine gebutterte und bemehlte Springform (∅ 26 cm) füllen und ca. 50 Minuten bei 180°C backen.

## APFEL-ROSINEN-BROT

*Süße Brote wie dieses sind besonders für das Frühstück oder als Zwischenmahlzeit für Kinder geeignet.*

Zubereitungszeit *90 Minuten*
Schwierigkeitsgrad *sehr leicht*
**Zutaten**
*20 g Backhefe*
*100 ml Milch*
*100 g Zucker*
*300 g Mehl*
*100 g Butter*
*1 Prise Salz*
*200 g Sultaninen*
*500 g Äpfel*
*Saft von 1 Zitrone*
*200 g Aprikosenkonfitüre*

Hefe mit 1 EL Zucker in der lauwarmen Milch auflösen und 10 Minuten stehen lassen. Mehl in eine Schüssel geben, die Milch mit der Hefe hineingießen, alles zu einem glatten Teig verarbeiten und ca. eine halbe Stunde gehen lassen. Danach Butter, Zucker und Salz dazugeben und nochmals gut durchschlagen.
Teig mit der Teigrolle ausrollen, in eine gebutterte und bemehlte Kuchenform (∅ 26 cm) legen und nochmals 20 Minuten aufgehen lassen. Inzwischen die Sultaninen in lauwarmem Wasser einweichen, dann abtropfen lassen. Äpfel schälen, Kerngehäuse entfernen, in dünne Scheiben

## POLENTAKUCHEN

Zubereitungszeit *60 Minuten*
Schwierigkeitsgrad *sehr leicht*
**Zutaten**
*1 l Milch*
*1 Stückchen Vanilleschote*
*1 Prise Salz*
*150 g gelbes Polentamehl (Maismehl), fein gemahlen*
*100 g Butter*
*100 g Zucker*
*3 Eier*
*1 TL Backpulver*

Die Milch mit der Vanille und dem Salz zum Kochen bringen, Polentamehl einstreuen und gut durchrühren. Topf von der Kochstelle nehmen und nacheinander die Butter, den Zucker, die Eigelb, das Backpulver und zuletzt, wenn das Gemisch etwas ausgekühlt ist, die zu Schnee geschlagenen Eiweiß dazugeben.

durchkneten. Teig in Plastikfolie einwickeln und ca. eine halbe Stunde kaltstellen.
Inzwischen in einer Rührschüssel die Pflaumenkonfitüre mit dem Kakao, den zerbröselten Makronen und dem Likör verrühren.
Den Teig nach dem Kaltstellen in eine gebutterte und bemehlte Springform (∅ 26 cm) füllen und mit der Kakao-Konfitüre-Mischung bestreichen. Apfel und Birne schälen und in Scheiben schneiden, bestrichenen Tortenboden damit belegen und im vorgeheizten Backrohr 20 Minuten bei 180°C backen.

In der Zwischenzeit die beiden Eiweiß mit dem restlichen Zucker zu sehr festem Schnee schlagen. Torte aus dem Rohr nehmen, die Baisermasse darauf verteilen. Wieder ins Rohr schieben, Hitze auf 100°C reduzieren und nochmals 20–25 Minuten backen. Sobald die Baisermasse trocken und goldgelb wird, Torte herausnehmen.
Den Puderzucker unter die Marzipan-Rohmasse arbeiten, diese messerrückendick ausrollen, kleine Blättchen ausstechen und die Torte damit hübsch verzieren.

POLENTAKUCHEN
■ Maismehl wird gern für Kuchen verwendet. Es gibt gelbes und weißes Maismehl (Polentamehl) zu kaufen, fein oder grob gemahlen.

schneiden, mit Zitronensaft beträufeln und auf den Hefeteig legen, Sultaninen darüberstreuen. Ca. 50 Minuten bei 180 °C backen.

Apfel–Rosinen–Brot aus dem Rohr nehmen, mit der Aprikosenkonfitüre bestreichen und noch warm servieren.

## KARTOFFELKUCHEN

*Der Teig für dieses Rezept wird noch leichter, wenn man anstelle der gekochten Kartoffeln 100 g Kartoffelstärke (Speisestärke) verwendet.*

Zubereitungszeit *60 Minuten*
Schwierigkeitsgrad *sehr leicht*
**Zutaten**
*80 g Butter*
*200 g Zucker*
*3 EL ungesüßter Kakao*
*2 gekochte Kartoffeln*
*1 ganzes Ei +1 Eigelb*
*200 g Mehl*
*2 TL Backpulver*
*9 EL Milch*
*1 Prise Salz*
*4 EL Walnüsse, gemahlen*
*2 EL Puderzucker*

Butter bei Zimmertemperatur weich werden lassen. Kartoffeln kochen und durchpassieren. Die Butter mit dem Zucker, dem Kakao und den passierten Kartoffeln gut verrühren. Die Eigelb, das mit dem Backpulver vermischte und gesiebte Mehl, die Milch und das Salz daruntermischen. Die Walnüsse und das zu steifem Schnee geschlagene Eiweiß dazugeben. Alle Zutaten sorgfältig zu einem glatten Teig

verrühren, in eine gebutterte und bemehlte Springform (∅ 26 cm) füllen und den Kuchen ca. 50 Minuten bei 180°C backken. Mit Puderzucker bestreuen.

## GEDECKTER MANDARINEN–QUARKKUCHEN

*Das Originalrezept verwendet Mascarpone statt Quark, wodurch der Kuchen etwas*

*schwerer wird. Die Creme wird durch Zugabe von 2 EL Orangenlikör kräftiger im Geschmack.*

Zubereitungszeit *75 Minuten*
Schwierigkeitsgrad *sehr leicht*
**Zutaten**
*300 g Mehl*
*2 TL Backpulver*

*100 ml Wasser*
*150 g Zucker*
*Schale von 1 Mandarine*
*1 Ei*
*1 Prise Salz*
*100 g Mascarpone oder Sahnequark*

KOKOS–ZIMT–KUCHEN
■ In der Backtradition Europas, aber vor allem auch bei Feinbackwaren des Mittleren Ostens, spielen Gewürze eine wichtige Rolle.

30 g Rosinen
2 Makronen
2 EL starker Kaffee
40 g Butter

Mehl und Backpulver in eine Schüssel sieben, nach und nach das Wasser zugießen und zu einem Teig von mittlerer Festigkeit verrühren. 50 g Zucker, abgeriebene Mandarinenschale, Ei und Salz dazugeben und den Teig mit einem Holzlöffel mindestens 15 Minuten durchschlagen.
Inzwischen den Mascarpone (oder Quark) mit 50 g Zucker, in lauwarmem Wasser eingeweichten und ausgedrückten Rosinen, zerbröselten Makronen und dem kalten Kaffee zu einer Creme verrühren.
In eine gebutterte und bemehlte Backform (Ø 22 cm) eine Schicht Teig einfüllen, darauf die Mascarpone–Creme verteilen, noch eine Teigschicht daraufgeben und mit Butterflöckchen und dem restlichen Zucker bestreuen.
Den Kuchen im Backrohr ca. 1 Stunde bei 180 °C backen.

## KOKOS–ZIMT–KUCHEN

Zubereitungszeit *60 Minuten*
Schwierigkeitsgrad *sehr leicht*
**Zutaten**
*200g Zucker*
*2 Eier*
*100 g Butter*
*200g Mehl*
*1 TL Backpulver*
*1 TL Zimt, gemahlen*
*1 Prise Salz*
*1/4 l Milch*
*1 Kokosnuß*

Eigelb mit dem Zucker schaumig schlagen. Nach und nach die weiche Butter, das mit dem Backpulver gesiebte Mehl, Zimt und Salz damit verrühren und dabei – ebenfalls nach und nach – die Milch dazugießen.
Die Eiweiß zu steifem Schnee schlagen und vorsichtig unterheben.
Den Teig in eine gebutterte und bemehlte Springform (Ø 26 cm) füllen und ca. 50 Minuten bei 180°C backen.
Das Kokosfleisch mit einem entsprechenden Gerät dünn hobeln und auf dem Kuchen verteilen.
So garniert, sieht der Kuchen besonders appetitlich aus.

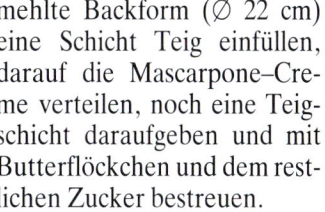

## KAISERTORTE

*Diese Torte wird rundherum mit Krokant bestreut. Man kann diesen bei Zeitmangel auch fertig kaufen.*

Zubereitungszeit *75 Minuten*
Schwierigkeitsgrad *mittel*
**Zutaten**
Für den Teig
*3 Eier*
*3 EL kochend heißes Wasser*
*1 EL Vanillezucker*
*150 g Zucker*
*80 g Mehl*
*2 TL Backpulver*
*70 g Speisestärke*
*3 EL ungesüßter Kakao*
Für die Füllcreme
*2 Tassen Crème pâtissière nach Rezept S. 44*
*150 g Butter*
*1 EL Puderzucker*
*Krokant zum Bestreuen*
*1 nußgroßes Stück Butter*
*100 g Zucker*
*150 g gehackte Mandeln*
*1 TL Mandelöl*

Für den Teig die Eigelb und das kochend heiße Wasser mit dem Schneebesen schlagen, nach und nach den Vanillezucker und 100 g Zucker dazugeben und verrühren.
Die Eiweiß zu sehr festem Schnee schlagen und den restlichen Zucker dazugeben. Den Eischnee auf die Eigelbcreme geben, Mehl und Backpulver sowie Speisestärke und Kakao darübersieben. Dann alle Zutaten vorsichtig mit einem Rührlöffel mischen.
Eine Springform (Ø 22 cm) buttern und mit Backpapier

139

## TUTTIFRUTTI-TORTE

auslegen, den Teig einfüllen und im vorgeheizten Backrohr ca. eine halbe Stunde bei 200 °C backen.

Inzwischen Füllcreme vorbereiten: In der noch heißen *Crème pâtissière* die Butter zergehen lassen, Puderzucker dazugeben und die Creme gelegentlich umrühren, bis sie ausgekühlt ist.

Krokant zum Bestreuen: In einem Stieltopf den Zucker mit der Butter unter ständigem Rühren schmelzen und goldbraun rösten. Die Mandeln zugeben und weiterrühren, bis sie hellbraun werden. Einen Teller mit Mandelöl bestreichen, die Karamelmasse ca. 1 cm hoch darauf verstreichen und auskühlen lassen.

Torte aus der Springform lösen, auskühlen lassen und waagerecht in drei Böden teilen. Den untersten Boden mit einem Drittel der Creme bestreichen, darauf einen zweiten Boden legen, wieder mit Creme bestreichen, dritten Boden darauflegen und mit der restlichen Creme bestreichen. Den ausgekühlten Krokant zerkleinern und die Torte damit bestreuen, bis sie ringsum völlig bedeckt ist. An den Rändern Krokant leicht andrücken, damit er nicht herunterfällt.

Zubereitungszeit *90 Minuten*
Schwierigkeitsgrad *sehr leicht*
**Zutaten**
*100 g Butter*
*100 g Zucker*
*4 Eier*
*250 g Mehl*
*1 TL Backpulver*
*1 TL Vanille, gemahlen oder Extrakt*
*4 EL Milch*
*1 Prise Salz*
*2 Orangen*

TUTTIFRUTTI–TORTE
■ In Zuckersirup eingelegte Früchte gibt es als Konserven zu kaufen, man kann sie aber auch selbst herstellen. Die Rezepte dafür sind am Anfang dieses Buches zu finden.

ERDBEEREN
■ Erdbeeren werden am besten frisch gepflückt gegessen, denn sie verlieren rasch ihren hohen Vitamingehalt, sobald sie nicht mehr dem Sonnenlicht ausgesetzt sind.

8 Aprikosenhälften (Konserve)

4 Birnenhälften (Konserve)

1 Handvoll Kirschen (Konserve)

Saft von 1/2 Zitrone

4 EL Aprikosenkonfitüre

30 g geschälte Mandeln

6 EL Himbeergelee

Butter weich werden lassen, dann mit dem Zucker schaumig schlagen; danach die Eigelb einzeln, das mit dem Backpulver und der Vanille vermischte und gesiebte Mehl, die Milch und zuletzt die mit einer Prise Salz zu Schnee geschlagenen Eiweiß dazugeben und gut vermischen.

Den Teig in eine gebutterte und bemehlte Form (∅ 26 cm) füllen und ca. 45 Minuten im Backrohr backen.

Den Fruchtbelag vorbereiten: Orangen schälen, in Spalten teilen und zwei Minuten im Aprikosen– und Birnensirup kochen, dann erkalten lassen. Aprikosen, Birnen und Kirschen in Stücke schneiden, mit Zitronensaft beträufeln.

Die Torte aus dem Rohr nehmen. Sobald sie ausgekühlt ist, mit der Aprikosenkonfitüre bestreichen und die in Hälften geteilten Mandeln so daraufegen, daß sie kleben bleiben. Die in Stücke geschnittenen Kirschen, Aprikosen, Birnen und Orangenspalten auf dem Kuchen verteilen.

Den restlichen Sirup so lange einkochen, bis noch ca. 8 EL übrigbleiben, dann das Himbeergelee darin flüssig rühren, auskühlen lassen und die Torte damit übergießen.

## GLASIERTER APFELKUCHEN MIT ERDBEEREN

*Backwaren glasieren kann man mit einer ganz einfachen Methode: Fruchtgelee in einem Tiegel erwärmen, das Gelee flüssig rühren und die Oberfläche damit bestreichen.*

Zubereitungszeit *60 Minuten*
Schwierigkeitsgrad *sehr einfach*
**Zutaten**
*5 Äpfel*
*2 Gewürznelken*
*150 ml weißer Wermut (trocken)*
*200 g Zucker*
*110 g Butter*
*4 Eier*
*1 Zitrone (unbehandelt)*
*300 g Mehl*
*1 TL Backpulver*
*1 TL Vanille, gemahlen*
*1 Prise Salz*
*100 g Himbeergelee*
*50 g Puderzucker*
*300 g Erdbeeren*
*200 g Schlagsahne*

Äpfel schälen, halbieren, mit den Nelken, dem Wermut und 80 g Zucker in einem Topf erhitzen und zugedeckt ca. eine halbe Stunde dünsten, dabei gelegentlich umrühren.

Für den Teig 100 g Butter bei Raumtemperatur weich werden lassen, dann mit dem restlichen Zucker schaumig rühren, die Eigelb einzeln dazugeben und den Teig kräftig durchschlagen. Die abgeriebene Zitronenschale und den gesiebten Zitronensaft, das mit dem Backpulver vermischte und gesiebte Mehl und die Vanille einrühren und schließlich die mit einer Prise Salz zu steifem Schnee geschlagenen Eiweiß unterheben.

Eine Springform (∅ 26 cm) einbuttern, die Hälfte des Teiges einfüllen, mit den abgetropften Apfelhälften belegen und mit dem restlichen Teig bedecken.

In das Backrohr schieben und ca. 1 Stunde bei 180°C backen.

Aus dem Rohr nehmen und auskühlen lassen.

Himbeergelee mit dem Puderzucker bei geringer Hitze flüssig rühren, Kuchen damit bestreichen, mit den Erdbeeren und der steif geschlagenen Schlagsahne verzieren und anrichten.

## GEWÜRZ-FRÜCHTE-KUCHEN

*Dieses Rezept gehört der nördlichen Hemisphäre an und kombiniert Zimt mit Nelken und Muskatnuß.*

Zubereitungszeit *75 Minuten*
Schwierigkeitsgrad *sehr leicht*
**Zutaten**
*250 g Butter*
*250 g Zucker*
*6 Zuckerwürfel*
*Schale von 1 Orange (unbehandelt)*

WEINTRAUBENKUCHEN
■ Dieser Kuchen erhält durch den Grappa einen ziemlich starken und herben Geschmack. Wenn man statt Grappa einen Obstbranntwein (z.B. Kirschwasser) verwendet, schmeckt der Kuchen milder.

4 Eier
325 g Mehl
1 TL Backpulver
30 g Rosinen
125 g kandierte Früchte
1 Gläschen Cognac
1 TL Zimt, gemahlen
1 TL Muskatnuß, gemahlen
1 TL Nelken, gemahlen
1 Prise Salz

Die Butter bei Raumtemperatur weich werden lassen, Zuckerstücke kräftig an der Orangenschale reiben. Dann die Butter mit dem Grieß– und Würfelzucker schaumig rühren, die 4 Eigelb, das mit dem Backpulver vermischte und gesiebte Mehl, die eingeweichten, abgetropften und in Mehl gewälzten Rosinen, die feingeschnittenen kandierten Früchte und den Cognac dazugeben und gründlich durchschlagen. Zimt, Muskatnuß und Nelken einrühren und die zu steifem Schnee geschlagenen Eiweiß unterziehen.
Eine Kuchenform (Ø 22 cm) mit Backpapier auslegen, den Teig hineingießen und ca. 1 Stunde bei 180°C backen.

## MONTANARA-KUCHEN

Zubereitungszeit *60 Minuten*
Schwierigkeitsgrad *sehr leicht*
**Zutaten**
*300 g gelbes Maismehl*
*1 TL Backpulver*
*150 g Butter*
*6 zerbröselte Makronen*
*2 Eier*
*30 g Mandeln, gemahlen*
*abgeriebene Schale von 1 Zitrone (unbehandelt)*

50 g kandierte Früchte
50 g Rosinen
1 Prise Salz

Maismehl mit dem Backpulver sieben. Butter, zerbröselte Makronen und Eigelb dazugeben und alles gut durchmischen. Dann die gemahlenen Mandeln, die abgeriebene Zitronenschale, die kleingeschnittenen kandierten Früchte, die eingeweichten, abgetropften und in Mehl gewälzten Rosinen und zuletzt die mit einer Prise Salz zu steifem Schnee geschlagenen Eiweiß dazugeben.
In einer gebutterten und bemehlten Kuchenform (Ø 26 cm) ca. 50 Minuten bei 180 °C backen.

## SALZ

Für die meisten Süßspeisen wird auch Salz – teils zur Abrundung des Geschmacks, teils zur Verstärkung des Glutens (Klebers) – gebraucht, allerdings nur in geringen Mengen.

## WEINTRAUBENKUCHEN

Zubereitungszeit *2 Stunden*
Schwierigkeitsgrad *sehr leicht*
**Zutaten**
*200 g geschälte Mandeln*
*200 g Zucker*
*6 Eier*
*100 g gelbes Maismehl, fein gemahlen*

60 g Mehl
1 TL Backpulver
30 g Speisestärke
1 Prise Salz
90 g Rosinen
150 g Butter
1 1/2 Gläschen (3 cl) Grappa
200 g blaue Trauben
2 EL Traubengelee

Mandeln kurz in kochendes Wasser legen, schälen, rösten und mit 60 g Zucker pulverfein zerstoßen (oder feinst mahlen).

In einer Schüssel die Eier mit dem restlichen Zucker verschlagen, dann auf den Herd stellen und unter ständigem Schlagen das Gemisch bei geringer Wärmezufuhr lauwarm werden lassen. Vom Herd nehmen, mit dem Schneebesen weiterschlagen, bis die Masse ganz locker ist. Das Maismehl, das mit dem Backpulver gesiebte Mehl, die Speisestärke, eine Prise Salz, das Mandelpulver, die in warmem Wasser eingeweichten und anschließend getrockneten Rosinen, die weiche Butter und schließlich den Grappa dazugeben und alle Zutaten gut miteinander vermischen. Den Teig in eine gebutterte und bemehlte Kuchenform (Ø 26 cm) füllen und ca. 1 Stunde bei 180 °C backen. Wenn der Kuchen fertig gebacken ist, mit den Weintrauben belegen und mit dem verflüssigten Traubengelee (ersatzweise Apfelgelee) glasieren.

## KASTANIENKUCHEN

*Edelkastanien (Maronen) sind relativ selten und teuer geworden, weil der Baumbestand durch Krankheiten reduziert worden ist.*

Zubereitungszeit *2 Stunden*
Schwierigkeitsgrad *leicht*
**Zutaten**
*1 kg Edelkastanien*
*1 TL Backpulver*
*1 Tasse Milch*
*100 g Zucker*
*3 Eier*
*100 g vanillierter Puderzucker*
*1 Gläschen (2 cl) Rum*

Kastanien schälen, ca. 10 Minuten in Wasser kochen und auch die innere Schale sorgfältig entfernen. Dann durch ein Sieb streichen. Zu dem so gewonnenen, ziemlich feinen, Kastanienpüree das Backpulver, die kalte Milch, den Zucker, die Eigelb und schließlich die zu steifem Schnee geschlagenen Eiweiß geben und alles vorsichtig mischen.

Eine gebutterte Kuchenform (Ø 26 cm) mit Backpapier auslegen, mit dem Teig füllen und die Oberfläche glattstreichen. Ca. 45 Minuten bei 180 °C backen.

Kuchen auskühlen lassen, dann aus der Form lösen und auf einer Kuchenplatte anrichten.

Vanillezucker in Rum auflösen, den Kuchen damit glasieren und die Glasur mit einer erwärmten Messerklinge glattstreichen.

K uchen und Torten aus gerührten Teigen sind seit Ende des Mittelalters unter klangvollen Namen bekannt. Einige tragen Frauennamen, wie z.B. Margarete oder Madeleine, andere leiten sich von Städten oder Landschaften ab, wie Genua oder Savoyen. Torten aus Biskuit und ähnlichen Massen, wie Sandteig oder Genueser Teig, lassen die Herzen höher schlagen, und zwar in zwei spannenden Momenten: wenn es zu entscheiden gilt, ob sie fertiggebacken sind, und danach, ob man sie schon aus der Form lösen kann. Aufregend wie ein Roman!

GERÜHRTE TEIGE

## BISKUIT

Zubereitungszeit *75 Minuten*
Schwierigkeitsgrad *leicht*
**Zutaten**
*6 Eier*
*150 g Puderzucker*
*abgeriebene Schale von 1 Zitrone (unbehandelt)*
*150 g feinstes Weizenmehl*
*Butter und Mehl für die Form*

Die Eigelb in eine Schüssel geben, nach und nach mit dem Schneebesen den Puderzucker dazurühren und so lange schlagen, bis die Eigelb fast weiß werden.
Die Eiweiß zu sehr festem Schnee schlagen, diesen nach und nach unter die Eigelb ziehen. Die Zitronenschale dazugeben und das Mehl auf die Masse sieben. Alle Zutaten mit einem Holzlöffel ohne Schlagen verrühren.
Biskuitteig in eine nur am Boden gebutterte und bemehlte Springform (Ø 24 cm) füllen, die Oberfläche glattstreichen und im vorgeheizten Backrohr ca. 1 Stunde bei 180°C backen.
Der Biskuit ist dann fertig gebacken, wenn man bei vorsichtigem Drücken auf die Teigmitte etwas Widerstand spürt und wenn der Teig sich vom Rand der Form gelöst hat.

□ *Biskuit ist eine fertig gebackene Masse auf der Grundlage von Eigelb und eventuell etwas Butter, mit Zucker schaumig geschlagen. Vor dem Backen hat der Teig die Konsistenz einer luftigen, leichten, fast ätherisch wirkenden Creme. Nach einer guten halben Stunde Backzeit wird aus dieser Creme weicher Biskuit.*
*Im Vergleich zu anderen klassischen Kuchenteigen spielt beim Biskuit die Luft eine wichtige Rolle. Denn schaumig schlagen heißt ja, die bereits erwähnten zwei Zutaten so lange durch mechanische Bearbeitung zu mischen, bis eine dritte, ebenso wichtige Zutat im Teig enthalten ist: Luft.*

□ *Um die Luft als Zutat einzuarbeiten, braucht man – auch wenn dies überflüssig klingt – eine leichte Hand. Dieser unsichtbare Stoff hat es nämlich nicht gern, wenn er gequetscht, gedrückt oder sonstwie mißhandelt wird. Von Natur aus flüchtig, verschwindet Luft schon beim geringsten Fehler, läßt sich aber gerne durch sanfte und geduldige Behandlung zum Verweilen zwischen den Teilchen des Teiges überreden. Nur bei sehr viel Fingerspitzengefühl bleibt die Luft im Teig während des Backens erhalten und macht den Biskuit hauchzart.*

□ *Diese Masse wird im allgemeinen durch Zuhilfenahme von zu Schnee geschlagenem Eiweiß oder durch einen deutlich überwiegenden Anteil an Eigelb im Verhältnis zur Mehlmenge leicht und luftig. Meist wird diese Masse sehr weich, fast wie eine Creme, und muß in eine Form mit hohem Rand, die vorher gebuttert und bemehlt wurde, eingefüllt werden. Den Boden der Springform oder das Blech vor dem Buttern eventuell mit Pergamentpapier belegen. Teigoberfläche mit einem Spachtel oder einer Messerklinge glätten.*

□ *Die fertig gebackene Masse muß noch ein paar Minuten in der Form fest werden, bevor man sie herauslösen darf. Sollte sie am Rand festkleben, kann man sie mit einem dünnen Messer mit breiter Klinge vom Rand ablösen. Tortenblätter aus Biskuit kann man tieffrieren und ca. 3 Stunden vor ihrer Verwendung bei Raumtemperatur auftauen.*

## MADELEINE-MASSE

*Diese Masse kann als ca. 1 cm dicke Schicht auf dem Backblech gebacken werden. Nach dem Backen wird sie in Rhomben geschnitten und mit Puderzucker bestäubt. Man kann sie aber auch in gebutterten und bemehlten Förmchen bakken oder für andere Feinbackwaren als Ausgangsbasis verwenden.*

Zubereitungszeit *75 Minuten*
Schwierigkeitsgrad *leicht*
**Zutaten**
*6 Eigelb*
*150 g Zucker*
*120 g feinstes Weizenmehl*
*50 g Butter*
*1 Prise Natron*
*abgeriebene Schale von 1 Zitrone (unbehandelt)*
*4 Eiweiß*
*1 EL Puderzucker*
*Butter und Mehl für die Form*

Die Eigelb mit dem Zucker im Handrührgerät hell-schaumig schlagen. Erst wenn sie fast weiß und schaumig sind, Mehl daraufsieben und nochmals durchrühren. Die im Wasserbad zerlassene Butter, das Natron, die abgeriebene Zitronenschale und zuletzt die zu festem Schnee geschlagenen Eiweiß darunterheben.
Masse in eine gebutterte und bemehlte Form bzw. Förmchen füllen und im vorgeheizten Backrohr bei 180°C ca. 1 Stunde backen.
Aus der Form lösen, mit Puderzucker bestäuben und servieren.

**BISKUIT**
■ Unter den gerührten Massen ist Biskuit die bekannteste und die am meisten verwendete. Biskuit läßt sich in unendlich vielen Varianten füllen und auch für viele Desserts verwenden.

## GENUESER MASSE (GÉNOISE)

Die Genueser Masse ist eine der feinsten klassischen Grundmassen für Kuchen und Torten. Gefüllt mit Schlagsahne, Früchten oder Marmeladen, wird sie viel verwendet.

Zubereitungszeit 75 Minuten
Schwierigkeitsgrad leicht
**Zutaten**
150 g Zucker
abgeriebene Schale von 1 Zitrone (unbehandelt)
5 Eier
125 g Mehl
Butter und Mehl für die Form

Zucker, abgeriebene Zitronenschale und die ungetrennten Eier in eine vorgewärmte Schüssel geben und mit dem Schneebesen schlagen. Schüssel sodann ins heiße Wasserbad stellen und weiter kräftig mit dem Schneebesen schlagen, bis die Eier sich erwärmt haben (aber ja nicht kochen!).

Schüssel vom Herd nehmen, aber weiterschlagen, bis sich eine weiche und luftig–schaumige Masse gebildet hat. Mehl daraufsieben und mit einem Holzlöffel gut einrühren. Teig in eine gebutterte und bemehlte Springform (Ø 24 cm) füllen und im Rohr ca. eine halbe Stunde bei 180°C backen.

## SAVOYER BISKUIT (BISCUIT DE SAVOIE)

Auch der Savoyer Biskuit läßt sich auf vielfache Weise mit Cremes füllen oder nach Belieben mit Likören tränken.

Zubereitungszeit 75 Minuten
Schwierigkeitsgrad leicht
**Zutaten**
6 Eier

KUCHEN MIT APFELSAUCE
■ *Wenn ein Kuchen sehr weich und luftig ist, kann man ihn statt gefüllt auch mit einer Fruchtsauce (aus Äpfeln, Birnen, Aprikosen, Pfirsichen) oder mit geschlagener oder flüssiger Sahne servieren.*

300 g Zucker
90 g Speisestärke
90 g Mehl
1 TL Vanille, gemahlen oder
Vanille–Extrakt
Butter und Mehl für die Form

Die Eigelb mit dem Zucker hell und schaumig schlagen. Dann nacheinander Speisestärke, Mehl, Vanille und zuletzt – ganz vorsichtig – die zu steifem Schnee geschlagenen Eiweiß dazugeben.
Masse in eine gebutterte und bemehlte Springform (Ø 24 cm, Randhöhe mindestens 5–6 cm) füllen und im vorgeheizten Rohr bei 180°C ca. 1 Stunde backen.
Kuchen aus dem Backrohr nehmen, wenn er gut aufgegangen ist und eine goldgelbe Farbe angenommen hat.

## KUCHEN MIT APFELSAUCE

Zubereitungszeit *75 Minuten*
Schwierigkeitsgrad *sehr leicht*
**Zutaten**
*6 Eier*
*200 g + 4 EL Zucker*
*Saft und Schale von 1 Zitrone*
*(unbehandelt)*
*7 EL Speisestärke*
*1 Prise Salz*
*1 EL Puderzucker*
*2 Äpfel*
*200 g Joghurt*
*Butter und Mehl für die Form*

Eier trennen, Eigelb in eine Schüssel geben und mit dem Zucker und dem Zitronensaft mit einem Holzlöffel rühren, bis sich der Zucker vollständig aufgelöst hat und eine luftige, weiche Creme entsteht. Dann löffelweise die gesiebte Speisestärke, das Salz und zuletzt die zu steifem Schnee geschlagenen Eiweiß vorsichtig dazurühren.
Eine Springform (Ø 24 cm) buttern und bemehlen, die Masse einfüllen und im vorgeheizten Backrohr bei 180°C ca. 50 Minuten backen. Garprobe: Wenn man ein Holzstäbchen in den Teig steckt und es trocken herauszieht, ist der Kuchen fertig.
Den Kuchen aus der Form lösen, auf eine Kuchenplatte legen und den Puderzucker darübersieben.
Äpfel schälen und in Scheiben schneiden, mit 4 EL Zucker und einem halben Glas Wasser in einem Topf zum Kochen bringen und die abgeriebene Zitronenschale dazugeben.

Wenn die Äpfel weichgekocht sind, durch ein Sieb passieren. Die Fruchtmasse wieder in den Topf geben und auf kleiner Schaltstufe leicht einkochen; auskühlen lassen, Joghurt dazugeben, gut umrühren und in einer Sauciere mit dem Kuchen zusammen servieren.

## NUSSKUCHEN MIT SCHLAGSAHNE

Zubereitungszeit *75 Minuten*
Schwierigkeitsgrad *sehr leicht*
**Zutaten**
*4 Eier*
*200 g Zucker*
*200 g Walnußkerne, fein gemahlen*
*20 g Mehl*
*200 g geriebene Schokolade*
*100 ml Milch*
*200 g Schlagsahne*
*1 EL Puderzucker*
*Butter und Mehl für die Form*

Die Eigelb mit dem Zucker schaumig schlagen, die Nüsse, das Mehl, die Schokolade und die Milch dazugeben, zuletzt die zu steifem Schnee geschlagenen Eiweiß unterziehen.
Eine Kuchenform (Ø 24 cm) mit Öffnung in der Mitte buttern und bemehlen, den Teig einfüllen und im Backrohr bei 180°C ca. 1 Stunde backen.
Inzwischen die gut gekühlte Schlagsahne mit dem Puderzucker steifschlagen.
Den Kuchen aus dem Rohr nehmen, auskühlen lassen, auf eine Platte stürzen und die Mittelöffnung mit Schlagsahne füllen.

*Aus denselben Zutaten, mit Ausnahme der Kirschwasser-Buttercreme, und mit gleichem Arbeitsablauf werden auch der berühmte Pinzolo-Karottenkuchen und die Aargauer Karottentorte (Rüeblitorte), die mit einer Kirschglasur überzogen wird, zubereitet.*

**Zutaten** *für den Teig*
*1 Karotte (ca. 100 g)*
*70 g Zucker*
*3 Eigelb*
*40 g Maismehl*
*60 g Mandeln, pulverfein gemahlen*
*1 EL abgeriebene Zitronenschale (unbehandelt)*
*1 EL Zitronensaft*
*3 Eiweiß*
*Butter und Mehl für die Form*

*Für die Kirschwasser-Buttercreme*
*30 g Zucker*
*50 g Butter*
*1 Eigelb*
*1 EL Kirschwasser*

*Für die Schlagsahne*
*200 g Schlagsahne*
*30 g Zucker*

*Zum Beträufeln*
*1 Gläschen (2 cl) Cointreau*

Eine Savarinform mit Butter einfetten und mit Mehl bestäuben.

Die Karotte abschaben und reiben. Im Wasserbad Zucker, Eigelb und Maismehl erhitzen und so lange rühren, bis die Masse dick wird.

Schüssel vom Herd nehmen. Geriebene Karotte, gemahlene Mandeln, abgeriebene Zitronenschale und Zitronensaft dazugeben und gut vermengen.

Die Eiweiß zu festem Schnee schlagen.

Eischnee unter die Karottenmasse ziehen.

Eine Hälfte der Masse in die Savarinform füllen. Kirschwasser-Buttercreme zubereiten und auf der eingefüllten Masse verteilen. Die zweite Hälfte daraufüllen.

Bei 180°C 45 Minuten backen. Die Oberseite des gestürzten Savarins mit Cointreau beträufeln und mit Crème Chantilly (siehe S. 48) garnieren.

ORANGE
■ Je mehr eine Frucht wiegt, desto mehr Saft enthält sie. Beim Kauf sollte man Orangen mit dünner und glatter Schale den Vorzug geben.

# MARGARETEN-KUCHEN

*Sehr weiche Masse, aus der besonders gerne Kuchen für Kinder gebacken werden. In diesem Fall verwendet man zum Übergießen einen Fruchtsirup statt des Likörs für die Erwachsenen.*

Zubereitungszeit *60 Minuten*
Schwierigkeitsgrad *leicht*
**Zutaten**
*6 ganze Eier*
*6 EL kochend heißes Wasser*
*300 g Zucker*
*1 EL Vanillezucker*
*1 Prise Salz*
*250 g Mehl*
*100 g Speisestärke*
*50 g Butter*

Die Eigelb mit dem kochenden Wasser kräftig schlagen, nach und nach zwei Drittel des Zuckers, mit Vanillezucker vermischt, dazugeben und weiterschlagen, bis die Masse schön schaumig wird. Leicht salzen.
Die Eiweiß zu steifem Schnee schlagen, dann den restlichen Zucker darunterschlagen, bis der Eischnee so fest ist, daß ein Messerschnitt sichtbar bleibt. Eischnee auf die Eigelbmasse füllen, das mit der Speisestärke vermischte Mehl darübersieben. Die zerlassene, abgekühlte Butter tropfenweise einrühren. Alle Zutaten vorsichtig in die schaumig gerührte Eigelbmasse einarbeiten. Teig rasch in eine gebutterte und bemehlte Springform (Ø 24 cm) füllen. Im vorgeheizten Rohr bei 210°C ca.

eine halbe Stunde backen. Den Kuchen mit Fruchtsirup oder Likör beträufeln.

# SANDKUCHEN

*Im deutschen Sprachraum gehört dieses Gebäck zu den beliebtesten Kuchen. Er kann zur Abwechslung auch einmal mit Orangen– oder Zitronensaft getränkt werden.*

Zubereitungszeit *75 Minuten*
Schwierigkeitsgrad *leicht*
**Zutaten**
*150 g Butter*
*150 g Zucker*
*4 Eier*
*1 Päckchen Vanillinzucker*
*150 g Mehl*
*100 g Speisestärke*
*1 TL Backpulver*
*3 EL Rum*
*Butter und Mehl für die Form evtl. Orangen–, Zitronen– oder Rumglasur*

Die weiche Butter cremig rühren, die mit dem Zucker verschlagenen ganzen Eier löffelweise zugeben und mit der Butter verrühren. Mit Hilfe des elektrischen Rührgeräts eine lockere Schaummasse bereiten. Mehl und Speisestärke mit dem Backpulver mischen und auf die Masse sieben, vorsichtig unterziehen. Den Rum zugeben und rasch verrühren. Den Teig in eine gebutterte, bemehlte Springform oder Kastenform füllen, glattstreichen und im vorgeheizten Backofen bei 180°C ca. 1 Stunde backen. Erkaltet glasieren, nach Belieben vorher mit Fruchtsaft

tränken. Dafür den noch warmen Kuchen mit einem Zahnstocher im Abstand von 3 cm einstechen und den Saft mit dem Kuchenpinsel mehrmals auftragen, bis er verbraucht ist.

# GROSSMAMAS MARMORKUCHEN

*Bei deutschen Hausfrauen ist dies ein gefragter Sonntagskuchen. Er kann in der Kasten– oder der Napfkuchenform*

(Gugelhupfform) gebacken werden.

Zubereitungszeit *60 Minuten*
Schwierigkeitsgrad *leicht*
**Zutaten**
*125 g Butter*
*100 g Zucker*
*2 Eier*
*ca. 4 EL Milch*
*200 g Mehl*
*50 g Speisestärke*
*1/2 Päckchen Backpulver*
*40 g Kakaopulver*
*20 g Zucker (mit dem Kakao vermischt)*

die Zitronenschale dazugeben.

Eiweiß zu festem Schnee
schlagen und vorsichtig unterheben.

Teig in eine gebutterte und bemehlte Springform (Ø 22 cm)
füllen und bei 180°C ca. 45 Minuten backen. Kuchen aus der
Form lösen, auskühlen lassen
und mit Orangenspalten und
Schlagsahnetupfen verziert
anrichten. Dazu heiße Schokoladen–Sauce in der Saucière
servieren.

## MANDARINENLIKÖR–RINGKUCHEN

*Zu diesem Kuchen kann man
Fruchteis, Kompott, Erdbeeren oder Weinschaumcreme
mit Schlagsahne reichen.*

Zubereitungszeit *60 Minuten*
Schwierigkeitsgrad *leicht*
**Zutaten**
*6 Eier*
*8 EL Zucker*
*2 EL Semmelbrösel*
*1 Gläschen (2 cl) Mandari-
nenlikör*
*150 g Speisestärke*
*250 g Schlagsahne*
*2 EL Schokoladestreusel*

Die Eigelb mit dem Zucker
schaumig rühren, dann die
Semmelbrösel, den Mandarinenlikör, die zu steifem
Schnee geschlagenen Eiweiß
dazugeben, die Speisestärke
daraufsieben und alles zu
einem sehr weichen Teig verrühren. Teig in eine gebutterte
und bemehlte Ringkuchen-
form füllen.

Im vorgeheizten Rohr bei
180°C ca. 50 Minuten backen,
dann den Kuchen herausnehmen und erkalten lassen.
Vor dem Anrichten die Mittelöffnung des Ringkuchens
mit Schlagsahne füllen und mit
Schokoladestreuseln bestreu-
en. Bis zum Servieren in den
Kühlschrank stellen.

ker bestäuben. Man kann den
Kuchen jedoch auch mit Scho-
koladenguß überziehen.

*Puderzucker zum Bestäuben
Butter und Mehl für die Form*

Butter und Zucker schaumig
rühren, nacheinander die Eier
und die Milch unterrühren.
Das Mehl mit der Speisestärke
und dem Backpulver sieben
und löffelweise unter den Teig
rühren. Eine gebutterte, bemehlte Kastenform oder kleine Napfkuchenform (Ø 16 cm)
mit der Hälfte des Teiges füllen. Den restlichen Teig mit
dem Kakao–Zucker–Gemisch
verrühren und den dunklen
Teig auf den hellen füllen. Die
beiden Teige mit einer Gabel
spiralförmig durcheinander-
ziehen. Den Kuchen im vorgeheizten Rohr bei 200°C ca. 45
Minuten backen. Nach dem
Abkühlen mit dem Puderzuk-

## LEICHTER BISKUITKUCHEN

Zubereitungszeit *60 Minuten*
Schwierigkeitsgrad *leicht*
**Zutaten**
*6 Eier*
*250 g Zucker*
*100 g Speisestärke*
*50 g Mehl*
*abgeriebene Schale von 1 Zi-
trone (unbehandelt)*
*2 Orangen, filetiert*
*100 g Schlagsahne*
*1 Grundmenge Schokoladen–
Creme nach Rezept S. 50*

Die Eigelb mit dem Zucker
schaumig schlagen, dann die
Speisestärke, das Mehl und

**LEICHTER BISKUITKUCHEN**
■ Speisestärke macht den Teig besonders leicht. Anstelle von Zitronenschale kann man auch die abgeriebene Schale von Orangen verwenden oder den Kuchen mit Zimt würzen.

## KIRSCHENKUCHEN

*Für dieses Rezept verwendet man frische Süßkirschen mit festem Fruchtfleisch und niedrigem Wassergehalt. Außerhalb der Kirschenzeit kann man auch gut abgetropfte Kompottkirschen verwenden.*

Zubereitungszeit *60 Minuten*
Schwierigkeitsgrad *sehr leicht*
**Zutaten**
*200 g Butter*
*200 g Zucker*
*4 Eier*
*200 g Mehl*
*1 kg reife, saftige Kirschen*
*200 g Kirschgelee*

In einer Schüssel die Butter weich und schaumig rühren. Den Zucker dazugeben und nochmals einige Zeit rühren, dann die ungetrennten Eier einzeln und schließlich das gesiebte Mehl einrühren. Der Teig muß glatt und weich werden.
Teig in eine gebutterte und bemehlte Springform (Ø 26 cm) füllen. Die Kirschen waschen, abtrocknen, Stiele und Kerne entfernen. Die Teigoberfläche vollständig mit Kirschen bedecken.
Kuchen bei 180°C ca. 50 Minuten backen. Gelee erwärmen und flüssig werden lassen, Kuchen damit übergießen und erkaltet servieren.

## ORANGENCREMETORTE MIT CURAÇAO

*Curaçao ist eine Likörsorte, die sehr gut zu Orangen paßt. Wer diese Torte für eine Kinderparty backen will, sollte auf den Likör verzichten.*

Zubereitungszeit *60 Minuten*
Schwierigkeitsgrad *leicht*
**Zutaten**
*1 Grundmenge Margareten–Masse nach Grundrezept S. 151*
*1 Gläschen (2 cl) Curaçao*
*250 g Butter*
*250 g Puderzucker*
*1 Orange (unbehandelt)*
*3 Eigelb*
*100 g Zucker*
*2 EL Wasser*
*einige Tropfen Zitronensaft*

Gebackene Margareten–Masse waagrecht in 3 Blätter teilen und alle mit Curaçao beträufeln.
Butter weich rühren, dann mit 50 g Puderzucker schaumig schlagen und die abgeriebene Orangenschale dazugeben. Auch die Eigelb mit dem Zucker schaumig schlagen und beide Massen zusammenmischen.
Zwei Tortenblätter mit der Creme bestreichen und aufeinanderschichten.     Drittes

153

*GROSSMUTTERS MANDEL-
KUCHEN*
■ *Die Mandeln werden entweder in der Küchenmaschine
ganz fein gemahlen oder mit
dem Wiegemesser fein ge-
hackt.*

Blatt obenauf legen. Restlichen Puderzucker, Wasser und Zitronensaft zu einer schneeweißen, weichen Glasur verrühren, Torte damit überziehen und mit filierten Orangenspalten dekorieren. Im Kühlschrank kaltstellen.

# GROSSMUTTERS MANDELKUCHEN

Zubereitungszeit *60 Minuten*
Schwierigkeitsgrad *sehr leicht*
**Zutaten**
*80 g Mandeln, geschält*
*2 Eier*
*2 Eigelb*
*250 g Zucker*
*200 g Butter*
*220 g Mehl*
*1 EL Speisestärke*
*Butter und Mehl für die Form*

Mandeln überbrühen, schälen und ganz fein mahlen oder hacken. Die vier Eigelb mit dem Zucker schaumig schlagen, dann die gemahlenen Mandeln, die im Wasserbad zerlassene Butter, das mit der Speisestärke vermischte und gesiebte Mehl und zuletzt die 2 zu steifem Schnee geschlagenen Eiweiß dazugeben.
Teig in eine gebutterte und bemehlte Springform (Ø 22 cm) füllen und bei 180°C ca. 50 Minuten backen (Garprobe: ein in den Kuchen gestecktes Holzstäbchen muß beim Herausziehen trocken sein).
Mit Schokoladeglasur überzogen und mit Schlagsahnerosetten verziert, sieht dieser Kuchen festlich und elegant aus.

154

## BISKUITTORTE MIT HIMBEERSIRUP

*Statt Himbeersirup kann für dieses Rezept auch ein anderer Fruchtsirup verwendet werden, wenn er geschmacklich zum Kirschwasser (einem Obstbrand mit charakteristischem Aroma) paßt.*

Zubereitungszeit *30 Minuten + Zubereitungszeit für den Biskuit*
Schwierigkeitsgrad *leicht*
**Zutaten**
*1 Grundmenge Biskuit nach Rezept S. 146*
*300 g Schlagsahne*
*50 g Puderzucker*
*1/2 TL Vanille, gemahlen oder Vanille–Extrakt*
*4 EL Kirschwasser*
*10 EL Himbeersirup*
*700 g Erdbeeren*

Biskuit waagerecht in 4 Blätter (Ø 20 cm) teilen. Eine Rührschüssel samt Schneebesen 10 Minuten in die Tiefkühltruhe legen. In dieser kalten Schüssel die Schlagsahne mit dem Puderzucker und der Vanille steifschlagen, bis Furchen in der Oberfläche stehen bleiben. Himbeersirup und Kirschwasser vermischen. Erstes Biskuitblatt auf die Tortenplatte legen, mit einem Viertel des Sirups beträufeln, Schlagsahne daraufstreichen und mit Erdbeeren belegen. Mit den übrigen 3 Blättern genauso verfahren, alle 4 übereinanderschichten, so daß die oberste Schicht aus Erdbeeren besteht. Torte im Kühlschrank bis zum Anrichten kaltstellen.

## WEISSE SCHOKOLADENTORTE

Zubereitungszeit *60 Minuten*
Schwierigkeitsgrad *leicht*
**Zutaten** für den Teig
*3 Eier*
*150 g Zucker*
*100 g Mehl*
*100 g Speisestärke*
*100 g Kakaopulver*
*1/2 TL Vanille, gemahlen oder Vanille–Extrakt*
*50 g Butter*
*100 g Mandeln, gemahlen*
Für die Creme
*2 Eigelb*
*60 g Puderzucker*
*200 g Mascarpone oder Sahnequark*
*50 g Schoko–Späne (Bitterschokolade)*
*1 Gläschen (2 cl) Curaçao*
*300 g weiße Schokolade*

Die Eier mit dem Zucker schaumig schlagen, nach und nach das mit Kakao und Vanille vermischte und gesiebte Mehl, zuletzt die zerlassene Butter dazugeben und alles zum Teig verrühren.
Eine Springform (Ø 24 cm) buttern, Boden und Wände

mit den gemahlenen Mandeln bestreuen und den Teig einfüllen. Bei 200°C ins Rohr schieben und ca. 40 Minuten backen. Inzwischen Creme zubereiten.
Die Eigelb mit dem Puderzucker schaumig schlagen, dann den Mascarpone und zuletzt die Schoko–Späne dazugeben. Wenn die Torte erkaltet ist, waagerecht in zwei Hälften teilen, beide Hälften an der Innenseite mit dem Likör beträufeln, mit der Hälfte der Creme bestreichen und wieder zusammensetzen. Oberfläche mit der anderen Hälfte der Creme bestreichen, die weiße Schokolade darüberreiben. Die Torte bis zum Anrichten kühlstellen.

Stunde im vorgeheizten Rohr bei 180°C backen. Garprobe: Ein in den Teig gestecktes Holzstäbchen muß beim Herausziehen trocken bleiben.
Mit gehackten Mandeln und einigen ganzen Mandeln verzieren.

## GENUESER RUMTORTE

*Wer nicht genügend Zeit für die Zubereitung des Mandelkrokants hat, kann diesen durch fein gehacktes Nougat oder Toblerone ersetzen.*

Zubereitungszeit *50 Minuten + Zubereitungszeit für die Genueser Masse*
Schwierigkeitsgrad *leicht*
**Zutaten**
*1 Genueser Masse nach Rezept S. 147*
*3 Eiweiß*
*150 g Zucker*
*250 g Butter*
*100 g Mandelkrokant nach Rezept S. 25*
*6 EL Rum*
*100 g geschälte Mandeln, blättrig geschnitten*
*1 EL Puderzucker*

Genueser Masse in der Springform backen.
Die Eiweiß zu Schnee schlagen. 150 g Zucker mit 3–4 EL Wasser auf mittlerer Hitzestufe zum Faden einkochen. Den kochend heißen Sirup in dünnem Strahl auf den Eischnee gießen und dabei weiterschlagen, bis das Gemisch ausgekühlt ist. Butter cremig rühren, mit dem feingehackten Krokant verrühren und nach

## ANISETTE-MANDEL-KUCHEN

Zubereitungszeit *80 Minuten*
Schwierigkeitsgrad *leicht*
**Zutaten**
*9 Eier*
*250 g Zucker*
*500 g Mandeln*
*4 EL Anisette*
*75 g Speisestärke*
*25 g Mehl*
*75 g Butter*

In einer Schüssel 3 ganze Eier und 4 Eigelb mit dem Zucker hell–schaumig schlagen. Die Hälfte der in der Küchenmaschine fein gemahlenen Mandeln dazugeben und mit dem Schneebesen weiterschlagen. Anisette, das mit der Speisestärke gemischte und gesiebte Mehl und zuletzt die zerlassene und abgekühlte Butter einrühren. Alle Zutaten zu einem glatten Teig verrühren, schließlich noch die zu steifem Schnee geschlagenen 6 Eiweiß vorsichtig von unten nach oben einziehen.
Teig in eine gebutterte und bemehlte Kuchenform mit hohem Rand einfüllen und ca. 1

## HIMBEER–MADELEINE

*Statt frischer Himbeeren kann man außerhalb der Erntemonate auch tiefgekühlte Himbeeren verwenden, muß diese aber ca. 2 Stunden vor der Verwendung auftauen.*

Zubereitungszeit *30 Minuten*
Schwierigkeitsgrad *leicht*
**Zutaten**
*1 Grundmenge Magdalenen–Masse nach Grundrezept S. 146*
*400 g frische Himbeeren*
*70 g Zucker*
*500 g Himbeerkonfitüre*
*150 ml Himbeergeist*
*300 g Schlagsahne*
*1 EL Puderzucker*

Magdalenen–Masse in einer Springform (Ø 22 cm) backen und waagerecht in drei Blätter teilen.
Himbeeren waschen, trocken-

tupfen und ein Dutzend davon für später wegstellen.
Die übrigen Himbeeren mit einer Gabel zerdrücken und mit dem Zucker vermischen. Konfitüre mit dem Himbeerbrei verrühren. Himbeergeist mit 50 ml Wasser verdünnen und die 3 Tortenblätter damit besprengen. Die Blätter mit je einem Drittel der Konfitüremischung bestreichen und aufeinanderschichten.
Die Torte ein paar Stunden in den Kühlschrank stellen. Schlagsahne mit dem Puderzucker steifschlagen und in eine Tortenspritze mit gezackter Tülle einfüllen. Torte mit Schlagsahnetupfen und den beiseitegestellten Himbeeren verzieren.

## ANISETTE–MANDEL–KUCHEN

■ *Anisette ist ein stark nach Anis schmeckender Likör. Wer diese Torte ohne Alkohol zubereiten möchten, nimmt statt Anisette einfach 1 TL Aniskörner für den Teig.*

und nach in die Eischneemasse einrühren.

Torte waagerecht in drei Blätter teilen. Rum mit 2 El Wasser verdünnen und die Blätter damit anfeuchten. Blätter mit Creme bestreichen und aufeinanderschichten, mit einer Cremeschicht abschließen. Mandeln im Rohr bei 200°C einige Minuten rösten, auskühlen lassen und auf der Torte verteilen.

Für die Verzierung ca. 2 cm breite Papierstreifen zurechtschneiden und diese im Abstand von ca. 2 cm auf die Torte legen. Torte mit Puderzucker bestäuben und die Papierstreifen vorsichtig entfernen. Bis zum Anrichten die Torte einige Stunden im Kühlschrank kaltstellen.

## AMARETTO-TORTE

*Der Amaretto von Saronno ist ein Likör, den es überall in Europa zu kaufen gibt. Sein Aroma kann notfalls durch Zugabe von ein paar pulverfein zerstoßenen Makronen zu der Creme ersetzt werden.*

Zubereitungszeit *60 Minuten + Zubereitungszeit für die Masse*
Schwierigkeitsgrad *leicht*
**Zutaten**
*225 g Zucker*
*3 Eigelb*
*250 g Butter*
*1 El Vanillezucker*

*100 g Mandelkrokant nach Grundrezept S. 25*
*1 Madeleine–Masse nach Rezept S. 146*
*1 Gläschen (2 cl) Amaretto von Saronno*
*70 g Mandeln, geschält und blättrig geschnitten*
*1 ganzes Ei*
*1 EL Puderzucker*

Bei mäßiger Hitzezufuhr 175 g Zucker, knapp bedeckt mit Wasser, zum Faden einkochen. Die Eigelb mit dem nach und nach zugegossenen Zukkersirup schaumig schlagen und so lange weiterschlagen, bis das Gemisch abgekühlt ist. Butter cremig rühren, das Gemisch einrühren und den Vanillezucker dazugeben. Fein gehackten Krokant dazumischen und alles gut umrühren. Fertig gebackenen Madeleinekuchen auf einer Platte anrichten, mit Amaretto von Saronno befeuchten und mit der Creme bestreichen. Ca. 3 Stunden im Kühlschrank kaltstellen.

Das ungetrennte Ei mit den Mandeln und dem restlichen Zucker schaumig schlagen, die Torte damit bestreichen, mit Puderzucker bestäuben, in das Backrohr schieben und 2 Minuten unter dem eingeschalteten Grill stehenlassen. Auskühlen lassen und servieren.

## MARGARETENKUCHEN MIT SCHOKODEKOR

*Statt mit einem Schokoglasurfaden, der aus einer nadeldünnen Öffnung auf die Torte fließt, kann man auch mit fertig gekauften Schokostreuseln dekorieren.*

Zubereitungszeit *60 Minuten + Zubereitungszeit für die Margareten–Masse*
Schwierigkeitsgrad *leicht*
**Zutaten**
*1/2 l Milch*
*abgeriebene Schale von 1 Zitrone (unbehandelt)*
*3 Eigelb*
*80 g Zucker*
*30 g Mehl*
*120 g Bitterschokolade*

*50 g Butter*
*1 Margareten–Masse nach Rezept S. 151*
*3 EL Kirschwasser*
*3 EL Alchermes (italienischer Likör) oder Grenadinesirup*
*300 g Puderzucker*
*1 EL Kakaopulver*
*5 EL Wasser*
*2 EL Rum*

In einem Topf die Milch mit der Zitronenschale aufkochen. Die Eigelb mit dem Zucker schaumig schlagen, Mehl dazugeben, mit der heißen Milch aufgießen und die Creme auf kleiner Schaltstufe unter ständigem Rühren dick werden lassen. Schokolade in kleinen Stückchen sowie Butter dazugeben und alles gut vermischen.

Margaretenkuchen waagerecht in 3 Blätter teilen und mit dem Gemisch aus Kirschwasser und Alchermes befeuchten. Zwei der Blätter mit der Creme bestreichen und aufeinanderlegen, drittes Blatt obenauflegen. Puderzucker in 5 EL kochend heißem Wasser und 1 EL Rum auflösen, so daß eine glatte, tropffähige Glasur entsteht. 2 EL dieser Glasur getrennt beiseitestellen und den Kakao

und den restlichen Rum darin auflösen. Mit der weißen Glasur die Torte überziehen. Die Schokoladenglasur in eine Spritztüte mit ganz feiner Öffnung geben und damit Kreise auf die weiße Glasur malen. Die Torte vor dem Servieren ca. 1 Stunde im Kühlschrank kaltstellen, damit die Glasur hart wird.

## HOCHZEITSTORTE

*Wie der Name schon b
ist diese Torte für H	zeiten
sehr geeignet. M	kann da-
von verschieden	oße Schich-
ten aufeinandertürmen und
diese nach Belieben dekorieren.*

Zubereitungszeit *60 Minuten*
Schwierigkeitsgrad *leicht*
**Zutaten**
*1 Margaretenkuchen nach Grundrezept S. 151*

ORANGE
■ *Zweig eines Orangenbau-mes mit Blättern und Blüten auf einem Stich des 19. Jahr-hunderts. Orangenblüten sind der klassische Blumen-schmuck der Braut bei Hoch-zeiten im Frühling.*

*1 Gläschen (2 cl) Curaçao*
*2 Eigelb*
*4 EL Zucker*
*1 1/2 EL Speisestärke*
*1/2 l Milch*
*5 Eiweiß*

*10 Tropfen Zitronensaft*
*600 g Puderzucker*
*100 g bunte Dragées*
*100 g Mandeln, geschält*
*1 Handvoll frische Orangen-*
*blüten*

Margaretenkuchen waage-recht durchschneiden, beide Hälften mit Likör benetzen.
Füllcreme zubereiten: Die 2 Eigelb mit dem Zucker ver-rühren, die Speisestärke und zuletzt die heiße Milch dazu-geben. Creme auf kleiner Schaltstufe aufkochen und dann auskühlen lassen.
Creme auf die eine Torten-hälfte streichen, die zweite darauflegen.
Die Eiweiß zu sehr festem Schnee schlagen, Zitronensaft und zuletzt den Puderzucker dazugeben, die Schneemasse in eine Teigspritze füllen und damit die Torte überziehen.
5 Minuten im vorgeheizten Backrohr bei 200°C backen.
Torte auskühlen lassen, auf einer Platte anrichten und mit Dragées, Mandeln und Oran-genblüten dekorieren.

## MALAGATORTE

*Das Originalrezept sieht Rosi-nen aus Malaga vor, aber auch Korinthen erfüllen denselben Zweck. Blockschokolade und Kakao müssen von erstklassi-ger Qualität sein.*

Zubereitungszeit *90 Minuten*
Schwierigkeitsgrad *leicht*
**Zutaten**
*180 g Zucker*
*100 g Rosinen aus Malaga*

159

*Gefüllte Rouladen gelingen problemlos, wenn man sich genau an den abgebildeten Arbeitsablauf hält.*

**Zutaten** für den Teig
*50 g Butter*
*60 g Zucker*
*80 ml Milch*
*70 g Mehl*
*1 Fläschchen Vanillearoma*
*1 ganzes Ei*
*4 Eigelb*
*4 Eiweiß*

Für die Füllcreme
*200 g Schlagsahne*
*15 g Puderzucker*
*1 Fläschchen Vanillearoma*
*5 zerbröselte glasierte Maronen*

Zum Bestreichen
*5 cl Rum*
*5 cl Wasser*

Auf kleiner Schaltstufe die Butter mit dem Zucker zergehen lassen, die Hälfte der Milch dazurühren und ein paar Minuten kochen lassen.

Mehl und Vanillearoma dazugeben, Gemisch auskühlen lassen und erst dann das ganze Ei und die Eigelb einzeln einrühren.

Restliche Milch zugießen, umrühren und das Gemisch durch ein Sieb passieren, um alle Klümpchen zu entfernen.

Gemisch eine Weile stehenlassen, dann die zu festem Schnee geschlagenen Eiweiß daraufgeben und unterziehen (von unten nach oben umrühren).

Ein Backblech mit Backpapier auskleiden, Masse hineingießen und die Oberfläche mit einem Teigschaber glätten. Eine halbe Stunde bei 170°C backen, bis die Masse schön goldgelb ist.

Teigblatt vom Backblech herunternehmen und das Backpapier entfernen, locker zusammenrollen.

Schlagsahne steifschlagen, dann die Vanille und den Puderzucker dazugeben. Teigblatt entrollen, Oberfläche mit der Sahne bestreichen und mit den zerbröselten glasierten Maronen bestreuen. So vorsichtig einrollen, daß die Fülle nicht an den Rändern austritt.

Die Rolle in Backpapier einwickeln und mindestens 30 Minuten an einem kühlen Ort ruhen lassen.

Rum mit der gleichen Menge Wasser verdünnen, die Rolle damit bestreichen. Kastanienrolle in 2–3 cm dicke Scheiben geschnitten servieren.

150 ml Rum
4 Eier
140 g Mehl
20 g Speisestärke
1 EL abgeriebene Orangenschale
100 g ungesüßter Kakao
150 g Bitterschokolade
300 g Schlagsahne
100 g Puderzucker
1 EL Vanillezucker
Butter und Mehl für die Form

In einem Topf 100 ml Wasser mit 80 g Zucker zum Kochen bringen. Rosinen hineingeben, 5 Minuten später den Rum. Topf vom Herd nehmen und auskühlen lassen.

Die Eier mit dem restlichen Zucker in einer Rührschüssel im heißen, aber nicht kochenden Wasserbad auf das doppelte Volumen aufschlagen, dann noch weiterschlagen, bis sie ausgekühlt sind. Mit Speisestärke vermischtes und gesiebtes Mehl, Orangenschale und Kakao (vorher 1 EL beiseitestellen) dazugeben.

Teig in eine gebutterte und bemehlte Springform (Ø 22 cm) füllen und 50 Minuten im vorgeheizten Backrohr bei 180°C backen. 150 g Schokolade im Wasserbad zergehen lassen. Schlagsahne mit Puderzucker und Vanillezucker steifschlagen. Ein Drittel der Schlagsahne wegstellen, den Rest mit der lauwarmen Schokolade verrühren.

Torte aus der Form lösen, auskühlen lassen und waagerecht in drei Blätter schneiden. Erstes Tortenblatt mit dem Rosinensirup und der Hälfte der Schokoladencreme gut bestreichen, ebenso das zweite und beide aufeinanderlegen. Drittes Blatt obenauf legen, nochmals mit Sirup benetzen und mit der beiseitegestellten Schlagsahne verzieren. Restliche Schokolade in Späne hobeln, Torte damit bestreuen und mit dem restlichen Kakao bestäuben. 24 Stunden in den Kühlschrank stellen.

## KASTANIENTORTE

*Frische Edelkastanien sind nur kurze Zeit im Jahr verfügbar. Man kann aber auch glasierte Maronen durch ein Sieb passieren und das Püree mit Rum und Puderzucker mischen, muß dann aber die Butter weglassen.*

Zubereitungszeit *90 Minuten*
Schwierigkeitsgrad *leicht*
**Zutaten**
*1 Genueser Masse (Ø 24 cm)*
*nach Grundrezept S. 147*
*600 g Kastanien*
*250 g Butter*
*250 g Puderzucker*
*10 EL Rum*
*100 g Zucker*
*200 g Zitronenglasur nach Rezept S. 52*
*10 glasierte Maronen*

Genueser Torte backen. Die Kastanien einschneiden, in kaltes Wasser geben und 40 Minuten ab dem ersten Aufwallen kochen lassen. Kastanien schälen (auch die braune Innenschale entfernen) und durch ein Sieb passieren.

Mit einem Holzlöffel die Butter in kleinen Stücken in das Kastanienpüree einrühren, Puderzucker und die Hälfte des Rums dazugeben und die Masse gut durchrühren. Torte waagerecht in 3 Blätter teilen. Zucker in 5 cl Wasser auf mittlerer Schaltstufe erhitzen und auflösen, mit dem restlichen Rum aromatisieren und die 3 Teigblätter mit diesem Sirup benetzen.

Teigblätter mit Creme bestreichen, aufeinanderschichten und zwei Stunden im Kühlschrank kaltstellen. Mit Zitronenglasur überziehen, mit den glasierten Maronen verzieren.

## ANANASTORTE MIT MANDELN

*Wenn es frische Ananas zu kaufen gibt, kann man sie in Scheiben schneiden und in Zuckerlösung einkochen. In sterilisierten Gläsern sind sie viele Monate haltbar.*

Zubereitungszeit *60 Minuten*
Schwierigkeitsgrad *leicht*
**Zutaten**
*1 Genueser Masse (Ø 24 cm)
nach Rezept S. 147
10 Ananasscheiben in Zuk-
kersirup
500 g Aprikosenkonfitüre
6 EL Kirschwasser
150 g Mandeln, geschält
1 Dutzend kandierte Kirschen
1 Stückchen kandierte Engelwurz (Angelika)*

Genueser Masse nach Grundrezept backen. Ananasscheiben abtropfen lassen, Sirup
aufbewahren. 5 Scheiben grob
zerkleinern und mit 300 g
Aprikosenkonfitüre vermi-
schen. Kirschwasser mit 6 EL
Ananassirup verlängern.
Torte in 3 Blätter teilen. Erstes Blatt mit Sirup beträufeln
und mit der Hälfte der Ananasmischung bestreichen.
Zweites Blatt darauflegen,
ebenso beträufeln und mit der
restlichen Ananasmischung
bestreichen. Das oberste Blatt
darauflegen, wieder mit Sirup
benetzen und mit der restlichen, auf kleiner Schaltstufe
flüssig gerührten Konfitüre
vollständig überziehen.
Die Mandeln grob hacken und
im vorgeheizten Backrohr bei
200°C kurz rösten. Die Oberfläche der Torte mit Ananas–
Dreiecken, die man aus den
restlichen Scheiben zurecht-
geschnitten hat, kandierten
Kirschen und Engelwurz-
stückchen verzieren und rundum den Rand mit gehackten
Mandeln bestreuen. Mandeln
leicht andrücken, damit sie
nicht herunterfallen.

POLNISCHE MOKKACRE-
METORTE
■ Den Teig für diese Torte
sollte man schon am Vortag
backen, weil er sich dann
besser in Blätter schneiden
läßt.

## POLNISCHE MOKKACREMETORTE

Zubereitungszeit *90 Minuten*
Schwierigkeitsgrad *leicht*
**Zutaten** für den Teig
*4 Eier*
*200 g Zucker*
*abgeriebene Schale von 1 Zitrone*
*200 g Mehl*
Für die Füllcreme
*130 g Zucker*
*100 ml sehr starker Kaffee*
*3 Eigelb*
*150 g Butter*
*Kaffeebohnen zum Verzieren*
*Butter und Mehl für die Form*

Für den Teig die Eigelb mit dem Zucker schaumig schlagen und mit der abgeriebenen Zitronenschale aromatisieren. Wenn die Masse luftig und hell ist, löffelweise das gesiebte Mehl und die zu sehr steifem Schnee geschlagenen Eiweiß dazugeben. Teig in eine gebutterte und bemehlte Springform (Ø 22 cm) füllen und ca. 1 Stunde bei 180°C backen, dann vollständig auskühlen lassen und aus der Form lösen. Erst am folgenden Tag waagerecht in 3 Blätter schneiden. Mokkacreme wie folgt zubereiten: Zucker bei geringer Hitze im Kaffee auflösen und zu einem dicken Sirup einkochen, diesen dann in die schaumig geschlagenen Eigelb einrühren. Butter bei Zimmertemperatur weich werden lassen, dann mit einem Holzlöffel schaumig schlagen und schließlich die Mokkacreme in die Butter einrühren. Torte bis zum Servieren im

Kühlschrank kaltstellen. Mit Kaffeebohnen und Cremetupfen verzieren.

## ERDNUSSCREMETORTE

Zubereitungszeit *70 Minuten + Zubereitungszeit für den Teig*
Schwierigkeitsgrad *leicht*
**Zutaten**
*3 Eigelb*
*100 g Zucker*
*30 g Mehl*
*1/2 l Milch*
*150 g Butter*
*200 g Erdnüsse, gemahlen*
*1 Margareten-Masse*
*(Ø 24 cm) nach Rezept S. 151*
*6 kandierte Kirschen*
*30 g Schokoladestreusel*

Die Eigelb mit dem Zucker schaumig schlagen, das Mehl dazugeben, mit der kochend heißen Milch aufgießen und unter Rühren bei geringer Hitzezufuhr dick werden lassen. Creme erkalten lassen. Butter schaumig rühren, nach und nach in die erkaltete Creme einrühren. Zuletzt ein

Drittel der gemahlenen Erdnüsse dazugeben und alles gut verrühren. Margaretenkuchen waagerecht in 3 Blätter teilen. Tortenblätter mit einem Teil der Creme bestreichen, aufeinanderlegen und die Tortenoberfläche vollständig mit der restlichen Creme bedecken. Mit gemahlenen Erdnüssen bestreuen, auch am Rand (dort leicht andrücken). Mit den halbierten kandierten Kirschen und Schokostreuseln verzieren.

## ERDBEER–BISKUITTORTE

Zubereitungszeit *60 Minuten + Zubereitungszeit für den Teig*
Schwierigkeitsgrad *leicht*
**Zutaten**
*1 Biskuitmasse nach Grundrezept S. 146*
*400 ml Milch*
*1 Vanilleschote*
*3 Eigelb*
*80 g Zucker*
*20 g Mehl*
*500 g Gartenerdbeeren*
*1 Gläschen (2 cl) Curaçao*
*400 g Schlagsahne*
*4 EL Puderzucker*

Gebackenen Biskuit waagerecht durchschneiden. Milch und Vanille zum Kochen bringen. Die Eigelb mit dem Zucker schaumig schlagen, das Mehl dazugeben und mit der heißen Milch aufgießen. Bei geringer Hitze und unter ständigem Rühren die Creme dick werden lassen. Die Erdbeeren putzen und halbieren. Die untere Biskuithälfte mit dem Likör benetzen und mit Creme bestreichen, die Hälfte der Erdbeeren darauflegen und die zweite Biskuithälfte darauflegen. Wieder mit Likör benetzen. Schlagsahne mit dem Puderzucker steifschlagen. Torte mit der Schlagsahne rundherum bestreichen und mit einem Kranz aus den restlichen Erdbeeren verzieren.

Torte bis zum Anrichten ca. 4 Stunden in den Kühlschrank stellen.

## WEINTRAUBENTORTE

*Weintrauben werden aus verschiedenen Ländern importiert und sind daher ganzjährig im Handel. Die Trauben lassen sich leicht abschälen, wenn man sie wenige Sekunden in kochend heißes Wasser legt.*

Zubereitungszeit *70 Minuten + Zubereitungszeit für den Margaretenkuchen*
Schwierigkeitsgrad *leicht*
**Zutaten**
*1 Grundmenge Margareten-Masse S. 151*
*175 g Zucker*
*3 Eigelb*
*250 g Butter*
*1 TL Vanillin–Zucker*
*4 EL Cointreau*
*100 g Traubengelee*
*300 g Schlagsahne*
*500 g weiße Weintrauben*

Den Margaretenkuchen nach Grundrezept zubereiten. Den Zucker mit 5 cl Wasser zum Faden einkochen. Die Eigelb schaumig schlagen, dabei nach und nach den kochend heißen Zuckersirup zugießen wie bei der Zubereitung von Mayonnaise. Butter cremig rühren und nach und nach zu der Eigelbmasse dazugeben. Vanillin–Zucker einrühren. Margaretenkuchen waagerecht in zwei Hälften schneiden und beide mit Cointreau benetzen. Die untere Kuchenhälfte mit dem Traubengelee bestreichen und die Creme darauffüllen. Die zweite Hälfte darauflegen, Oberfläche mit Schlagsahne aus der Tortenspritze überziehen. Weintrauben abschälen und auf der Schlagsahne verteilen.

KIRSCHEN
■ Erntefrisch sind Kirschen nur von Mai bis Juli auf dem Markt. In Alkohol oder Zukkerlösung eingelegt, aber auch in Form von Konfitüren oder Gelee, sind sie jedoch lange haltbar.

## KIRSCHTORTE MIT QUARKCREME

*Kandierte Kirschen kann man entweder fertig kaufen oder selbst nach dem Rezept S. 27 herstellen.*

*Zubereitungszeit 50 Minuten + Zubereitungszeit für die Génoise*
Schwierigkeitsgrad *leicht*
**Zutaten**
*1 Genueser Masse nach Rezept S. 147*
*250 g Magerquark*
*2 EL Kirschwasser*
*1/2 TL Zimt, gemahlen*
*300 g Puderzucker*
*1 Ei*
*50 g Zucker*
*20 g Mehl*
*1/4 l Milch*
*150 g kandierte Kirschen*

Genueser Torte backen. Den Quark mit 1 EL Kirschwasser und dem Zimt lange und kräftig schlagen, dabei nach und nach die Hälfte des Puderzukkers dazugeben. Das Ei mit dem Zucker schaumig schlagen, Mehl dazugeben, mit der Milch aufgießen und bei geringer Hitze dickrühren. Erkalten lassen und den Quark nach und nach einrühren. Torte waagerecht halbieren. Unteres Teigblatt mit der Quarkcreme bestreichen und oberes Teigblatt darauflegen. Restlichen Puderzucker bei geringer Hitze mit 1 EL Wasser und dem restlichen Kirschwasser zergehen lassen, die Torte mit dieser Glasur überziehen und die Kirschen auf der noch weichen Glasur verteilen.

## GENUESER TORTE MIT GRAND-MARNIER– MANDELN

*Die gerösteten und blättrig geschnittenen Mandeln werden in Grand–Marnier–Sirup glasiert und verleihen der Torte eine elegante Note.*

*Zubereitungszeit 90 Minuten*
Schwierigkeitsgrad *leicht*
**Zutaten**
*1 Grundmenge Genueser Masse S. 147*
*Für die Füllcreme*
*160 g Zucker*
*3 Eigelb*
*200 g Butter*
*1 EL Vanillezucker*
*250 g geschälte, blättrig geschnittene Mandeln*
*Für den Sirup*
*100 g Zucker*
*1/4 l Wasser*
*10 cl Grand Marnier*

Genueser Torte nach Grundrezept zubereiten. Füllcreme: Zucker mit 5 cl Wasser in einem Topf bei geringer Hitze zum Faden einkochen. Eigelb mit der tropfenweise dazugegebenen Zuckerlösung zu einer hellen, luftigen Creme schlagen. Die Butter mit dem Vanillezucker schaumig schlagen, nach und nach die Eigelbmasse dazugeben.
Sirup: Zucker bei geringer Hitze im Wasser auflösen. Vollständig erkalten lassen. Mit Grand Marnier vermischen.
Die Mandeln einige Minuten bei 200°C im Backrohr rösten. Noch heiß mit einem halben

MARGARETENKUCHEN MIT ORANGEN
■ Fertig gekaufte oder selbst-gemachte Fruchtgelees erge-ben sehr leichte und schön glänzende Glasuren, die we-niger süß sind als Zuckergla-suren.

Glas Sirup beträufeln. Wieder ins abgeschaltete Rohr schie-ben und etwas trocknen las-sen.

Torte waagerecht in 3 Blätter schneiden. Zwei dieser Blätter mit dem restlichen Sirup be-netzen, mit einem Teil der Buttercreme bestreichen und aufeinanderschichten. Drittes Blatt darauflegen, mit der restlichen Buttercreme be-streichen und auch den Rand einbeziehen. Die Torte rund-herum mit den gerösteten Mandeln bestreuen und bis zum Servieren in den Kühl-schrank stellen.

## MARGARETENKUCHEN MIT ORANGEN

Zubereitungszeit *50 Minuten + Zubereitungszeit für die Margareten-Masse* Schwierigkeitsgrad *leicht*
**Zutaten**
*1 Margareten-Masse S. 151*
*300 ml Milch*
*Schale von 1 Orange*
*3 Eigelb*
*100 g Zucker*
*10 g Mehl*
*100 g Butter*
*1 Gläschen (2 cl) Cointreau*
Zum Dekorieren
*2 Orangen*
*100 g Aprikosenkonfitüre*
*1 Handvoll weiße Trauben*

Die Margareten-Masse nach Grundrezept backen. Die Milch mit der Orangenschale verquirlen und abkochen. Die Eigelb mit dem Zucker schau-mig schlagen, das Mehl dazu-geben, gut verrühren und die

EIER, MEHL UND WAL-
NUSSKERNE
■ Drei Zutaten, die sich in vielen Rezepten für Süßspeisen
wiederfinden.

kochend heiße Milch in dünnem Strahl zugießen. Creme
bei geringer Hitze dick werden
lassen. Butter mit einem Holzlöffel schaumig rühren, die erkaltete Creme einrühren und
langsam weiterrühren.
Margareten-Masse aus der
Form lösen, auskühlen lassen
und waagerecht durchschneiden. Untere Hälfte mit Cointreau beträufeln und mit der
Creme bestreichen. Obere
Hälfte darauflegen und mit
dünn geschnittenen Orangenscheiben belegen. Aprikosengelee bei geringer Hitze flüssigrühren, Torte damit übergießen und mit den halbierten
Weintrauben verzieren.

## SCHOKOLADENTORTE MIT RUM

*Zu Schokolade passen viele
Spirituosen. Diese Torte kann
daher geschmacklich beliebig
variiert werden.*

Zubereitungszeit *90 Minuten*
Schwierigkeitsgrad *leicht*

**Zutaten**
Für den Teig
*150 g Walnußkerne*
*6 Eier*
*125 g Zucker*
*100 g Mehl*
*10 g Butter*
Für die Füllcreme
*100 g Blockschokolade*
*3 Eigelb*
*100 g Zucker*
*30 g Mehl*
*1/2 l Milch*
*200 g Butter*
Für den Sirup
*20 g Zucker*
*2 EL Wasser*
*100 ml Rum*
*Butter und Mehl für die Form*

Für den Teig 100 g Walnußkerne zerkleinern. Die Eier
trennen, Eigelb mit dem Zukker hell und schaumig rühren.
Mehl und gehackte Nüsse dazugeben und umrühren. Die
Eiweiß zu Schnee schlagen
und unter die Eigelbmasse zie-

hen. Teig in eine gebutterte
und bemehlte Springform (Ø
24 cm) füllen und ca. 50 Minuten bei 180°C backen. Auf
einem Kuchengitter auskühlen lassen.
Füllcreme: Schokolade in
Stücke brechen und im Wasserbad zergehen lassen. Die
Eigelb mit dem Zucker schaumig schlagen, das Mehl dazugeben, mit der Milch aufgießen und die Creme bei geringer Hitze dick werden lassen.
Die Schokolade dazugeben
und die Creme erkalten lassen. Butter schaumig rühren
und nach und nach die Schokoladencreme dazugeben.
Für den Sirup den Zucker im
Wasser auflösen und den Rum
dazugießen.
Torte in 3 Blätter teilen, alle 3
mit dem Sirup benetzen und
mit der Creme bestreichen,
aufeinanderlegen und die
Oberfläche mit den restlichen
Walnußkernen verzieren.

## MOKKA-BUTTERCREME-TORTE

Zubereitungszeit *30 Minuten
+ Zubereitungszeit für die
Margareten–Masse*
Schwierigkeitsgrad *leicht*
**Zutaten**
*1 Grundmenge Margareten-
Masse S. 151*
*3 Eigelb*
*100 g Zucker*
*30 g Mehl*
*600 ml Milch*
*4 EL Kakao*
*4 TL Pulverkaffee*
*150 g Butter*
*5 EL Kaffeelikör*
*2 EL Weinbrand*
*einige Kaffeebohnen*

**MOKKA–BUTTERCREME–TORTE**

■ Variationen der Buttercreme erhält man, wenn man statt des Kaffees gemahlene Pistazien, Haselnüsse oder Mandeln verwendet.

Die Margareten-Masse nach Grundrezept zubereiten. Die Eigelb mit dem Zucker schaumig schlagen, das Mehl dazugeben, mit der heißen Milch aufgießen und die Creme bei geringer Hitze dick werden lassen.

Kakao und Pulverkaffee in der Creme auflösen, erkalten lassen. Butter schaumig schlagen und in die Creme einrühren.

Torte in drei Tortenblätter schneiden. Kaffeelikör und Weinbrand mischen, Blätter damit benetzen. Zwei Blätter mit Creme bestreichen und aufeinanderlegen, drittes Blatt darauflegen. Oberfläche und Rand der Torte vollständig mit der restlichen Creme bedecken, mit Kaffeebohnen beliebig verzieren und bis zum Anrichten 2 Stunden in den Kühlschrank stellen.

## GENUESER TORTE MIT KIRSCHWASSER

*Frische Sauerkirschen sind schwer aufzutreiben, aber Sauerkirschen in Zuckersirup sind ein vollwertiger Ersatz.*

Zubereitungszeit *70 Minuten + Zubereitungszeit für die Genueser Torte*
Schwierigkeitsgrad *leicht*
**Zutaten**
1 Genueser Masse S. 147

175 g Zucker
1/2 l Wasser
3 Eigelb
250 g Butter
1 EL Vanillezucker
6 EL Kirschwasser
500 g Sauerkirschen (Konserve)
150 g weiße Schokolade für den Überzug

Torte nach Grundrezept zubereiten. Den Zucker mit 1/2 l Wasser bei geringer Hitze zum Faden einkochen. Die Eigelb hell und schaumig schlagen, den kochend heißen Zuckersirup dabei tropfenweise dazugeben. Die entstehende Creme muß luftig und fast weiß werden. Die Butter schaumig rühren, nach und nach die Creme und den Vanillezucker dazugeben. Zuletzt 1 EL Kirschwasser einrühren.

Torte waagerecht in der Mitte

169

durchschneiden und die Blätter mit einer Mischung aus 5 EL Kirschwasser und 5 EL Sauerkirschensirup beträufeln. Das untere Tortenblatt mit der Hälfte der Creme bestreichen, darauf die gut abgetropften Sauerkirschen verteilen. Das andere Tortenblatt darauflegen und die Torte rundherum mit der restlichen Creme bestreichen. Mit Röllchen aus weißer Schokolade dicht bestreuen.

## BISKUIT-ERDBEERTORTE

*Sabayon mit Erdbeeren ist eine köstliche Kombination. Diese Weinschaumcreme kann auch mit Vin Santo oder weißem Dessertwein anstelle von Marsala zubereitet werden.*

Zubereitungszeit *2 Stunden*
Schwierigkeitsgrad *leicht*
**Zutaten**
*1 Grundmenge Biskuitmasse
S. 146
350 g Erdbeeren
40 g Zucker
1 Glas Sekt
1 Zitrone
1 Sabayon nach Rezept S. 45*

Biskuittorte nach Grundrezept zubereiten. Erdbeeren in eine Suppenschüssel geben, mit dem Zucker bestreuen und mit dem Sekt übergießen. Zitronensaft dazugeben und 1 Stunde ziehen lassen.
Torte in 3 Blätter schneiden. Das erste Tortenblatt auf eine Platte legen, mit etwas Erdbeerflüssigkeit benetzen und

mit einem Teil der Erdbeeren belegen. Mit dem zweiten Teigblatt ebenso verfahren, Zwischenschichten mit einem Teil des Sabayon auffüllen. Das dritte Tortenblatt mit dem restlichen Sabayon vollständig bedecken und mit einigen ganzen Erdbeeren verzieren.

## WALNUSS-SCHOKO-TORTE

Zubereitungszeit *90 Minuten*
Schwierigkeitsgrad *leicht*
**Zutaten** für den Teig
*4 Eier
200 g Zucker
100 g Blockschokolade
125 g Mehl*
Für die Füllcreme
*100 g Walnußkerne
1 Ei
125 g Zucker
100 g Butter
2 EL Weinbrand*
Für die Glasur
*100 g Kuvertüre
2 EL Schlagsahne*
Für den Karamel
*125 g Zucker
2 EL Wasser
einige Tropfen Zitronensaft
100 g Walnußkerne
1 EL Mandelöl
Butter und Mehl für das Blech*

Rohr auf 180°C vorheizen. Backblech buttern und leicht bemehlen. Für den Teig die Eigelb mit dem Zucker schlagen, bis eine glatte, schaumige Creme entsteht. Schokolade in Stücke brechen, mit 2 EL Wasser im Wasserbad schmelzen und zu der Eigelbmasse

geben. Gesiebtes Mehl einrühren. Die Eiweiß zu steifem Schnee schlagen und vorsichtig unterziehen. Teig auf das Backblech gießen, zu einem Quadrat von 22 cm Kantenlänge ausstreichen, Oberfläche glätten und 45 Minuten bakken.

Für die Füllcreme die Nüsse mahlen und das ungetrennte Ei mit dem Zucker in einer Rührschüssel im heißen Wasserbad schaumig schlagen. Die Butter cremig rühren und zusammen mit den Nüssen und dem Weinbrand in den Eischaum einrühren.

Teig waagerecht in 3 Schichten schneiden, mit der Creme füllen und die Torte leicht mit den Händen zusammendrükken; mit Alufolie zudecken und mindestens 3 Stunden im Kühlschrank kaltstellen.

Für die Glasur die Schokolade in Stücke brechen, ins Wasserbad stellen, Sahne dazugeben und unter ständigem Rühren schmelzen lassen. Torte mit der Glasur überziehen und wieder in den Kühlschrank stellen.

Karamel: Bei mäßiger Hitze den Zucker im Wasser auflösen. Wenn er goldgelb wird, Zitronensaft dazugeben. Die Walnußkerne auf Holzstäbchen stecken und in den Karamel tauchen, dann auf einer mit Mandelöl bestrichenen Platte ablegen. Die Torte mit den glasierten Walnußkernen verzieren und bis zum Anrichten wieder in den Kühlschrank stellen.

## SCHOKOLADE

Zum Glasieren eignet sich am besten Kuvertüre oder Fettglasur. Blockschokolade, die in der Feinbäckerei geschmolzen oder gerieben verwendet wird, ist im allgemeinen zart-bitter. Schokolade zum Dekorieren gibt es in Form von Streuseln, Dragées, Spänen, Röllchen usw.

## SCHOKO-NUSSTORTE

*Wenn man Blockschokolade schmelzen will, ohne sie vorher zu reiben, tut man dies am besten im Wasserbad und gibt ein Stückchen Butter dazu.*

Zubereitungszeit *45 Minuten*
Schwierigkeitsgrad *leicht*
**Zutaten**
*8 Eier*
*250 g Zucker*
*1 Prise Salz*
*250 g gemahlene Haselnüsse*
*300 g Blockschokolade, gerieben*
*500 g Schlagsahne*
*2 EL Puderzucker*
*20 g Butter*
*Butter und Mehl für die Form*

Die Eigelb mit dem Zucker und der Prise Salz schaumig schlagen, die Haselnüsse und die Hälfte der Schokolade dazugeben und zuletzt die zu steifem Schnee geschlagenen Eiweiß unterziehen.
Den Teig in drei gleich große Mengen teilen und diese getrennt in einer vorbereiteten

Springform (Ø 22 cm) 20 Minuten bei 200°C backen. Schlagsahne mit dem Puderzucker steifschlagen. Wenn alle 3 Tortenblätter erkaltet sind, 2 davon mit Schlagsahne bestreichen und aufeinanderlegen, das dritte Blatt darauflegen und mit der restlichen, bei geringer Hitze geschmolzenen, mit der Butter verrührten Schokolade überziehen. Glasur mit einer vorher in kaltes Wasser getauchten Messerklinge glattstreichen.

## GLASIERTE ZITRONENTORTE

Zubereitungszeit *80 Minuten*
Schwierigkeitsgrad *leicht*
**Zutaten** für den Teig
*4 Eier*
*125 g Zucker*
*125 Mehl*
*1 EL Vanillezucker*
*25 g zerlassene Butter*
*3 EL Grand Marnier*
Für die Füllcreme
*150 g Zucker*
*150 g weiche Butter*
*2 Zitronen (unbehandelt)*
*4 Eier*
Für die Glasur
*250 g Puderzucker*
*Saft von 1/2 Zitrone*
*3 EL Grand Marnier*
*100 g Himbeeren*
*Butter und Mehl für die Form*

Backrohr auf 180°C vorheizen. Für den Teig in einer Schüssel im heißen Wasserbad die ganzen Eier und den Zucker mit dem Schneebesen schaumig schlagen, dann noch weiterschlagen, bis das Gemisch erkaltet ist. Das mit dem Vanillezucker vermischte und gesiebte Mehl vorsichtig mit einem Holzlöffel einrühren. Nach und nach die zerlassene Butter dazugeben. Teig in eine gebutterte und bemehlte Springform (Ø 24 cm) füllen, ca. eine halbe Stunde backen und auf einem Kuchengitter auskühlen lassen.
Für die Füllcreme die weichgemachte Butter mit dem Zucker schaumig schlagen, abgeriebene Schale und Saft der 2 Zitronen dazugeben. Die 4 Eier leicht verquirlt dazugeben. Creme bei mäßiger Hitze dick werden lassen, dabei ständig rühren und nicht zum Kochen kommen lassen.
Wenn der Teig erkaltet ist, aus der Form lösen und waagerecht in 3 Blätter schneiden, alle mit Grand Marnier benetzen und 2 mit der Zitronencreme bestreichen. Aufeinanderlegen, drittes Teigblatt obenauf legen, die Torte in Alufolie einwickeln und 12 Stunden im Kühlschrank kaltstellen.
Für die Glasur den Puderzucker mit dem Zitronensaft und dem angewärmten Grand Marnier verrühren. Wenn die Glasur die richtige Konsistenz hat, auf die Torte gießen, mit einem Spachtel glattstreichen und die Torte nochmals 2 Stunden in den Kühlschrank stellen. Vor dem Festwerden mit den Himbeeren verzieren.

## CUBA-TORTE

*Rum gehört zu den Spirituosen, die am besten zu Obst passen. Besonders köstlich ist die Kombination von Rum und Ananas. Für diese Torte ist weißer Rum genau richtig.*

Zubereitungszeit *50 Minuten*
Schwierigkeitsgrad *leicht*
**Zutaten**
*1 Grundmenge Madeleine–Masse S. 146*
*100 ml Rum*
*100 g Zucker*
*500 g Schlagsahne*
*2 EL Puderzucker*
*120 g Kokosraspeln*
*10 Scheiben Ananas (Konserve)*

Madeleine–Torte nach Rezept auf S. 146 zubereiten. Rum mit dem Zucker zum Kochen bringen und auskühlen lassen; Schlagsahne mit dem Puderzucker steifschlagen.
Madeleine–Masse waagerecht in der Mitte durchschneiden. Untere Teighälfte mit dem Rumsirup benetzen, einen Teil der Schlagsahne daraufstreichen und mit der Hälfte der Kokosraspeln bestreuen. Aus 4 gut abgetropften Ananasscheiben kleine Dreiecke schneiden und auf der Schlagsahne verteilen. Zweite Teighälfte darauflegen und mit der restlichen Schlagsahne überziehen. Mit Ananasscheiben und Kokosraspeln verzieren.

## MARGARETENKUCHEN MIT KAKAO

*Wenn man den Schokoladegeschmack noch betonen will, die Kakaomenge einfach erhöhen und entsprechend weniger Mehl nehmen.*

**GLASIERTE ZITRONEN-TORTE**
■ Süßspeisen mit Zitronengeschmack sind zu jeder Tageszeit beliebt, weil sie eine leicht appetitanregende Wirkung haben. Wie bereits gesagt, sollte man immer unbehandelte Zitronen verwenden.

Zubereitungszeit *60 Minuten
+ Zubereitungszeit für die
Margareten-Masse*
Schwierigkeitsgrad *leicht*
**Zutaten**
*wie für Margareten-Masse
S. 151, dazu noch
30 g Kakaopulver
250 g Schlagsahne
1 EL Puderzucker
125 g Blockschokolade
1 Eigelb*

*1 EL Zucker
3 EL Kirschwasser
125 g Himbeergelee*

Die Margareten-Masse nach
Rezept zubereiten, für den
Teig aber zusätzlich den Kakao und dafür 20 g weniger
Mehl nehmen.
200 g Schlagsahne mit dem Puderzucker steifschlagen. 60 g
Schokolade im Wasserbad
schmelzen. Das Eigelb und die
Schlagsahne zu der Schokolade geben. Aus dem Zucker, 2
EL Wasser und dem Kirsch-
wasser einen Sirup zubereiten.
Torte waagerecht in der Mitte
durchschneiden, beide Hälften mit dem Sirup benetzen
und mit der Schokoladencreme füllen. Die Tortenoberfläche mit dem auf kleiner Kochstufe flüssig gemachten Himbeergelee bestreichen. Torte
12 Stunden im Kühlschrank
kalt stellen. Eine Stunde vor
dem Anrichten die restliche
Schlagsahne erhitzen und die
in Stücke gebrochene Schokolade darin schmelzen. Die
Schokoladensauce getrennt in
einer Saucière reichen.

# MARZIPANTORTE

*Marzipan kann man nach dem
Grundrezept selbst herstellen
oder fertig kaufen.*

Zubereitungszeit *135 Minuten*
Schwierigkeitsgrad *mittel*
**Zutaten**
*1 Vanilleschote
100 g Marzipan–Rohmasse
120 g Puderzucker
100 g Haselnüsse
4 Eier*

*100 g weiche Butter
100 g frische Sahne
1 Prise Salz
100 g Mehl
60 g Speisestärke
1 Gläschen (2 cl) Aprikosenlikör
150 g Aprikosenkonfitüre
Schokoladenglasur nach Rezept S. 52
200 g Schlagsahne
Butter und Mehl für die Form*

Eine Springform (Ø 22 cm)
buttern, bemehlen und in den
Kühlschrank stellen. Vanilleschote der Länge nach aufschneiden, mit einer Messerspitze den Samen herausholen
und mit 80 g Puderzucker in
die Marzipan–Rohmasse einkneten.

174

SCHLAGSAHNE
■ Vor dem Schlagen nicht nur
die Schlagsahne, sondern
auch Schneebesen und
Schüssel im Kühlschrank kaltstellen. Nur so lange schlagen, bis ein weicher Schnee
entsteht. Nicht zu lange schlagen, sonst wird Butter daraus.

nüssen in die Masse einarbeiten.

Gemisch in die Springform füllen und ca. 50 Minuten bei
180°C backen. Herausnehmen
und auf einem Kuchengitter
erkalten lassen. Waagerecht in
der Mitte durchschneiden, mit
dem Aprikosenlikör befeuchten und mit der Konfitüre
füllen. Tortenhälften aufeinanderlegen, die Torte ganz mit
Schokoladenglasur überziehen und bis zum Anrichten in
den Kühlschrank stellen. Mit
Sahnetupfen dekorieren.

## ORANGENTORTE

*Wenn es gerade keine unbe-*
*handelten Orangen gibt, sollte*
*man die Orangen auskochen,*
*vorher jedoch die Schale mit*
*der Gabel mehrfach einste-*
*chen, damit der bittere Ge-*
*schmack verschwindet.*

Zubereitungszeit *2 Stunden*
*+ Zubereitungszeit für die*
*Genueser Masse*
Schwierigkeitsgrad *mittel*

**Zutaten**

*6 Orangen*
*420 g Zucker*
*1 Genueser Masse (Ø 24 cm)*
*nach Rezept S. 147*
*1/2 l Milch*
*1/2 Vanilleschote*
*6 Eigelb*
*20 g Speisestärke*
*10 g Mehl*
*3 EL Orangenlikör*
*200 g Schlagsahne*

Die Haselnüsse einige Minuten bei 180°C im Backrohr rösten und grob hacken. Die Eigelb mit dem Schneebesen
schaumigschlagen und die
weichgerührte Butter, die flüssige Sahne und das Salz dazugeben. In die Buttercreme
auch das Marzipan einrühren,
bis der Teig glatt ist.

Mehl und Speisestärke sieben
und unter die Masse ziehen.

Die Eiweiß mit dem restlichen
Zucker zu Schnee schlagen
und zusammen mit den Hasel-

6 ungeschälte Orangen in
möglichst dünne Scheiben
schneiden. Aus 300 g Zucker

und 1/2 l Wasser einen Sirup
kochen. Sobald er zu kochen
beginnt, die Orangenscheiben
hineinlegen und zwei Stunden
zugedeckt wallend kochen lassen, anschließend an einen
kühlen Ort stellen. Torte nach
dem Grundrezept zubereiten.
Milch mit der aufgeschnitte-
nen Vanilleschote und 40 g
Zucker aufkochen, 10 Minuten ziehen lassen. Die Eigelb
mit dem restlichen Zucker
schaumig schlagen, Mehl mit
Speisestärke sieben und dazugeben. Milch abseihen und in
dünnem Strahl zugießen, dabei kräftig rühren. Auf kleiner
Schaltstufe 3 Minuten kochen,
dabei ständig weiterrühren.
Torte waagerecht durch-
schneiden. Vom Orangensi-
rup 100 ml wegnehmen und

mit dem Orangenlikör mi-
schen. Beide Teighälften mit
diesem Gemisch befeuchten.
Schlagsahne mit dem Puderzucker steifschlagen. Boden
und Rand einer Springform (Ø
24 cm) mit den schönsten
Orangenscheiben auskleiden
und die eine Teighälfte hineinlegen.

Die Hälfte der Schlagsahne in
die Springform füllen, zweite
Teighälfte darauflegen. Form
sachte auf den Tisch klopfen
und 24 Stunden in den Kühlschrank stellen. Vor dem Herauslösen die Form kurz in kochend heißes Wasser stellen.
Torte auf einer Platte anrichten, mit den restlichen Orangenscheiben belegen und mit
Schlagsahne aus einer gezackten Spritztülle verzieren.

Oft schon hat man die klassischen Süßspeisen als Botschafter, als echte Public–Relations–Spezialisten ihrer Herkunftsländer betrachtet. Sie alle haben eine Geschichte zu erzählen, die in jedem einzelnen Fall an lokale oder nationale Bräuche, Traditionen und Rituale anknüpft. Wenn heute irgendwo ein apple–pie gebacken wird, erinnert das an die Geschichte einer findigen angelsächsischen Bäuerin, die mit ihrer neuen Süßspeisen–Creation nicht nur teuren Zucker einsparte, sondern auch noch die gebräuchlichste und billigste Obstsorte verwendete. Das Gleiche gilt für den Strudel, nur verlagert sich hier das Geschehen mehr nach Südosten, nach Österreich. Auch Sabayon, Crêpe, Castagnaccio usw. wurden in ländlichen Küchen geboren, wie übrigens gut die Hälfte dieser Gattung Süßspeisen, vor allem jene, deren Teige eng mit dem Brotteig verwandt sind.

## PANETTONE (Italien)

*Der Panettone ist in Mailand das klassische Weihnachtsgebäck. Nach altem Brauch hat er Kuppelform, doch maschinell hergestellt ist er meist höher und fast zylinderförmig.*

Zubereitungszeit *60 Minuten + Zeit für das Gehen*
Schwierigkeitsgrad *sehr leicht*
**Zutaten** (für 10 Personen)
*850 g Mehl*
*100 g Backhefe*
*6 ganze Eier*
*180 g Butter*
*180 g Zucker*
*1 schwacher EL Salz*
*100 g Zitronat*
*100 g Rosinen*
*geriebene Schale von 1 Orange (unbehandelt)*

Aus 100 g Mehl und der in lauwarmem Wasser aufgelösten Backhefe einen Vorteig an-

rühren, zum Laib formen und an einem lauwarmen Ort 3 Stunden gehen lassen. Noch 100 g Mehl einarbeiten und wiederum 3 Stunden gehen lassen. Den Rest des Mehls mit den ganzen Eiern, der zerlassenen Butter, dem Zucker, dem Salz und dem aufgegangenen Vorteig zum Teig verarbeiten.
Lange zu einem ziemlich festen Teig durchschlagen, dann das kleingeschnittene Zitronat, die in lauwarmem Wasser aufgequollenen, getrockneten und in Mehl gewälzten Rosinen und Zitronenschale dazugeben. Nochmals auf doppeltes Volumen aufgehen lassen und den Teig zur hohen Kuppel formen, am Scheitel kreuzförmig einschneiden. Ca. eine Stunde bei 180°C backen. Panettone frühestens 24 Stunden später verzehren.

## BUNET (Italien)

*Aus dem Piemont stammt dieser Pudding aus Schokolade und Makronen mit Karamel.*

Zubereitungszeit *40 Minuten*
Schwierigkeitsgrad *sehr leicht*
**Zutaten**
*6 Eigelb und 2 Eiweiß*
*200 g Zucker*
*80 g Kakaopulver*
*100 g Makronen, pulverfein zerrieben*
*1 l Milch*
*1 Gläschen (2 cl) Rum*

Die Eigelb mit den Eiweiß und der halben Zuckermenge schlagen, den Kakao und die

GUGLHUPF
■Ein klassischer Napfkuchen aus Hefeteig. Mit Milchkaffee am Morgen schmeckt er köstlich. Er kann auch durchgeschnitten und mit Konfitüre gefüllt werden.

Makronenbrösel dazugeben. Nach und nach die lauwarme Milch und den Rum zugießen und darauf achten, daß sich keine Klümpchen bilden. Den restlichen Zucker karamelisieren und rasch damit eine hochwandige Form (Ø 22 cm) innen überziehen, bevor der Karamel hart wird. Creme hineingießen und im Wasserbad ins vorgeheizte Rohr stellen. 1 Stunde kochen, dann die Form in kaltes Wasser stellen und erst völlig ausgekühlt stürzen.

## GUGLHUPF (Österreich)

Zubereitungszeit *60 Minuten + Zeit für das Gehen*
Schwierigkeitsgrad *leicht*
**Zutaten** für den Teig
*300 g Mehl*
*15 g Backhefe*
*7–8 EL Milch*
*4 Eier*
*100 g Zucker*
*abgeriebene Schale von 1 kleinen Zitrone (unbehandelt)*

Für die Fülle
*70 g Rosinen*
*50 g blättrig geschnittene Mandeln*
*1 EL Puderzucker*
*Butter und Mehl für die Form*

Mehl in eine Schüssel sieben, in der Mitte eine Mulde eindrücken. Die in lauwarmer Milch aufgelöste Hefe, die mit dem Zucker leicht verquirlten Eier und die Zitronenschale hineingeben und zu einem klebrigen Teig verrühren. Abschlagen, bis der Teig sich vom Schüsselboden löst, mit einem Tuch zudecken und an einem warmen Ort gehen lassen, bis sich das Volumen verdoppelt hat.
Nach dem Gehen den Teig mit den Händen durchkneten und die in Stücke geschnittene Butter, die eingeweichten, abgetropften und in Mehl gewälzten Rosinen sowie die geschälten und blättrig geschnittenen Mandeln dazugeben. Noch einige Minuten weiterkneten, dabei den Teig ein– oder zweimal am Schüsselrand abschlagen. Gerippte Napfkuchenform (Ø 24 cm) buttern und bemehlen, Teig einfüllen und nochmals auf doppeltes Volumen aufgehen lassen.
Ca. 1 Stunde bei 180°C backen, stürzen und mit Puderzucker bestäuben.

## CASTAGNACCIO (Italien)

*Diese Spezialität der Toskana, d.h. von Florenz, wurde früher an allen Straßenecken verkauft.*

Zubereitungszeit *60 Minuten*
Schwierigkeitsgrad *sehr leicht*
**Zutaten**
*100 g Sultaninen*
*300 g Kastanienmehl*
*1/2 Tasse Wasser*
*6 EL Öl*
*1 EL Rosmarin, gerebelt*
*50 g Pinienkerne (Pignoli)*
*1 Prise Salz*

Sultaninen in Wasser einweichen, abgießen und ausdrükken. Kastanienmehl in eine große Schüssel geben; das Wasser, das Salz sowie 2 EL Öl dazugeben und alle Zutaten mit einem Holzlöffel zu einem cremigen Teig verrühren. Sultaninen, Rosmarin und Pignoli dazugeben. Restliches Öl in eine Form (Ø 26 cm) gießen. Teig hineinge-

CASSATA SICILIANA
■ Die im Ausland bekannteste
Süßspeise Italiens, weil die
ausgewanderten italieni-
schen Eisfabrikanten sie auf
der ganzen Welt verkaufen.
Heute wird sie oft mit Eis statt
mit Quark zubereitet.

ben und bei 200°C ca. 20 Minuten backen, bis die Oberfläche Risse aufweist. Überschüssiges Öl abgießen und Castagnaccio auf einer Platte anrichten.

## CASSATA SICILIANA
### (Italien)

Zubereitungszeit *60 Minuten*
Schwierigkeitsgrad *sehr leicht*
**Zutaten**
*1 Biskuit, halbe Menge des
Rezepts auf S. 146*
*1 Gläschen (2cl) Likör*
*500 g Ricotta (oder Mager-
quark)*
*100 g Zucker*
*2 EL Schokolade, feinwürfe-
lig geschnitten*
*4 gehäufte EL gemischte kan-
dierte Früchte (Kirschen,
Orangeat, Zitronat), feinwürfelig geschnitten*
*1/2 TL Zimt*
Für den Überzug
*3 EL Rum*
*3 EL Wasser*
*300 g Puderzucker*
*Schlagsahne zum Garnieren*

Biskuit in Scheiben schneiden. Eine Backform mit Plastikfolie auslegen, Biskuitscheiben mit Likör anfeuchten und die Form damit auskleiden. Ricotta durch ein Sieb streichen, mit Zucker verrühren, die Schokoladestückchen, Kanditen und Zimt dazugeben. Gemisch in die Form füllen, mit dem restlichen Biskuit zudecken und mindestens 3 Stunden in den Kühlschrank stellen.

In einer Schüssel Rum, Wasser und Puderzucker mit einem Holzlöffel so lange rühren, bis der Zucker etwas fester wird undam Löffel kleben bleibt. Die Cassata mit dieser Glasur bestreichen und dabei darauf achten, daß die Glasur rundherum deckt.

Cassata einige Minuten vorne im geöffneten, heißen Backrohr unter gelegentlichem Drehen stehen lassen, damit die Glasur trocknet und glänzend wird. Auskühlen lassen und mit Schlagsahnetupfen dekorieren.

## STOLLEN (Deutschland)

*Dieses charakteristische Ge-
bäck paßt besonders gut zum
Frühstück und zum Nachmittagstee oder –kaffee.*

Zubereitungszeit *90 Minuten*
Schwierigkeitsgrad *leicht*
**Zutaten**
*350 g Mehl*
*1/2 TL Backpulver*
*100 g Zucker*
*2 Eier*
*1 Prise Salz*
*100 ml Milch*

*120 g weiche Butter*
*40 g Rosinen aus Malaga*
*40 g Rosinen aus Smyrna*
*30 g Korinthen*
*abgeriebene Schale von 1 Zi-
trone*
*50 g blättrig geschnittene
Mandeln*
*1 EL Rum*
*30 g Puderzucker*
*Butter und Mehl für das
Blech*

Mehl mit dem Backpulver in eine Schüssel sieben. Eine Mulde in der Mitte eindrükken, 85 g Zucker, die ganzen Eier, Salz und Milch dazugeben und gut verrühren. 230 g Butter bei Raumtemperatur weich werden lassen und dazugeben und alles mit den Händen zu einem glatten Teig durchkneten. Die in lauwarmem Wasser eingeweichten, abgetropften Rosinen und Korinthen, die Zitronenschale, die Mandeln und den Rum dazugeben. Alle Zutaten gut vermengen.

Aus dem Teig einen länglichen Laib formen, auf das gebutterte und leicht bemehlte Backblech legen und im vorgeheizten Rohr bei 160°C 15 Minuten backen. Stollen mit Alufolie abdecken, die Backhitze auf 180°C steigern und ca. 45 Minuten weiterbacken. Wenn der Stollen fertig gebacken ist, herausnehmen und auf einem Kuchengitter erkalten lassen. Oberfläche mit der restlichen, zerlassenen Butter bestreichen und mit einem Gemisch aus dem restlichen Grießzukker und Puderzucker gleichmäßig bestreuen.

## ZUPPA INGLESE (Italien)

*Für diesen Namen gibt es zwei verschiedene Erklärungen: Die eine besagt, daß die Engländer, die Ende des 19. Jahrhunderts in hellen Scharen in Florenz einfielen, diese Süßspeise besonders gerne mochten. Die zweite bezieht sich auf die Ähnlichkeit mit "trifle", einer typisch englischen Süßspeise.*

Zubereitungszeit *60 Minuten*
Schwierigkeitsgrad *leicht*
**Zutaten**
*1/2 l Milch*
*2 ganze Eier*
*3 Eigelb*
*100 g Zucker*
*30 g Mehl*
*30 g Butter*
*einige Tropfen Vanilleextrakt oder –aroma*
*2 EL ungesüßter Kakao*
*1 Biskuit nach Rezept S. 146*
*1 Glas (5 cl) Rum*

Milch abkochen. Die ganzen Eier und die Eigelb mit dem Zucker und dem gesiebten Mehl verrühren, die kochend heiße Milch dazugießen, zuerst in dünnem Strahl, dann schneller, und dabei ständig rühren bis zum Aufkochen.
Topf vom Herd nehmen, die Butter hineingeben und die Creme in zwei getrennte Schüsseln gießen. In die eine Cremehälfte die Vanille, in die andere den Kakao einrühren. Biskuit in Scheiben schneiden und mit Rum befeuchten. In einer Glasschüssel abwechselnd rumgetränkten Biskuit und Creme (einmal hell, einmal dunkel) aufeinander schichten. Mit halb gelber, halb brauner Creme abschließen. Bis zum Anrichten ein paar Stunden in den Kühlschrank stellen.

## PLUM–CAKE (England)

Zubereitungszeit *90 Minuten*
Schwierigkeitsgrad *leicht*
**Zutaten**
*100 g Sultaninen*
*150 g gemischte kandierte Früchte (Orangeat, Kirschen, Zitronat)*
*2 EL Rum*
*200 g Butter*
*200 g Puderzucker*
*6 Eier*
*200 g Mehl*
*1/2 TL Vanillinzucker*
*50 g Speisestärke*
*2 g Hirschhornsalz*
*2,5 g Backpulver*
*1/2 Zitrone*

Rosinen einweichen, gut ausdrücken und in eine Rührschüssel geben. Kirschen, Zitronat und Orangeat kleinschneiden und ebenfalls dazugeben. Rum darübergießen und bis zur Weiterverwendung ziehen lassen. Bei Raumtemperatur weich gewordene Butter schaumig schlagen, den Zucker und nacheinander die Eier einzeln dazugeben.
Mehl mit Vanillinzucker, Speisestärke, Hirschhornsalz und Backpulver sieben und einrühren. Zitronenschale und kandierte Früchte dazugeben.
Eine Kastenform von 22 cm Länge mit Backpapier ausle-gen, den Teig einfüllen und ca. 50 Minuten bei 200°C backen. Wenn der Plum–cake eine leicht goldbraune Färbung annimmt, über seine gesamte Länge mit einer gebutterten Messerspitze einenSchnitt ziehen. Messer nochmals mit Butter einfetten und Schnitt wiederholen, diesmal tief hinein in den Kuchen, aber ohne den Boden zu berühren. Plum–cake herausnehmen, erkalten lassen, dann Backpapier abziehen, Kuchen in Scheiben schneiden und anrichten.

## SCONES (England)

Zubereitungszeit *60 Minuten*
Schwierigkeitsgrad *leicht*
**Zutaten**
*320 g Mehl*
*3 gestrichene TL Backpulver*
*1 gestrichener TL Salz*
*50 g Zucker*
*50 g Butter*
*2 Eier*
*100 ml Milch*

*PLUM–CAKE*
■ *In England wird dieser Kuchen immer zur Teestunde – einem Ritual, das in diesem Land niemals ausfällt – serviert. In einer gut verschließbaren Dose aufbewahrt, bleibt er ein paar Tage frisch.*

Mehl mit dem Backpulver in eine Schüssel sieben, mit Salz und 40 g Zucker vermischen. In die Mitte die bei Raumtemperatur weichgemachte und in Stücke geschnittene Butter hineingeben und alles mit den Fingerspitzen vermengen, ohne den Teig zu stark zu kneten. Getrennt davon die Eier mit einem Schneebesen schlagen, 4 EL Milch dazugeben und beides zum Teig dazugeben. Sobald er glatt und gleichmäßig fest wird, mit der Teigrolle auf 1 cm Dicke ausrollen. Mit der Spitze eines scharfen Messers Quadrate von 5–6 cm Seitenlänge schneiden, diese zu Dreiecken zusammenklappen, aber nicht drücken. Die Oberseite der Scones mit Milch bepinseln und mit dem restlichen Zucker bestreuen. Auf ein gebuttertes Blech geben, ca. 25 Minuten bei 180°C backen. Sofort servieren.

# TARTE TATIN
## (Frankreich)

*Ein sehr leichtes und raffiniertes Dessert, das lauwarm und mit getrennt gereichter Schlagsahne serviert wird. Dieser Kuchen ist nicht ganz einfach und gelingt nur dann perfekt, wenn die Äpfel nicht zu wasserhaltig sind.*

Zubereitungszeit *85 Minuten*
Schwierigkeitsgrad *mittel*
**Zutaten**
*250 g Mehl*
*300 g Zucker*
*1 Prise Salz*
*1 Ei*

*VANILLE*
■ *Blüte und Fruchtkapsel, aus einer Bildtafel der "Encyclopédie" von Diderot und D'Alembert (18. Jahrhundert).*

150 g Butter
2 kg Äpfel
1 Päckchen Vanillinzucker

Mehl auf die Arbeitsplatte sieben, in eine Vertiefung in der Mitte 100 g Zucker, Salz, das ganze Ei und 100 g Butter, in Stücke geschnitten, hineingeben. Rasch mit den Fingerspitzen zum Teig verkneten, zur Kugel formen, in Plastikfolie einwickeln und 1/2 Stunde in den Kühlschrank stellen.
In einer Obstkuchenform (Ø 26 cm) mit niedrigem Rand (Pieform) die restliche Butter zergehen lassen. Wenn sie zu schäumen beginnt, 150 g Zucker hineingeben und karamelisieren. Auf dem Boden der Form die vorher geschälten, in Spalten geschnittenen Äpfel verteilen. Mit dem restlichen

Zucker und dazugemischtem Vanillinzucker bestreuen.
Auf der Herdplatte (oder – flamme) auf mittlerer Schaltstufe kochen, bis der Zucker karamelisiert ist. Teig ausrollen und die Äpfel damit zudecken. Teig mehrmals mit einer Gabel einstechen und im vorgeheizten Backrohr bei 200°C ca. 30 Minuten backen. Mit Alufolie abdecken, Backhitze auf 150°C reduzieren und nochmals 10 Minuten backen. Form aus dem Rohr nehmen, ein paar Minuten auf ein feuchtes Tuch stellen, dann 1 Minute auf eine heiße Herdplatte stellen, damit der Karamel schmilzt, und den Kuchen auf eine Platte stürzen, so daß die Äpfel obenauf liegen.

## ZUCCOTTO (Italien)

Zubereitungszeit *70 Minuten*
Schwierigkeitsgrad *leicht*
**Zutaten**
*1 EL Butter*
*4 EL ungesüßter Kakao*
*100 g Zucker*
*2 1/2 EL Wasser*
*3 Blatt Gelatine*

*300 g Biskuit nach Rezept S. 146*
*100 g gemischte kandierte Früchte*
*100 g Blockschokolade*
*1 Glas (5 cl) Likör*
*500 g Schlagsahne*
*2 EL Puderzucker*

Schokoladecreme zubereiten: In einem Pfännchen auf kleiner Schaltstufe die Butter, den Kakao und den Zucker mit dem Wasser zergehen lassen und einige Minuten kochen. Inzwischen Gelatine in kaltem Wasser einweichen.
Biskuit in längliche Scheiben schneiden. Kandierte Früchte und Schokolade in kleine Stücke schneiden. Bei geringer Hitze die Gelatine in wenig Wasser auflösen. Boden und Wand einer Rührschüssel (Ø 20 cm) mit dem Biskuit, der vorher mit Likör angefeuchtet wurde, auskleiden.
Schlagsahne mit dem Puderzucker steifschlagen, dann die aufgelöste Gelatine dazugeben. Schlagsahne teilen: die eine Hälfte vorsichtig mit der Schokoladecreme vermengen, die andere mit den Kanditen- und Schokoladestückchen.
Zuerst die Schlagsahne mit der Schokocreme in die Schüssel einfüllen, darauf die Schlagsahne mit den kandierten Früchten und Schokostückchen geben und die Oberfläche glätten. Mit dem restlichen likörgetränkten Biskuit bedecken und mindestens 6 Stunden im Kühlschrank kalt stellen. Vor dem Servieren auf eine Platte stürzen und mit Puderzucker bestäuben.

**ZUCCOTTO**
■ *Diese sehr nahrhafte, uralte Spezialität der Toskana war eine Zeitlang sehr en vogue und ähnelt in der Form der Cassata siciliana. Oft wird sie mit einem typischen Spaltenmuster aus Puderzucker dekoriert.*

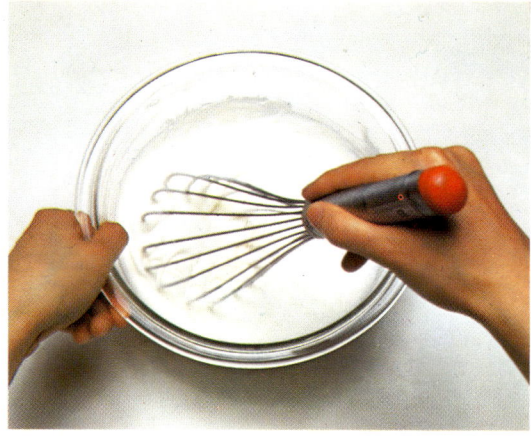

*Für dieses klassische französische Rezept aus dem Elsaß benötigt man die entsprechenden Muschelförmchen. Madeleines kann man mit Zitronenglasur oder Crème Chantilly verzieren.*

**Zutaten**
*70 g Butter*
*60 g Puderzucker*
*2 Eigelb*
*2 EL dunkler Rum*
*2 Eiweiß*
*40 g Mehl*
*1 Prise Salz*
*20 g Speisestärke*
*1 Fläschchen Vanillearoma*
*zerlassene Butter zum Ausstreichen der Förmchen*

Mit einem Pinsel die Förmchen mit der zerlassenen Butter bestreichen.

Butter im Wasserbad zergehen lassen.

Puderzucker sieben, damit keinerlei Klümpchen mehr darin übrigbleiben.

In einer Schüssel im Wasserbad den Puderzucker, die Eigelb und den Rum vermischen und so lange rühren, bis die Masse dick wird. Auskühlen lassen.
Eiweiß steif schlagen, Mehl und Salz unterheben.

Speisestärke, Vanillearoma und zerlassene Butter dazugeben.

Die Eigelbmasse (Arbeitsphase 4) in die Eischneemasse einrühren.

Fertigen Teig in die mit Butter bestrichenen Förmchen füllen und im vorgeheizten Backrohr bei 200°C ca. 10 Minuten backken. Madeleines aus den Förmchen lösen und auskühlen lassen.

## MADELEINES (Frankreich)

*Proust hat diesem exquisiten Gebäck ganze Seiten seines Buches "A la recherche du temps perdu" gewidmet.*

Zubereitungszeit *40 Minuten*
Schwierigkeitsgrad *leicht*
**Zutaten**
*300 g verschlagene, ganze Eier*
*120 g Eigelb*
*300 g Puderzucker*
*abgeriebene Schale von 1 Zitrone (unbehandelt)*
*200 g Mehl*
*100 g Speisestärke*
*300 g Butter*
*zerlassene Butter zum Ausstreichen der Förmchen*

Ganze Eier, Eigelb, Zucker und abgeriebene Zitronenschale zusammen mit dem Schneebesen schaumig schlagen. Mehl mit Speisestärke sieben und dazugeben, zerlassene Butter nach und nach einrühren. Die Masse in gut gebutterte, gerippte Muschelförmchen verteilen und bei 180°C ca. 20 Minuten backen. Madeleines aus der Form lösen und ausgekühlt servieren.

## ÎLE FLOTTANTE (Frankreich)

*Mit vielen kleinen statt einer großen "Schwimmenden Insel" heißt das Gericht "Oeufs à la neige".*

Zubereitungszeit *60 Minuten*
Schwierigkeitsgrad *leicht*
**Zutaten**
*2 1/2 l Milch*
*1 Vanilleschote*
*6 Eier*
*330 g Zucker*

1/2 l Milch mit der längs aufgeschlitzten Vanilleschote aufkochen und 10 Minuten ziehen lassen. Mit dem Schneebesen die Eigelb mit 150 g Zucker einige Minuten lang schaumig schlagen, dann die Milch in dünnem Strahl dazugießen und weiterschlagen. Creme erhitzen, bis sie anzieht.
Sofort ins kalte Wasserbad stellen und einige Minuten rühren.
Die Eiweiß mit 50 g Zucker zu festem Schnee schlagen, dann den restlichen Zucker dazugeben und noch 30 Sekunden weiterschlagen.
Gemisch in eine kalt ausgespülte Rührschüssel von 18 cm Durchmesser gießen. Restliche Milch in einer Kuchenform mit großem Durchmes-

ser zum Kochen bringen; die Eiweißmasse hineingleiten lassen, ein paar Minuten kochen, vorsichtig wenden und die andere Seite stocken lassen.
Vanillesauce in eine tiefe Schüssel gießen, die gut abgetropfte, kuppelförmige Eiweißmasse daraufsetzen und servieren.

## ÉCLAIRS AU CHOCOLAT (Frankreich)

*Éclairs (Liebesknochen) gibt es in vielen Formen. Sie sind entweder rund und kuppelför-*

MUFFINS
■ Der Teig für die Muffins
kann mit 40 g Rosinen (lauwarm eingeweicht und ge-
trocknet) oder 30 g gemahlenen Nüssen oder 50 g feinwürfelig geschnittenen Kanditen noch verfeinert werden.

*mig oder oval und mit Zuk-
ker–, Schokoladen– oder
Mokkaglasur überzogen.*

Zubereitungszeit *90 Minuten*
Schwierigkeitsgrad *leicht*
**Zutaten** für den Teig
*1/4 l Wasser*
*1 EL Zucker*
*100 g Butter*
*150 g Mehl*
*4 Eier*
*1 TL Salz*
*Für die Crème pâtissière*
*1/2 l Milch*
*1/2 Vanilleschote*
*5 Eigelb*
*120 g Zucker*
*30 g Mehl*
*2 EL Kakaopulver*
*Zum Glasieren*
*200 g Schokoladenglasur*
*nach Rezept S. 52*

Für den Brandteig in einem
Topf Wasser, Salz, Zucker
und Butter aufkochen. Mehl
auf einmal hineinschütten und
so lange rühren, bis der Teig
sich vom Topfrand löst und
einen Kloß bildet. Topf vom
Herd nehmen und noch 1 Minute weiterrühren. Das erste
Ei ungetrennt und mit kräftigem Schlagen unterrühren.
Von diesem ersten Ei hängt
die Elastizität des Teiges ab!
Die übrigen 3 Eier einzeln
nach und nach gründlich unterrühren. Aus einem Spritzbeutel mit großer Tülle kleine
runde (Ø 3 cm) oder ovale (3 x
10 cm große) Häufchen in genügend Abstand auf das gebutterte und bemehlte Blech
spritzen. Im vorgeheizten
Rohr bei 180°C ca. 20 Minuten
backen.

Crème pâtissière zubereiten:
Milch mit der längs aufge-
schlitzen Vanilleschote aufkochen. Eigelb mit dem Zucker
verrühren, Mehl dazugeben
und die kochend heiße Milch
zugießen, dabei ständig rühren. Bei geringer Hitze dick
rühren, vom Herd nehmen
und Kakao einrühren. Die Éclairs im obersten Drittel
aufschneiden und mit Schokoladencreme aus dem Spritzbeutel füllen.
Glasur schmelzen, lauwarm
werden lassen, die Éclairs
damit überziehen und strahlenförmig auf einer Platte anrichten.

## MUFFINS (England)

Zubereitungszeit *60 Minuten*
Schwierigkeitsgrad *leicht*
**Zutaten**
*200 g Mehl*
*2 1/2 TL Backpulver*
*2 EL Zucker*
*1 Prise Salz*
*1 Ei*
*12 EL Milch*
*80 g Butter*
*Butter und Mehl für die
Förmchen*

Mehl mit Backpulver in eine
Schüssel sieben; Zucker und
Salz dazugeben und gut vermischen. In einer zweiten Schüssel das ungetrennte Ei schaumig schlagen, die Milch und
die zerlassene und abgekühlte
Butter dazugeben. Gut verrühren, die Flüssigkeit in das
Mehlgemisch gießen und
schnell verrühren. Den Teig

löffelweise in kleine, gebutterte und bemehlte Förmchen gießen. Sie dürfen nur zu 2 Dritteln gefüllt werden, damit die Muffins beim Backen noch aufgehen können. Bei 210°C ca. 15 Minuten backen.

## CLAFOUTIS MIT FRÜCHTEN (Frankreich)

*Diesen Kuchen kann man je nach Jahreszeit variieren. Statt Aprikosen kann man auch entsteinte Pflaumen oder Kirschen oder Weintrauben dafür nehmen und mit Zimt oder anderen geeigneten Gewürzen abschmecken.*

Zubereitungszeit *75 Minuten*
Schwierigkeitsgrad *leicht*

**Zutaten**
*50 g Butter*
*175 g Zucker*
*750 g reife Aprikosen*
*50 g Mandeln blättrig geschnitten*
*4 Eier*
*1/2 l Milch*

Eine Springform (Ø 26 cm) mit 25 g Butter einfetten und mit 25 g Zucker ausstreuen. Aprikosen waschen und abtrocknen, halbieren, entkernen und mit der Schnittseite nach unten nebeneinander auf den Boden der Springform legen. Mandeln darüberstreuen. In einer Rührschüssel das Mehl mit dem restlichen Zucker vermischen, die verquirlen Eier dazugeben und die Milch in dünnem Strahl zugießen, dabei ständig mit dem Schneebesen schlagen. Restliche, zerlassene Butter einrühren.
Diesen flüssigen Teig über die Aprikosen gießen. Clafoutis im vorgeheizten Backrohr bei 180°C ca. 1 Stunde backen, aus der Form lösen und noch warm servieren.

## OMELETTE SOUFFLÉE (Frankreich)

*Wirklich perfekt serviert man Omelette soufflée mit einem Gittermuster, das mit einem glühenden Eisen nach dem Backen in die Oberfläche eingebrannt wird.*

Zubereitungszeit *40 Minuten*
Schwierigkeitsgrad *leicht*

**Zutaten**
*4 Eigelb*
*150 g Zucker*
*1 EL Vanillezucker*
*5 Eiweiß*
*1 EL Puderzucker*
*Butter für die Form*

In einer Schüssel die vier Eigelb mit 120 g Zucker und dem Vanillezucker weißschaumig schlagen. Die Eiweiß zu nicht allzu festem Schnee schlagen, den restlichen Zucker dazugeben und kräftig weiterschlagen. Eischnee unter die Eigelbmasse ziehen, 3 EL davon für später beiseitestellen. Restliche Masse in eine gebutterte Auflaufform aus feuerfestem Glas füllen, mit dem Spritzbeutel die weggestellten 3 EL der Masse als Verzierung auf die Mitte spritzen, mit Puderzucker bestäuben und im Rohr bei 200°C ca. 10 Minuten backen, bis die Omelette hoch genug aufgegangen ist. Sofort servieren.

# PASTIERA (Italien)

Zubereitungszeit *3 Stunden
+ Quellzeit für den Weizen*
Schwierigkeitsgrad *leicht*
**Zutaten**
*1 Grundmenge Mürbteig
120 g Hartweizen
1/4 l Milch
Schale von 1 Zitrone
200 g Zucker
etwas Zimt (gemahlen)
300 g Ricotta (oder Quark)*

*4 Eier
50 g gemischte kandierte
Früchte (Zitronat und Orangeat)
1 EL Orangenblütenwasser
1 Prise Salz
1 EL Puderzucker*

Mürbteig nach Rezept S. 56
zubereiten. Hartweizenkörner
3 Tage lang in einer randvoll
mit kaltem Wasser gefüllten
Schüssel einweichen, jeden
Abend das Wasser wechseln.
Wasser abgießen, Weizen in
einem Topf mit kaltem Wasser
aufstellen, erhitzen und 15 Minuten kochen. Abgießen,
Weizen dann mit der kochend
heißen Milch, der in Stücke
geschnittenen Schale einer
halben Zitrone, 1 EL Zucker
und 1 Prise Zimt in einen Topf
geben, erhitzen und auf klei-

ner Schaltstufe kochen, bis der
Weizen die Milch aufgesogen
hat. Auskühlen lassen.
In einer großen Schüssel die
Eigelb mit einem Holzlöffel in
den Quark einzeln einrühren;
Zucker, etwas Zimt, abgeriebene Zitronenschale, kleingeschnittene kandierte Früchte, Orangenblütenwasser, 1
Prise Salz und zuletzt den gekochten Weizen dazugeben.
Gut umrühren und rasten lassen. Schließlich die zu festem
Schnee geschlagenen Eiweiß
unterziehen.
Mit einem Teil des Mürbteigs
Boden und Rand einer Springform auskleiden, die Masse
einfüllen und die Oberfläche
glätten. Den restlichen Teig
als Streifengitter darauflegen.
Bei 180°C ca. 45 Minuten bakken.
Auskühlen lassen und mit Puderzucker bestäuben. Diese
Pastiera ist lange haltbar.

**PASTIERA**
■ *Klassischer Osterkuchen aus Neapel. Jede Familie hat ihr eigenes Rezept dafür und vererbt es von Generation zu Generalion weiter.*

**BUTTER**
■ *In der Feinbäckerei wichtigste Fettart. Ihr Fettanteil schwankt zwischen 84 und 88 Prozent.*

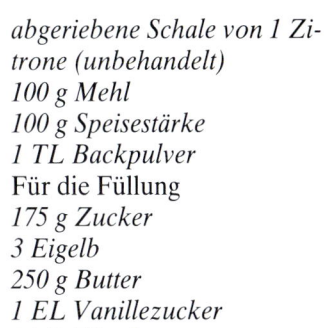

## RIZ CONDÉ (Frankreich)

*Eine sehr zarte und weiche Süßspeise, fast als Reiscreme zu bezeichnen. Als Dessert oder Zwischenmahlzeit für Kinder sehr geeignet.*

Zubereitungszeit 45 Minuten
Schwierigkeitsgrad *sehr leicht*
**Zutaten**
*200 g Rundkornreis*
*120 g vanillierter Puderzucker*
*1 l Milch*
*1 Prise Salz*
*50 g Butter*
*4 Eigelb*

Reis in kochendes Wasser einstreuen, wieder aufwallen lassen und danach 5 Minuten kochen. Abgießen und in einen weitrandigen Topf füllen. Zucker, Milch und Salz dazugeben. Mit Alufolie zudecken und im vorgeheizten Rohr 25 Minuten backen. Herausnehmen, Alufolie entfernen und den Reis mit der Butter und den Eigelb vorsichtig verrühren. Heiß servieren.

## LINZERTORTE (Österreich)

*Klassischer Mandelkuchen mit Konfitürenfüllung, eine Spezialität der Stadt Linz.*

Zubereitungszeit 75 Minuten
Schwierigkeitsgrad *leicht*
**Zutaten**
*300 g Mehl*
*150 g Zucker*
*1 EL Vanillezucker*
*1 Prise Salz*
*100 ml Wasser*

*1 TL Zimt (gemahlen)*
*1 Ei*
*120 g Butter*
*6 Tropfen Mandelaroma*
*180 g Mandeln, fein gemahlen*
*6 EL rote Johannisbeerkonfitüre*
*1 Eigelb*
*1 EL Milch*
*Butter für die Form*

Mehl und Backpulver auf die Arbeitsfläche sieben und eine Vertiefung in die Mitte eindrücken. Zucker, Vanillezucker, Salz, Wasser, Zimt, das ganze Ei, die Butter in Flöckchen, Mandelaroma und gemahlene Mandeln hineingeben und mit den Fingerspitzen rasch zusammenmischen, dabei von innen nach außen allmählich das ganze Mehl einarbeiten. Glatten Teig in eine Plastikfolie wickeln. 1 Stunde in den Kühlschrank legen.
Die Hälfte des Teiges zu einer Teigplatte von 22 cm Durchmesser ausrollen und auf den gebutterten Boden einer Tortenform gleicher Größe legen. Auch die andere Teighälfte ausrollen und mit einem Teigrädchen in Streifen schneiden. Oberfläche der Teigplatte mit der Konfitüre bestreichen, aber ringsum einen Rand von 1 cm Breite unbestrichen lassen. Die Teigstreifen gitterförmig darauflegen. Zuletzt noch einen Streifen am Rand entlang legen und leicht andrücken.
Das Eigelb mit der Milch verquirlen, die Teigstreifen damit bestreichen und die Torte 40 Minuten im vorgeheizten Backrohr bei 180°C backen.

## FRANKFURTER KRANZ (Deutschland)

*Dieser ringförmige Kuchen, eine Frankfurter Spezialität, wird mit Creme gefüllt und mit Krokant bestreut.*

Zubereitungszeit 75 Minuten
Schwierigkeitsgrad *leicht*
**Zutaten** für den Teig
*125 g Butter*
*150 g Zucker*
*3 Eier*

*abgeriebene Schale von 1 Zitrone (unbehandelt)*
*100 g Mehl*
*100 g Speisestärke*
*1 TL Backpulver*
Für die Füllung
*175 g Zucker*
*3 Eigelb*
*250 g Butter*
*1 EL Vanillezucker*
*1 EL Kirschwasser*
Zum Bestreuen
*200 g Krokant*
*Butter und Mehl für die Form*

*Plum-cake ist eine britische Erfindung. Eine Variante sieht auch gehackte Mandeln, Pistazien oder Haselnüsse vor.*

**Zutaten**

250 g Rosinen
1 Gläschen (2 cl) Rum
250 g Butter
250 g Puderzucker
4 Eier
250 g Mehl
1 Päckchen Backpulver
1/2 TL Salz
100 g kandierte Früchte
Butter für die Form

Rosinen ca. 30 Minuten lang im Rum einweichen.

Butter in einer Schüssel schaumig rühren.

Puderzucker in die Butter einrühren, die Eiweiß zu steifem Schnee schlagen und ebenfalls dazugeben, aber vorsichtig unterziehen.
Die Eigelb einrühren; Mehl mit Backpulver und Salz vermischen und zusammen mit den kleingeschnittenen Kanditen in den Teig einmengen.

Teig in eine mit Backpapier ausgekleidete, gebutterte Kastenform füllen und die Oberfläche glattstreichen.

Bei 180°C ca. 1 Stunde backen. Garprobe: Wenn ein in den Kuchen gestecktes Holzstäbchen beim Herausziehen trocken bleibt, ist der Plum–cake fertig.

ÄPFEL
■ *Wenn Sie unreifes, saures Obst in kurzer Zeit nachreifen lassen wollen, einfach zusammen mit einem vollreifen Apfel in ein Plastiksäckchen legen und zubinden.*

Für den Teig in einer Schüssel die weiche Butter mit dem Zucker schaumig schlagen, dann einzeln die Eier dazugeben und gut einrühren. Zitronenschale sowie das mit der Speisestärke und dem Backpulver gesiebte Mehl dazugeben.

Teig in eine gebutterte und bemehlte Kranzform (Ø 24 cm) füllen und auf der unteren Schiene des Backrohrs ca. 40 Minuten bei 180°C backen.

Für die Füllcreme den Zucker, knapp bedeckt mit Wasser, erhitzen und zum Faden einkochen. Die Eier schaumig schlagen und nach und nach den kochenden Zuckersirup einrühren. Die Butter schaumig rühren, den Vanillezucker und das Eier–Sirup–Gemisch nach und nach dazugeben. Zuletzt das Kirschwasser einmengen.

Den Teigkranz in drei Schichten teilen und mit der Creme füllen, Oberfläche mit Creme bestreichen. Mit dem fein zerbröselten Krokant die cremebestrichene Oberfläche bestreuen.

## APPLE PIE (England)

*Wird oft zum Frühstück oder zum Tee serviert. Sehr leichte und schmackhafte Süßspeise, die meist mit Schlagsahne oder flüssiger Sahne in einer Saucière gereicht wird.*

Zubereitungszeit *75 Minuten*
Schwierigkeitsgrad *leicht*
**Zutaten**
*400 g Pâte brisée mit Zucker nach Grundrezept*

*1 kg Äpfel*
*175 g Zucker*
*abgeriebene Schale von 1 Zitrone (unbehandelt)*
*Saft von 1/2 Zitrone*
*250 g Schlagsahne*
*1 EL Puderzucker*
*Butter für die Form*

Eine Kuchenform (Ø 26 cm) buttern. Die Hälfte der Pâte brisée auf 5 mm Dicke ausrollen und die Form damit auskleiden. Äpfel schälen, achteln und Kerngehäuse entfernen. Apfelspalten auf dem Teig verteilen, mit 150 g Zucker und der abgeriebenen Zitronenschale bestreuen und mit Zitronensaft beträufeln.

Die andere Teighälfte auf den gleichen Durchmesser wie die Kuchenform ausrollen, Äpfel damit zudecken und gut an dem restlichen Teig andrükken. Aus den Teigabschnitten kleine Blättchen und Blüten ausstechen, Apple pie damit verzieren und 30 Minuten bei 180°C backen. Teigoberfläche mit etwas Wasser befeuchten, mit dem restlichen Zucker bestreuen und nochmals für 10 Minuten ins Rohr schieben. Schlagsahne flüssig oder steif geschlagen und mit Puderzukker gesüßt dazu reichen.

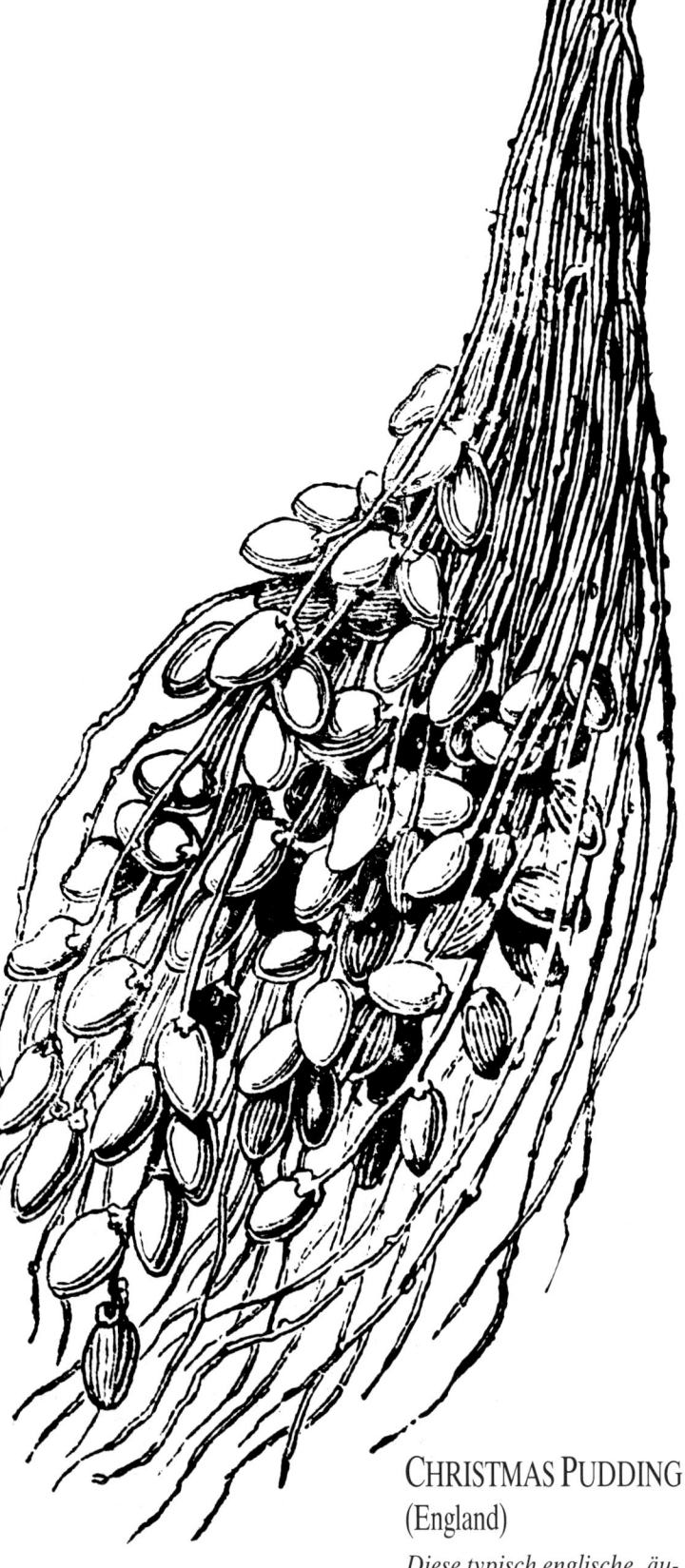

## CHRISTMAS PUDDING
### (England)

*Diese typisch englische, äußerst nahrhafte Spezialität wird zu Weihnachten flambiert aufgetischt, jedoch bereits mindestens 6 Monate vorher zubereitet.*

Zubereitungszeit *10 Stunden + Aufbewahrungszeit*
Schwierigkeitsgrad *leicht*

**Zutaten**
*110 g feingehacktes Nierenfett*
*200 g Zucker*
*3 EL kleingeschnittene Äpfel*
*100 g kleingeschnittenes Orangeat*
*150 g kleingeschnittenes Zitronat*
*300 g Korinthen, in Wasser eingeweicht und ausgedrückt*
*150 g kernlose Rosinen*
*200 g getrocknete Datteln, entsteint und kleingeschnitten*
*2 EL Himbeerkonfitüre*
*4 Eier*
*80 g Mehl*
*250 g Semmelbrösel*
*3 TL Zimt (gemahlen)*
*1 Prise Salz*
*1 TL Ingwerpulver*
*1/2 TL gemischte Gewürze (Nelken, Anis, Kümmel)*
*1 Prise Muskatnuß*
*2 EL Milch*
*3 EL Brandy*
*3 EL Sherry*
*6 EL trockener Weißwein*
Für die Creme
*100 g Butter*
*150 g Puderzucker*
*1 Eigelb*
*2 EL Brandy*
Zum Konservieren
*1 Glas Brandy*
*Butter für die Form*
Zum Flambieren
*1/2 Glas Brandy*

In einer Schüssel Nierenfett, Zucker, Früchte, Konfitüre, Eier, Mehl, Semmelbrösel, Salz und Gewürze vermengen. Milch, Brandy, Sherry und Weißwein einrühren, zudekken und an einem kühlen Ort 48 Stunden stehen lassen. Gemisch in eine gebutterte Puddingform (Ø 16 cm) einfüllen und luftdicht verschließen. Im Wasserbad 4–5 Stunden kochen, dabei immer wieder das verdunstete Wasser nachfüllen.
Den fertiggekochten Pudding auskühlen lassen, aus der Formstürzen und in brandygetränkte Gazestreifen wickeln. Zwei Wochen lang an einem kühlen Ort abstellen, dabei immer wieder die Gazestreifen mit Brandy anfeuchten.
Vor dem Verzehr den Pudding wieder in die Puddingform geben und nochmals im Wasserbad 2 Stunden kochen.
Für die Creme die weichgemachte Butter mit dem Puderzucker schaumig schlagen, Eigelb und Brandy dazugeben. So lange schlagen, bis die Creme ganz weich wird.
Vor dem Servieren den Pudding mit vorgewärmtem Brandy übergießen und flambieren. Die Creme wird getrennt dazu gereicht.

## BLANC-MANGER
### (Frankreich)

Zubereitungszeit *60 Minuten*
Schwierigkeitsgrad *leicht*
**Zutaten**
*250 g Mandeln*
*2 Bittermandeln*
*400 ml Wasser*
*300 ml Milch*
*100 g Zucker*
*12 Blatt Gelatine*
*1 EL Kirschwasser*
*400 g Schlagsahne*

Die Mandeln fein zerstoßen oder mahlen und 2 Stunden in

194

*Das Blanc–manger aux amandes (Mandel-sulz) ist ein klassisches Dessert der französischen Küche. In der hier beschriebenen Variante wurde Mandelmilch anstelle von Mandeln verwendet.*

**Zutaten**

*150 g Puderzucker*
*80 g Speisestärke*
*300 ml warme Milch*
*1 Gläschen (2 cl) weißer Curaçao*
*100 ml Mandelmilch*
*200 g Schlagsahne*

Puderzucker mit Speisestärke durch ein Haarsieb in den Topf sieben, um Klümpchen zu entfernen.

Einen Schöpflöffel Milch dazugeben und glattrühren.

Die restliche Milch dazugeben.

Bei schwacher Hitze langsam rühren, bis die Flüssigkeit eindickt.

Das Gläschen Curaçao zugeben, umrühren. Schlagsahne einrühren.

Mandelmilch dazurühren. Die Masse in Förmchen gießen. Einige Stunden kaltstellen und fest werden lassen.

dem kalten Wasser einweichen. Den Mandelbrei auf ein sauberes Tuch geben, oben zudrehen und auspressen. Die Flüssigkeit getrennt aufbewahren. Die Milch mit dem Zucker in einer Schüssel verrühren.

Die Gelatine in etwas kaltem Wasser einweichen, gut ausdrücken und in der erhitzten Milch auflösen. Die Mandelflüssigkeit und das Kirschwasser dazugeben. Schlagsahne steifschlagen und unter die Masse heben, sobald diese abgekühlt ist und festzuwerden beginnt.

Die Masse in eine mit kaltem Wasser ausgespülte Form füllen und ca. 8 Stunden im Kühlschrank kaltstellen. Auf eine Platte stürzen und servieren.

## MOUSSE AU CHOCOLAT (Frankreich)

*Der Clou der Mousse ist ihre Luftigkeit, und darin liegt auch das Geheimnis für ihr gutes Gelingen.*

Zubereitungszeit *30 Minuten*
Schwierigkeitsgrad *leicht*
**Zutaten**
*250 g Bitterschokolade*
*1/2 l Milch*
*50 g Zucker*
*4 Eigelb*
*5 Eiweiß*

Die Schokolade zerkleinern und im Wasserbad mit der Milch zergehen lassen. Den Zucker dazugeben, verrühren und die Flüssigkeit abkühlen lassen. Die Eigelb unter ständigem Rühren dazugeben und die Creme einige Minuten lang auskühlen lassen.

Inzwischen die Eiweiß zu Schnee schlagen. Vorsichtig in die Schokolademasse einrühren. Die Mousse in eine Schüssel oder Portionsschalen füllen, in den Kühlschrank stellen und sehr kalt servieren.

## LEMON CHIFFON PIE (USA)

*Zu diesem Mürbteigkuchen gehört eine Zitronencreme, die weich wie eine Mousse ist und mit in Streifen geschnittener, gekochter Zitronenschale verziert werden kann.*

Zubereitungszeit *75 Minuten*
Schwierigkeitsgrad *leicht*
**Zutaten**
*1 Grundmenge Mürbteig*
*6 Eigelb*
*340 g Zucker*
*400 ml Wasser*
*Saft von 3 Zitronen*
*Schale von 1 großen Zitrone (unbehandelt)*
*4 Blatt Gelatine*
*5 Eiweiß*

Den Mürbteig nach Grundrezept zubereiten und eine Pieform damit auskleiden. Backpapier darauflegen und darauf trockene Bohnen zum "Blindbacken" verteilen. Ca. 40 Minuten bei 180°C backen. Das Backpapier entfernen und den Kuchen abkühlen lassen.

Die Eigelb mit dem Zucker

verschlagen; Wasser, Saft und abgeriebene Schale der Zitrone zugeben und im Wasserbad unter ständigem Rühren eindicken lassen; dabei aber nicht kochen!

Die in Wasser eingeweichte und ausgedrückte Gelatine zugeben und vollständig auflösen. Die Creme abkühlen lassen, die zu steifem Schnee geschlagenen Eiweiß darunterziehen. Creme auf dem Mürbteig verteilen.

## CRÊPES SUZETTE
(Frankreich)

Zubereitungszeit *50 Minuten*
Schwierigkeitsgrad *leicht*
**Zutaten** für den Teig
*250 g Mehl*
*30 g Zucker*
*3 Eier*
*1/2 l Milch*
*2 EL Grand Marnier*
*80 g Butter*
*1 Prise Salz*
Für die Sauce
*70 g Butter*
*10 Stückchen Würfelzucker*
*Saft und Schale von 1 Orange*
*(unbehandelt)*
*10 cl Grand Marnier*

Das Mehl mit dem Zucker, den Eiern, dem Likör, dem Salz und der zerlassenen Butter verrühren. Eine Stunde stehen lassen. Einen kleinen Schöpflöffel Teig in eine heiße, mit wenig Butter eingefettete Pfanne (Ø 15 cm) gießen. Die Crêpe von beiden Seiten goldgelb backen. Alle Crêpes auf diese Weise fertigstellen, bis der Teig aufgebraucht ist.

Inzwischen die Crêpes auf einem Teller über kochendem Wasser zugedeckt warmhalten. Für den Sirup in einer Pfanne die Butter mit den Zuckerwürfeln, die vorher an der Schale einer Orange abgerieben wurden, dem Orangensaft und der Hälfte des Grand Marnier (5 cl) zergehen lassen. Den Sirup erhitzen, die in die Hälfte zusammengeklappten Crêpes hineinlegen, einige Sekunden den Sirup aufsaugen lassen, mit dem restlichen, angewärmten Grand Marnier flambieren und servieren.

## PALATSCHINKEN
### (Ungarn)

*Dies sind Pfannkuchen, die einzeln mit Creme, auch Quarkcreme, oder einfach mit Konfitüre, Schlagsahne und eventuell geriebenen Mandeln gefüllt werden.*

Zubereitungszeit *35 Minuten*
Schwierigkeitsgrad *leicht*
**Zutaten**
*9 Eier*
*3 TL Mehl*
*3 EL Milch*
*60 g Butter*
*30 g Zucker*
*6 EL Vanillecreme, nach dem Grundrezept zubereitet*
*3 EL passierte Himbeeren*
*3 EL Schlagsahne*
*Puderzucker zum Bestäuben*

3 ganze Eier mit den Eigelb der übrigen Eier, dem Mehl und der Milch verrühren, bis der Teig glatt und ohne Klumpen ist. Die Eiweiß zu Schnee schlagen und dazugeben. Die Butter in einer großen Pfanne zergehen lassen, Zucker hineinstreuen, den Teig hineingießen und auf kleiner Flamme so lange backen, bis der Pfannkuchen festzuwerden beginnt, dann im vorgeheizten Backofen bei 180°C 7–8 Minuten warmstellen.

Aus der Pfanne nehmen und mit der Vanillecreme, dem Himbeerpüree und der Schlagsahne füllen. In der Hälfte zusammenfalten, mit Puderzucker bestäuben und mit einem glühenden Eisen parallele Linien aufbrennen.

## PRINZREGENTENTORTE
### (Deutschland)

*Diese klassische Münchner Torte entstand im 19. Jahrhundert zu Ehren des bayerischen Prinzregenten Luitpold. Unser Rezept ist eine leichte Variante des sehr "nahrhaften" Originalrezepts.*

Zubereitungszeit *150 Minuten + Zeit für das Kaltstellen*
Schwierigkeitsgrad *mittel*
**Zutaten** für den Teig
*100 g Butter*
*100 g Zucker*
*2 Eigelb*
*175 g Mehl*
*50 g Speisestärke*
*1/2 Päckchen Backpulver*
*knapp 100 ml Milch*
*2 Eiweiß*
Für die Fülle
*200 g Schokolade*
*130 g Puderzucker*
*2 kleine Eier*
*30 g Butter*

APFELSTRUDEL
■ Der echte Strudelteig ist ziemlich schwer zuzubereiten, kann aber durch tiefgefrorenen Blätterteig ersetzt werden. Der Strudel ist dann allerdings nicht ganz so leicht.

**Für die Glasur**
*200 g Schokoladenglasur nach Rezept S. 52*
*Butter für die Form*

Für den Teig die schaumig gerührte Butter mit dem Zucker und den Eigelb verschlagen. Das mit der Speisestärke und dem Backpulver gesiebte Mehl einrühren, die Milch zugießen, alles gut verrühren und zuletzt die zu steifem Schnee geschlagenen Eiweiß unterheben.

Das Gemisch in 5 gleiche Teile teilen. Jeden Teil in einer mit gebuttertem Backpapier ausgelegten Backform (Ø 22 cm) 10–12 Minuten bei 180°C backen, bis der Teig goldgelb ist.

Für die Füllcreme die Schokolade in Stücke brechen und im Wasserbad zergehen lassen. Zucker, ganze Eier und die

weiche Butter flöckchenweise dazugeben, mit dem Schneebesen so lange schlagen, bis das Gemisch luftig und cremig wird. 4 Teigblätter mit der Creme bestreichen und aufeinanderschichten, mit dem fünften Teigblatt abschließen. Backpapier darauflegen, mit einem Gewicht beschweren und 24 Stunden in den Kühlschrank stellen.

Mit Glasur überziehen und ausgekühlt servieren.

## APFELSTRUDEL
### (Österreich)

*Zubereitungszeit 100 Minuten*
*Schwierigkeitsgrad mittel*
**Zutaten**
*250 g Mehl*
*1 Ei*
*100 g Zucker*
*1 Prise Salz*
*150 g Butter*
*4 EL lauwarmes Wasser*
*50 g Rosinen*
*800 g Äpfel (Renette)*
*3 EL Semmelbrösel*
*50 g Pinienkerne (Pignoli)*
*abgeriebene Schale von 1 Zitrone (unbehandelt)*
*1 gestrichener TL Zimt (gemahlen)*
*1 EL Puderzucker*
*Butter für das Blech*

Mehl, Ei, 25 g Zucker, Salz, 50 g zerlassene Butter und das Wasser in eine Schüssel geben. Mit den Fingerspitzen zu einem weichen, aber nicht klebrigen Teig vermengen. Teig lange kneten und auf der Arbeitsfläche abschlagen. Zur

Kugel formen und unter einem erhitzten Topf eine Weile rasten lassen. Der Topf darf aber den Teig nicht berühren.

Rosinen in lauwarmem Wasser einweichen, abtropfen und trocknen lassen. Äpfel schälen und in dünne Scheiben schneiden. Semmelbrösel in 25 g Butter anrösten. Teig auf einem bemehlten Tuch auf ca. 2 mm Dicke ausrollen. Mit den Apfelscheiben, Rosinen, Pignoli und Bröseln bestreuen, rundherum einen 2 cm breiten Rand frei lassen. Restlichen Zucker, Zitronenschale und Zimt darüberstreuen.

### ZIMT

Zimt ist die getrocknete Innenrinde des in Ceylon beheimateten Zimtbaumes oder –strauches. Man kann ihn in Form von sehr brüchigen Stangen oder gemahlen kaufen. Er behält lange sein Aroma. Man verwendet nur kleine Mengen dieses Gewürzes, weil es einen sehr intensiven Geschmack hat.

Apfelstrudel vorsichtig zusammenrollen, die Enden gut zumachen, den Strudel auf ein gebuttertes Blech legen und mit der zerlassenen Butter bestreichen. Ca. 1 Stunde bei 160°C backen, dann noch 15 Minuten im abgeschalteten Backrohr stehen lassen. Mit Puderzucker bestäuben, lauwarm servieren.

## CROQUEMBOUCHE
### (Frankreich)

*Wie schon ihr Name besagt, sind diese kleinen Beignets (Brandteigkrapfen) mit knusprigem Karamel überzogen. Sie werden pyramidenförmig auf einer Platte angerichtet und können auch mit Creme Chantilly gefüllt werden.*

*Zubereitungszeit 70 Minuten*
*Schwierigkeitsgrad leicht*
**Zutaten** für den Teig
*1/2 l Wasser*
*250 g Butter*
*6 g Salz*
*250 g Mehl*
*8 Eier*
*Für den Karamel*
*200 g Zucker*
*einige Tropfen Zitronensaft*
*1 EL Wasser*
*Butter und Mehl für das Blech*

Für den Brandteig in einem Topf Wasser, Butter und Salz aufkochen. Den Topf von der Kochstelle nehmen und das gesiebte Mehl auf einmal einstreuen. Rasch zu einem Kloß abrühren. Bei geringer Hitze eine Minute erwärmen und dabei umrühren.

Teigkloß in eine Schüssel legen und die Eier einzeln nach und nach unterarbeiten, dabei mit einem Spatel kräftig rühren, bis der Teig glänzt.

Teig in einen Spritzbeutel füllen und damit nußgroße Häufchen auf ein gebuttertes und bemehltes Backblech spritzen, auf genügend Abstand achten. Die Krapfen 20–25 Minuten bei 200°C backen.

Für den Karamel den Zucker mit dem Zitronensaft und dem Wasser erhitzen und zergehen lassen, bis er goldgelb wird. Wärmequelle abschalten, die Krapfen in den Karamel tauchen und auf einer Platte pyramidenförmig übereinandertürmen. Die Krapfen mit Hilfe einer Gabel in Karamelfäden einspinnen.

## SAINT-HONORÉ-TORTE
### (Frankreich)

Zubereitungszeit *150 Minuten*
Schwierigkeitsgrad *mittel*
**Zutaten**
*1 Blätterteigboden (Ø 26 cm)*
*20 Brandteigkrapfen nach Rezept S. 333*
*Für die Creme*
*1/4 l Milch*
*1/2 Vanilleschote*
*3 Eigelb*
*100 g Zucker*
*20 g Speisestärke*
*4 Eiweiß*
*Für den Karamel*
*200 g Zucker*
*4 El Wasser*

Blätterteig nach Grundrezept zubereiten.
Für die Creme die Milch mit der Vanilleschote aufkochen. Die Eigelb mit 30 g Zucker verrühren, die Speisestärke dazugeben, einrühren und mit der heißen Milch aufgießen, dabei umrühren. Creme auf kleiner Schaltstufe eindicken lassen, aber nicht kochen. Die Eiweiß zu steifem Schnee schlagen.
In einem Tiegel den restlichen Zucker mit 2 EL Wasser zum Kochen bringen und zur Kugel einkochen (ein in kaltes Wasser fallender Tropfen muß sich leicht zu einer Kugel formen lassen). Diesen Sirup entlang dem Schüsselrand auf den Eischnee gießen. Weiterschlagen, bis der Zucker vollständig mit dem Eischnee vermischt ist. Crème pâtissière noch kochend heiß auf dieses Gemisch gießen und schnell durchrühren. Auf einer großen Platte auskühlen lassen.
Für den Karamel den Zucker mit dem Wasser erhitzen und kochen, bis er hellgelb wird. Den oberen Teig der Krapfen in den Karamel tauchen und sie dann rundum am Rand des Blätterteigs festkleben.
Die Tortenmitte mit der ausgekühlten Creme füllen. Torte in den Kühlschrank stellen und innerhalb von 24 Stunden verzehren.

## BAYERISCHE ORANGENCREME
### (Deutschland)

*Die Crème bavaroise, ihr Name verrät es bereits, ist eine Münchner Spezialität. Sie kann im Geschmack beliebig variiert werden, z.B. mit Orangen, Schokolade, Kaffee, Erdbeeren usw.*

Zubereitungszeit *45 Minuten*
Schwierigkeitsgrad *leicht*
**Zutaten**
*1/4 l Milch*
*Saft und Schale von 1 Orange (unbehandelt)*
*3 Eigelb*
*125 g Zucker*
*20 g Mehl*
*8 Blatt Gelatine*
*500 g Schlagsahne, geschlagen*
*12 filierte Orangenspalten*

Die Milch mit der Orangenschale verquirlen und aufkochen. Die Eigelb mit dem Zucker verschlagen, das Mehl dazugeben, mit der heißen

Milch aufgießen und im Wasserbad die Creme unter ständigem Rühren eindicken lassen,
aber nicht kochen. Topf von
der Kochstelle nehmen, die
vorher in kaltem Wasser eingeweichte und ausgedrückte
Gelatine darin auflösen. Gut
verrühren und Creme erkalten
lassen. Bevor sie stockt, Orangensaft und die geschlagene
Schlagsahne einrühren.
In eine Bavaroise–Form (Ø 22
cm) gießen und einige Stunden
kaltstellen. Creme vor dem
Servieren auf eine gekühlte
Platte stürzen und mit filierten
Orangenspalten garnieren.

## SOUFFLÉ AU GRAND MARNIER (Frankreich)

*Die Franzosen sind wahre
Meister der Soufflés, die sie
süß und pikant in großer Vielfalt auf den Tisch zaubern.
Perfekte Soufflés sind innen
noch ein wenig flüssig.*

Zubereitungszeit *60 Minuten*
Schwierigkeitsgrad *leicht*
**Zutaten**
*80 g Makronen
abgeriebene Schale von
1 Orange (unbehandelt)
40 g Butter
40 g Mehl
200 ml Milch
80 g Zucker
5 cl Grand Marnier
4 Eigelb
6 Eiweiß*

Fein zerstoßene Makronen,
Grand Marnier und Orangenschale in eine Rührschüssel geben. Die Butter in einem Topf

KIRSCHEN
■ Knorpelkirschen sind groß
und haben ein festes Fruchtfleisch, eignen sich daher fürs
Backen und für Konserven.
Herzkirschen sind weicher,
werden am besten frisch gegessen oder zu Branntwein
und Sirup verarbeitet.

ben, verrühren und die heiße
Milch auf einmal zugießen, dabei ständig rühren, bis alle Zutaten gut vermengt sind.
Creme erhitzen. Sobald sie zu
kochen beginnt, Topf von der
Kochstelle nehmen und den
Zucker, die im Grand Marnier
eingeweichten Makronen und
die Eigelb einzeln mit dem
Schneebesen einrühren.
Schließlich noch die zu steifem
Schnee geschlagenen Eiweiß
unterziehen. Soufflé 20 Minuten bei 200°C backen, bis es
hoch aufgegangen ist und sofort servieren.

## KIRSCHTORTE
(Deutschland)

*Ein Kirschkuchen mit Creme-
auflage, der sich sehr elegant
präsentiert. Die Kirschen müssen süß und vollreif sein, sonst
nimmt man besser Kirschen
aus der Konserve.*

Zubereitungszeit *90 Minuten*
Schwierigkeitsgrad *leicht*
**Zutaten**
*1 Mürbteigboden (Ø 26 cm)*
*500 g entkernte Kirschen*
*125 g Butter*
*180 g Zucker*
*4 Eigelb*
*6 Eiweiß*
*75 g blättrig geschnittene
Mandeln*
*100 g Mehl*
*1 EL Puderzucker*
*wenig Butter und Mehl für die
Form*

Mürbteig nach Grundrezept
S. 56 zubereiten. Boden und
Rand einer gebutterten und

bemehlten Springform (Ø 26
cm) damit auskleiden. Teig
mit den gewaschenen und getrockneten Kirschen belegen.
In einer Schüssel die weiche
Butter mit 90 g Zucker schaumig rühren und die Eigelb einzeln einrühren. In einer zweiten Schüssel die Eiweiß zu
Schnee schlagen und die Mandeln sowie das Mehl vorsichtig
unterheben. Beide Gemische
zusammenrühren und über die
Kirschen gießen. Kirschtorte
ca. 40 Minuten bei 180°C im
vorgeheizten Backrohr bakken. Auskühlen lassen und mit
Puderzucker bestäuben.

## ZABAIONE AL
MARSALA (Italien)

*Der Zabaione (Weinschaum-
creme) gehört zu den klassischen Süßspeisen Venedigs.*

Zubereitungszeit *20 Minuten*
Schwierigkeitsgrad *leicht*
**Zutaten**
*6 Eigelb*
*6 halbe Eierschalen Zucker
(ca. 100 g)*
*6 halbe Eierschalen
Marsala (ca. 1/4 l)*
*evtl. 1 Eiweiß*

In einem Topf die Eigelb mit
dem Zucker kräftig schlagen
(15 Minuten von Hand oder 8
Minuten mit dem elektrischen
Rührgerät). Marsala nach und
nach dazugießen und den Topf
im Wasserbad auf die Kochstelle (kleine Schaltstufe) stellen. Die Masse eindicken lassen, dabei ständig mit dem
Schneebesen schlagen, bis sich

das Volumen verdreifacht hat. Zabaione kann man sowohl warm als auch kalt servieren. Er wird noch leichter, wenn man den sehr steif geschlagenen Schnee von 1 Eiweiß unter die fast erkaltete Creme zieht.

## ZELTEN (Italien)

*In einer Blechdose aufbewahrt, halten sich Zelten sehr lange frisch.*

Zubereitungszeit *180 Minuten*
Schwierigkeitsgrad *mittel*
**Zutaten**
*1250 g Mehl*
*60 g Backhefe*
*knapp 1/2 l Milch*
*500 g Walnüsse in der Schale*
*200 g Mandeln*
*160 g getrocknete Feigen*
*160 g Zitronat*
*160 g Sultaninen*
*10 cl Maraschino*
*160 g Butter*
*3 Eier*
*160 g Zucker*
*1 Prise Salz*
*abgeriebene Schale von*
*2 Orangen (unbehandelt)*
*1 Eigelb*

Ein Drittel des Mehls in eine Schüssel geben, Hefe mit den Händen hineinbröckeln, nach und nach die lauwarme Milch zugießen und alles zu einem weichen Teig verrühren. Teig zur Kugel formen, kreuzweise einschneiden, in eine bemehlte Schüssel legen und an einem lauwarmen Ort gehen lassen. Trockenfrüchte vorbereiten: Walnüsse schälen und die Ker-

ne grob hacken; Mandeln kurz in kochendes Wasser legen und schälen, 40 g davon beiseitestellen und die übrigen fein mahlen. Feigen und Zitronat in ganz dünne Scheiben schneiden. Sultaninen in lauwarmem Wasser quellen lassen, alle Trockenfrüchte mit Maraschino übergießen und 1 Stunde darin ziehen lassen.

Wenn der Hefeteig auf das doppelte Volumen aufgegangen ist, nochmals durchkneten, eventuell noch etwas Mehl und lauwarme Milch dazugeben, und wiederum in einer bemehlten Schüssel zugedeckt gehen lassen.

Inzwischen die bei Raumtemperatur weich gewordene Butter schaumig rühren, die Eier einzeln nacheinander sowie den Zucker darunterschlagen. Den Hefeteig nochmals auf die bemehlte Arbeitsplatte legen, die Buttercreme, 1 Prise Salz, die restliche Milch und die Hälfte des Mehls dazugeben. Teig durchkneten, zur Kugel formen und nochmals gehen lassen.

Das restliche Mehl auf die Arbeitsplatte häufen. Orangenschale und die in Maraschino eingeweichten Trockenfrüchte dazugeben und alles in den aufgegangenen Hefeteig einkneten. Teig gründlich durchkneten, dann zu 3 ovalen Laiben formen.

Die Zelten mit den 40 g geschälten Mandeln verzieren und nochmals gehen lassen. Dann mit dem verquirlten Eigelb bestreichen und im Backrohr auf Backpapier ca. 45 Minuten bei 200°C backen.

## SHORTBREAD (Schottland)

*Shortbread ist ein Gebäck aus Mürbteig, sehr schlicht und sehr ...schottisch. Die einzige "aufwendige" Zutat ist das Marzipan, das diesem Gebäck den Geschmack verleiht.*

Zubereitungszeit *60 Minuten*
Schwierigkeitsgrad *leicht*
**Zutaten**
*150 g Butter*
*1 EL Marzipan–Rohmasse*
*100 g Puderzucker*
*300 g Mehl*

Butter mit Marzipan und Puderzucker zu einem weichen, mürben Teig verrühren. Nach und nach das gesiebte Mehl einarbeiten. Teig auf der bemehlten Arbeitsplatte auf ca. 15 mm Dicke ausrollen. Teigplatte auf ein mit Backpapier belegtes Blech legen und ca. 30 Minuten bei 180°C backen. Noch heiß in Streifen von 2 × 7 cm schneiden.

## DACQUOISE (Frankreich)

Zubereitungszeit *100 Minuten*
Schwierigkeitsgrad *mittel*
**Zutaten**
*8 Eiweiß*
*1 Prise Salz*
*200 g Zucker*
*2 Päckchen Vanillinzucker*
*150 g Mandeln, fein gemahlen*
*80 g gemahlene Haselnüsse*
*Butter nach Bedarf*
*500 g Buttercreme nach Rezept S. 38*
*100 g blättrige geschnittene und geröstete Mandeln*
*1 EL Puderzucker*

Eiweiß mit Salz zu steifem Schnee schlagen, nach und nach den Zucker und Vanillinzucker einrühren. Die fein gemahlenen Mandeln und die gemahlenen Haselnüsse dazugeben, aber nicht rühren, sondern von oben nach unten unterziehen. Das Gemisch in 3 gebutterte Tortenformen (Ø 22 cm) füllen.
Ca. 2 Stunden bei 60°C im Backrohr lassen, bis die Meringue trocken, aber noch weiß ist. Buttercreme nach Grundrezept zubereiten. Meringuen aus der Form lösen, 2 davon mit einer dicken Schicht Creme bestreichen und aufeinander legen, dritte obenauf. Mit den gerösteten Mandeln bestreuen und mit Puderzucker bestäuben.

## VACHERIN (Frankreich)

*Grundlage des Vacherin ist eine mit Schlagsahne gefüllte Meringue. Er ist nicht ganz einfach zuzubereiten, weil viel davon abhängt, daß die Hitze des Backrohrs wirklich gut überwacht wird.*

Zubereitungszeit *160 Minuten*
Schwierigkeitsgrad *mittel*
**Zutaten**
*8 Eiweiß*
*500 g Puderzucker*
*1/4 l Crème Chantilly nach Grundrezept*
*Butter und Mehl für die Form*

Eiweiß schlagen, nach und nach den Zucker zugeben und weiterschlagen, bis die Masse ganz fest wird. Diese Baiser-

SACHERTORTE
■ Diese Torte wird in der zum Hotel Sacher gehörigen Konditorei hergestellt und ist wohl die berühmteste Torte Österreichs.

masse in die untere Hälfe einer leicht gebutterten und bemehlten Savarin– oder Kranzform (mit Öffnung in der Mitte) einfüllen und bei 60°C im Backrohr ca. 2 Stunden trocknen lassen, bis die Meringue trocken, aber noch weiß ist. Die beiden Meringuekreise aus der Form lösen. Einen davon auf eine Tortenplatte legen, mit der Hälfte der Crème Chantilly bestreichen und mit dem zweiten Kreis zudecken. Mit der restlichen Creme verzieren und anrichten.

## SACHERTORTE
(Österreich)

Zubereitungszeit *100 Minuten*
Schwierigkeitsgrad *leicht*
**Zutaten** für den Teig
*150 g Blockschokolade*
*150 g Butter*
*150 g Zucker*
*1 Prise Salz*
*6 Eier*
*150 g Mehl*
Zum Füllen
*4 EL Aprikosenkonfitüre*
Zum Glasieren
*300 g Schokoladenglasur*
*nach Rezept S. 52*

Für den Teig die Schokolade in Stücke brechen und mit 1 El Wasser im Wasserbad zergehen lassen. Weiche Butter in eine Schüssel geben und mit dem Zucker und Salz schaumig schlagen. Die geschmolzene Schokolade und die Eier nacheinander einrühren, dabei jedesmal gut vermengen. Zuletzt die zu steifem Schnee

KANDIERTE FRÜCHTE
■ Ganze oder in Stücke
geschnittene Früchte (Orangen, Zedratzitronen, Birnen,
Aprikosen usw.) oder Frucht-
schalen werden in Zuckersirup getaucht, abgetropft und
an einem lauwarmen Ort aufbewahrt, bis sich auf ihrer
Oberfläche eine durchsichtige Zuckerkruste bildet.

geschlagenen Eiweiß unterheben, Mehl über das Gemisch
sieben und einrühren.
Gemisch in eine mit gebuttertem Backpapier ausgelegte
Springform (Ø 24 cm) füllen
und im vorgeheizten Backrohr
ca. 1 Stunde bei 160°C backen.
Torte aus der Form lösen, auskühlen lassen, in der Mitte
durchschneiden, mit der Konfitüre füllen und wieder zusammensetzen. Mit Schokoladenglasur völlig überziehen.

## PANPEPATO (Italien)

*Eine typisch italienische, nahr-
hafte Nascherei aus kandierten
Früchten und Gewürzen.*

Zubereitungszeit *50 Minuten*
Schwierigkeitsgrad *sehr leicht*
**Zutaten**
*450 g brauner Zucker*
*30 g Blockschokolade*
*250 g Walnußkerne*
*350 g gemischte kandierte
Früchte*
*450 g ganze Mandeln*
*1 Prise Muskatnuß*
*1 Prise Zimt*
*100 g Backoblaten*
*Zimt zum Bestäuben*

Bei mäßiger Hitze den braunen Zucker und die in Stücke
gebrochene Schokolade unter
kräftigem Rühren schmelzen,
dabei darauf achten, daß der
Zucker nicht verbrennt. Von
der Kochstelle nehmen, gemahlene Nüsse, kleinwürfelig
geschnittene Kanditen, ganze
Mandeln, Muskatnuß und etwas Zimt einrühren. Gemisch
auf ca. 1 cm Dicke ausrollen,
in lauter kleine Rhomben

schneiden und diese auf die
Oblaten und auf ein Back-
blech legen.
Bei 180 °C eine halbe Stunde
backen. Herausnehmen und
sofort mit Zimt bestäuben.

## FUDGE CAKE (Amerika)

*Dieser Kuchen ist in Amerika
sehr beliebt. Er wird mit einer
leichten Schokoladencreme
verfeinert.*

Zubereitungszeit *100 Minuten*
Schwierigkeitsgrad *leicht*
**Zutaten**
*1 Genueser Torte (Ø 26 cm)*
*Für die Creme*
*250 g Blockschokolade*
*1 Prise Salz*
*250 g Puderzucker*
*30 g Trockenmilch (Milchpul-
ver)*
*1/2 Glas Milch*
*Mark von 1/2 Vanilleschote*
*150 g Butter*
*evtl. Schokodragées*

Genueser Torte nach Grundrezept zubereiten. Die Blockschokolade im Wasserbad zergehen lassen; im Mixer mit
Salz, Zucker und Trocken-
milch verquirlen. Soviel heiße
Milch dazugeben, daß eine
flüssige Creme entsteht, dann
das herausgeschabte Vanillemark. Aus dem Mixer neh-
men, nach und nach die weiche
Butter einrühren.
Torte in der Mitte durch-
schneiden, mit der Hälfte der
Creme füllen, mit der restlichen Creme überziehen und
nach Belieben mit Schokodragées verzieren.

## DOBOSTORTE (Ungarn)

*Die Mengen des Rezepts sind
für 10 Personen berechnet,
denn mit kleineren Mengen ist
es schwieriger, und außerdem
ist es eine so üppige Torte, daß
sie sich gut für ein großes
Festessen eignet.*

Zubereitungszeit *60 Minuten*
Schwierigkeitsgrad *mittel*
**Zutaten**
*200 g Eiweiß
175 g Zucker
160 g Eigelb
140 g Mehl
70 g zerlassene Butter
250 g Blockschokolade
700 g Buttercreme nach
Grundrezept
Für den Karamel
125 g Zucker
1 TL Butter
4 oder 5 Tropfen Zitronensaft
Butter und Mehl für die Form*

Für den Teig die Eiweiß zu
steifem Schnee schlagen, Zukker nach und nach dazugeben;
Eigelb, gesiebtes Mehl und
schließlich die zerlassene, ausgekühlte Butter tropfenweise
einrühren. Gemisch in 5 gleiche Teile teilen, jeden davon
höchstens 3 mm hoch in eine
Springform (Ø 22 cm) füllen
und 8–10 Minuten bei 200°C
backen.
Schokolade in Stücke brechen
und im Wasserbad schmelzen,
abkühlen lassen und in die
Buttercreme einrühren. Vier
Tortenblätter mit der Creme
bestreichen und aufeinanderschichten. In einem Tiegel den
Zucker mit Butter und Zitronensaft karamelisieren.

Wenn der Karamel goldgelb
ist, noch kochend heiß auf das
fünfte Tortenblatt gießen, gut
verstreichen und das Blatt sofort mit einem butterbestri-
chenen Messer in 12 Torten-
stücke teilen. 3 der festgewor-
denen Segmente so schräg auf
die Buttercreme legen, daß es
aussieht wie die Schaufeln
einer Windmühle aus Papier.

## KRAPFEN (Österreich)

*Durch österreichische Invasio-
nen haben die Krapfen auch
im Norden Italiens große Beliebtheit erlangt.*

Zubereitungszeit *210 Minuten*
Schwierigkeitsgrad *mittel*
**Zutaten**
*25 g Backhefe
ca. 800 ml Milch
500 g Mehl
2 Eier
125 g Butter
1 Prise Salz
30 g Zucker
Keimöl oder Butterschmalz
für das Ausbacken
200 g Konfitüre oder Crème
pâtissiere nach Rezept S. 44
50 g Puderzucker*

Hefe in 700 ml lauwarmer
Milch auflösen und mit 100 g
Mehl zum Vorteig verrühren.
Zum Laib formen, in eine
Rührschüssel legen, mit lauwarmem Wasser bedecken
und ca. 20 Minuten stehen lassen, bis der Teig auf dem Wasser schwimmt.
Auf der Arbeitsplatte das restliche, gesiebte Mehl anhäufen,

in eine Vertiefung in der Mitte
den Vorteig, die Eier, die weiche Butter in Flöckchen, Salz,
30 g Zucker und die restliche
Milch hineingeben. Kräftig
zum einem weichen, aber
nicht klebrigen Teig verkneten. Teig in eine hochwandige,
mit einem bemehlten Tuch
ausgelegte Schüssel legen, mit
einem zweiten Tuch zudecken
und an einem lauwarmen Ort
gehen lassen, bis sich das Volumen verdoppelt hat. Teig
auf 2 mm Dicke ausrollen und
mit einem runden Förmchen
Kreise von 2 cm Durchmesser
ausstechen. Teigplätzchen mit
einem dünnen Tuch zudecken
und nochmals 1 Stunde aufgehen lassen.
Jeweils mehrere Krapfen zusammen in reichlich siedendem Öl oder Butterschmalz
von beiden Seiten goldgelb
backen. Auf Küchenkrepp abtropfen lassen. Die Krapfen
von der Seite her mit Hilfe der
Krapfenspritztülle mit Konfitüre oder Crème pâtissière füllen. Mit dem Puderzucker dick
bestäuben und anrichten.

## BROWNIES (Amerika)

*Alle amerikanischen Kinder
lieben diese Kekse. Gut verschlossen in einer Dose, sind
sie lange haltbar.*

Zubereitungszeit *60 Minuten*
Schwierigkeitsgrad *sehr leicht*
**Zutaten**
*120 g Blockschokolade
200 g Butter
4 Eier
200 g Zucker
6 Tropfen Vanilleextrakt
200 g Mehl
1 TL Backpulver
200 g gemahlene Walnüsse*

Schokolade mit der Butter im
Wasserbad schmelzen. Die Eier
mit dem Zucker verrühren,
Vanille und Schokoladecreme
dazugeben. Das mit dem
Backpulver vermischte und
gesiebte Mehl und die Nüsse
nach und nach einrühren. Gemisch auf ein gebuttertes und
bemehltes Backblech geben
und ca. 2 cm hoch ausrollen.
Ca. 40 Minuten bei 170°C bakken, in Quadrate schneiden.

D ie Süßspeisen dieses Kapitels haben miteinander gemeinsam, daß sie mit dem klassischen Dessertlöffel gegessen werden. Weil sie so weich sind, kommen Messer und Gabel als zu "ungestüme" Eßwerkzeuge dafür nicht in Frage. Aber die charakteristische Zartheit der Bayerischen Cremes, Charlotten, Puddings, Soufflés, Cremespeisen und Gelees verursacht auch bei den routiniertesten Köchen Herzklopfen und Bangen: Das Stürzen der Form auf die Anrichteplatte ist jedesmal ein spannender Augenblick!

## ORANGENPUDDING MIT RUM

*Auch andere Zitrusfrüchte, vor allem Mandarinen oder Zitronen, sind für dieses Rezept geeignet. Bei Verwendung von Zitronen sollte man etwas mehr Zucker als angegeben nehmen.*

Zubereitungszeit *30 Minuten + Zeit für das Kühlstellen*
Schwierigkeitsgrad *leicht*
**Zutaten**
*4 Orangen (unbehandelt)*
*200 g Zucker*
*1 nußgroßes Stück Butter*
*1/4 l Milch*
*250 g Schlagsahne*
*6 Blatt Gelatine*
*4 Eier*
*10 cl Rum*

Orangen gründlich waschen und in Scheiben schneiden. In einem Topf 100 g Zucker mit 1 EL Wasser schmelzen und kochen lassen, bis der Zucker goldgelb wird und zu karamelisieren beginnt. Die Orangenscheiben einzeln in den Karamel tauchen, dann auf eine leicht gebutterte Platte legen. Milch und Schlagsahne in einem Topf mischen und aufkochen lassen. Gelatine in kaltem Wasser einweichen und ausdrücken.
Die Eigelb (3 Eiweiß in einem Extragefäß wegstellen) mit dem restlichen Zucker zu einer schaumigen und luftigen Masse schlagen. Weiterschlagen und das heiße Gemisch aus Milch und Schlagsahne darübergießen. Die so entstandene Creme wieder in den

□ *Die Desserts dieses Kapitels werden allesamt mit dem Löffel gegessen, weil sie auf Cremes oder so weichen Gemischen aufbauen, daß eine Gabel für sie nicht in Frage kommt. Meist werden sie in Portionsschalen serviert, nach Belieben mit Früchten oder Schlagsahne garniert; sie können aber auch in eine Form gedrückt und nach einigen Stunden Festwerden im Kühlschrank gestürzt werden. Die jeweilige Form für diese Süßspeisen muß vorher kalt ausgespült, nur in einigen wenigen Fällen leicht mit Mandelöl bestrichen werden.*

□ *Puddings stellt man im Backrohr in ein Wasserbad zum Kochen, damit sich keine Kruste bilden kann und sie auch außen weichbleiben. Die Puddingform wird in ein Gefäß mit bereits kochendem Wasser gestellt, das bis zu zwei Dritteln der Füllhöhe reicht. Am besten stellt man zuerst das Gefäß mit Wasser in das Rohr und dann die Puddingform hinein.*

□ *Ca. 20 Minuten ab Beginn des Kochens deckt man vorsorglich die Oberfläche der Form mit Alufolie ab, um ein Hartwerden der Oberfläche zu vermeiden. Damit sie besser ihre Form behalten, gibt man zu Bayerischer Creme oder zu Puddings oft Blattgelatine, die vorher eingeweicht und dann gut ausgedrückt wird. Statt Blattgelatine kann auch Gelatinepulver nach Packungsaufschrift verwendet werden.*

Topf geben und auf kleinster Schaltstufe kochen, bis sie dick zu werden beginnt. Gelatine und Rum mit dem Schneebesen kräftig darunterschlagen. Creme erkalten lassen, dabei gelegentlich umrühren. In eine kalt ausgespülte Form gießen und einige Stunden im Kühlschrank kühlstellen.
Form einen Augenblick in eine Schüssel mit heißem Wasser stellen, damit sich der Inhalt besser von den Rändern löst, dann die Creme auf eine Platte stürzen, mit den karamelisierten Orangenscheiben belegen und servieren.

## MELASSEPUDDING

Zubereitungszeit *90 Minuten*
Schwierigkeitsgrad *leicht*
**Zutaten**
*1 l Milch*
*100 g Speisestärke*
*100 g + 1 EL Butter*

*ANANAS*
■ *Diese Tropenfrucht wird frisch oder als Konserve (in Form von Konfitüre, kandiert oder in Zuckerlösung eingelegt) verwendet.*

50 g Melasse
1 große Prise Ingwer
1 TL Zimt, gemahlen
1 Prise Salz
5 Eier
100 g Puderzucker
2 EL Brandy
1 Prise Muskatnuß
125 g Schlagsahne, flüssig
Butter für die Form

Milch aufkochen, die mit Wasser angerührte Speisestärke hineingeben und unter ständigem Rühren 10 Minuten kochen.

Topf von der Kochstelle nehmen, 1 EL Butter, die Melasse, Ingwer, Zimt, Salz und 4 verquirlte Eier einrühren.

Eine Puddingform (Ø 22 cm) buttern und das Gemisch einfüllen. Im Wasserbad ins Backrohr stellen und bei Mittelhitze ca. 1 Stunde kochen.

Für die Creme die restliche Butter mit dem Puderzucker erwärmen und zu einer luftigen, schaumigen Creme schlagen. Von der Kochstelle nehmen, Brandy und Muskatnuß einrühren, abkühlen lassen. Schließlich das Eiweiß des letzten Eis zu Schnee schlagen, Schlagsahne schlagen und beides unter die Creme ziehen.

Pudding heiß stürzen und mit der Creme rundherum anrichten.

## ANANASSPEISE MIT MARASCHINO

*Besonders elegant serviert wird diese Speise mit einem Schlagsahneüberzug aus dem*

Spritzbeutel mit gezackter Tülle oder mit passierten frischen Früchten.

Zubereitungszeit *45 Minuten + Einweichzeit*
Schwierigkeitsgrad *leicht*
**Zutaten**
*1/2 l Wasser*
*250 g Zucker*
*6 Ananasscheiben (ca. 2 cm dick)*

*4 Eigelb*
*1/2 l Milch*
*4 Blatt Gelatine*
*1 Biskuit nach Rezept S. 144*
*1 Gläschen (2cl) Maraschino*
*100 g eingelegte Kirschen*

Zucker und Wasser 20 Minuten zu Sirup einkochen und die in Stücke geschnittenen Ananasscheiben 3 Stunden in diesem Sirup ziehen lassen.

Für die Creme die Eigelb mit dem Zucker schaumig schlagen, die Milch zugießen und die Creme im Wasserbad erhitzen, ohne sie zum Kochen zu bringen. Topf vom Herd nehmen, eingeweichte und gut ausgedrückte Gelatine dazugeben und gut umrühren.

Biskuit in Scheiben schneiden und mit der Mischung aus Maraschino und 1/2 Glas Ananassirup befeuchten. Eine Form mit Biskuitscheiben auslegen, darauf eine Schicht Creme geben, darauf abgetropfte Ananas, wieder Biskuit usw., bis alle Zutaten aufgebraucht sind. Mit Creme obenauf abschließen und mit den Kirschen verzieren. Vor dem Anrichten mindestens 3 Stunden im Kühlschrank kühlstellen.

## KARTOFFEL-SOUFFLÉ MIT SCHOKOLADE

Zubereitungszeit *90 Minuten*
Schwierigkeitsgrad *sehr leicht*
**Zutaten**
*500 g Kartoffeln*
*1 EL Butter*
*1 EL Mehl*
*3 EL Kakao*
*1/4 l Milch*

100 g Zucker
1 Prise Zimt
abgeriebene Schale von 1 Zitrone (unbehandelt)
4 Eier
Butter für die Förmchen

Kartoffeln ungeschält gründlich waschen, weichkochen,
schälen und durch die Presse
drücken, dann mit der Butter,
dem Mehl und dem Kakao erhitzen und nach und nach die
Milch zugießen. Mit dem
Holzlöffel rühren, Zucker dazugeben, Zimt und Zitronenschale einstreuen.
Topf von der Kochstelle nehmen und abkühlen lassen.
Schließlich noch die Eigelb
einrühren.
Die Eiweiß zu Schnee schlagen und unter die Kartoffel-
masse heben. 6 Förmchen buttern, Teig einfüllen und ca. 20
Minuten bei 200°C backen.
Sofort servieren.

## GELATINE

Gelatine gibt es in Form von
durchsichtigen Blättern
oder als Pulver zu kaufen.
Für Süßspeisen wird meist
Blattgelatine verwendet.
Bei Verwendung von Gela-
tinepulver Packungsauf-
schrift beachten.

## MASCARPONE-SCHOKODESSERT

*Ein eleganter Abschluß für ein
Festessen. Zum Dekorieren
kann statt Schlagsahne auch
eine Glasur verwendet werden.*

Zubereitungszeit *90 Minuten*
Schwierigkeitsgrad *sehr leicht*
**Zutaten**
*6 Scheiben Zwieback*
*3 EL Butter*
*6 EL Zucker*
*200 g Milchschokolade*
*400 g Mascarpone*
*3 Eier*
*3 EL Mehl*
*250 g Schlagsahne*
*1 Prise Salz*

Zwieback zu Bröseln reiben
und mit 1 EL Zucker mit der in
einem Topf zerlassenen Butter
vermischen. Boden und Rand
einer Kuchenform (Ø 26 cm)
mit diesem Gemisch bestreichen. Die Hälfte der Milchschokolade im Wasserbad zergehen lassen.
Mascarpone, Salz, die Hälfte
des Zuckers, die verquirlten
Eigelb und die geschmolzene
Schokolade gut verrühren.
Die Eiweiß zu festem Schnee
schlagen, restlichen Zucker
dazugeben und sehr vorsichtig
unter den Mascarpone heben.
Mehl und die Hälfte der steifgeschlagenen Schlagsahne dazugeben. Gemisch in die gebutterte Kuchenform füllen

215

und bei Mittelhitze ca. 1 Stunde backen.

Im abgeschalteten Backrohr abkühlen lassen, ohne das Rohr zu öffnen. Nach einigen Stunden das Dessert herausnehmen und aus der Form lösen.

Das Dessert mit der restlichen Schlagsahne garnieren und die restliche Schokolade gerieben darüberstreuen.

## BROTPUDDING

*Alle Süßspeisen auf Weißbrotbasis sind einfach und schmackhaft. Nur bei Verwendung von festem, gut durchgebackenem Brot bekommt der Pudding die richtige Festigkeit.*

Zubereitungszeit *150 Min.*
Schwierigkeitsgrad *sehr leicht*
**Zutaten**
*100 g Sultaninen*
*12 dünne Weißbrotscheiben*
*2 EL Butter*
*100 g Zucker*
*1/2 l Milch*
*250 g flüssige Sahne*
*1 Stück unbehandelte Zitronenschale (ohne Innenschale)*
*4 Eier*

Rosinen in einer Schüssel mit kaltem Wasser einweichen, nach ca. 30 Minuten ausdrücken.
Aus den Brotscheiben Rechtecke schneiden, Krusten entfernen. Dünn mit Butter bestreichen und auch eine feuerfeste Auflaufform (Ø 24 cm) buttern. Den Boden der Auflaufform mit Brotscheiben belegen, Butterseite nach oben. Einen Teil der Rosinen und des Zuckers darüberstreuen. Wieder mit Brot, Rosinen und Zucker von vorne anfangen usw., bis alle Zutaten aufgebraucht sind.
Milch mit Sahne, restlichem Zucker und dem Stückchen Zitronenschale verrühren und aufkochen. Topf von der Kochstelle nehmen und die bereits in einer anderen Schüssel verquirlten Eier einrühren. Die so entstandene Creme in die Auflaufform gießen und stehen lassen bis 1 Stunde vor dem Anrichten.
Form in eine Pfanne mit 2 Finger hoch kochendem Wasser stellen und diese ins Backrohr, Den Pudding ca. 1 Stunde bei 180°C kochen, bis er fest geworden ist. Auflaufform herausnehmen, auf einen mit Serviette bedeckten Teller stellen und so anrichten.

## BANANEN-COUPE

*Mit Mascarpone oder einer Crême pâtissière anstelle von Quark sowie mit Erdbeeren als Garnitur kann man dieses Rezept noch verfeinern.*

Zubereitungszeit *10 Minuten*
Schwierigkeitsgrad *sehr leicht*
**Zutaten**
*300 g Magerquark*
*4 Bananen*
*Saft von 1/2 Zitrone*
*6 EL Zucker*
*125 g Schlagsahne*
*4 EL Cointreau*
*6 Aprikosenhälften (Konserve)*

Quark und Bananen durch ein Sieb in eine Rührschüssel passieren. Zitronensaft, Zucker, Schlagsahne und Cointreau dazugeben und mit einem Holzlöffel zu einer weichen Creme verrühren. In Glas-

ORANGEN, ERDBEEREN
UND ZITRONE
■ *Mit der weißen, dünnen In-*
*nenschale sind die Schalen*
*von Zitrusfrüchten sehr bitter.*
*Deshalb muß die Frucht ge-*
*wissenhaft abgeschält wer-*
*den, bevor sie filiert oder kan-*
*diert wird.*

schalen verteilen und 2 Stunden in den Kühlschrank stellen. Mit Aprikosenhälften garnieren und anrichten.

## MERINGUEN (BAISERS) MIT ERDBEEREN

*Meringuen gibt es fertig zu*
*kaufen. Damit läßt sich dieses*
*Rezept noch schneller und ein-*
*facher zubereiten.*

Zubereitungszeit *10 Minuten*
Schwierigkeitsgrad *sehr leicht*
**Zutaten**
*500 g Schlagsahne*
*3 EL Puderzucker*
*8 Meringuen nach Rezept*
*S. 322*
*3 EL Zucker*
*300 g Gartenerdbeeren*
*Saft von 1/2 Zitrone*

Schlagsahne mit dem Puderzucker steifschlagen.
Die Meringuen mit einer Gabel zerkrümeln, mit gut 300 g
der Schlagsahne verrühren
und das Gemisch in eine mit
Backpapier ausgelegte Form
füllen, Oberfläche glattstreichen. Ein zweites Blatt Backpapier darauflegen, mit einem
Deckel zudecken und im käl-
testen Fach des Kühlschranks
mindestens 2 Stunden gefrieren. Erdbeeren waschen und
einzuckern, mit Zitronensaft
beträufeln und kühlstellen.
Zum Anrichten Meringue aus
der Form lösen und auf eine
Platte geben, Backpapier entfernen. Erdbeeren gut abgetropft darauflegen und mit der
restlichen Schlagsahne aus
dem Spritzbeutel dekorieren.

## BISKUIT MIT MAKRONEN-MARONEN-CREME

*Man kann auch Biskuit und Creme abwechselnd in eine Form schichten, einige Stunden kühlstellen und dann stürzen.*

Zubereitungszeit *20 Minuten* + *Zubereitungszeit für den Biskuit*
Schwierigkeitsgrad *leicht*
**Zutaten**
*1 Ei*
*3 EL Zucker*
*100 g Mascarpone (oder Sahnequark)*
*180 g zerbröselte glasierte Maronen*
*1 Gläschen (2 cl) Likör*
*3 Makronen, zerrieben*
*200 g Schlagsahne, geschlagen*
*1 Biskuit nach Rezept S. 146 einige ganze glasierte Maronen*

Eigelb mit dem Zucker (vorher 1 EL davon wegnehmen) schaumig rühren, Mascarpone gut einrühren. Die zerbröselten Maronen, 2 EL Likör, die geriebenen Makronen, das zu Schnee geschlagene Eiweiß sowie die Schlagsahne dazugeben. Kühlstellen.
Restlichen Likör und den 1 EL Zucker mit 1/2 Glas Wasser aufkochen. Biskuit in 3 Tortenblätter teilen, mit Likör befeuchten, mit Creme bestreichen, aufeinanderlegen und Oberfläche mit den ganzen Marrons glacés dekorieren. Im Kühlschrank kalt stellen.

BAYERISCHE KOKOS-
CREME
■ *Bayerische Creme kann
entweder aus mit Gelatine ge-
steifter Creme oder aus Mascarpone mit Schokolade, Kokos, Fruchtpüree usw. ge-
macht werden, was weniger
Zeit erfordert.*

## BAYERISCHE KOKOSCREME

Zubereitungszeit *60 Minuten
+ Zeit für das Kühlstellen*
Schwierigkeitsgrad *leicht*
**Zutaten**
*1 Tasse Kokosraspeln
4 Blatt Gelatine
1/2 l Milch
4 Eier
100 g Zucker
1 TL Vanillemark
250 g Schlagsahne
1 Prise Salz*

Bei Mittelhitze Kokosflocken
im Backrohr hell rösten. Gelatine in kaltem Wasser einweichen. Milch erhitzen, Gelatine
ausdrücken, Milchtopf von
der Kochstelle nehmen und
die Gelatine darin mit dem
Schneebesen auflösen.
Mit einem Holzlöffel die Eigelb in einer Rührschüssel mit
dem Zucker und Salz hell und
schaumig rühren.
Nach und nach die warme
Milch einrühren, bis sich alles
gut vermischt und der Zucker
sich vollständig aufgelöst hat.
Vanille zugeben und auskühlen lassen.
Eiweiß zu festem Schnee
schlagen. Schlagsahne schlagen.
Die Creme mit den Kokos-
raspeln, der Schlagsahne und
dem Eischnee verrühren, in
eine kalt ausgespülte Kastenform füllen und einige Stunden in den Kühlschrank stellen, damit sie fest wird.
Vor dem Servieren die Bayerische Kokoscreme stürzen: einfach ein Tuch in heißes Wasser
legen, auswringen und auf den
Boden der Form legen.

## BAYERISCHE CREME VON MASCARPONE

*Mascarpone ist ein Frischkäse,
der für Cremes und Süßspeisen sehr geeignet ist, aber auch
durch den weniger kalorienrei-
chen Quark ersetzt werden
kann.*

Zubereitungszeit *30 Minuten
+ Zeit für das Kühlstellen*
Schwierigkeitsgrad *sehr leicht*
**Zutaten**
*2 EL Sultaninen
3 Eigelb + 1 Eiweiß
300 g Mascarpone
100 g Zucker
2 EL Pinienkerne (Pignoli)
2 EL geschälte Pistazien
1 Gläschen (2 cl) Rum
1 Gläschen (2 cl) Weißwein
200 g Löffelbiskuits*

Sultaninen in lauwarmem
Wasser einweichen. Eigelb
einzeln in den Mascarpone
einrühren, Zucker dazugeben
und mit dem Schneebesen zu
einer luftigen, schaumigen
Creme schlagen.
Eiweiß zu festem Schnee
schlagen und vorsichtig unter
die Creme heben. Die abgetropften und ausgedrückten
Sultaninen, die Pinienkerne
und Pistazien dazugeben.
Rum mit Weißwein vermi-
schen und Löffelbiskuits kurz
hineintauchen.
Eine hochwandige Kasten-
form (22 cm Länge) mit Backpapier und den Biskuits aus-

kleiden, Mascarponecreme einfüllen, Oberfläche glattstreichen, mit Backpapier abdecken und ca. 6 Stunden in den Kühlschrank stellen. Zum Anrichten aus der Form stürzen wie im vorhergehenden Rezept beschrieben.

## ERDBEER–BAVAROISE

Zubereitungszeit *60 Minuten*
Schwierigkeitsgrad *leicht*
**Zutaten**
*1 kg Erdbeeren*
*150 g Zucker*
*30 g Butter*
*6 Blatt Gelatine*
*4 Eier*
*1/4 l Milch*
*250 g Schlagsahne*

Erdbeeren mit der Hälfte des Zuckers in einem zugedeckten Topf kochen und anschließend durch ein Sieb streichen. Gelatine in kaltem Wasser einweichen.
Die Eigelb mit dem restlichen Zucker schlagen und nach und nach die heiße Milch zugießen. Creme erhitzen und weiterschlagen, bis sie dick wird, dabei aber nicht zum Kochen bringen. Ausgedrückte Gelatine dazugeben und rühren, bis sie sich vollständig aufgelöst hat. Creme auskühlen lassen und mit dem Erdbeerpüree mischen. Schlagsahne steifschlagen und unterziehen. Creme in eine kalt ausgespülte Puddingform (Ø 22 cm) füllen und ein paar Stunden in den Kühlschrank stellen. Vor dem Anrichten stürzen.

## SCHOKOLADEN–BAVAROISE

Zubereitungszeit *60 Minuten*
+ *Zeit für das Kühlstellen*
Schwierigkeitsgrad *leicht*
**Zutaten**
*1/2 l Milch*
*abgeriebene Schale von 1 Orange (unbehandelt)*
*6 Blatt Gelatine*
*150 g Blockschokolade*
*4 Eigelb*

200 g Zucker
500 g Schlagrahm
1 Gläschen (2 cl) Grand Marnier
100 g Schlagsahne, geschlagen
1 Handvoll Kaffeebohnen

Milch mit der Orangenschale erhitzen. Gelatine in kaltem Wasser einweichen. Schokolade fein reiben oder hacken, in einen Topf geben, ein Glas heiße Milch dazugeben und auf kleiner Kochstufe schmelzen lassen.

Eigelb mit dem Zucker schaumig schlagen; unter ständigem Rühren nach und nach die flüssige Schokolade und die

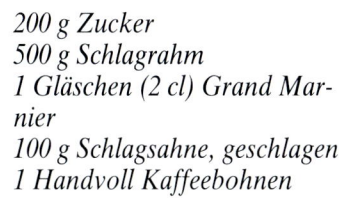

restliche Milch – ebenfalls in dünnem Strahl – dazugießen. Creme auf kleiner Schaltstufe erwärmen, die gut ausgedrückte Gelatine dazugeben und zunächst kräftig schlagen, damit die Gelatine sich auflöst; dann sachte weiterrühren, bis die Creme dick zu werden beginnt und am Löffel einen Überzug bildet.

Creme von der Kochstelle nehmen, bevor sie zu kochen anfängt, durch ein Haarsieb gießen und erkalten lassen. Schlagsahne schlagen und

unter die ausgekühlte Creme ziehen.

Eine Kranzform unter Drehen und Neigen so mit dem Grand Marnier ausspülen, daß auch die Wände davon benetzt werden, mit der Creme füllen und mindestens 6 Stunden ins kälteste Fach des Kühlschranks stellen.

Die Schokoladencreme gestürzt auf einer Platte anrichten, die Mittelöffnung mit Schlagsahne füllen und mit Kaffeebohnen verzieren.

## FRISCHEI

Das mittlere Gewicht eines Hühnerei liegt zwischen 60 und 65 g. Bei frischen Eiern ist der Dotter hochgewölbt, das Eiklar zerfließt nicht, das Ei ist praktisch geruchlos.

## DIPLOMATEN-REIS

*Süßspeisen auf Reisbasis sind leicht zuzubereiten und auf der ganzen Welt in unendlich vielen Varianten beliebt.*

Zubereitungszeit *60 Minuten + Zeit für das Kühlstellen*
Schwierigkeitsgrad *leicht*
**Zutaten**
*1/2 l Milch*
*100 g Zucker*

SCHOKOLADEN-
BAVAROISE
■ Von den Bayerischen Cremes ist dies eine der beliebtesten. Wichtig ist, dafür nur
erstklassige Schokolade zu
verwenden.

*100 g Milchreis (Rundkorn-
reis)*
*100 g Kakaopulver*
*200 g Schlagsahne*
*1 halbe Menge Biskuit nach
Grundrezept S. 146*
*1 Gläschen (2 cl) Orangenli-
kör oder anderer Fruchtlikör
nach Wahl*

Milch und Zucker aufkochen,
Reis einstreuen und unter häufigem Umrühren den Reis kochen, bis er gequollen ist; Kakao einrühren.
Die Schlagsahne steifschlagen. Biskuit mit dem Likör befeuchten und abwechselnd mit
dem Schokoreis und der halben Menge Schlagsahne in
einer Glasschüssel übereinanderschichten.
Mit dem Spritzbeutel aus der
restlichen, recht steif geschlagenen Schlagsahne ein Muster
aufspritzen und bis zum Anrichten in den Kühlschrank
stellen.

## VANILLEPUDDING

*Dieser sehr feine Pudding
kann auch in Kranzform zubereitet und mit einer Schoko-
laden- oder Fruchtsauce in der
Mittelöffnung serviert werden.*

Zubereitungszeit *60 Minuten
+ Zeit für das Kühlstellen*
Schwierigkeitsgrad *sehr leicht*
**Zutaten**
*6 Blatt Gelatine*
*200 g Mandeln*
*100 g Zucker*
*1/2 l Milch*
*1 Vanilleschote*
*1 Päckchen Vanillinzucker*

*500 g Schlagsahne*
*300 g Heidelbeeren*

Gelatine in kaltem Wasser einweichen. Mandeln kurz in kochendes Wasser legen, schälen
und mit 2 EL Zucker und wenig Wasser im Mixer pürieren.
Die Milch mit der Vanilleschote aufkochen, die ausgedrückte Gelatine darin verrühren
und den Topf von der Kochstelle nehmen; die Mandeln
und den Vanillinzucker dazugeben und alles 15 Minuten
stehen lassen. Vanilleschote
herausnehmen, Gemisch auskühlen lassen, dann die
Schlagsahne dazugeben.
Gemisch in eine kalt ausgespülte Puddingform (Ø 22 cm)
gießen und einige Stunden in
den Kühlschrank stellen. Zum
Anrichten stürzen und die passierten Heidelbeeren in einer
Saucière dazu servieren.

## MAKRONEN–CREME

*Die Schokostreusel kann man
durch geriebene Blockschokolade oder geröstete und gehackte Haselnüsse oder Mandeln ersetzen.*

Zubereitungszeit *15 Minuten*
Schwierigkeitsgrad *sehr leicht*
**Zutaten**
*250 g Schlagsahne*
*200 g Makronen*
*200 g Magerquark*
*50 g Zucker*
*1 Gläschen (2 cl) Rum*
*6 EL Schokostreusel*

Die Schlagsahne steifschlagen. Makronen im Mixer zu

Bröseln mahlen. Quark mit
dem Zucker glattrühren und
mit den Makronenbröseln und
dem Rum verrühren.
Das Gemisch in 6 Portionsschalen füllen, mit Schokostreuseln bestreuen und bis
zum Servieren in den Kühlschrank stellen.

## HAFERFLOCKEN–CREME

*Zarte Haferflocken kommen
als Zutat in einigen Süßspeisen–Rezepten vor. Statt frischen Himbeeren kann man je
nach Jahreszeit auch würfelig
geschnittene Äpfel verwenden.*

Zubereitungszeit *15 Minuten
+ Einweichzeit der Hafer-
flocken*
Schwierigkeitsgrad *sehr leicht*
**Zutaten**
*6 Tassen Milch*
*12 EL Haferflocken*
*3 Handvoll geschälte Hasel-
nüsse*
*1 Prise Salz*
*3 EL Zucker*
*6 EL Himbeergelee*
*200 g Himbeeren*

Haferflocken einige Stunden
in der Milch einweichen. 6 Haselnüsse wegstellen, restliche
Haselnüsse mahlen. Hafer-
flocken mit der Milch in einen
Topf geben, Salz und Zucker
dazugeben und aufkochen lassen. Ca. 10 Minuten kochen
lassen, gelegentlich umrühren. Topf von der Kochstelle
nehmen, gemahlene Hasel-
nüsse und Himbeergelee dazugeben, gut verrühren und die

gewaschenen und geputzten
Himbeeren dazugeben. Cre-
me in 6 Portionsschalen gießen
und je 1 Haselnuß in die Mitte
geben.

## SCHOKOLADEN–BOMBE

*Wenn der Quark nicht cremig
genug ist, durch ein Sieb streichen und mit einem Schneebesen durchschlagen.*

Zubereitungszeit *20 Minuten*
Schwierigkeitsgrad *leicht*
**Zutaten**
*200 g Magerquark*
*2 EL Zucker*
*1 Gläschen (2 cl) Grand Mar-
nier*
*200 g Blockschokolade (Bit-
terschokolade)*
*12 Makronen*
*500 g Schlagsahne*
*4 EL Puderzucker*

Quark durch ein Sieb in eine
Schüssel streichen. Mit dem
Holzlöffel weichschlagen.
Nach und nach Zucker, Grand
Marnier und im Wasserbad
geschmolzene Schokolade dazugeben.
Makronen zu Bröseln reiben
oder mahlen und zum Quark
geben. Schlagsahne steifschlagen und den Puderzucker dazugeben, einen Teil zum
Quark geben und genug zum
Füllen eines Spritzbeutels beiseitestellen.
Schokoladequark auf einer
Platte zur Kuppel formen, mit
einer Messerklinge glattstreichen, mit Sahnetupfen aus
dem Spritzbeutel verzieren.
Im Kühlschrank kalt stellen.

# ORANGEN- ODER ROSINEN-CRÊPES

Crêpes sind dünne Pfannkuchen, deren Teig aus Eiern, Milch, Mehl und zerlassener Butter besteht. Mit Brandy oder anderen Spirituosen kann ihr Geschmack variiert werden. Die Verwendung einer schweren Gußeisen- oder Edelstahlpfanne sichert ein gleichmäßiges Backen, die Pfanne darf nur mit wenig Öl eingefettet werden.

**Zutaten** für den Teig
150 ml Milch
150 g Schlagsahne
6 EL Grand Marnier
130 g Mehl
50 g Zucker
Salz
3 Eigelb
1 Eiweiß
40 g Butter

Für die Orangen-Crêpes
50 g Butter
120 g Zucker
1 TL abgeriebene Orangenschale (unbehandelt)
1 Gläschen (2 cl) Cognac
150 ml Orangensaft
Zuckersirup
Orangenscheiben zum Garnieren

Für die Rosinen-Crêpes
50 g Butter
120 g Zucker
1 Gläschen (2 cl) Grappa
150 g Rosinen

In einer Schüssel Milch, Schlagsahne und Likör mischen, das Mehl dazusieben, Zucker und Salz einrühren und alle Zutaten gut durchrühren.

Eigelb und Eiweiß verquirlen und in den Teig einrühren. 1 Stunde stehen lassen.

Butter im Wasserbad schmelzen und in den Teig einrühren, wenn die Ruhezeit um ist.

Eine Pfanne von 18 cm Durchmesser buttern, erhitzen und wenig Teig – gerade genug für 1 Crêpe – hineingießen.

Crêpe von beiden Seiten goldbraun backen. Die anderen Crêpes ebenso von beiden Seiten backen.

Für die Orangen-Crêpes: Butter, Zucker, abgeriebene Orangenschale und Cognac verrühren; Orangensaft dazugeben und alle Zutaten bei kleiner Hitze zur Creme eindicken. Jede Crêpe mit 1 EL Creme bestreichen, einschlagen und mit den in Zuckersirup eingelegten Orangenscheiben garnieren.

Für die Rosinen-Crêpes: Butter und Zukker in einem Tiegel schmelzen; die vorher in Grappa eingelegten Rosinen hineingeben. Gut verrühren. Jede Crêpe damit füllen, außen mit dem Rest bestreuen.

ORANGEN-CRÊPES
■ So sieht eine fertig angerichtete Orangen–Crêpe aus
(siehe auch Bildfolge auf der
gegenüberliegenden Seite).

## MILCH-GNOCCHI

*Diese sehr feinen Nockerln
kann man mit einer Sauce aus
frischen, passierten Früchten –
z.B. aus Pfirsichen und Aprikosen – übergossen ins Backrohr schieben. In diesem Fall
wird die Sauce mit Zimt bestäubt und die zerlassene Butter weggelassen.*

Zubereitungszeit *40 Minuten*
Schwierigkeitsgrad *sehr leicht*
**Zutaten**
*1/2 l Milch*
*250 g Schlagsahne*
*6 Eier*
*100 g + 2 EL Zucker*
*100 g Speisestärke*
*abgeriebene Schale von 1 Zi-
trone (unbehandelt)*
*Salz*
*1/2 TL Zimt, gemahlen*
*2 EL Butter*

Milch und Schlagsahne erhitzen. In einem Topf die Eigelb
mit 100 g Zucker, der Speisestärke, Zitronenschale und ein
wenig Salz mit einem Holzlöffel verrühren. Nach und nach
die Milch zugießen. Topf ins
Wasserbad stellen und unter
ständigem Rühren das Ge-
misch zum Kochen bringen.
Die so entstehende Creme ca.
1 cm hoch auf eine große, tiefe
Platte gießen.
Wenn die Creme festgewor-
den ist, mit Hilfe eines kalt
ausgespülten Glases Kreise
von ca. 5 cm Durchmesser ausstechen, diese in eine feuerfeste Form legen, mit Zimt und
restlichem Zucker bestreuen
und mit zerlassener Butter
übergießen. Ca. 10 Minuten

bei 200°C backen und heiß servieren.

## KAKAO-MERINGUEN

*Kakao–Meringuen kann man
entweder in Papiermanschetten servieren oder aus der
Masse zwei gleich große Scheiben formen, diese mit Schlagsahne füllen und mit kandierten Kirschen verzieren.*

Zubereitungszeit *135 Minuten*
Schwierigkeitsgrad *leicht*
**Zutaten**
*6 Eiweiß*
*600 g Puderzucker*
*6 EL Kakao*

*1 nußgroßes Stück Butter*
*1 EL Mehl*
*250 g Schlagsahne*

Die Eiweiß zu festem Schnee
schlagen, weiterschlagen und
den Puderzucker (vorher 3 EL
davon wegstellen) zugeben,
schließlich noch den Kakao.
Mit einem Spritzbeutel auf ein
mit gebutterter und bemehlter
Alufolie belegtes Backblech
große Rosetten spritzen.
Den restlichen Puderzucker
direkt auf die Meringuen sieben und den danebengesieb-
ten Zucker von der Alufolie
wegblasen. Die Meringuen im

geöffneten und nur lauwarmen Backrohr ca. 2 Stunden
trocknen lassen, ablösen und
vollständig erkalten lassen.
Schlagsahne steifschlagen.
Meringuen mit etwas Schlagsahne paarweise zusammen-
kleben.

## SCHOKOLADENTRÜFFEL

*Diese sehr nahrhafte Süßspei-
se präsentiert sich mit einer
eher harten Schale und einem
weichen Inneren. Statt Oran-*

Schokolade in Stücke schneiden, mit der Butter und der abgeriebenen Orangenschale in einen Topf geben und auf kleinster Schaltstufe zergehen lassen, aber nicht kochen.

Die Creme etwas abkühlen lassen, dann den Zucker und das Kirschwasser dazugeben. Nacheinander die Eigelb gut einrühren. Die Eiweiß zu festem Schnee schlagen und vorsichtig unter das Schokoladengemisch heben.

Backrohr auf 250°C vorheizen. Die Schokocreme in eine runde, mit gebuttertem Backpapier ausgelegte Form füllen und 15 Minuten backen. Backhitze auf 180°C reduzieren und nochmals 15 Minuten backen. Schokoladentrüffel erkalten lassen, aus der Form lösen und mindestens 24 Stunden lang im Kühlschrank aufbewahren. Kakao mit der weichen Butter verrühren und mit einem Spritzbeutel als Verzierung auf die Trüffel spritzen.

genschale kann man auch etwas Pfefferminzlikör in die Schokolade geben.

Zubereitungszeit *90 Minuten*
Schwierigkeitsgrad *leicht*
**Zutaten**
*400 g Blockschokolade (Bitterschokolade)*
*200 g Butter*
*abgeriebene Schale von*
*1 Orange (unbehandelt)*
*100 g Zucker*
*3 EL Kirschwasser*
*3 Eier*
*3 EL Kakao und 100 g Butter zum Verzieren*

## KAFFEECREME-BISKUIT-SPEISE

Zubereitungszeit *30 Minuten*
*+ Zeit für das Kühlstellen*
Schwierigkeitsgrad *sehr leicht*
**Zutaten**
*200 g Mandeln*
*200 g Butter*
*100 g Zucker*
*4 Eier*
*4 EL Puderzucker*
*2 Tassen sehr starker Kaffee*
*1 Glas (5 cl) Vin Santo*
*200 g Löffelbiskuits*

226

KAFFEECREME–BISKUIT–
SPEISE
■ Statt der Löffelbiskuits können auch andere trockene
Kekse oder in Streifen geschnittener Biskuit bzw. eine
andere Creme für dieses Rezept verwendet werden.

Mandeln kurz in kochendes Wasser legen, schälen, im Backrohr kurz rösten und mahlen.
Butter mit dem Zucker schaumig schlagen, dann die Eigelb einzeln einrühren. Ein Eiweiß zu Schnee schlagen, Puderzucker dazugeben und weiterschlagen, den festen Eischnee schließlich mit der Hälfte der gemahlenen Mandeln zur Buttercreme geben.
Kaffee mit Vin Santo mischen, Eierbiskuits kurz in die Mischung tauchen und den Boden einer Schüssel damit belegen. Darauf eine Schicht Creme füllen, nochmals eine Schicht Biskuits daraufgeben und mit Creme abschließen. Die restlichen Mandeln darüberstreuen und bis zum Anrichten einige Stunden in den Kühlschrank stellen.

## KAFFEE-CHARLOTTE

*Diese Charlotte ist einfach zuzubereiten. Mit Schlagsahnetupfen und einer Kaffeebohne in der Mitte sieht sie besonders dekorativ aus.*

Zubereitungszeit *2 Stunden*
Schwierigkeitsgrad *sehr leicht*
**Zutaten**
*1 l Milch*
*500 g Schlagsahne*
*2 Tassen sehr starker Kaffee*
*200 g Löffelbiskuits*
*100 g Makronen*
*3 Eier*
*1/2 Tasse Zucker*
*1 Msp. Salz*
*1 TL Mandelöl*

Milch und Schlagsahne in einem Topf erhitzen, aber nicht kochen. Die Löffelbiskuits und Makronen hineinbröseln. Topf von der Kochstelle nehmen.
Die Eier mit dem Zucker leicht verquirlen, Salz einrühren und die Eimasse in die Milch einrühren.
Masse in eine mit Mandelöl bestrichene Puddingform füllen und diese in eine 2 Finger hoch mit kochendem Wasser gefüllte Kuchenform stellen. In diesem Wasserbad ca. 1 1/2 Stunden im Rohr bei 180°C kochen.
Garprobe: wenn ein in die Charlotte gestecktes Holzstäbchen trocken herausgezogen wird, ist die Charlotte fertig. Herausnehmen, erkalten lassen, auf eine Platte stürzen und anrichten.

## MARSALA-CHARLOTTE

*Wenn man die Form sorgfältig mit Biskuit oder Löffelbiskuits auskleidet und die Charlotte lang genug kühlstellt, kann man sie auch stürzen.*

Zubereitungszeit *40 Minuten + Zeit für das Kühlstellen*
Schwierigkeitsgrad *sehr leicht*

**Zutaten**

*6 Eigelb von hartgekochten
Eiern
200 g Mascarpone
6 EL Zucker
1 EL Vanillinzucker
1 Gläschen (2 cl) Maraschino
1/4 l Marsala
1 halbe Menge Biskuit nach
Grundrezept S. 146
50 g Kakao*

Die Eigelb in einer Schüssel
mit der Gabel zerdrücken, den
auf Raumtemperatur gebrachten Mascarpone sowie Zucker
und Vanillinzucker dazugeben
und mit dem Maraschino zu
einer Creme verrühren.
Etwas Marsala in eine Glasform gießen. Biskuit in Scheiben schneiden, die Hälfte der
Scheiben in den Marsala legen
und mit Marsala beträufeln.
Die Hälfte der Creme daraufgeben und mit den übrigen, in
Marsala getauchten Biskuitscheiben zudecken. In die
zweite Hälfte der Creme den
Kakao einrühren, Creme auf
den Biskuit streichen und über
Nacht in den Kühlschrank stellen.

## QUARK-CHARLOTTE
## MIT KRÄUTERLIKÖR

*Strega ist ein typisch italienischer Kräuterlikör. Ersatzweise kann man Maraschino,
Mandellikör oder einen anderen Likör verwenden.*

Zubereitungszeit *20 Minuten
+ Zeit für das Kühlstellen*
Schwierigkeitsgrad *sehr leicht*

**Zutaten**

*400 g Magerquark
200 g Zucker
2 Gläschen (4 cl) Strega–Likör
2 TL Vanillezucker
50 g kandierte Früchte
100 g Blockschokolade
1 Biskuit nach Grundrezept
S. 146
100 g weiße Schokolade*

In einer Schüssel Quark mit
Zucker, 1 Gläschen Strega
und Vanillezucker glattrühren. Die Hälfte dieser Quarkmasse für später beiseitestellen. Feingeschnittene Kanditen und Schokoladestückchen
in die andere Hälfte einrühren.
Biskuit in Scheiben schneiden,
mit dem restlichen Likör benetzen, eine Suppenschüssel
damit auskleiden und abwechselnd Quarkcreme und Biskuit
aufeinanderschichten. Weiße
Schokolade auf die oberste
Schicht hobeln, Charlotte bis
zum Anrichten in den Kühlschrank stellen.

## SCHOKO-BIRNEN

Zubereitungszeit *30 Minuten*
Schwierigkeitsgrad *sehr leicht*
**Zutaten**
*6 Birnen
6 EL Himbeergelee
4 Eier
100 g Zucker
200 g Blockschokolade
1/2 l Milch
2 EL Puderzucker
frische Erdbeeren zum Garnieren*

228

Birnen schälen und in eine Kuchenform legen. Himbeergelee bei mäßiger Hitze flüssig rühren, 1 Löffel voll davon auf jede Birne gießen. Kuchenform ins Backrohr schieben und ca. 1/2 Stunde bei 180°C backen.

Inzwischen in einem kleinen Topf die Eigelb mit dem Zukker mit dem Schneebesen schaumig schlagen, die in einem Tiegel geschmolzene Schokolade und nach und nach die Milch einrühren.

Im Wasserbad die Creme eindicken lassen, dabei ständig rühren und nicht zum Kochen kommen lassen. Von der Kochstelle nehmen und erkalten lassen.

Eiweiß zu festem Schnee schlagen, mit dem Puderzukker weiterschlagen und vorsichtig unter die Schokoladencreme heben.

Die Birnen einzeln in die Creme eintauchen, bis sie vollständig damit überzogen sind. Wenn die Schokoladencreme fest geworden ist, die Schoko–Birnen auf einer Platte aufschichten und mit den Erdbeeren verzieren.

## MARONEN–SCHAUMCREME

*Glasierte Maronen gibt es im Feinkosthandel auch als Maronenbrösel zu kaufen. Ersatzweise die gleiche Menge Makronenbrösel verwenden.*

Zubereitungszeit *30 Minuten + Zeit für das Kühlstellen*
Schwierigkeitsgrad *sehr leicht*

**Zutaten**
*4 Eigelb*
*100 g Zucker*
*1 TL Speisestärke*
*1/2 l Milch*
*4 Blatt Gelatine*
*500 g Schlagsahne*
*200 g Maronenbrösel*
*8 ganze glasierte Maronen*

Die Eigelb in einem Topf mit dem Zucker hell-schaumig rühren. Speisestärke sowie nach und nach die heiße Milch dazugeben. Creme im Wasserbad erhitzen, aber nicht kochen. Inzwischen die Gelatine in kaltem Wasser einweichen. Creme von der Kochstelle nehmen, Gelatine ausdrücken und einrühren. Creme erkalten lassen, dabei gelegentlich umrühren. Die Hälfte der Schlagsahne schlagen, mit den Maronenbröseln vermischen und in die Creme einrühren. Eine hochwandige Form kalt ausspülen, die Creme einfüllen und mindestens 6 Stunden festwerden lassen. Schaumcreme stürzen und mit der restlichen, steifgeschlagenen Schlagsahne und den ganzen Maronen verzieren.

## SCHOKOLADENQUARK

*Dieses Dessert kann auch in eine kuppelförmige Form gefüllt und nach ein paar Stunden im Kühlschrank gestürzt serviert werden.*

Zubereitungszeit *20 Minuten*
Schwierigkeitsgrad *sehr leicht*
**Zutaten**
*400 g Magerquark*

3 EL Kakao
6 EL Zucker
1 Gläschen (2 cl) Likör nach
Wahl
100 g Makronen
250 g Schlagsahne
4 EL Puderzucker

Quark durch ein Sieb streichen und in einer Rührschüssel mit einem Holzlöffel glattrühren. Nach und nach Ka-
kao, Zucker, Likör und pulverfein gemahlene Makronen
dazugeben.
Schlagsahne steifschlagen und
den Puderzucker einrühren.
Schlagsahne vorsichtig unter
die Quarkmasse ziehen, vorher jedoch genug gezuckerte
Schlagsahne für eine Keks-
spritzenfüllung beiseitestellen. Schokoladenquark auf
einer Platte zur Kuppel formen, Oberfläche mit einer
Messerklinge glattstreichen.
Mit Schlagsahnerosetten aus
der Keksspritze verzieren und
in den Kühlschrank stellen.

## GRIESSPUDDING MIT HIMBEEREN

*Die frischen Himbeeren für
dieses Rezept kann man auch
durch Erdbeeren oder tiefgekühlte Himbeeren ersetzen.*

Zubereitungszeit *60 Minuten*
Schwierigkeitsgrad *leicht*
**Zutaten**
*1/2 l Milch*
*1 Glas Weißwein*
*1 Prise Salz*
*6 EL Grieß*
*abgeriebene Schale von 1 Zi-
trone (unbehandelt)*

100 g Zucker
400 g Himbeeren
2 Eiweiß

Milch mit Wein und Salz aufkochen. Grieß einstreuen, dabei ständig rühren, damit sich
keine Klümpchen bilden, und
ca. 20 Minuten kochen. Topf
von der Kochstelle nehmen,
Zitronenschale und die halbe
Zuckermenge dazugeben und
auskühlen lassen.
Inzwischen die Himbeeren
verlesen, mit dem restlichen
Zucker bestreuen und in den
Kühlschrank stellen. Die Eiweiß zu festem Schnee schlagen und unter den Grieß ziehen; die Hälfte der Himbeeren
durch ein Sieb passieren und
das Fruchtmark ebenfalls in
den Grieß einrühren. Das Gemisch in eine kalt ausgespülte
Form füllen und einige Stunden in den Kühlschrank stellen.

## ORANGEN-BROTPUDDING

*Auch für diese Süßspeise sollte
man festes, am besten altbak-
kenes Weißbrot verwenden.*

Zubereitungszeit *90 Minuten*
Schwierigkeitsgrad *sehr leicht*
**Zutaten**
*1/2 l Milch*
*200 g würfelig geschnittenes
Weißbrot*
*100 g Sultaninen*
*Saft von 2 Orangen*
*4 Eier*
*abgeriebene Schale von
1 Orange (unbehandelt)*
*100 g Zucker*

1 Prise Salz
1 nußgroßes Stück Butter
300 g Orangenmarmelade
1 Gläschen (2 cl) Rum
4 EL Wasser

Die Brotwürfel mit der lauwarmen Milch übergießen und ca. 10 Minuten ziehen lassen. Sultaninen in lauwarmem Wasser einweichen.
Orangensaft, ausgedrückte Sultaninen, die verquirlten Eier, Zucker und Salz zu den Brotwürfeln geben und alle Zutaten gut verrühren. Eine Form einfetten und das Gemisch einfüllen.
Form im Wasserbad in das Backrohr stellen und bei Mittelhitze ca. 1 Stunde kochen. Garprobe: Wenn ein in den Brotpudding hineingestecktes Holzstäbchen trocken herausgezogen werden kann, ist der Pudding fertig gekocht.
Orangenmarmelade mit dem Rum und Wasser kurz aufkochen und mit einem Holzlöffel glattrühren. Pudding auf eine Platte stürzen, die heiße Sauce darübergießen und sofort servieren.

## GEFÜLLTE BAISERTORTE

*Damit die Baiserscheiben gelingen, spritzt man am besten mit einer Keksspritze die Baisermasse von innen nach außen in konzentrischen Kreisen auf das Blech und streicht die Oberfläche mit einer nassen Messerklinge gleichmäßig dick und glatt.*

Zubereitungszeit *2 Stunden*
Schwierigkeitsgrad *mittel*
**Zutaten**
*7 Eiweiß*
*300 g Puderzucker*
*1 Prise Salz*
*4 Tropfen Zitronensaft*
*6 Walnüsse*
*250 g Erdbeeren*
*500 g Schlagsahne*
*50 g Zucker*
*60 g Biskuit nach Grundrezept S. 146*
*1 Gläschen (2 cl) Brandy*

Die Eiweiß gut gekühlt in eine Schüssel geben. Zuerst kurze Zeit langsam schlagen, nach und nach Puderzucker, Salz und 4 Tropfen Zitronensaft dazugeben. Dann das Eiweiß zu schnittfestem Schnee schlagen.
Backblech mit Backpapier belegen, darauf 2 Baiserscheiben von je 20 cm Durchmesser spritzen und bei höchstens 60°C im Backrohr trocknen lassen.
Die Walnüsse knacken und die Kerne hacken. Erdbeeren waschen und gut trocknen lassen. Schlagsahne mit dem Zucker steifschlagen. Auf eine Kuchenplatte eine Baiserscheibe legen, mit der Hälfte der Schlagsahne bestreichen. Die Hälfte der Erdbeeren, die gehackten Nüsse und den zerkrümelten, mit Brandy befeuchteten Biskuit darauf verteilen. Die zweite Baiserscheibe darauflegen. Torte sowohl oben als auch am Rand vollständig mit Schlagsahne bedecken. Bis zum Anrichten ca. 2 Stunden in den Kühlschrank stellen.

## REISPUDDING

*Wer das Stürzen scheut, kann diesen Pudding auch in einer Glasschüssel servieren.*

Zubereitungszeit *60 Minuten + Zeit für das Kühlstellen*
Schwierigkeitsgrad *sehr leicht*
**Zutaten**
*200 g Milchreis (Rundkornreis)*
*1 Prise Salz*
*100 g Zucker*
*1 l Milch*
*100 g Butter*
*4 Gewürznelken*
*100 g Rosinen*
*50 g Erdnüsse*
*50 g Mandeln, geschält*
*50 g Pistazien, geschält*
*Saft von 1 Zitrone*

Um eine Orangencreme zuzubereiten, schmilzt man in einem Topf den Zucker mit dem Orangensaft. Topf von der Kochstelle nehmen, Eigelb dazugeben und so lange rühren, bis das Gemisch dick wird. Vollständig erkalten lassen und die Schlagsahne vorsichtig unterheben. Diese Creme wird zu Puddings gereicht, die in einer hochwandigen Schüssel aus der Form gestürzt serviert werden.

**Zutaten** für 5 kleine Puddings
15 g Gelatine
1 Glas warmes Wasser
2 Eigelb
50 g Zucker
300 ml Milch
1 Gläschen (2 cl) Grand Marnier
2 Eiweiß

Für die Orangencreme
100 g Zucker
100 ml Orangensaft
2 Eigelb
200 g Schlagsahne, geschlagen

Gelatine in warmes Wasser legen, damit sie weich wird.

Die Eigelb mit dem Zucker schaumig schlagen. Milch nach und nach unter Rühren zugießen.

Ausgedrückte Gelatine und Likör einrühren.

Alles ins Wasserbad stellen.

Eiweiß zu steifem Schnee schlagen.

Eischnee vorsichtig unter die Creme ziehen, dabei von unten nach oben rühren.

Creme in die Förmchen verteilen und fest werden lassen.

Orangencreme nach Anleitung (oben) zubereiten, in eine hochwandige Servierschüssel gießen, in die bereits die Förmchen gestürzt wurden, und anrichten.

Den Reis in kochendes Salzwasser einstreuen und ca. 5 Minuten kochen. Abgießen und beiseitestellen.

Zucker, Milch und Reis in einen Topf geben und kochen lassen, bis die Flüssigkeit vollständig aufgesaugt ist. Die Butter und die zerstoßenen Nelken dazugeben und 1 Minute auf kleiner Hitze kochen lassen.

Inzwischen die Rosinen in lauwarmem Wasser einweichen. Abtropfen, Rosinen in den Reis einrühren. Auch die geschälten und gehackten Erdnüsse, Mandeln und Pistazien sowie den Zitronensaft dazugeben und nochmals ein paar Minuten kochen. Topf vom Feuer nehmen, mit einem Deckel zudecken und eine Weile stehen lassen. Reis in eine kalt ausgespülte Rührschüssel füllen, etwas zusammendrücken und einige Stunden im Kühlschrank kalt stellen. Zum Anrichten auf eine Platte stürzen.

## ZITRONENREIS MIT FRUCHTCREME

*Diese Süßspeise wird heiß serviert. Unbedingt unbehandelte Zitrone verwenden, sonst wird der Reis bitter.*

*Zubereitungszeit 90 Minuten*
*Schwierigkeitsgrad leicht*
**Zutaten**
*200 g Milchreis (Rundkornreis)*
*Salz*
*1 l Milch*
*1 Stückchen Vanilleschote*

*4 Eier*
*1 Tasse Zucker*
*1 Zitrone (unbehandelt)*
*1 EL Butter + 1 nußgroßes Stück Butter für das Einfetten der Form*
*2 Pfirsiche*
*2 Birnen*

Reis in kochendes, leicht gesalzenes Wasser einstreuen und 5 Minuten kochen lassen, abgießen und mit der Milch und dem Stück Vanilleschote nochmals aufstellen. 20 Minuten kochen lassen. Vanille herausnehmen.

Die Eigelb in einer Rührschüssel mit der Hälfte des Zuckers hell-schaumig schlagen.

In einem Topf mit Wasser die Zitrone samt Schale weichkochen. Abgießen und ganz durch ein Sieb passieren. In den Reis das Fruchtmark der Zitrone, die Eigelb, 1 EL Butter und schließlich die zu festem Schnee geschlagenen Eiweiß einrühren.

Mit dem nußgroßen Stück Butter eine Ringform (Ø 22 cm) buttern. Reisgemisch einfüllen, im Wasserbad ins Rohr stellen und bei 180°C ca. 1 Stunde kochen. Inzwischen die Früchte schälen, in Stücke schneiden und mit dem restlichen Zucker bei geringer Hitze ca. 10 Minuten kochen lassen, dann durch ein Sieb passieren. Reis auf eine Platte stürzen, in die Mittelöffnung das Fruchtmark einfüllen und anrichten.

233

APFEL-CHARLOTTE, FLAM-
BIERT
■ *Flambierte Desserts sind
immer ein Ereignis. Der Alkohol läßt sich nur dann problemlos anzünden, wenn er
vorher stark erhitzt und noch
sehr heiß über das Dessert
gegossen wurde.*

## APFEL-CHARLOTTE, FLAMBIERT

Zubereitungszeit *90 Minuten*
Schwierigkeitsgrad *sehr leicht*
**Zutaten**
*100 g Rosinen
6 Äpfel
100 g Zucker
1/2 Glas Weißwein
1/4 l Milch
12 dünn geschnittene Weißbrotscheiben
2 EL Butter + 1 nußgroßes
Stück zum Einfetten der
Form
100 ml Rum
100 g Pinienkerne (Pignoli)*

Rosinen in lauwarmem Was-
ser einweichen. Äpfel schälen,
Kerngehäuse entfernen; Äpfel
in Scheiben schneiden, in
einen Topf geben, mit der
Hälfte des Zuckers bestreuen,
1/2 Glas Weißwein und 1 Glas
Wasser zugießen und bei mäßiger Hitze ca. 15 Minuten
weichkochen. Abgießen und
beiseitestellen.
Die Milch in die Kochflüssigkeit gießen. In dieses Gemisch
kurz die in ca. 2 cm breite
Streifen geschnittenen Brotscheiben eintauchen. Eine
Charlottenform mit dem nußgroßen Stück Butter einfetten
und mit einem Teil der Brotscheiben auskleiden. Restliche Butter in einem Tiegel zerlassen, aber nicht braun werden lassen, den restlichen
Zucker und die Hälfte des
Rums hineingeben. Einen Teil
dieser Flüssigkeit auf die Brotscheiben träufeln, eine Schicht
Äpfel daraufgeben, ein wenig
Rosinen und Pinienkerne dar-

überstreuen. Wieder eine
Brotschicht daraufgeben, mit
der zerlassenen Butter beträufeln usw., bis die Zutaten aufgebraucht sind. Charlotte
obenauf mit Brotscheiben zudecken und fest in die Form
drücken. Im vorgeheizten
Backrohr bei 180°C ca. 1 Stunde im Wasserbad kochen.
Charlotte aus dem Rohr nehmen und einige Minuten in der
Form auskühlen lassen. Auf
eine vorgewärmte Platte stürzen. Den restlichen Rum heiß
machen, über die Charlotte
gießen und mit einem Streichholz entzünden.

## ZWEIFARBIGER PUDDING

*Dieser Pudding ist sehr
schmackhaft, aber auch nahrhaft und paßt daher zu einem
leichten Hauptgericht.*

Zubereitungszeit *2 Stunden
+ Zeit für das Kühlstellen*
Schwierigkeitsgrad *sehr leicht*
**Zutaten**
*600 g Kastanien
Salz
1/2 l Milch
100 g Zucker
200 g Magerquark
1 EL Pulverkaffee
3 EL Kakao
2 EL beliebiger Likör*

Kastanien schälen und in
leicht gesalzenem Wasser
weichkochen. Abtropfen lassen und auch die Innenschale
entfernen. Mit der Milch und
der halben Zuckermenge in
einen Topf geben, aufkochen

und etwa 10 Minuten kochen,
dabei mit einer Gabel die Kastanien leicht zerdrücken, damit sie die ganze Milch aufsaugen. Alles durch ein Sieb streichen. Falls das Kastanienpüree noch sehr flüssig ist, noch
einmal in einem Topf erhitzen,
damit es trocknet.
Eine Puddingform (Ø 26 cm)
mit Backpapier auslegen und
das Kastanienpüree hineindrücken, Oberfläche glattstreichen.
In einer Schüssel den Quark
mit dem Kaffee, Kakao, restlichen Zucker und Likör vermengen und glattrühren.
Quarkgemisch auf das Kastanienpüree in die Form füllen,
fest hineindrücken, damit keine Zwischenräume bleiben,
und die Oberfläche glattstreichen. Mit Backpapier zudekken und die Form mindestens
6 Stunden in den Kühlschrank
stellen. Zum Anrichten den
Pudding auf eine Platte stürzen.

## ERDBEER-CHARLOTTE

*Diese sehr leichte Charlotte
kann durch Verwendung von
mehr Schlagsahne oder
Sabayon gehaltvoller gemacht
werden.*

Zubereitungszeit *20 Minuten
+ Zeit für das Ziehen der
Erdbeeren und für das Kühlstellen*
Schwierigkeitsgrad *sehr leicht*
**Zutaten**
*500 g Erdbeeren
4 EL Zucker
1 Gläschen (2 cl) Kirschwasser oder anderer Branntwein
1 Glas Weißwein
1 Glas Orangensaft
300 g Löffelbiskuits
250 g Schlagsahne*

Erdbeeren putzen, waschen und in Stücke schneiden. In eine Schüssel geben und einzuckern. Kirschwasser, Weißwein und Orangensaft mischen und über die Erdbeeren gießen. Zwei Stunden ziehen lassen. Saft abgießen und die Biskuits kurz hineintauchen. Den Boden einer Charlottenform (Ø 24 cm) mit einer Schicht Biskuits auslegen, abwechselnd Erdbeeren, Biskuits, Erdbeeren usw. daraufschichten und obenauf mit einer Schicht Biskuits abschließen. Form mindestens 3 Stunden in den Kühlschrank stellen. Charlotte stürzen und mit der Schlagsahne aus der gezackten Tülle des Spritzbeutels verzieren.

## RHABARBER– CHARLOTTE

*Die säuerlich schmeckenden Rhabarberstengel werden im Frühsommer geerntet und ohne die Blätter verwendet.*

Zubereitungszeit
*90 Minuten*
Schwierigkeitsgrad
*sehr leicht*
**Zutaten**
*1 kg Rhabarber*
*300 g Zucker*
*50 g Butter + 1 EL Butter*
*zum Einfetten*
*200 g dünne Weißbrotscheiben (Kastenbrot)*
*1/4 l Milch*

Rhabarberblätter entfernen, Stiele schälen, waschen, trocknen und in Stücke schneiden.

Mit dem Zucker und ein wenig Butter in einen Topf geben und 20 Minuten auf kleiner Schaltstufe kochen lassen.
Eine Charlottenform mit Butter einfetten. Das Kastenbrot in dünne Scheiben schneiden, Krusten wegschneiden und kurz in die Milch tunken (nur gerade eben befeuchten).
Restliche Butter in einem Tiegel zerlassen, aber nicht brutzeln lassen. Charlottenform mit Weißbrotscheiben auskleiden und diese mit ein wenig zerlassener Butter beträufeln. Rhabarber einfüllen, mit den restlichen Brotscheiben zudecken und diese mit der restlichen Butter beträufeln.
Form im Backrohr bei 180°C ca. 1 Stunde backen. Beim Herausnehmen muß das Brot goldgelb und knusprig sein.
Form aus dem Rohr nehmen und einige Minuten auskühlen lassen. Charlotte auf eine Platte stürzen und heiß servieren.

## KAFFEE-CHARLOTTE

*Eine mit Gelatine gesteifte Charlotte, die dadurch die Form vollendet behält.*

Zubereitungszeit *20 Minuten + Zeit für das Kühlstellen*
Schwierigkeitsgrad *sehr leicht*
**Zutaten**
*6 Blatt Gelatine*
*100 ml sehr starker Kaffee*
*100 ml Milch*
*100 g Zucker*

*150 g Löffelbiskuits*
*3 Eiweiß*
*250 g Schlagsahne*

Gelatine in kaltem Wasser einweichen. Kaffee und Milch zusammen erhitzen, ausgedrückte Gelatine hineingeben und so lange rühren, bis sie sich vollständig aufgelöst hat. Drei Viertel des Zuckers einrühren und ein wenig abkühlen lassen. Die Löffelbiskuits rasch eintauchen und eine Schüssel damit auskleiden.
Die Eiweiß zu Schnee schlagen, restlichen Zucker dazugeben und weiterschlagen. In einem anderen Gefäß auch die Schlagsahne steifschlagen. Kaffeegemisch, Eischnee und Schlagsahne vermengen und in die Schüssel füllen. Mindestens 2 Stunden in den Kühlschrank stellen, bis die Gelatine festgeworden ist. Charlotte auf eine Platte stürzen und mit Schlagsahnetupfen garnieren.

## REISPUDDING MIT KIRSCHEN

*Die Mittelöffnung dieses ringförmigen Puddings kann man mit Kirschkompott oder einer Sauce aus warm gerührter Kirschkonfitüre und etwas Likör füllen.*

Zubereitungszeit *90 Minuten*
Schwierigkeitsgrad *sehr leicht*
**Zutaten**
*200 g Milchreis (Rundkornreis)*
*1 l Milch*
*1 Vanilleschote*
*200 g Zucker*
*500 g entkernte Kirschen*
*3 Eier und 1 Eigelb*
*1 Prise Salz*
*1 nußgroßes Stück Butter*

Reis 5 Minuten in Wasser kochen, abgießen und in die kochende Milch geben. Vanilleschote dazugeben und kochen, bis der Reis die Flüssigkeit vollständig aufgenommen hat. Die Hälfte des Zuckers einrühren, Vanille herausnehmen und auskühlen lassen.
In einem Topf die entkernten Kirschen mit dem restlichen Zucker und 1/2 Glas Wasser 10 Minuten kochen. Die ganzen Eier und das Eigelb verquirlen und mit dem Salz in den Reis einrühren. Eine Ringform buttern und abwechselnd eine Schicht Reis, eine Schicht Kirschen usw. einfüllen, mit Reis abschließen. Form im Wasserbad ins Backrohr stellen und bei 180°C ca. 1 Stunde kochen. Erkalten lassen und stürzen.

## GRIESSPUDDING MIT BANANEN

*Damit der Grieß während des Kochens keine Klümpchen bilden kann, muß man ihn rasch mit einem Holzlöffel oder Schneebesen einrühren.*

Zubereitungszeit *90 Minuten*
Schwierigkeitsgrad *leicht*
**Zutaten**
*1 l Milch*

*1 Prise Salz*
*200 g Weizengrieß*
*50 g Butter*
*100 g Zucker*
*abgeriebene Schale von 1 Zitrone (unbehandelt)*
*4 Eier*
*2 Bananen*
*Saft von 1/2 Zitrone (unbehandelt)*
*1 EL Semmelbrösel*

Milch mit Salz aufkochen, den Grieß einstreuen und unter ständigem Rühren 20 Minuten kochen lassen. Topf von der Kochstelle nehmen, fast die ganze Butter und den Zucker einrühren. Zitronensaft dazugeben, gut umrühren und Grieß etwas abkühlen lassen. Eier verquirlen und nacheinander gründlich einrühren.
Die Bananen in Scheiben schneiden und mit dem Saft einer halben Zitrone beträufeln. Mit der restlichen Butter eine glattwandige Puddingform buttern und mit den Semmelbröseln bestreuen. Den Boden der Form mit einer Schicht Grieß bedecken, dann abwechselnd Bananen und Grieß aufeinanderschichten und mit Grieß aufhören. Im Wasserbad ins vorgeheizte Backrohr schieben und 1 Stunde bei 180°C kochen.

## HIMBEER-QUARKSPEISE

Zubereitungszeit *20 Minuten*
Schwierigkeitsgrad *sehr leicht*
**Zutaten**
*500 g Himbeeren*

*250 g Schlagsahne*
*100 g Zucker*
*200 g Sahnequark*

100 g Himbeeren beiseitestellen. Die restlichen Himbeeren durch ein Sieb streichen. Schlagsahne steifschlagen, sodann den Zucker und das Himbeermark sowie den Sahnequark einrühren. Den Himbeerschaum in eine Schüssel gießen und diese einige Stunden in den Kühlschrank stellen. Mit den 100 g Himbeeren verzieren und anrichten.

## ERDBEER-CRÊPES

Zubereitungszeit *30 Minuten*
Schwierigkeitsgrad *sehr leicht*
**Zutaten**
*125 g Mehl*
*2 EL Zucker*
*1 Prise Salz*
*3 ganze Eier*
*1/4 l Milch*
*100 g Butter*
*20 Erdbeeren*

Mehl in eine Rührschüssel sieben, mit dem Zucker und Salz vermischen und unter ständigem Rühren nach und nach die Eier und die Milch dazugeben, bis ein dickflüssiger Teig entsteht.
Von der Butter ein gut nußgroßes Stück wegstellen, die übrige Butter zerlassen und etwas abkühlen lassen.
Lauwarme Butter in den Teig einrühren. Nußgroßes Butterstück in eine Serviette einschlagen, die Zipfel zubinden und damit den Boden einer Pfanne (Ø 16 cm) einfetten.

Pfanne auf der Kochstelle erhitzen, 3 EL Teig hineingeben und nach allen Richtungen zu einer dünnen Teigschicht zerlaufen lassen. Crêpe zuerst auf der einen, dann auf der anderen Seite goldgelb backen, auf einen Teller gleiten lassen und die anderen Crêpes ebenso backen.
Die Erdbeeren vierteln, auf den Crêpes verteilen und diese zusammenrollen. Eine feuerfeste Form buttern, Crêpes nebeneinander hineinlegen und bei 220°C ins Backrohr schieben. Nach ein paar Minuten herausnehmen und servieren.

## FALSCHE SPIEGELEIER

*Dieses Dessert ist ein passender Abschluß für eine ländliche Mahlzeit.*

Zubereitungszeit *30 Minuten*
Schwierigkeitsgrad *sehr leicht*
**Zutaten**
*6 EL Zucker*
*1/2 Glas Wasser*
*6 große, reife Aprikosen*
*Schale von 1 Zitrone*
*300 g Mascarpone (Sahnequark)*
*2 EL Butter*
*6 Toastbrotscheiben*

Zucker mit Wasser in einem Topf auflösen, aufgeschnittene und entkernte Aprikosen dazugeben und 5 Minuten wallend kochen lassen. Aprikosen abtropfen lassen, Zitronenschale in den Sirup geben und diesen noch etwas einkochen. Zitronenschale herausnehmen, Mascarpone (Sahne-

ERDBEER-CRÊPES
■ *Crêpes gibt es in unzähli-
gen Varianten, doch die Erdbeer-Crêpes gehören wohl zu
den beliebtesten. Man kann
die Crêpes mit Quark oder
einer dünnen Konfitüreschicht
bestreichen, bevor man sie
mit den Erdbeeren füllt.*

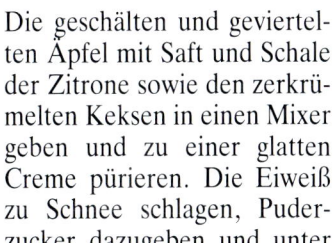

quark) mit dem Sirup glattrühren und in eine Keksspritze
füllen.

Die Brotscheiben in der Butter anrösten und etwas abkühlen lassen. Auf jede Scheibe
einen Strang Mascarponecreme spritzen. In die Mitte zwei
mit Mascarpone zusammen-
geklebte Aprikosenhälften legen und so servieren.

## TROCKEN-
## FRÜCHTE

Trockenfrüchte werden
meist an der Sonne oder in
speziellen Öfen bei niedri-
ger Temperatur getrocknet.
Sie haben einen hohen Zuk-
kergehalt und sind sehr
nahrhaft. In Alkohol (Grappa, Brandy oder Rum) ein-
gelegte Trockenfrüchte werden gerne als Abschluß
eines Essens gereicht.

## APFELSCHAUM

*Eine Schaumcreme aus Äpfeln
und Keksbröseln, die schnell
zubereitet ist und in letzter Minute gezaubert werden kann.*

Zubereitungszeit *10 Minuten*
Schwierigkeitsgrad *sehr leicht*
**Zutaten**
*6 Äpfel*
*abgeriebene Schale und Saft
von 1 Zitrone (unbehandelt)*
*150 g trockene Kekse*
*4 Eiweiß*
*50 g Puderzucker*
*1 TL Zimt, gemahlen*

Die geschälten und geviertel-
ten Äpfel mit Saft und Schale
der Zitrone sowie den zerkrümelten Keksen in einen Mixer
geben und zu einer glatten
Creme pürieren. Die Eiweiß
zu Schnee schlagen, Puderzucker dazugeben und unter
die Apfelcreme ziehen, mit
Zimt bestreuen. Apfelschaum
in eine Schüssel füllen und in
den Kühlschrank stellen.

## SCHOKO-
## BROTPUDDING

*Wenn man diesen Pudding lie-
ber knusprig überbacken haben will, nicht ins Wasserbad
stellen und bei etwas weniger
Hitze backen.*

Zubereitungszeit *60 Minuten*
Schwierigkeitsgrad *sehr leicht*
**Zutaten**
*200 g Blockschokolade (zart-
bitter)*
*1/4 l Milch*
*200 g Weißbrot ohne Kruste,
zerkleinert*
*2 EL Butter*
*100 g Zucker*
*abgeriebene Schale von 1
Orange (unbehandelt)*
*1 Prise Salz*
*4 Eier*

Schokolade in Stückc brechen
und mit der Milch in einen
Topf geben. Bei mäßiger Hitze schmelzen lassen und gut
mit der Milch verrühren.
Kleingeschnittenes Weißbrot,
Butter, Zucker, abgeriebene
Orangenschale und Salz hineingeben. Das Gemisch von
der Kochstelle nehmen und

die vorher mit der Gabel verschlagenen Eigelb einrühren. Vollständig auskühlen lassen. Eiweiß zu festem Schnee schlagen, vorsichtig unter die Masse heben und diese in eine gebutterte Form füllen. Im Wasserbad ins Backrohr stellen und ca. 45 Minuten bei 200°C kochen. Aus der Form stürzen und heiß servieren.

## OBSTSOUFFLÉ

*Ein sehr einfaches Soufflé, das problemlos gelingt, wenn die durchpassierte Fruchtmasse nicht zu wäßrig ist.*

Zubereitungszeit *60 Minuten*
Schwierigkeitsgrad *sehr leicht*
**Zutaten**
*3 Birnen*
*3 Äpfel*
*1 Stückchen Zitronenschale (unbehandelt)*
*100 g Zucker*
*200 g Gartenerdbeeren*
*4 Eiweiß*
*1 nußgroßes Stück Butter*
*1 EL Vanillezucker*

Birnen und Äpfel schälen, in Scheiben schneiden und mit der Zitronenschale, der Hälfte des Zuckers und ganz wenig Wasser weichkochen. Früchte durch ein Sieb passieren. Erdbeeren waschen, trockentupfen, durch ein Sieb streichen und zu den anderen Früchten geben. Die zu Schnee geschlagenen Eiweiß darunterziehen. Eine tiefe, feuerfeste Form buttern, mit dem restlichen Zucker bestreuen und die Fruchtmasse einfüllen.

Das Soufflé im Backrohr ca. 40 Minuten bei 200°C backen. Mit Vanillezucker bestreuen und servieren, bevor es zusammenfällt.

## ZITRONAT-SOUFFLÉ

*Wenn es außen goldgelb und innen noch ganz weich ist, ist das Soufflé genau richtig.*

Zubereitungszeit *60 Minuten*
Schwierigkeitsgrad *leicht*
**Zutaten**
*100 g Rosinen*
*1/2 l Milch*
*1 Stückchen Vanilleschote*
*6 Eier*
*50 g Mehl*
*100 g Zucker*
*80 g Butter + 1 EL Butter für die Form*
*100 g Zitronat*

Rosinen in lauwarmem Wasser einweichen. Milch mit der Vanilleschote in einem Topf erhitzen. In einem zweiten Topf 4 ganze Eier, Mehl und Zucker verrühren, nach und nach die Milch zugießen und im Wasserbad erhitzen, bis die Creme zwei Minuten gekocht hat, dann etwas abkühlen lassen. Die zerlassene Butter und nacheinander die Eigelb der restlichen Eier gründlich einrühren.
Rosinen abgießen und mit dem feinwürfelig geschnittenen Zitronat in die Creme einrühren. Vanilleschote herausnehmen. Die Eiweiß zu Schnee schlagen und vorsichtig unterziehen. Eine feuerfeste Form buttern, Creme ein-

füllen und ca. 1/2 Stunde im Backrohr bei 200°C backen.

## ZIBEBEN-PUDDING

*Zibeben sind eine besonders süße Rosinenart, heute nicht ganz leicht zu finden. Notfalls durch Rosinen ersetzen.*

Zubereitungszeit *90 Minuten*
Schwierigkeitsgrad *leicht*
**Zutaten**
*100 g geschälte Haselnüsse*
*100 g geschälte Mandeln*
*1 l Milch*
*1 Prise Salz*
*200 g Grieß*
*100 g Zucker*
*4 Eier*
*etwas abgeriebene Zitronenschale (unbehandelt)*
*100 g Zibeben*
*1 EL Mandelöl*

Haselnüsse und Mandeln im heißen Backrohr trockenrösten. Etwas auskühlen lassen und fein mahlen, vorher an den Maschen eines Siebes die braune Schale abreiben.
Die Milch in einem Topf mit dem Salz aufkochen. Grieß einstreuen und gut verrühren, damit sich keine Klumpen bilden. Zucker dazugeben und bei kleiner Hitze ca. 20 Minuten kochen, dabei oft umrühren. Topf von der Kochstelle nehmen.
Eiweiß in einer Schüssel zu Schnee schlagen. Sobald der Grieß etwas abgekühlt ist, die Eigelb, gemahlenen Haselnüsse und Mandeln, abgeriebene Zitronenschale, Zibeben und den Eischnee einrühren. Gut

durchmischen und in eine mit Mandelöl bestrichene Form gießen. Form im Wasserbad in das Rohr stellen, ca. 1 Stunde bei 180°C kochen, etwas auskühlen lassen und auf eine Platte stürzen.

## SCHOKOCREME MIT RUM

Zubereitungszeit *30 Minuten + Zeit für das Kaltstellen*
Schwierigkeitsgrad *sehr leicht*
**Zutaten**
*200 g Bitterschokolade
4 Eier
4 EL Zucker
1 EL Pulverkaffee
3 TL Rum
250 g Schlagsahne*

Schokolade reiben und im Wasserbad schmelzen. Die Eigelb einzeln einrühren, ohne die Schokocreme zum Kochen kommen zu lassen, dann den Zucker. Auskühlen lassen, die übrigen Zutaten bis auf die Schlagsahne dazugeben und zuletzt die zu festem Schnee geschlagenen Eiweiß unterziehen. Creme in 6 Portionsschalen füllen und einige Stunden in den Kühlschrank stellen. Vor dem Servieren nach Belieben mit Schlagsahne verzieren.

M an sagt, daß das erste Fruchtdessert Alexander dem Großen aufgetischt wurde, als er erschöpft und staubbedeckt von einem seiner zahlreichen Feldzüge heimkehrte. Es bestand aus frischen, in Stückchen geschnittenen Früchten, die mit Weißwein und Nelken gewürzt waren. In vielen Sprachen Europas ist dieser Obstsalat noch heute nach dem Herrscher Mazedoniens benannt.
Seither sind unzählige Fruchtdesserts entstanden, die nicht nur durch ihren Anblick das Auge erfreuen, sondern auch reich an Vitaminen und Mineralsalzen sind und gegenüber anderen Süßspeisen den Vorteil haben, daß sie Gaumenfreuden ohne Reue bieten.

## BIRNEN-TRAUBEN-KOMPOTT

*Man kann Birnen auch in Rotwein mit einer Nelke kochen und mit Zimt würzen.*

Zubereitungszeit *45 Minuten*
Schwierigkeitsgrad *sehr leicht*

**Zutaten**
*6 Birnen*
*1 Glas Weißwein*
*1 EL Zitronensaft*
*100 g Zucker*
*1 Weintraube von ca. 300 g*
*1/2 Glas Brandy*
*100 g Traubengelee*

Birnen halbieren, Kerngehäuse entfernen. Weißwein und Zitronensaft in eine feuerfeste Form gießen, Birnenhälften mit der Schnittseite nach unten hineinlegen, mit Zucker bestreuen und im Backrohr bei 180°C ca. 20 Minuten kochen.
Weintrauben halbieren, entkernen und auf die Birnen legen. Brandy mit dem erhitzten, flüssiggemachten Traubengelee mischen, über die Früchte gießen, Form auf eine Platte stellen und sofort servieren.

## BANANENSOUFFLÉ

*Statt Bananen kann man auch das kleingeschnittene und durchpassierte Fruchtfleisch einer Melone zu den bereits gekochten Äpfeln geben.*

Zubereitungszeit *30 Minuten*
Schwierigkeitsgrad *sehr leicht*

□ *Die Grundlage für Rezepte mit Früchten ist Obst. Geschmack und Duft, Pflanzen und Erntezeit der verschiedenen Frucht- und Beerenarten kennt fast jeder, es gibt also keine Geheimnisse in diesem Bereich. Gerade deswegen hat das Obst die Köche immer wieder zu neuen Kreationen und originellen Variationen des Themas herausgefordert. Wenn zum Beispiel ein gelber Pfirsich Ende August sagt: "Ich möchte wirklich wissen, ob du mir noch irgendwas Neues entlocken kannst", dann wird das ein spannendes und nicht ganz leichtes Unterfangen. Souverän löste diese Aufgabe George Auguste Escoffier, der 1893 zu Ehren der weltberühmten Sopranistin Nelly Melba den "Pfirsich Melba" erfand. Wer sich im Kielwasser des französischen Meisterkochs an ein Rezept für ein Fruchtdessert klammert, sei gewarnt: Obst besteht nämlich zu einem großen Teil aus Wasser, der Kochvorgang muß daher sorgfältig überwacht werden, denn die Kochzeit schwankt nicht nur von Art zu Art, sondern auch bei Früchten der gleichen Sorte.*

□ *Für viele köstliche Desserts braucht man Früchte – und sonst gar nichts. Allerdings müssen sie frisch, vollreif und unbeschädigt sein. Am saftigsten sind sie natürlich zur jeweiligen Erntezeit. Außerhalb ihrer "Saison" ist ihr Geschmack weniger ausgeprägt.*

□ *Für feine Desserts muß das Obst fast ausnahmslos geschält werden. Dies erledigt man entweder mit einem sehr scharfen Messer oder den geeigneten Werkzeugen direkt an der frischen Frucht, oder man blanchiert sie – wie z.B. Pfirsiche, Aprikosen oder Pflaumen – durch kurzes Einlegen in kochendes Wasser. Die Schale läßt sich dann leicht abziehen. Falls ungeschältes Obst verwendet wird, vorher in viel Wasser gründlich waschen, um jede Spur eventuell verwendeter Pflanzenschutzmittel zu entfernen.*

**Zutaten**
*6 Bananen*
*2 Äpfel*
*6 EL Zucker*
*250 g Schlagsahne*
*1 Ei*
*1 EL Butter*

Bananen längs halbieren, vorsichtig aushöhlen und das Fruchtfleisch durch ein Sieb streichen. Schalen aufbewahren.
Äpfel schälen, in Scheiben schneiden, mit ganz wenig Wasser und dem Zucker weichkochen und durchpassieren. Fruchtmark kurz erhitzen und trocknen, auskühlen lassen und zum Bananenbrei geben. Ein Drittel der Schlagsahne steifschlagen und einrühren, dann das Eigelb, die Butter und schließlich das zu Schnee geschlagene Eiweiß.
Das Gemisch aus einer Keksspritze mit gezackter Tülle in die Bananenschalen füllen und diese in eine feuerfeste Form legen. Bei 180°C ca. 20 Minuten backen. Die restliche Schlagsahne flüssig in einem Kännchen dazu reichen.

244

APFELSPEISE MIT BAISER-
HAUBE
■ Statt der Äpfel kann man
auch Birnen nehmen. Sie dürfen aber nicht zu wäßrig sein,
sonst werden sie beim Ko-
chen zu weich.

# APFELSPEISE MIT BAISERHAUBE

Zubereitungszeit *45 Minuten*
Schwierigkeitsgrad *sehr leicht*
**Zutaten**
*8 Äpfel (Golden Delicious)*
*20 g + 1 nußgroßes Stück*
*Butter*
*150 g Zucker*
*abgeriebene Schale von*
*1 Orange (unbehandelt)*
*5 cl Cointreau*
*6 EL Aprikosenkonfitüre*
*1 Vanilleschote*
*2 Eiweiß*

Äpfel schälen, Kerngehäuse
entfernen. 4 Äpfel in kleine
Stücke schneiden und 2 Äpfel
achteln. Apfelstückchen mit
20 g Butter, 3 EL Zucker, der
abgeriebenen Orangenschale
und dem Cointreau in einen
Topf geben und kochen, bis sie
zerfallen. Topf von der Kochstelle nehmen, Konfitüre einrühren und erkalten lassen.
In einem Topf ein wenig Wasser mit 50 g Zucker und der
Vanilleschote erhitzen. Wenn
der Zucker geschmolzen ist,
die geachtelten Äpfel hineinlegen und im Sirup kochen, bis
sie weich, aber noch bißfest
sind. Eine feuerfeste Form mit
dem nußgroßen Stück Butter
einfetten, eine Schicht zer-
kochte und darüber eine
Schicht geachtelte Äpfel hineingeben. Die Eiweiß zu festem Schnee schlagen, den
restlichen Zucker einrühren
und den Eischnee auf die Äpfel verteilen. Bei 180°C im
Backrohr backen, bis die
Oberfläche trocken und zart
gebräunt ist (ca. 20 Minuten).

# BIRNEN MIT MAKRONEN

*Makronen sind Kekse, für die*
*süße und bittere Mandeln ver-*
*wendet werden. Süße Mandeln*
*wachsen auf Bäumen mit wei-*
*ßen Blüten, Bittermandel-*
*bäumchen blühen rosa.*

Zubereitungszeit *30 Minuten*
Schwierigkeitsgrad *sehr leicht*
**Zutaten**
*6 reife Birnen*
*50 g Butter*
*6 Makronen*
*1 EL Rum*
*2 Eiweiß*
*2 EL Zucker*

Birnen schälen und Kerngge-
häuse mit einem Apfelentker-
ner ausstechen. Birnen mit der
Butter zugedeckt weichko-
chen. Makronen zerbröseln,
mit dem Rum vermischen, die
Birnen damit füllen und in
eine feuerfeste Form legen.
Eiweiß mit dem Zucker zu
Schnee schlagen und auf den
Birnen verteilen. Im Backrohr
bei 180°C ca. 20 Minuten bakken, bis die Baisermasse Farbe
bekommt.

## APRIKOSEN MIT SCHAUMCREME

*Falls dieses Dessert auch von Kindern gegessen werden soll, läßt man den Brandy lieber weg, weil Kinder den intensiven Geschmack nicht mögen.*

Zubereitungszeit *30 Minuten*
Schwierigkeitsgrad *sehr leicht*
**Zutaten**
*800 g Aprikosen*
*6 EL Zucker*
*2 Eier*
*1 Prise Salz*
*50 g Butter*
*2 EL Brandy*
*125 g Schlagsahne*

Aprikosen halbieren, entkernen und mit 2 EL Zucker und wenig Wasser weichkochen. Im Wasserbad die Eigelb mit dem Salz, dem restlichen Zucker und der Butter erhitzen und rühren, ohne sie jedoch zum Kochen zu bringen. Wenn die Creme anfängt, weich zu werden, von der Kochstelle nehmen und den Brandy dazugeben.
Auskühlen lassen, die zu Schnee geschlagenen Eiweiß sowie die steifgeschlagene Schlagsahne unterheben, die Creme über die Aprikosen gießen und die Schüssel in den Kühlschrank stellen.

## APRIKOSEN MIT FRUCHTSAUCE

*Auch Birnen oder Pfirsiche eignen sich für diese Art der Zubereitung.*

Zubereitungszeit *20 Minuten*
Schwierigkeitsgrad *sehr leicht*
**Zutaten**
*800 g Aprikosen*
*6 EL Zucker*
*1/2 Glas Weißwein*
*1 Msp. Vanillemark*
*300 g Himbeeren (frisch oder tiefgefroren)*
*1 Stückchen Zitronenschale*
*2 EL Kirschwasser*
*250 g Schlagsahne*

Die Aprikosen halbieren, mit 2 EL Zucker, dem Wein und dem aus der Schote gekratzten Vanillemark aufkochen und ca. 5 Minuten köcheln lassen, abgießen und in den Kühlschrank stellen. In den Sirup den restlichen Zucker, die Himbeeren sowie die Zitronenschale einrühren und nochmals 3–4 Minuten kochen, dabei ständig rühren. Zitronenschale herausnehmen und die Himbeeren durch ein Haarsieb streichen. Kirschwasser dazugeben und vollständig auskühlen lassen.
Aprikosen auf einer Platte verteilen, mit der Himbeersauce übergießen und auf jede Aprikosenhälfte einen Schlagsahnestern aufspritzen.

## APRIKOSEN-ROSINEN-KOMPOTT

*Getrocknete Aprikosen und Weintrauben, in Vin Santo oder Grappa eingelegt, sind in einem gut verschlossenen Glas mehrere Monate haltbar. Man kann sie auch mit Keksen als Nachtisch servieren.*

Zubereitungszeit *20 Minuten + Zeit für das Einweichen und Kühlstellen*
Schwierigkeitsgrad *sehr leicht*
**Zutaten**
*2 EL Rosinen*
*400 g getrocknete Aprikosen*
*6 EL Zucker*
*Schale von 1 Zitrone (unbehandelt)*
*1/2 Flasche Vin Santo*

Rosinen und Aprikosen über Nacht in Vin Santo einweichen.

Früchte abgießen, in einen Topf geben, mit Zucker und abgeriebener Zitronenschale bestreuen und den Vin Santo darübergießen. Ca. 10 Minuten kochen lassen, dann die Früchte abgießen und auf einer Platte anrichten. Die Kochflüssigkeit einkochen, bis noch ca. ein Glas davon übrig ist, dann über die Aprikosen gießen.

Vor dem Servieren die Aprikosen im Kühlschrank richtig kalt werden lassen.

## FRUCHTGELEE-BOMBE

Zubereitungszeit *15 Minuten + Zeit für das Kühlstellen*
Schwierigkeitsgrad *leicht*
**Zutaten**
*8 Zuckerwürfel + 6 EL Zukker*
*8 saftige Zitronen (unbehandelt)*
*6 Blatt Gelatine*
*2 Granatäpfel*
*1 Melone*
*200 g kleine Erdbeeren*
*300 g weiße Weintrauben*

Jeden Zuckerwürfel an der Schale einer Zitrone reiben, damit er das Aroma aufnimmt. Gelatine in kaltem Wasser einweichen. Ausdrükken und mit den Zuckerstückchen und 6 EL Grießzucker in einen Topf geben.

7 Zitronen auspressen, 2 EL Saft beiseitestellen und den übrigen Saft zum Zucker dazugeben. Ein Glas Wasser zugießen, aufkochen und von der Flüssigkeit durch ein Sieb so viel in eine Kuppelform gießen, daß der Boden gut bedeckt ist. Form in die Tiefkühltruhe stellen, bis das Gelee fest ist. Inzwischen die Melone schälen und in kleine Würfel schneiden. Granatäpfel schälen, die weißen Kernchen herausholen. Die Früchte mit dem restlichen Zitronensaft beträufeln, Erdbeeren vorsichtig daruntermischen, aber die Weintrauben getrennt lassen.

Form aus der Tiefkühltruhe nehmen, mit den Weintrauben auskleiden und das Innere mit den Granatäpfeln, der Melone, den Erdbeeren und der restlichen Flüssigkeit füllen. Form noch ein paar Stunden in den Kühlschrank stellen, dann stürzen, rundherum mit halben Zitronenscheiben (aus der letzten Zitrone geschnitten) verzieren und anrichten.

## ANANAS-QUARK

*Schnell und einfach zu machen. Statt Quark eventuell Weinschaumcreme oder Crème pâtissière verwenden.*

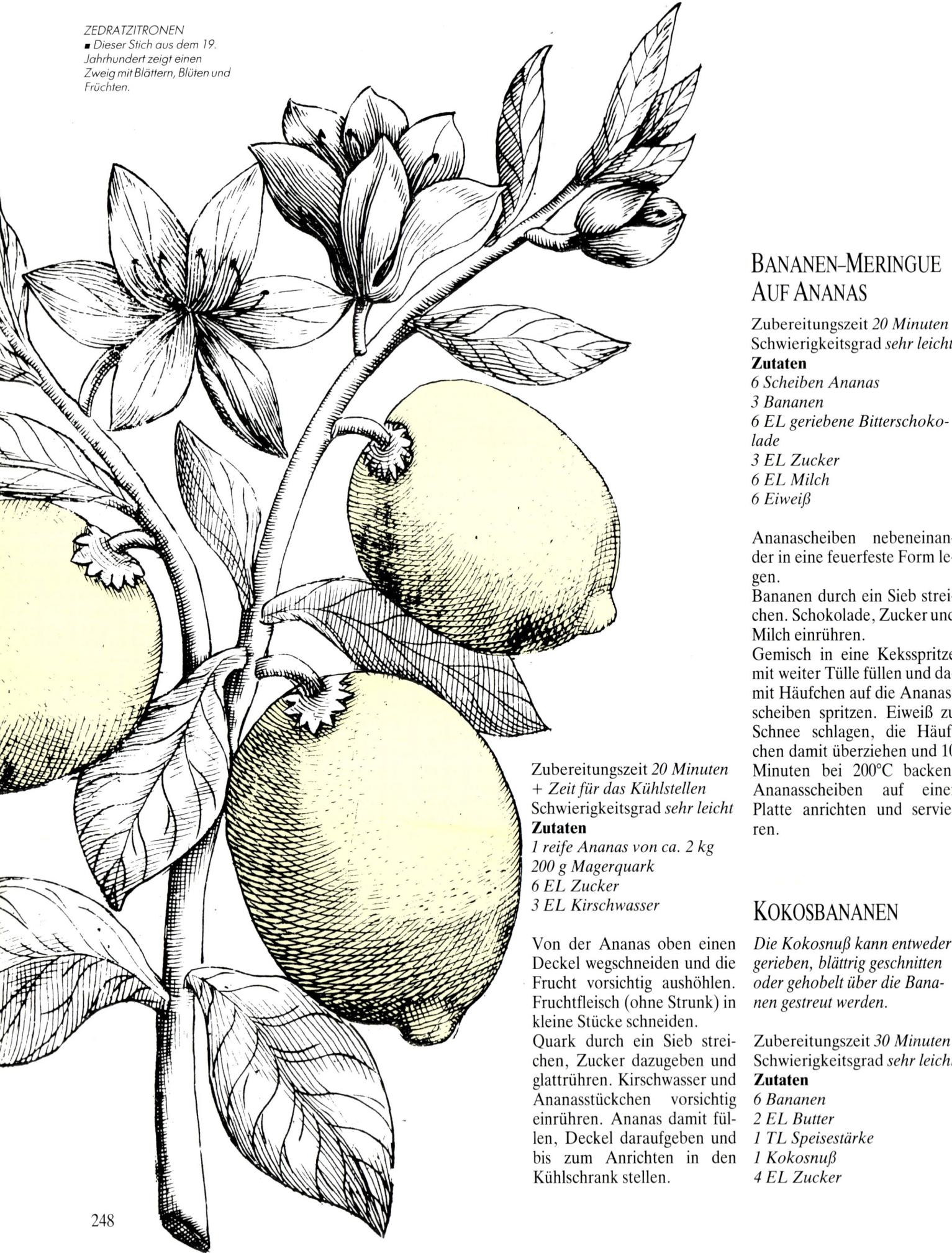

Zubereitungszeit *20 Minuten + Zeit für das Kühlstellen*
Schwierigkeitsgrad *sehr leicht*
**Zutaten**
*1 reife Ananas von ca. 2 kg*
*200 g Magerquark*
*6 EL Zucker*
*3 EL Kirschwasser*

Von der Ananas oben einen Deckel wegschneiden und die Frucht vorsichtig aushöhlen. Fruchtfleisch (ohne Strunk) in kleine Stücke schneiden.

Quark durch ein Sieb streichen, Zucker dazugeben und glattrühren. Kirschwasser und Ananasstückchen vorsichtig einrühren. Ananas damit füllen, Deckel daraufgeben und bis zum Anrichten in den Kühlschrank stellen.

## BANANEN-MERINGUE AUF ANANAS

Zubereitungszeit *20 Minuten*
Schwierigkeitsgrad *sehr leicht*
**Zutaten**
*6 Scheiben Ananas*
*3 Bananen*
*6 EL geriebene Bitterschokolade*
*3 EL Zucker*
*6 EL Milch*
*6 Eiweiß*

Ananasscheiben nebeneinander in eine feuerfeste Form legen.

Bananen durch ein Sieb streichen. Schokolade, Zucker und Milch einrühren.

Gemisch in eine Keksspritze mit weiter Tülle füllen und damit Häufchen auf die Ananasscheiben spritzen. Eiweiß zu Schnee schlagen, die Häufchen damit überziehen und 10 Minuten bei 200°C backen. Ananasscheiben auf einer Platte anrichten und servieren.

## KOKOSBANANEN

*Die Kokosnuß kann entweder gerieben, blättrig geschnitten oder gehobelt über die Bananen gestreut werden.*

Zubereitungszeit *30 Minuten*
Schwierigkeitsgrad *sehr leicht*
**Zutaten**
*6 Bananen*
*2 EL Butter*
*1 TL Speisestärke*
*1 Kokosnuß*
*4 EL Zucker*

■ *Es ist ratsam, frische Ananas zu verwenden, die ge-
schält und in Scheiben geschnitten werden muß. Aus
den Scheiben den holzigen
Strunk herausschneiden.*

Bananen schälen und halbieren. Eine Kuchenform buttern
und die Bananen hineinlegen.
In einem Topf die Speisestärke in ein wenig Kokosmilch
auflösen, den Zucker dazugeben, restliche Kokosmilch zugießen und unter ständigem
Rühren aufkochen. Mit der so
entstandenen Kokoscreme die
Bananen übergießen, mit Butterflöckchen aus der restlichen
Butter bestreuen und bei
200°C ca. 10 Minuten im Backrohr backen. Kokosnuß schälen und reiben, die Bananen
damit bestreuen und nochmals
10 Minuten backen.

## BANANEN-HONIG–QUARK

*Für dieses Rezept sollte mil-
der, nicht allzu ausgeprägt
schmeckender Honig verwendet werden.*

Zubereitungszeit *10 Minuten
+ Zeit für das Kühlstellen*
Schwierigkeitsgrad *sehr leicht*
**Zutaten**
*100 g Mandeln
6 reife Bananen
200 g Magerquark
6 EL Honig
2 Eiweiß
2 EL Puderzucker*

Mandeln entweder geschält
kaufen oder kurz in kochendes
Wasser legen, dann lassen sie
sich leicht abschälen. Bananen
schälen und mit dem Quark
durch ein Sieb streichen oder
im Mixer pürieren.
Mandeln sehr fein hacken und

Von Zeit zu Zeit die Bananen mit dem sich bildenden Sirup beschöpfen.

Form herausnehmen, den kochend heiß gemachten Rum über die Bananen gießen, anzünden und servieren.

mit dem Honig in den Bananenquark einrühren. Die Eiweiß zu Schnee schlagen, Puderzucker dazugeben und weiterschlagen, schließlich den Eischnee vorsichtig unter den Bananenquark ziehen.

Auf 6 Portionsschalen verteilen und bis zum Anrichten in den Kühlschrank stellen.

## BANANEN MIT MASCARPONE

*Leichter wird diese Creme mit Quark statt Mascarpone, eleganter mit dazu gereichter Vanillecreme.*

Zubereitungszeit *15 Minuten*
Schwierigkeitsgrad *sehr leicht*
**Zutaten**
*6 EL Himbeerkonfitüre*
*6 Bananen*
*Saft von 1/2 Zitrone*
*200 g Mascarpone, ganz frisch*
*3 EL Zucker*
*100 g Mandeln*

Himbeerkonfitüre durch ein Sieb streichen. Von den Bananen der Länge nach einen Deckel aus dem oberen Drittel der Schale schneiden, abheben und das Fruchtfleisch herausholen, ohne den unteren Schalenteil zu beschädigen. Er wird noch gebraucht.

Das Fruchtfleisch der Bananen in eine Schüssel geben und mit der Gabel zerdrücken, vorher jedoch mit Zitronensaft beträufeln, damit es sich nicht dunkel verfärbt.

Bananen so lange zerdrücken, bis sie die Konsistenz einer Creme haben, dann den Mascarpone, die Himbeerkonfitüre und den Zucker einrühren. Alles glattrühren und das Gemisch in eine Keksspritze füllen. Jede ausgehöhlte Bananenschale mit einem dicken Strang des Gemisches füllen. Die Mandeln kurz in kochendes Wasser legen, abtropfen, schälen und blättrig schneiden, im Backrohr leicht anrösten und die gefüllten Bananen damit bestreuen.

## FLAMBIERTE BANANEN

*Flambiertes Obst ergibt immer einen sehr wirkungsvollen Abschluß der Speisenfolge. Der Alkohol muß aber sehr heiß gemacht werden, damit er richtig brennt.*

Zubereitungszeit *20 Minuten*
Schwierigkeitsgrad *sehr leicht*
**Zutaten**
*6 Bananen*
*1 gut gehäufter EL Butter*
*6 EL Zucker*
*1 TL Zimt, gemahlen*
*1 Msp. Muskatnuß*
*Saft von 2 Orangen*
*1 Glas Vin Santo oder anderer Dessertwein*
*1 Gläschen (2 cl) hochprozentiger Rum*

Bananen schälen und der Länge nach halbieren. Hälften in eine gebutterte feuerfeste Form legen.

Zucker mit dem Zimt und der Muskatnuß vermischen und die Bananen damit bestreuen. Orangensaft durchsieben und mit dem Vin Santo mischen. Bananen mit dem Gemisch beträufeln, die restliche Butter als Butterflöckchen daraufgeben.

Die Form ins vorgeheizte Backrohr schieben und bei 200°C ca. 15 Minuten backen.

## ERDBEEREN MIT JOGHURT

*Ein sehr beliebtes, einfaches und schnell zubereitetes Dessert. Damit können auch in der Kochkunst weniger Versierte Applaus ernten.*

Zubereitungszeit *10 Minuten*
Schwierigkeitsgrad *sehr leicht*
**Zutaten**
*300 g Erdbeeren*
*500 g Erdbeerjoghurt*
*1 EL Zitronensaft*
*4 EL Zucker*
*250 g Schlagsahne*

Erdbeeren waschen. Die Hälfte der Erdbeeren mit dem Joghurt, Zitronensaft und Zucker im Mixer pürieren. Schlagsahne steifschlagen und mit dem Erdbeerjoghurt mischen. Das Gemisch auf 6 Portionsschalen verteilen.

Mit der anderen Hälfte der Erdbeeren verzieren und die Schalen bis zum Anrichten in den Kühlschrank stellen.

## KAKIS MIT BRANDY

*Kakis sind sehr saftige Früchte mit kurzer Saison. Ihr Fruchtfleisch ist gallertartig, sie eignen sich daher gut für Konfitüren und Fruchtsaucen.*

*ÄPFEL MIT MILCHCREME*
■ *Die Zubereitung der Milchcreme erfordert viel Geduld,
denn die Flüssigkeit muß fast
restlos verdampfen, damit der
Zucker richtig karamelisieren
kann.*

Zubercitungszeit *5 Minuten*
*+ Zeit für das Kühlstellen*
Schwierigkeitsgrad *sehr leicht*
**Zutaten**
*6 reife Kakis*
*4 EL Zucker*
*6 EL Brandy*

Kakis waschen, abtrocknen,
Stielansatz entfernen und waagerecht in der Mitte durchschneiden. Hälften auf eine
Platte legen, mit dem Zucker
bestreuen und mit Brandy beträufeln.
Vor dem Servieren mindes-
tens 20 Minuten in den Kühlschrank stellen.

# ÄPFEL MIT MILCHCREME

Zubereitungszeit *2 Stunden*
Schwierigkeitsgrad *sehr leicht*
**Zutaten**
*6 Äpfel*
*200 g Zucker*
*1/2 Glas Weißwein*
*1/2 l Milch*
*1 Stückchen Zimtstange*
*1 Stückchen Vanilleschote*

Äpfel schälen, Kerngehäusc
entfernen und in der Mitte
eine kleine, runde Vertiefung
aushöhlen. Mit 2 EL Zucker
und dem Weißwein weichko-
chen, abtropfen lassen und auf
eine Platte legen.
Milch mit dem restlichen Zukker, dem Zimt und der Vanilleschote aufkochen, dann auf
kleinster Schaltstufe ca. 90 Minuten unter häufigem Rühren
köcheln lassen, bis daraus eine
goldbraune Creme geworden
ist.
Vanille und Zimt herausnehmen, Creme erkalten lassen,
dabei gelegentlich umrühren,
damit sich keine Haut bildet.
Die Höhlung der Äpfel mit der
Creme füllen, vollständig auskühlen lassen und servieren.

## KIRSCHEN IN BAROLO

*Dieses für das Piemont typische Sommerdessert ist genauso berühmt wie die Birnen in Barolo, die es dort im Winter gibt.*

Zubereitungszeit *20 Minuten*
*+ Zeit für das Kühlstellen*
Schwierigkeitsgrad *sehr leicht*
**Zutaten**
*800 g Kirschen*
*2 Gläser Barolo*
*100 g Zucker*
*1 Stückchen Zimtstange*
*250 g Schlagsahne*

Stengel und Kerne der Kirschen entfernen. Die Kirschen mit dem Wein, Zucker und Zimt in einem Topf zum Kochen bringen. Topf zudecken und 10 Minuten auf kleinster Schaltstufe kochen lassen. Kirschen abgießen und in eine Schüssel geben. Die Kochflüssigkeit zu dickem Sirup einkochen. Zimt herausnehmen und Schüssel einige Stunden in den Kühlschrank stellen.
Vor dem Anrichten die Schlagsahne steifschlagen, in einen Spritzbeutel füllen und aus der gezackten Tülle Verzierungen auf die Kirschen spritzen.

## ORANGEN IN KARAMEL

*Das einzig Schwierige an diesem Rezept ist, daß man den Karamel flüssig halten muß, ohne daß er zu dunkel wird. Am besten gelingt das im Wasserbad.*

Zubereitungszeit *15 Minuten*
Schwierigkeitsgrad *sehr leicht*
**Zutaten**
*6 Orangen*
*300 g Zucker*
*etwas Mandelöl*
*1 Gläschen (2 cl) Grand Marnier*

Orangen schälen, auch die weiße Innenschale sauber abziehen, und die Orangen in Scheiben schneiden. Von der Schale den weißen Innenteil entfernen, so daß nur die gelbe, äußere Schale übrig bleibt; diese in dünne Stifte schneiden und beiseitestellen.
In einem Topf den Zucker schmelzen, bis er eine goldgelbe Farbe annimmt. Die Orangenscheiben einzeln in den Karamel tauchen und auf eine dünn mit Mandelöl bestrichene Platte legen. Warmstellen. Auch die in Stifte geschnittene Schale in den Karamel tau-

### INGWER

Ingwer ist die Wurzel einer in Asien beheimateten Pflanze, heute in vielen Obst- und Gemüsegeschäften erhältlich. Ingwerwurzel schmeckt süßlich und pikant und wird – besonders in Amerika – gerne für Süßspeisen verwendet.

chen. Likör erhitzen, anzünden und vor dem Anrichten über die Orangen gießen.

## FEIGEN MIT INGWER

*Der besondere Geschmack dieser Süßspeise kommt vom Ingwer, der aber auch durch Zimt ersetzt werden kann.*

Zubereitungszeit *30 Minuten*
*+ Zeit für das Kühlstellen*
Schwierigkeitsgrad *sehr leicht*
**Zutaten**
*400 g getrocknete Feigen*
*1 Zitrone (unbehandelt)*
*1 Stückchen Ingwerwurzel*
*100 g Zucker*
*250 g Schlagsahne*

Feigen waschen und den Stielansatz mit einer Schere wegschneiden. In einen Topf geben und knapp mit Wasser bedecken. Zitrone waschen, abtrocknen, in Scheiben schneiden und zu den Feigen geben. Ingwer und Zucker dazugeben und ca. 20 Minuten auf kleiner Schaltstufe kochen lassen.
Die Feigen abgießen, die Kochflüssigkeit ein paar Minuten zu einem dicken Sirup einkochen.
Feigen in eine Schüssel geben, den Sirup durch ein Sieb darübergießen, um den Ingwer zu entfernen, und die Schüssel einige Stunden in den Kühlschrank stellen.

## FEIGEN IN ZITRONENSAUCE

*Für dieses Rezept verwendet man am besten einen aromareichen Dessertwein, z. B. einen süßen Marsala oder eine ähnliche Weinsorte.*

Zubereitungszeit *15 Minuten*
*+ Zeit für das Kühlstellen*
Schwierigkeitsgrad *sehr leicht*
**Zutaten**
*18 frische Feigen*
*200 g Zitronenmarmelade*
*1/2 Glas Dessertwein*
*2 Zitronen (unbehandelt)*

Feigen schälen und in eine tiefe Schüssel legen.
In einem kleinen Topf die Zitronenmarmelade und den Wein verrühren und unter Rühren ca. 10 Minuten kochen lassen. Den Sirup über die Feigen gießen und die Schüssel ein paar Stunden in den Kühlschrank stellen.
Vor dem Anrichten mit Zitronenscheiben beliebig verzieren.

FEIGEN
■ Blätter und Früchte auf
einem Stich aus dem 16.
Jahrhundert.

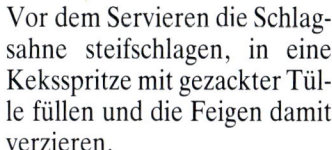

## FEIGEN MIT GEWÜRZEN

*Durch andere Gewürze, wie z.B. Anis, Kümmel oder ein wenig Curry, kann dieses Rezept geschmacklich nach Belieben variiert werden.*

Zubereitungszeit *5 Minuten + Zeit für das Kühlstellen*
Schwierigkeitsgrad *sehr leicht*
**Zutaten**
*18 frische Feigen*
*Saft von 1/2 Zitrone*
*1/2 TL Nelkenpulver*
*1 TL Zimt, gemahlen*
*250 g Schlagsahne*

Die Feigen schälen, mit Zitronensaft beträufeln, mit dem Nelkenpulver und Zimt würzen, in eine Schüssel legen und in den Kühlschrank stellen. Auch die Schlagsahne im Kühlschrank kalt stellen.
Vor dem Servieren die flüssige Schlagsahne über die Feigen gießen.

## FEIGEN MIT WALNÜSSEN

*Wenn die Feigen wie hier vollständig karamelisiert werden, kann man sie auch einige Tage lang aufbewahren. Für dieses Rezept können auch getrocknete Feigen verwendet werden.*

Zubereitungszeit *20 Minuten*
Schwierigkeitsgrad *sehr leicht*
**Zutaten**
*18 frische Feigen*
*9 Walnüsse*
*3 EL Zucker*
*100 g Honig*

Die Feigen schälen und aufschneiden. Walnüsse schälen, halbieren und je einen halben Walnußkern in eine Feige stecken. Feigen wieder zuklappen und zuerst im Zukker, dann im Honig wälzen und anschließend auf einem mit Alufolie ausgelegten

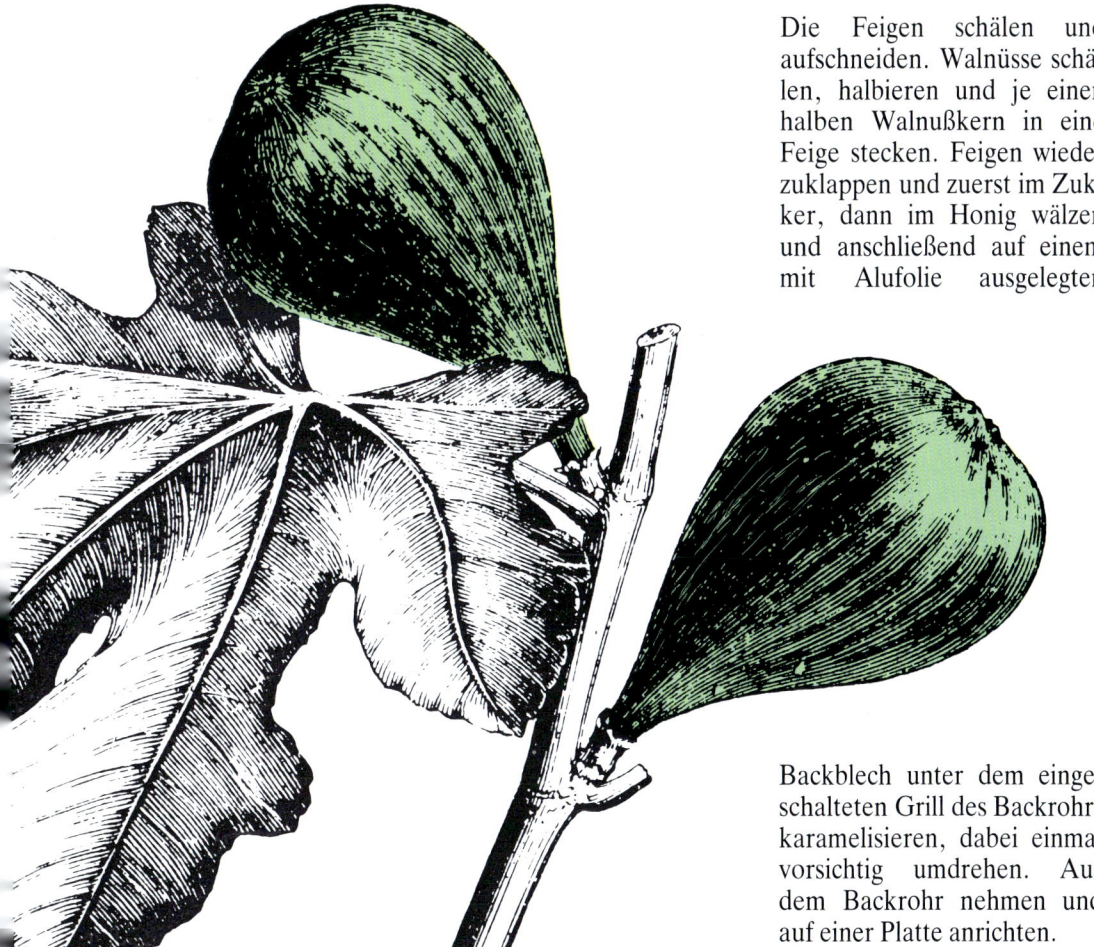

Backblech unter dem eingeschalteten Grill des Backrohrs karamelisieren, dabei einmal vorsichtig umdrehen. Aus dem Backrohr nehmen und auf einer Platte anrichten.

Vor dem Servieren die Schlagsahne steifschlagen, in eine Keksspritze mit gezackter Tülle füllen und die Feigen damit verzieren.

## ÄPFEL MIT NUSSSAUCE

*Dieses köstliche Dessert kann aus Äpfeln, aber genauso gut auch aus Birnen hergestellt werden.*

Zubereitungszeit *60 Minuten*
Schwierigkeitsgrad *sehr leicht*
**Zutaten**
*6 Äpfel (Golden Delicious)*
*2 EL Butter*
*100 g Sultaninen*
*100 g Walnußkerne*
*100 g + 4 EL Zucker*
*1 EL Speisestärke*
*Saft von 1/2 Zitrone*

Äpfel schälen, Kerngehäuse ausstechen und in eine gebutterte, feuerfeste Form legen. 4 EL Wasser darübergießen. Äpfel im vorgeheizten Backrohr ca. 30 Minuten braten. Inzwischen die Rosinen in lauwarmem Wasser einweichen. Nüsse hacken.
In einem Topf 100 g Zucker mit der Speisestärke verrühren und gut mischen, dann nach und nach 1 Glas Wasser zugießen und den Topf auf kleiner Schaltstufe erhitzen, dabei ständig rühren, bis die Flüssigkeit zu kochen beginnt. Die gut abgetropften Rosinen, gehackten Nüsse, den Zitronensaft und die restliche Butter hineingeben und nochmals aufkochen.

*Diese appetitlichen Törtchen werden aus Mürbteig und Früchten zubereitet und mit Konfitüre oder Gelee glasiert.*

**Zutaten** für 15 Törtchen
Für den Teig
*200 g Mehl*
*100 g Zucker*
*1/2 TL Salz*
*100 g Butter*
*2 Eigelb*
*Zitronenschale oder Vanillezucker*
*Butter für die Förmchen*

Zum Bestreichen
*8 EL Aprikosenkonfitüre*

Für die Mandelcreme
*100 g Butter*
*80 g Puderzucker*
*3 Eigelb*
*2 EL Rum*
*100 g gemahlene Mandeln*

Zum Bestreichen
*Kirschwasser-Glasur*
*Aprikosengelee*
*außerdem 15 EL Crème pâtissière frische oder eingemachte Früchte zum Füllen*

Mürbteig nach Rezept S. 58 zubereiten und zu einem 5 mm dicken Rechteck ausrollen.

Kreise ausstechen, die ca. 2 cm größer sind als die Förmchen (die üblichen haben 4 cm Durchmesser).

Die Förmchen mit zerlassener Butter ausstreichen. In jedes Förmchen eine Teigscheibe mit den Fingern leicht hineindrükken und 1/2 TL Aprikosenkonfitüre daraufgeben.

Die Butter schaumig rühren; den Zucker, die Eigelb, den Rum und die gemahlenen Mandeln einrühren.

Förmchen bis wenige Millimeter unter den Rand mit Mandelcreme füllen und 15 Minuten bei 180°C backen.

Auskühlen lassen, dann mit Kirschwasser-Glasur bestreichen und eine Schicht Aprikosengelee darauf verteilen.

Mit dem Spritzbeutel aus einer runden Tülle die Crème pâtissière auf die Törtchen spritzen.

Das Obst in Zuckersirup mit Kirschwasser einlegen, dann die Törtchen damit füllen.

GEFÜLLTE WASSER-
MELONE
■ Sieht sehr hübsch aus, muß
aber sehr kalt serviert werden.
Nicht länger als etwa 10 Stunden im Kühlschrank stehen
lassen, weil die Schlagsahne
sonst zerrinnt.

Die feuerfeste Form mit den
Äpfeln auf eine Platte stellen,
die Sauce darübergießen und
sofort servieren.

## GEFÜLLTE WASSERMELONE

Zubereitungszeit *10 Minuten
+ Zeit für das Kühlstellen*
Schwierigkeitsgrad *sehr leicht*
**Zutaten**
*1 vollreife Wassermelone von
ca. 2 kg
100 g Korinthen
6 EL Puderzucker
1 Gläschen (2 cl) Kirschwasser oder anderer Obstbrand
100 g Zartbitter-Schokolade
250 g Schlagsahne*

Von der Wassermelone einen
Deckel abschneiden, das
Fruchtfleisch mit einem Löffel
herauskratzen und in eine
Schüssel geben. Kerne entfernen, das Fruchtfleisch in kleine Stücke schneiden und mit
den Korinthen, dem Zucker,
dem Kirschwasser und der in
kleine Stückchen geschnittenen Schokolade vermischen.
Schlagsahne steifschlagen,
unter das Fruchtfleisch mischen und die Melone damit
füllen. Bis zum Servieren in
den Kühlschrank stellen.

## ORANGEN-REIS-SOUFFLÉ

*Es ist wichtig, die Zeit für das
Überbacken richtig einzupla-
nen, weil die Orangen frisch*

*aus dem Backrohr serviert
werden müssen.*

Zubereitungszeit *60 Minuten-*
Schwierigkeitsgrad *sehr leicht*
**Zutaten**
*6 EL Milchreis (Rundkorn-
reis)
2 Tassen Milch
1 EL Butter
1 Prise Salz
1 TL abgeriebene Orangen-
schale (unbehandelt)*

*6 Orangen
6 EL Zucker
2 Eier*

Reis waschen und mit der
Milch, der Butter, Salz und
Orangenschale in einen Topf
geben.
Orangen halbieren und vorsichtig auspressen, aber Schale
nicht beschädigen. Den Orangensaft zum Reis dazugeben
und aufkochen.

Auf kleiner Schaltstufe kochen, bis der Reis die Flüssigkeit aufgesogen hat. Inzwischen die Orangenschalen sauber auskratzen. Reis von der Kochstelle nehmen, ein wenig abkühlen lassen, den Zucker und die Eigelb einrühren.

Die Eiweiß zu festem Schnee schlagen und vorsichtig unter das Reisgemisch ziehen. Orangenschalen mit dem Reis füllen, nebeneinander in eine Form stellen und bei 180°C ca. 30 Minuten braten.

Wenn das Reis-Soufflé anfängt, Farbe zu bekommen, die Orangen auf einer Platte anrichten und servieren.

## WASSER-MELONE

Die Wassermelone stammt aus Afrika und hat einen sehr hohen Wassergehalt. Sie läßt sich daher schlecht kochen, ergibt aber köstliche Gelees und Sorbets. Roh wird sie besonders in der heißen Jahreszeit als Durstlöscher geschätzt.

## KAKTUSFEIGEN MIT ZIMT

*Die Kaktusfeigen sind wegen ihrer Stacheln nicht so beliebt. Nach der Anleitung im Rezept lassen sich die Stacheln jedoch ganz leicht entfernen und die Früchte gut verwenden.*

APFELGELEE-KRANZ
■ *Sehr dekorative und kalorienarme Nachspeise. Statt mit Weintrauben kann man die Mittelöffnung auch mit Schlagsahne füllen.*

Zubereitungszeit *10 Minuten*
Schwierigkeitsgrad *sehr leicht*
**Zutaten**
*12 Kaktusfeigen*
*1/2 TL Zimt, gemahlen*
*Saft von 1 Zitrone*
*4 EL Zucker*

Die Kaktusfeigen in einem vollen Eimer Wasser ca. 1 Stunde stehen lassen. Mit

einem Löffel die Schicht Stacheln, die auf der Wasseroberfläche schwimmt, abschöpfen und die Feigen mit Hilfe einer Schaufel abgießen, in ein anderes Gefäß geben und gut spülen.
Von jeder Feige das obere und untere Ende abschneiden, die Schale senkrecht aufschneiden und die Frucht herausholen. Kaktusfeigen in eine Schüssel legen, mit Zimt bestäuben, mit Zitronensaft beträufeln und mit Zucker bestreut servieren.

## APFELGELEE-KRANZ

Zubereitungszeit *30 Minuten + Zeit für das Kühlstellen*
Schwierigkeitsgrad *sehr leicht*
**Zutaten**
*800 g Äpfel*
*200 ml Wasser*
*100 g Zucker*
*6 Blatt Gelatine*
*Saft von 1 Zitrone*
*200 g Quittengelee*
*1 blaue + 1 weiße Weintraube, zusammen ca. 500 g*

Äpfel schälen, Kerngehäuse ausstechen, dann in nicht zu dicke Scheiben schneiden. In einen Topf geben, Wasser und Zucker dazugeben und unter gelegentlichem Umrühren ca. 10 Minuten kochen. Inzwischen die Gelatine einige Minuten in kaltem Wasser einweichen.
Die Äpfel samt der Kochflüssigkeit durch ein Sieb passieren, den Zitronensaft und das Quittengelee dazugeben und kurz erhitzen, bis sich alles gut

aufgelöst hat. Die gut ausgedrückte Gelatine gründlich darin verrühren und Topf von der Kochstelle nehmen.
Eine Kranzform mit kaltem Wasser ausspülen, mit der Apfelmasse füllen und mindestens 6 Stunden in den Kühlschrank stellen. Auf eine Platte stürzen und die Öffnung in der Mitte mit den gründlich gewaschenen und getrockneten Weintrauben füllen.

## ÄPFEL MIT PFLAUMENFÜLLUNG

*Es empfiehlt sich, für dieses Rezept bereits entsteinte Pflaumen zu verwenden, ansonsten Pflaumen erst nach dem Kochen entkernen.*

Zubereitungszeit *30 Minuten + Einweichzeit der Pflaumen*
Schwierigkeitsgrad *sehr leicht*
**Zutaten**
*12 getrocknete Pflaumen*
*2 Gläser Vin Santo*
*100 g Zucker*
*6 Äpfel (Golden Delicious)*

Die Pflaumen einige Stunden im Vin Santo einweichen. Zusammen mit der Einweichflüssigkeit und 1 EL Zucker in einen Topf geben und ca. 10 Minuten kochen.
Äpfel schälen, halbieren, Kerngehäuse entfernen und die Apfelhälften in einen Topf geben. Mit dem restlichen Zucker bestreuen, 1/2 Glas Wasser zugießen und ca. 5 Minuten kochen lassen.
Äpfel mit je 1 Pflaume in der Mitte auf einer Platte anrichten und warmstellen. Die Kochflüssigkeit der Pflaumen und die der Äpfel zusammengießen, einkochen und die eingedickte Sauce über die Äpfel gießen.

*PFIRSICHE IN PFEFFER-*
*MINZ–SAUCE*
■ *Mit Pfirsichen aus der Kon-*
*serve kann man dieses ele-*
*gante Dessert im Notfall*
*schnell auf den Tisch zau-*
*bern.*

## APFELCREME MIT KROKANT

*Den Krokant kann man selbst herstellen oder fertig kaufen, eventuell auch durch türkischen Honig ersetzen.*

Zubereitungszeit *20 Minuten + Zeit für das Kühlstellen* Schwierigkeitsgrad *sehr leicht*
**Zutaten**
*8 Äpfel*

*1 EL Butter*
*2 EL Zucker*
*250 g Schlagsahne*
*200 g Krokant nach Rezept "Mandelkrokant mit Honig" S. 333*

Äpfel schälen, in Scheiben schneiden und mit der Butter und 2 EL Wasser auf mittlerer Schaltstufe weichkochen. Durch ein Sieb passieren, das Fruchtmark mit dem Zucker mischen und ein wenig erhitzen, damit es trocknet. Auskühlen lassen, die geschlagene Schlagsahne einrühren und in eine Schüssel füllen.
Den Krokant fein hacken und die Apfelcreme damit bestreuen. Etwa 2 Stunden in den Kühlschrank stellen.

## APFELPOFESEN

*Diese Pofesen dürfen erst im letzten Moment herausgebak-*ken und heiß serviert werden, *sonst sind sie – wie alles in Fett Gebackene – schwer verdaulich.*

Zubereitungszeit *60 Minuten* Schwierigkeitsgrad *sehr leicht*
**Zutaten**
*6 EL Sultaninen*
*4 cl Rum*
*6 Äpfel*
*6 EL Zucker*
*2 Eier*
*1/2 l Milch*
*6 Toastbrotscheiben*
*100 g Butterschmalz*

Rosinen mindestens 1/2 Stunde im Rum ziehen lassen.
Die Äpfel schälen, Kerngehäuse ausstechen, in Scheiben schneiden. Mit 2 EL Wasser in einem Topf dünsten, dabei vorsichtig umdrehen. Mit den vorher abgetropften Rosinen bestreuen, die Hälfte des Zuckers dazugeben und ein paar Minuten auf kleiner Schaltstufe durchziehen lassen.
Inzwischen in einem Teller die Eier mit der Milch verquirlen. Die Weißbrotscheiben eintau-

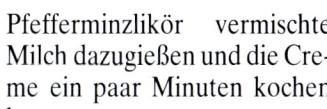

chen, gut abtropfen lassen und im erhitzten Butterschmalz herausbacken.

Mit dem restlichen Zucker bestreuen, auf einer Platte anrichten, die Äpfel darauf verteilen und sofort servieren.

## ÄPFEL MIT BUTTERBRÖSELN

*Eine einfache Apfelspeise, die besonders Kindern gut schmeckt. Statt Erdbeeren kann man auch Himbeeren oder Heidelbeeren nehmen.*

Zubereitungszeit *45 Minuten*
Schwierigkeitsgrad *sehr leicht*
**Zutaten**
*1 kg Äpfel*
*100 g Zucker*
*2 TL Zitronensaft*
*50 g Butter*
*100 g Semmelbrösel*
*250 g Schlagsahne*
*100 g Erdbeeren*

Äpfel schälen, Kerngehäuse entfernen, in Scheiben schneiden und in einem Topf mit der Hälfte des Zuckers und 1/2 Glas Wasser aufkochen. Zugedeckt bei geringer Hitze ca. 20 Minuten kochen. Äpfel durch ein Sieb passieren, Zitronensaft dazugeben und vollständig erkalten lassen.
In einer kleinen Pfanne die Butter erhitzen und die Semmelbrösel mit dem Zucker darin goldgelb rösten. Eine Schüssel abwechselnd mit einer Schicht Äpfel und einer Schicht Butterbrösel füllen, mit einer Schicht Äpfel ab-

schließen. Schlagsahne steifschlagen und auf der Apfelschicht verteilen. Mit den Erdbeeren verzieren und die Schüssel bis zum Anrichten in den Kühlschrank stellen.

## ÄPFEL IM SCHLAFROCK

*Man kann die Äpfel vor dem Einschlagen in Teig auch mit Konfitüre, eingeweichten Rosinen oder gehackten Mandeln füllen.*

Zubereitungszeit *90 Minuten*
Schwierigkeitsgrad *sehr leicht*
**Zutaten**
*100 g Zucker*
*50 ml Wasser*
*1 Prise Zimt, gemahlen*
*1 Prise Muskatnuß, gemahlen*
*200 g Mehl*
*1 Prise Salz*
*6 Äpfel*
*50 g + 1 EL Butter*
*2 Eier*

Die Hälfte des Zuckers, das Wasser, den Zimt und die Muskatnuß in einen Topf geben und aufkochen. Die Hälfte der Butter hineingeben; sobald sie sich aufgelöst hat, Wärmequelle abschalten.
Das Mehl mit dem Salz auf die Arbeitsplatte sieben, anhäufen und in die Mitte eine Vertiefung eindrücken. Die restliche Butter flöckchenweise, die Eier sowie den restlichen Zucker hineingeben und alle Zutaten zu einem weichen, glatten Teig verkneten. Mit der Teigrolle ein wenige Millimeter dickes Teigblatt ausrollen und 6 Quadrate ausschneiden.

Äpfel schälen, Kerngehäuse ausstechen und jeden Apfel auf die Mitte eines Teigquadrats setzen. Die Teigzipfel nach oben zusammenfalten und mit den Fingern zusammendrücken. Aus den Teigresten Verzierungen ausstechen und eine davon auf jedes Apfelpaket legen.
Die Äpfel auf ein gebuttertes Backblech setzen, mit dem Zucker-Butter-Sirup bestreichen und ca. 40 Minuten bei 180°C backen. Wenn sie goldgelb gebacken sind, in eine feuerfeste Form geben, den restlichen Sirup darübergießen und bis zum Anrichten nochmals 10 Minuten backen.

## PFIRSICHE IN PFEFFERMINZ-SAUCE

Zubereitungszeit *10 Minuten*
Schwierigkeitsgrad *sehr leicht*
**Zutaten**
*6 Pfirsiche (Konserve)*
*600 ml Milch*
*1/2 TL Vanillinzucker*
*6 Eigelb*
*150 g Zucker*
*30 g Mehl*
*1 Gläschen (2 cl) Pfefferminzlikör*

Die Pfirsiche abtropfen lassen. Milch aufkochen, von der Kochstelle nehmen und den Vanillinzucker einrühren.
Die Eigelb mit dem Zucker in einem Topf schaumig schlagen und das Mehl dazugeben. Unter ständigem Rühren auf kleiner Schaltstufe erhitzen, nach und nach die mit dem

Pfefferminzlikör vermischte Milch dazugießen und die Creme ein paar Minuten kochen lassen.
Die Pfirsiche in 6 Portionsschalen legen. Die Creme noch heiß darübergießen und anrichten.

## PFIRSICHE IN SCHAUMWEIN

*Dies ist eine verfeinerte Variante eines typisch ländlichen Hausrezepts, wonach die Pfirsiche in Weißwein eingelegt und ganz wenig gezuckert werden.*

Zubereitungszeit *5 Minuten*
Schwierigkeitsgrad *sehr leicht*
**Zutaten**
*6 reife Pfirsiche*
*3 EL Zucker*
*1 Prise Zimt*
*Saft von 1/2 Zitrone*
*1 Glas Schaumwein (Sekt)*

Pfirsiche kurz in einen Topf mit kochendem Wasser legen, dann die Haut abziehen. Pfirsiche halbieren, die Kerne entfernen, dann in Scheiben schneiden.
Die Pfirsichscheiben in eine Schüssel geben; mit Zucker und Zimt bestreuen, mit Zitronensaft beträufeln, den Schaumwein darübergießen und servieren.

## PFIRSICHE AUF MAKRONENTOAST

*Die Nelken weisen diese Süßspeise als klassisches Gericht des Mittelmeerraumes aus, wo viel mit Nelken gekocht wird.*

Zubereitungszeit *30 Minuten*
Schwierigkeitsgrad *sehr leicht*
**Zutaten**
*3 Pfirsiche*
*1 EL Butter*
*6 Scheiben Toastbrot*
*6 Makronen, zerbröselt*
*6 Nelken*
*6 EL Zucker*

Pfirsiche halbieren, Kerne entfernen. Weißbrotscheiben dünn mit Butter bestreichen, bei 180°C im Backrohr goldgelb backen. Mit Makronenbröseln bestreuen. In jeden Pfirsich eine Nelke stecken. Eine feuerfeste Form buttern; die Pfirsiche mit der Schnittfläche nach unten hineinlegen, mit Zucker bestreuen und 10 Minuten bei 180°C braten. Gebratene Brotscheiben auf eine Platte legen, je eine Pfirsichhälfte darauflegen und anrichten.

## PFIRSICHE IN WERMUT

*Am besten kalt servieren, schmeckt aber auch warm. Für den Wermut kann ersatzweise Dessertwein oder Marsala verwendet werden.*

Zubereitungszeit *30 Minuten*
Schwierigkeitsgrad *sehr leicht*
**Zutaten**
*6 Pfirsiche*

260

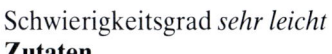

6 TL Himbeerkonfitüre
100 g gehackte Mandeln
1 Glas roter Wermut
1/2 Glas Wasser
6 EL Zucker

Die Pfirsiche kurz in kochendes Wasser legen und die Schale abziehen; dann halbieren und entkernen. In die entstehende Vertiefung je 1 TL der zuvor mit den Mandeln vermischten Konfitüre füllen und die Pfirsichhälften in eine Schüssel legen.
Wermut, Wasser und Zucker in einem Topf zum Kochen bringen, dann die Hitze reduzieren und den Sirup etwa 10 Minuten einkochen. Noch heiß über die Pfirsiche gießen. Bis zum Anrichten die Schüssel in den Kühlschrank stellen.

## PFIRSICHE MIT REISSOUFFLÉ

*Statt Reis kann auch Grieß in der Schlagsahne gekocht werden. Kalorienbewußte ersetzen die Sahne durch Milch.*

Zubereitungszeit *60 Minuten*
Schwierigkeitsgrad *sehr leicht*
**Zutaten**
250 g Schlagsahne
3 EL Milchreis
4 EL Zucker
2 Eier
1 Handvoll Rosinen
1 Prise Zimt, gemahlen
2 EL Puderzucker
6 Pfirsiche
1 EL Butter

Schlagsahne aufkochen, Reis einstreuen und kochen lassen,

bis er die Sahne vollständig aufgesogen hat. Topf von der Kochstelle nehmen; den Zucker, die verquirlten Eigelb, die vorher eingeweichten Rosinen und den Zimt dazugeben und alles gut miteinander verrühren.
Die Eiweiß mit dem Puderzucker zu Schnee schlagen und unter das Reisgemisch ziehen. Die Pfirsiche halbieren, den Kern entfernen und stattdessen das Reisgemisch einfüllen. Eine Backform buttern, Pfirsichhälften hineinlegen und ca. 30 Minuten bei 180°C backen. Heiß servieren.

## GEFÜLLTE MELONE MIT BROMBEEREN

*Ein klassisches Sommerdessert, weil nur frische Melonen und Brombeeren dafür verwendet werden.*

Zubereitungszeit *15 Minuten + Zeit für das Kühlstellen*
Schwierigkeitsgrad *sehr leicht*
**Zutaten**
1 reife Melone von ca. 2 kg
6 EL Zucker
1/2 Glas Vin Santo
400 g Brombeeren
Saft von 1/2 Zitrone

Die Melone im oberen Drittel durchschneiden und den Deckel abheben, Geflecht und Kerne herausholen und schließlich die Melone aushöhlen. Fruchtfleisch würfelig schneiden und mit 2 EL Zucker und dem Vin Santo in eine Schüssel geben.
Brombeeren verlesen, mit

dem restlichen Zucker einzuckern und mit dem Zitronensaft beträufeln. Alles 2 Stunden in den Kühlschrank stellen. Melone wieder mit dem Fruchtfleisch füllen, obenauf die Brombeeren verteilen und ihren Sirup darübergießen.

## MELONE MIT PFEFFERMINZE

Zubereitungszeit *5 Minuten*
Schwierigkeitsgrad *sehr leicht*
**Zutaten**
1 Melone von ca. 2 kg
600 g Meloneneis
1 Handvoll frische Pfefferminzblätter

Die Melone quer durchschneiden, Kerne und Geflecht entfernen und das Fruchtfleisch in Würfel schneiden. Durch ein Sieb passieren oder im Mixer fein pürieren. Auf kleiner Schaltstufe das Eis dazurühren. Wenn Eis und Melone sich gut vermischt haben, die Melone damit füllen und mit der frischen Pfefferminze garniert servieren.

## MELONE MIT HEIDELBEEREN

*Wem der Gin als zu starker Branntwein erscheint, der kann die Heidelbeeren auch in Kirschwasser oder einfach in Zucker und Zitronensaft ziehen lassen.*

Zubereitungszeit *5 Minuten + Zeit für das Ziehen der Heidelbeeren*

Schwierigkeitsgrad *sehr leicht*
**Zutaten**
300 g Heidelbeeren
1 Gläschen (2 cl) Gin
3 EL Zucker
Saft von 1/2 Zitrone
3 kleine Melonen

Heidelbeeren in eine Schüssel geben, einzuckern und mit Gin und Zitronensaft übergießen. Im Kühlschrank ziehen lassen.
Melonen halbieren, Samen und Geflecht entfernen. Heidelbeeren aus dem Kühlschrank in die Hälften verteilen und anrichten.

## MELONE MIT INGWER

*Wenn man den Zucker wegläßt und die Melone nur mit Ingwer und Pfeffer würzt, kann man sie auch als Vorspeise servieren.*

Zubereitungszeit *5 Minuten*
Schwierigkeitsgrad *sehr leicht*
**Zutaten**
1 Melone von ca. 2 kg
1 Prise Pfeffer, frisch gemahlen
1 EL Ingwer, gemahlen
3 EL Zucker

Die Melone in 6 Segmente teilen, schälen und das Samengeflecht entfernen.
Pfeffer, Ingwer und Zucker gut vermischen. Die Melonenspalten mit dem Gemisch bestreuen und anrichten.

BIRNEN-MERINGUE MIT
WEINSCHAUMCREME
■ Dieses sehr feine Dessert
ist auch für festliche Anlässe
geeignet. Statt gekochten
kann man auch frische Früchte – wie z.B. Erdbeeren – verwenden, die gut zur Meringue
und der Weinschaumcreme
passen.

# BIRNEN-MERINGUE MIT WEINSCHAUMCREME

Zubereitungszeit *60 Minuten*
Schwierigkeitsgrad *leicht*
**Zutaten**
*6 Birnen*
*1/2 Glas Wasser*
*150 g Zucker*
*1 Stücken Vanilleschote*
*1 Stückchen Zitronenschale*
*(unbehandelt)*
*4 Eier*
*10 cl Marsala oder Dessert-*
*wein*
*300 g Puderzucker*
*1 nußgroßes Stück Butter*

Birnen schälen, Kerngehäuse
ausstechen, halbieren und mit
dem halben Glas Wasser, 50 g
Zucker, aufgeschlitzter Vanilleschote und Zitronenschale in
einen Topf geben.
Auf kleiner Schaltstufe weichkochen und abgießen. Auf
eine Platte legen und erkalten
lassen. Kochflüssigkeit bei
mäßiger Hitze einkochen, bis
noch ca. 4 EL Sirup übrig sind.
Birnenhälften damit übergießen.
Die Eigelb in einen Topf geben, den restlichen Zucker
und Marsala dazurühren. Den
Topf ins Wasserbad stellen
und erhitzen; das Gemisch mit
dem Schneebesen schaumig
schlagen, aber nicht zum Kochen bringen. Weinschaum-
creme in eine Schüssel gießen
und erkalten lassen.
Die Eiweiß zu Schnee schlagen, Puderzucker dazugeben
und weiterschlagen. Eischnee
in eine Keksspritze füllen und

auf ein gebuttertes Backblech
damit einen 1 cm dicken Kreis
spritzen. Backblech in das nur
schwach vorgeheizte Backrohr
(60°C) schieben, einen Spalt
offen lassen und die Meringue
in ca. 90 Minuten trocknen lassen. Die Meringue völlig auskühlen lassen, erst dann vom
Backblech lösen und auf eine
Platte legen. Birnen darauflegen, Weinschaumcreme dar-
übergießen und anrichten.

# HIMBEERSCHAUM

*Wenn die Himbeeren viel*
*Wasser enthalten, kann es*
*sein, daß der Schaum beim*
*Anrichten zerfließt. Die Zuga-*
*be von Blattgelatine zum Him-*
*beermark verhindert dies.*

Zubereitungszeit *20 Minuten*
*+ Zeit für das Kühlstellen*
Schwierigkeitsgrad *sehr leicht*
**Zutaten**
*600 g Himbeeren*
*4 Eiweiß*
*100 g Puderzucker*
*250 g Schlagsahne*
*1 EL Vanillezucker*
*1 Prise Salz*

Eine Handvoll Himbeeren
zum Garnieren aufbewahren,
restliche Himbeeren durch ein
Sieb passieren.
Die Eiweiß in eine Rührschüssel geben, die Prise Salz dazugeben und mit dem Schneebesen zu dickem Schaum schlagen. 50 g Puderzucker darübersieben und vorsichtig einrühren. Löffelweise das Himbeermark daruntermischen.
In einer zweiten Schüssel die

Schlagsahne steifschlagen, den restlichen Puderzucker und den Vanillezucker darübersieben und alles zum Himbeerschaum geben.
Eine Puddingform mit glattem Rand kalt ausspülen, den Himbeerschaum einfüllen und mindestens 6 Stunden in den Kühlschrank stellen. Vor dem Servieren stürzen und mit den restlichen Himbeeren verzieren.

## GEFÜLLTE PFIRSICHE

*Mit Pfirsichen aus der Dose ist dieses Dessert in wesentlich kürzerer Zeit fertig.*

Zubereitungszeit *30 Minuten*
Schwierigkeitsgrad *sehr leicht*
**Zutaten**
*6 Pfirsiche*
*12 getrocknete Pflaumen*
*1/2 Glas Rum*
*3 EL Zucker*
*12 Makronen, zerbröselt*
*6 kandierte Kirschen*

Pfirsiche halbieren und in Zuckerlösung kochen wie auf S. 24 beschrieben. Auf eine Platte legen.
Rum und Zucker zum Pfirsichsirup geben und die Pflaumen hineinlegen. Pflaumen ca. 20 Minuten in der Flüssigkeit kochen, abgießen, abtropfen lassen und durch ein Sieb passieren. Makronenbrösel in das Pflaumenmark einrühren.
Die Vertiefung in der Mitte der Pfirsiche mit dem Gemisch füllen, kandierte Kirschen halbieren und darauflegen. Bis zum Servieren in den Kühlschrank stellen.

## BIRNEN MIT HIMBEEREN

*Wenn man die Birnen in eine tiefe, kalt ausgespülte Schüssel füllt, kann man diese stürzen, sobald das Gelee wieder festgeworden ist und die Früchte zusammenhält.*

Zubereitungszeit *30 Minuten + Zeit für das Festwerden der Gelatine*
Schwierigkeitsgrad *sehr leicht*
**Zutaten**
*6 Birnen*
*100 ml Wasser*
*150 g Zucker*
*1 TL Vanillinzucker*
*200 g Himbeergelee*
*1 EL Himbeergeist*

Birnen schälen, vierteln und Kerngehäuse entfernen. Aus Wasser, Zucker und Vanillinzucker einen Sirup kochen. Etwas abkühlen lassen, Birnen damit übergießen und etwa 2 Stunden in den Kühlschrank stellen.
Himbeergelee langsam erhitzen, bis es flüssig wird, dabei mit einem Holzlöffel rühren; den Alkohol dazugeben, von

der Kochstelle nehmen und etwas abkühlen lassen.

Birnen aus dem Sirup neh-
men, gut abtropfen lassen und
auf eine Platte legen. Mit dem
Gelee bestreichen, bis sie vollständig damit überzogen sind.
Nochmals 2 Stunden in den
Kühlschrank stellen. Erst servieren, wenn das Gelee wieder
festgeworden ist.

## BIRNEN IN SCHOKOLADE

Zubereitungszeit *45 Minuten-*
Schwierigkeitsgrad *sehr leicht*
**Zutaten**
*6 Birnen*
*50 g Butter*
*5 cl Weißwein*
*100 g Zucker*
*150 g Blockschokolade*
*200 g Erdbeeren*

Birnen schälen, Kerngehäuse
ausstechen, aber den Stiel
dranlassen. In einem Topf die
Butter zerlassen, Birnen darin
dünsten, dann mit dem Wein
übergießen, den Zucker darüberstreuen und fertig dünsten. Abtropfen lassen.
Schokolade reiben und im
Wasserbad schmelzen.
Die gekochten Birnen auf eine
Platte legen, mit der flüssigen
Schokolade übergießen und
bis zum Anrichten in den
Kühlschrank stellen. Mit den
vorbereiteten Erdbeeren garnieren.

## BIRNEN MIT HEIDELBEEREN

*Sie schmecken auch mit tiefge-*
*kühlten Heidelbeeren, die*
*dann jedoch mit dem Zucker*
*in einem zugedeckten Topf bei*
*kleiner Hitze aufgetaut, durch-*
*passiert und mit der Konfitüre*
*und dem Kirschwasser ver-*
*rührt werden.*

Zubereitungszeit *10 Minuten*
Schwierigkeitsgrad *sehr leicht*
**Zutaten**
*300 g Heidelbeeren*
*4 EL Himbeerkonfitüre*
*2 TL Zucker*
*2 EL Kirschwasser*
*6 Birnen*

Heidelbeeren durch ein Sieb
passieren und mit der Konfitüre, dem Zucker und dem
Kirschwasser verrühren. Die
Fruchtsauce ein paar Minuten
lang erhitzen.
Birnen schälen, Kerngehäuse
entfernen, Birnen in Spalten
schneiden und in eine Schüssel
geben. Die heiße Sauce darübergießen.

## PFLAUMENMUS MIT BAISERHAUBE

*Auch aus getrockneten Apri-*
*kosen oder Feigen, die vorher*
*in Marsala eingeweicht wur-*
*den, kann man Mus machen*
*und für dieses Rezept verwen-*
*den.*

Zubereitungszeit *1 Stunde +*
*Einweichzeit der Pflaumen*
Schwierigkeitsgrad *sehr leicht*

**Zutaten**
*500 g getrocknete Pflaumen*
*1 Glas trockener Marsala*
*6 EL Zucker*
*3 Eiweiß*
*3 EL Puderzucker*

Die Pflaumen im Marsala über
Nacht einweichen. Abgießen,
mit dem Zucker in einen Topf
geben und mit Wasser bedeckt
bei mäßigerHitze ein paar Minuten kochen.
Pflaumen gut abtropfen lassen, entkernen und durch ein
Sieb in eine feuerfeste Form
passieren. Das Mus glattstreichen.
Die Eiweiß zu festem Schnee
schlagen, Puderzucker dazugeben und den Schnee in einen
Spritzbeutel füllen. Aus der
gezackten Tülle so auf das
Pflaumenmus spritzen, daß
das Mus vollständig bedeckt
wird.
Im Backrohr bei 150°C so lange überbacken, bis die Baisermasse sich leicht goldgelb zu
verfärben beginnt, und heiß
servieren.

## PFLAUMENSOUFFLÉ

*Ein einfaches und köstliches*
*Soufflé, das auch weniger rou-*
*tinierten Köchen gelingt. Statt*
*aus Pflaumen kann das Mus*
*auch aus anderen Trocken-*
*früchten zubereitet werden.*

Zubereitungszeit *1 Stunde +*
*Einweichzeit der Pflaumen*
Schwierigkeitsgrad *sehr leicht*
**Zutaten**
*500 g getrocknete Pflaumen*
*4 Eiweiß*

BIRNEN IN SCHOKOLADE
■ *Die Kombination von Birnen und Schokolade ergibt mit der effektvollen Erdbeergarnierung ein klassisches und sehr elegantes Dessert.*

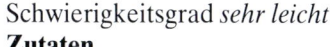

1 Prise Salz
6 EL Zucker
1 Prise Zimt
abgeriebene Schale von 1 Zitrone (unbehandelt)
1 nußgroßes Stück Butter
1 EL Mehl

Pflaumen etwa 2 Stunden in Wasser einweichen, dann abgießen, entkernen und durch ein Haarsieb streichen.
Die Eiweiß mit der Prise Salz zu sehr festem Schnee schlagen. Den Zucker, den Zimt und das Pflaumenmus dazugeben und vorsichtig vermengen, damit der Schnee nicht zusammenfällt. Zitronenschale dazugeben.
Das Gemisch in eine gebutterte, bemehlte Auflaufform füllen, bei 200°C ca. 30 Minuten backen und sofort servieren.

## BIRNEN

Es gibt zwar sehr viele Sorten, doch für Süßspeisen eignen sich hauptsächlich kochfeste Birnen, auch wenn sie nicht ganz so intensiv im Geschmack sind. Dasselbe gilt für Äpfel.

## ZWETSCHGENSPEISE MIT MAKRONEN

*Für dieses Rezept nur ganz reife Zwetschgen mit festem Fruchtfleisch verwenden.*

Zubereitungszeit *1 Stunde + Zeit für das Kühlstellen*

Schwierigkeitsgrad *sehr leicht*
**Zutaten**
800 g Zwetschgen
150 g Zucker
3 Eier
1 TL Mehl
1/4 l Milch
2 EL Puderzucker
100 g Makronen

Zwetschgen entkernen und mit 50 g Zucker ca. 20 Minuten kochen. Durchpassieren und auskühlen lassen.
Die Eigelb mit dem restlichen Zucker hell und schaumig schlagen. Das Mehl einrühren und nach und nach die Milch zugießen. Topf im Wasserbad unter ständigem Rühren erhitzen, bis die Creme zum Kochen kommt. Creme in das Zwetschgenmus einrühren. Das Gemisch in 6 Portionsschalen füllen und diese mindestens 3 Stunden in den Kühlschrank stellen.
1 Eiweiß mit dem Puderzucker zu Schnee schlagen. Die 6 Schalen mit den Makronen und dem Eischnee aus einer Keksspritze mit gezackter Tülle verzieren.

## GESTÜRZTE PFLAUMENSPEISE

Zubereitungszeit *1 Stunde + Zeit für das Festwerden*
Schwierigkeitsgrad *sehr leicht*
**Zutaten**
1 kg gelbe Pflaumen
1 Glas Wasser
500 g Zucker
6 Blatt Gelatine

Pflaumen gründlich waschen, halbieren und entkernen, wenn möglich die Haut abziehen. Pürieren, das Mus mit dem Wasser und dem Zucker in einen Topf geben, aufkochen und abschäumen.

Gelatine in kaltem Wasser einweichen. Wenn das Pflaumenmus 10 Minuten gekocht hat, den Topf von der Kochstelle nehmen und die ausgedrückte Gelatine einrühren.

Pflaumenmus in eine kalt ausgespülte Puddingform (Ø 22 cm) füllen, in den Kühlschrank stellen und mindestens 6 Stunden lang fest werden lassen.

Ein Geschirrtuch mit heißem Wasser naß machen, gut auswringen und die Puddingform damit umwickeln. Die Pflaumenspeise läßt sich dann leicht auf eine Platte stürzen.

## MELONEN-GELEEBOMBE

*Das Gelb der Zuckermelone und das Rot der Wassermelone ergeben ein hübsches Farbenspiel, weil die Kugeln durch das Gelee scheinen.*

Zubereitungszeit *60 Minuten*
Schwierigkeitsgrad *sehr leicht*
**Zutaten**
*6 Blatt Gelatine*
*100 g Würfelzucker*
*3 Orangen und*
*3 Zitronen (unbehandelt)*
*2 Eiweiß*
*1 Zuckermelone*
*1 Wassermelone*
*1 Glas Kirschwasser*
*100 g Zucker*

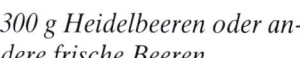

Gelatine in kaltem Wasser ein-weichen. Mit den Zucker-stückchen die Schalen der Orangen und Zitronen abrei-ben, die Zitrusfrüchte aus-pressen und den Saft mit 1/2 l Wasser und den Zuckerstück-chen in einen Topf geben. Er-hitzen, die leicht schaumig ge-schlagenen Eiweiß hineinge-ben und ca. 15 Minuten wal-lend kochen lassen. Die gut ausgedrückte Gelatine einrüh-ren und nochmals umrühren. Die Flüssigkeit durch ein Sieb gießen und abkühlen lassen. Noch lauwarm so viel davon in eine kalt ausgespülte Form gießen, daß Boden und Rand durch Schwenken mit einer hauchdünnen Schicht überzo-gen werden.

Mit einem Kugelausstecher das Fruchtfleisch der Melonen zu Kugeln formen, mit dem Kirschwasser beträufeln und mit dem Zucker bestreuen. Etwa 30 Minuten ziehen las-sen. Die Melonenkugeln in die Form legen und mit dem restli-chen Gelee auffüllen. Im Kühlschrank mindestens 6 Stunden festwerden lassen. Vor dem Anrichten die Form kurz in heißes Wasser tau-chen. Geleebombe auf eine Platte stürzen und servieren.

## TROCKENFRÜCHTE-CURRY

Zubereitungszeit *30 Minuten + Einweichzeit für die Trok-kenfrüchte*
Schwierigkeitsgrad *sehr leicht*

**Zutaten**
*100 g Rosinen*
*200 g getrocknete Pflaumen*
*200 g getrocknete Aprikosen*
*1/2 l lieblicher Weißwein*
*2 Äpfel*
*1 EL Currypulver*

Rosinen, Pflaumen und Apri-kosen mindestens 12 Stunden im Weißwein einweichen. Ab-gießen, die Pflaumen entker-nen und alle Früchte zusam-men in einen Topf geben. Cur-ry in wenig Weißwein auflösen und dazugeben. Mit dem restli-chen Wein aufgießen und ein paar Minuten kochen lassen, dabei eventuell Wasser zugie-ßen, damit die Früchte nicht anbrennen. Wenn nach dem Kochen zuviel Flüssigkeit übrig ist, diese aus dem nicht zugedeckten Topf verdampfen lassen.

Äpfel schälen und würfelig schneiden, zu dem Trocken-früchte-Kompott dazugeben. Alles in eine Schüssel füllen und servieren.

## ZITRONENCREME MIT HEIDELBEEREN

*Für dieses Rezept eignen sich nur frische Heidelbeeren, Erd-beeren oder Brombeeren.*

Zubereitungszeit *60 Minuten*
Schwierigkeitsgrad *sehr leicht*
**Zutaten**
*4 Eier*
*100 g Zucker*
*1/2 l Zitronensaft*
*abgeriebene Schale von 1 Zi-trone (unbehandelt)*
*250 g Schlagsahne*

*300 g Heidelbeeren oder an-dere frische Beeren*

Die Eigelb in einer Rührschüs-sel schaumig schlagen, nach und nach den Zucker dazuge-ben. Zitronensaft durch ein Sieb zugießen, Zitronenschale einrühren. Creme im Wasser-bad erhitzen und rühren, aber nicht zum Kochen bringen. Wenn sie dick wird, von der Kochstelle nehmen und aus-kühlen lassen.

Schlagsahne steifschlagen und vorsichtig unterheben. Zitro-nencreme in eine Schüssel fül-len und etwa 2 Stunden in den Kühlschrank stellen. Vor dem Servieren die Heidelbeeren auf die Creme streuen.

## PFLAUMEN IN VIN SANTO

*Werden die Pflaumen in Scha-len verteilt und mit Schlagsah-ne verziert, dann sieht dieses Dessert besonders elegant aus.*

Zubereitungszeit *5 Minuten + Einweichzeit*
Schwierigkeitsgrad *sehr leicht*
**Zutaten**
*500 g getrocknete Pflaumen*
*1 TL Zimt, gemahlen*
*3 EL Zucker*
*2 Gläser Vin Santo*
*Zitronensaft*

Pflaumen mit Zimt und Zuk-ker bestreuen. Über Nacht im Vin Santo mit ein paar Trop-fen Zitronensaft einweichen. Am nächsten Morgen bis zum Anrichten in den Kühlschrank stellen.

S chürzkuchen, Schwalben-
nester, Liebesschleifen,
Ballbäuschen, Teignüsse,
Mutzemandeln, Nonnenfürzchen,
Trunkene Jungfern, Polsterzipfel,
Schneebälle, Salbeimäuschen –
diese und viele andere witzige und
originelle Bezeichnungen findet
man für Gebäck, das in Fett
schwimmend herausgebacken
wird. Es besteht hauptsächlich aus
Eiern, Zucker und Mehl, manchmal einem Backtriebmittel.
Bereits aus dieser Definition ist
klar erkennbar, was das Wesen
von fritierten Süßspeisen aus-
macht: Die Schlichtheit der Zutaten, die durchwegs zum Grundre-
pertoire bürgerlicher Küche gehören, wird durch die raffinierte
Backtechnik veredelt. Ein knuspriges, goldgelbes Fettgebäck ist
eigentlich nur ein geschickter Ta-
schenspielertrick phantasievoller
Mütter, Großmütter und Tanten –
seit jeher tragende Säulen hausgemachter Feinbäckerei –, die für
einen Festtag den ärmlichen Zutaten ihrer Küche ein fürstliches Ge-
pränge verleihen.

## GEBACKENE BANANENSCHEIBEN

*Wenn die Bananen nicht sofort fritiert werden, in Wasser mit etwas Zitronensaft einlegen, damit sie nicht braun werden.*

Zubereitungszeit *1 Stunde*
Schwierigkeitsgrad *leicht*
### Zutaten
*6 Bananen*
*5 cl Rum*
*6 EL Zucker*
*8 EL Mehl*
*Fett zum Ausbacken*
*1 EL Puderzucker*

Bananen der Länge nach in Scheiben schneiden, den mit 1 EL Zucker gesüßten Rum darübergießen und 1/2 Stunde darin ziehen lassen.
Bananenscheiben herausnehmen, abtropfen und in einem Gemisch aus dem Mehl und dem restlichen Zucker wenden.
Die Bananenscheiben in reichlich Fett ausbacken und auf Küchenkrepp abtropfen lassen.
Warm mit Puderzucker bestreut servieren.

## GEBACKENE KIRSCHEN

*Der Ausbackteig für dieses Rezept ist mit Eiern angerührt, kompakt und daher auch für wasserreiche Früchte wie Erdbeeren oder Pflaumen sehr gut geeignet.*

Zubereitungszeit *60 Minuten*
Schwierigkeitsgrad *leicht*

□ *Wenn trotz aller Bemühungen das fertig ausgebackene Gebäck nicht so leicht und luftig wird, wie es sein sollte, so kann das an mehreren Dingen liegen: an der minderen Qualität des verwendeten Backfetts; an der falschen Temperatur des Fettes während des Ausbackens; an der Pfanne; an zu kurzer Quellzeit des Teiges; an zu hoher Luftfeuchtigkeit, am Luftdruck usw.*

□ *Fettgebäck gehört vor allem in Italien und in Deutschland zu den nationalen Spezialitäten. Zum Ausbacken wird in Italien vorzugsweise reines Olivenöl verwendet, weil es einen höheren Siedepunkt hat als alle übrigen Fette. In Deutschland wird stattdessen oft Butterschmalz verwendet, wodurch das Gebäck besonders knusprig wird und einen feinen Buttergeschmack erhält. Gut geeignet ist auch Kokosfett.*

□ *Die Temperatur muß stimmen: Wer keinen richtigen Fritiertopf mit Temperaturregler hat, muß sich an sichtbaren Zeichen orientieren. Das Fett ist heiß genug, kurz bevor es zu rauchen beginnt und die Farbe wechselt (Öl wird dann heller!). Ob die Temperatur richtig ist, kann man mit Hilfe eines Stückchens Weißbrot prüfen: Wenn sich um das Brot viele kleine Bläschen bilden, kann man das Fritiergut hineingeben.*

□ *Fettgebackenes wird sehr heiß gereicht und sollte gleich verzehrt werden, denn durch die Luftfeuchtigkeit bleibt es nicht lange knusprig. Sobald das Gebäck goldgelb wird, holt man es mit einem Schaumlöffel heraus und läßt es auf Küchenkrepp abtropfen. Obst kann nur in Ausbackteig fritiert werden.*

□ *Es ist ratsam, das Fritiergut nach und nach einzulegen, während das bereits Gebackene abtropft, damit das Fritierfett nicht zu heiß wird. Nach dem Ausbacken einer gewissen Menge von Fritiergut muß das Fett ausgewechselt werden, weil es sonst durch verbrannte Rückstände gesundheitsschädlich wird.*

### Zutaten
*3 Eier*
*6 EL Mehl*
*1/2 EL Brandy*
*1 Prise Salz*
*1 EL Olivenöl*
*1 kg Kirschen*
*Fett zum Ausbacken*
*1 EL vanillierter Puderzucker*

In einer Rührschüssel die Eier mit der Gabel verschlagen. Das Mehl sieben und löffelweise in die Eier einrühren. Brandy, Salz, Olivenöl und soviel Wasser dazugeben, daß ein halbflüssiger Teig entsteht. 30 Minuten quellen lassen. Inzwischen die Kirschen waschen, entkernen, trockentupfen und Stiele entfernen. Jeweils 2 oder 3 Kirschen zusammen auf ein Holzstäbchen stecken, in den Teig tauchen und in reichlich siedendem Fett fritieren. Auf Küchenkrepp abtropfen und mit dem Puderzucker bestäuben.

*APFELKÜCHLEIN*
■ *Auf die gleiche Weise kann man auch Birnen ausbacken, doch sollte man eine mehlige Sorte verwenden.*

## APFELKÜCHLEIN (APFELBEIGNETS)

Zubereitungszeit *90 Minuten*
Schwierigkeitsgrad *leicht*
**Zutaten**
*6 Äpfel*
*1 Glas Brandy*
*2 EL Zucker*
*7 EL Mehl*
*6 EL Wasser*
*1 EL Olivenöl*
*Eischnee von 1 Eiweiß*
*Fett zum Ausbacken*
*1 EL Puderzucker*

Äpfel schälen, Kerngehäuse ausstechen, in nicht zu dünne Ringe schneiden. Auf eine große Platte legen und 1 Stunde im Brandy und Zucker ziehen lassen. Man kann den Brandy auch mit 1/2 Glas lauwarmem Wasser verlängern, der Zucker löst sich dann noch besser auf.
Die Apfelringe von Zeit zu Zeit wenden. Ausbackteig zubereiten: das Mehl nach und nach mit Wasser und Öl zu einem glatten Teig verrühren. Eine Stunde quellen lassen, danach den Eischnee unterziehen.

Die Apfelscheiben abtropfen, gut trocknen und in den Teig tauchen. In heißem Fett von beiden Seiten goldgelb bakken, auf Küchenkrepp kurz abtropfen lassen und mit Puderzucker bestreuen.
Die Apfelküchlein müssen sofort und noch sehr heiß serviert werden.

## ANANASKÜCHLEIN

*Für dieses Rezept wird der Backteig mit saurer Sahne angerührt. Falls diese gerade nicht zur Hand ist, rührt man süße Sahne mit Joghurt an.*

Zubereitungszeit *1 Stunde + Zubereitungszeit für die saure Sahne*
Schwierigkeitsgrad *leicht*

**Zutaten**
*200 g Mehl*
*40 g Butter*
*250 g saure Sahne*
*1 TL Honig*
*1 Prise Salz*
*1 frische Ananas*
*2 EL Kokosraspeln*
*1 EL gehackte Mandeln*
*2 EL Zucker*
*Saft von 1 Zitrone*
*Fett zum*
*Ausbacken*
*1 EL Puderzucker*

Mehl, weichgemachte Butter, saure Sahne, Honig und Salz zu einem ziemlich weichen Teig verrühren. Den Teig ca. 20 Minuten ruhen lassen, danach auf einem bemehlten Backbrett dünn ausziehen. Mit einem Glas viele Kreise ausstechen.

Außenschale und Strunk der Ananas entfernen. Fruchtfleisch fein hacken oder schneiden und mit den Kokosraspeln, den Mandeln, dem Zucker und dem Zitronensaft vermengen.
Auf die Teigscheiben je ein Häufchen Ananasgemisch geben, mit einer zweiten Teigscheibe zudecken, die Ränder mit Wasser befeuchten und mit den Fingern aufeinanderpressen.
Die Ananasküchlein in genügend erhitztem Fett von beiden Seiten goldgelb backen, auf Küchenkrepp abtropfen lassen, mit Puderzucker bestreuen und sehr heiß servieren.

VERSCHIEDENE KÜCHLEIN
■ Küchlein in geometrischen
Formen sind in der Mitte ge-
wölbt und haben gezackte
Ränder, wenn sie mit dem
Teigrädchen ausgeschnitten
werden.

## ANANAS

Die Ananas ist sicherlich die beliebteste unter den tropischen Früchten, das ganze Jahr über erhältlich und im Kühlschrank lange haltbar. Auch Ananas in Dosen behalten weitgehend ihr Aroma und können statt frischen Früchten verwendet werden.

## GEBACKENE NOCKEN

Solche Nocken oder "Nudeln" können durch Zugabe von Obstbrand oder Rum im Geschmack variiert werden.

Zubereitungszeit *40 Minuten*
Schwierigkeitsgrad *leicht*
**Zutaten**
*3 Eier*
*2 EL Öl*
*3 EL Marsala*
*3 EL Zucker*
*1 Tasse Mehl*
*1 gestrichener EL Backpulver*
*Fett zum Ausbacken*
*1 EL Puderzucker*

Die Eier mit dem Öl, dem Marsala, dem Zucker und dem mit demBackpulver vermischten und gesiebten Mehl verrühren.
Das Fett in einer Pfanne erhitzen und den Teig löffelweise hineingeben. Die Nocken herausnehmen, wenn sie aufgegangen und goldgelb gebacken sind, und auf Küchenkrepp abtropfen lassen. Noch heiß mit Puderzucker bestreut servieren.

## GRIESSKRINGEL

*Der Grieß, der weniger Stärke enthält als Mehl und daher weniger stark bindet, macht diese Kringel mürb und zerbrechlich.*

Zubereitungszeit *1 Stunde*
Schwierigkeitsgrad *leicht*
**Zutaten**
*600 ml Wasser*
*200 g Honig*
*10 g Butterschmalz*
*1 Prise Salz*
*2 Lorbeerblätter*
*300 g Mehl*
*40 g Grieß*
*6 Eigelb*
*Fett zum Ausbacken*
*2 EL Zucker*

In einem Topf das Wasser, den Honig, das Butterschmalz, das Salz und die Lorbeerblätter aufkochen, den Topf von der Kochstelle nehmen und das Mehl und den Grieß auf einmal hineinschütten. Mit einem Holzlöffel durchrühren, Topf wieder aufstellen und den Teig einige Minuten lang rühren. Abkühlen, bis der Teig lauwarm ist, Lorbeerblätter herausnehmen und die Eigelb einzeln einrühren.
Aus dem Teig viele kleine Kringel formen, diese einzeln im siedenden Fett ausbacken, mit Zucker bestreuen und heiß servieren.

## KASTANIENBÄLLCHEN

*Diese Kastanienbällchen sind in der Emilia eine Spezialität der Faschingszeit. Man kann*

GEBACKENE TEIGTASCHEN
■ Man kann diese süßen "Ravioli" mit allen Arten von Konfitüre (z.B. Himbeer-, Pfirsich-, Brombeer- oder Kirschkonfitüre) füllen und dadurch beliebig oft variieren.

auch geröstete Pinienkerne dazugeben, die sehr gut zum Kastaniengeschmack passen.

Zubereitungszeit *45 Minuten*
Schwierigkeitsgrad *leicht*
**Zutaten**
*300 g Kastanienmehl*
*1 EL Zucker*
*100 g Sultaninen*
*1 EL Grand Marnier*
*1 gestrichener EL Backpulver*
*1 Prise Salz*
*Fett zum Ausbacken*

Das Kastanienmehl in eine große Schüssel sieben. Den Zucker, die vorher in lauwarmem Wasser eingeweichten Sultaninen, den Likör, das Backpulver und das Salz und soviel Wasser verrühren, daß ein sämiger, eher flüssiger Teig entsteht. Diesen eine Viertelstunde quellen lassen. Teig löffelweise in das siedende Fett geben, die Kastanienbällchen auf Küchenkrepp abtropfen lassen und heiß servieren.

# GEBACKENE TEIGTASCHEN

Zubereitungszeit *80 Minuten + Zeit für das Einweichen der Kastanien*
Schwierigkeitsgrad *leicht*
**Zutaten**
*200 g getrocknete Edelkastanien*
*100 g Aprikosenkonfitüre*
*1 EL Obstbrand oder Likör*
*200 g Mehl*
*1 gehäufter TL Backpulver*
*1 Ei*
*30 g Butter*

*8 EL Zucker*
*ein wenig Milch*
*Fett zum Ausbacken*
*1 EL Puderzucker*

Die Kastanien ca. 3 Stunden in kaltem Wasser einweichen. Das Wasser wechseln und die Kastanien etwa 40 Minuten weichkochen, abgießen und durchpassieren (oder Kastanienpüree aus der Dose verwenden).
Kastanienpüree mit Konfitüre und Alkohol vermischen.
Mehl und Backpulver auf der Arbeitsfläche aufhäufen, in eine Vertiefung in der Mitte das Ei, die zerlassene Butter und den Zucker hineingeben und mit der Milch zu einem weichen Teig verarbeiten.
Teig ziemlich dünn ausrollen und mit einem runden Förmchen Kreise ausstechen.
Teigscheiben mit Kastaniengemisch füllen, in der Hälfte zusammenklappen, Ränder zusammendrücken und je ein paar Teigtaschen in siedendem Fett ausbacken.
Auf Küchenkrepp abtropfen lassen, mit Puderzucker bestäuben und sofort servieren.

# RUMTEIGKRAPFEN

*Statt die Teigscheiben in Halbmonde zu teilen, kann man sie auch mit Konfitüre oder Creme füllen und zusammenklappen.*

Zubereitungszeit *1 Stunde + Zeit für das Gehen des Hefeteiges*
Schwierigkeitsgrad *leicht*

**Zutaten**

*300 g Mehl*
*15 g Zucker*
*25 g Backhefe*
*ein wenig Milch*
*2 Eier*
*1 Prise Salz*
*50 g Butter*
*1 Gläschen (2 cl) Rum*
*Fett zum Ausbacken*

Das gesiebte Mehl, den Zuk-ker, die in lauwarmer Milch aufgelöste Hefe, die verquirl-ten Eier, das Salz, die zerlasse-ne Butter und den Rum in eine Schüssel geben und mit einem Holzlöffel zu einem glatten, weichen Teig verrühren. Arbeitsplatte bemehlen und den Teig darauf mit den Hän-den kneten, bis er elastisch ist. Mit einem Tuch zudecken und mindestens 3 Stunden gehen lassen, danach zu einem ca. 5 mm dicken Teigblatt ausrol-len. Mit einem großen Glas Kreise ausstechen, in der Mit-te durchschneiden und die Halbmonde in reichlich erhitz-tem Fett ausbacken. Auf Kü-chenkrepp abtropfen lassen und servieren.

## QUARKKÜCHLEIN

Zubereitungszeit *1 Stunde*
Schwierigkeitsgrad *leicht*
**Zutaten**
*1 mehlige Kartoffel*
*100 g Magerquark*
*1 ganzes Ei*
*1 EL Zucker*
*abgeriebene Schale von*
*1 Orange (unbehandelt)*
*200 g Mehl*
*1 TL Backpulver*

1 Gläschen (2 cl) Orangenlikör
1 Prise Salz
Fett zum Ausbacken
1 EL Puderzucker

Kartoffel weichkochen und mit dem Quark durchpassieren. Den Kartoffelquark in eine Schüssel geben und das Ei einrühren. Zucker, Orangenschale, das mit dem Backpulver vermischte und gesiebte Mehl, Likör und Salz dazugeben und mit einem Holzlöffel zu einem glatten, gleichmäßigen Teig verrühren. Eine halbe Stunde rasten lassen. Mit bemehlten Händen aus Teigstückchen runde Küchlein formen, von beiden Seiten in siedendem Fett ausbacken, auf Küchenkrepp abtropfen und mit Puderzucker bestäuben.

## ÉCLAIRS (SPRITZKRAPFEN)

*Wenn man den Teig aus einem Spritzbeutel mit weiter Tülle in Häufchen auf die mit Mandelöl bestrichene Arbeitsplatte spritzt, bekommen sie eine besonders hübsche Form. Mit einer Schaufel ablösen und ausbacken.*

Zubereitungszeit *60 Minuten*
Schwierigkeitsgrad *leicht*
**Zutaten**
*1/4 l Wasser
1 reichliche Prise Salz
50 g Butter
50 g Zucker
150 g Mehl
4 Eier
Fett zum Ausbacken*

Das Wasser mit dem Salz, der Butter und dem Zucker erhitzen. Sobald es zu kochen beginnt, das Mehl auf einmal hineinschütten und mit einem Holzlöffel schnell und kräftig verrühren, damit sich keine Klumpen bilden.
Topf von der Kochstelle nehmen und die Eier nacheinander einrühren, aber immer erst dann ein neues dazugeben, wenn das vorhergehende vollständig mit dem Teig vermengt ist. Der Teig muß glatt und kompakt werden.
Den Brandteig löffelweise in reichlich siedendes Fett geben und goldgelbe Éclairs backen.

## REISKROKETTEN

*Die Zugabe von Backpulver macht die Kroketten, die wegen des hohen Stärkeanteils im Reis sonst eher schwer wären, wesentlich lockerer.*

Zubereitungszeit *75 Minuten*
Schwierigkeitsgrad *leicht*
**Zutaten**
*200 g Milchreis (Rundkornreis)
1/2 l Milch
3 EL Zucker
1 Ei
2 TL Backpulver
2 EL Mehl
Fett zum Ausbacken
2 EL vanillierter Puderzucker*

Reis in der Milch kochen, bis er die Flüssigkeit vollständig aufgenommen hat. Den Zucker, das verquirlte Ei, das

Backpulver und soviel Mehl einrühren, daß der Teig zusammenhält. 15 Minuten quellen lassen, dann löffelweise in reichlich siedendes Fett einlegen und ausbacken. Mit dem Puderzucker bestäuben und servieren.

## KARTOFFELKRINGEL

*Die Kartoffelkringel können auch mit Nelkenpulver oder geriebener Zitronenschale gewürzt werden.*

Zubereitungszeit *70 Minuten + Zeit für das Gehen des Teiges*
Schwierigkeitsgrad *leicht*
**Zutaten**
*200 g gekochte Kartoffeln*
*30 g Backhefe*
*1/2 Glas Wasser*
*200 g Mehl*
*1 TL Salz*
*1 TL Zimt, gemahlen*
*Fett zum Ausbacken*
*1 EL Puderzucker*

Kartoffeln weichkochen und durchpassieren. Hefe in dem lauwarmen Wasser auflösen. Kartoffelpüree mit Hefe und Mehl zu einem glatten Teig verrühren, zuletzt Salz und Zimt dazugeben.

Auf der bemehlten Arbeitsfläche den Teig zu einer langen, fingerdicken Rolle formen und diese in 15 cm lange Stükke schneiden. Die Enden jedes Teigröllchens zusammenfügen und die Kringel an einem warmen Ort gehen lassen. Wenn sich ihr Volumen verdoppelt hat, die Kartoffelkringel in siedendem Öl ausbacken, mit Puderzucker bestäuben und servieren.

## WEINTEIG (AUSBACKTEIG FÜR OBST)

*Die verschiedenen, für das Ausbacken von Obst geeigneten Backteige sind leicht herzustellen, müssen aber glatt und gleichmäßig fest sein, damit sie sich gut an das Obst anlegen.*

Zubereitungszeit *10 Minuten*
Schwierigkeitsgrad *sehr leicht*
**Zutaten**
*150 g Mehl*
*1/2 Päckchen Backpulver*
*1 EL Zucker*
*2 Eigelb*
*1 Prise Salz*
*150 ml Weißwein*
*2 Eiweiß*

Mehl und Backpulver mischen und in eine Schüssel sieben; den Zucker, die leicht verquirlten Eigelb und das Salz dazugeben und gut verrühren. Nach und nach den Wein zugießen und zuletzt die zu steifem Schnee geschlagenen Eiweiß darunterziehen.

## COGNAC-TEIG (AUSBACKTEIG FÜR OBST)

*Dieser Backteig ist leichter als der Weinteig. Statt Cognac kann man auch Liköre wie Grand Marnier oder Cointreau dafür verwenden.*

Zubereitungszeit *10 Minuten*
Schwierigkeitsgrad *leicht*
**Zutaten**
*150 g Mehl*
*1 Eigelb*
*1 EL Zucker*
*1 EL Cognac*
*1 EL Öl*
*1 Prise Salz*
*150 ml Wasser*
*1 Eiweiß*

In einer Schüssel aus dem Mehl, Eigelb, Zucker, Cognac, Öl, Salz und Wasser einen

Teig rühren. Das Eiweiß zu Schnee schlagen und dazugeben. Das Obst in diesen Teig tauchen und ausbacken.

## MASCARPONE-RAUTEN

*Wer statt Mascarpone Magerquark nimmt, spart Kalorien.*

Zubereitungszeit *1 Stunde + Zeit für das Gehen*
Schwierigkeitsgrad *leicht*
**Zutaten**
*200 g Mehl*
*1 TL Trocken–Backhefe*
*100 ml Milch*
*1 EL Öl*
*200 g Mascarpone*
*1 EL Zucker*
*1 Prise Salz*
*Fett zum Ausbacken*

Auf der Arbeitsplatte das Mehl anhäufen, in die Mitte eine Mulde eindrücken und die in ein wenig lauwarmer Milch aufgelöste Hefe, das Öl, den Mascarpone, den Zucker und eine Prise Salz hineingeben. Zutaten zu einem elastischen Teig verarbeiten, ca. 1 Stunde gehen lassen, danach zu einem Teigblatt von ca. 5 mm Dicke ausrollen und in rautenförmige Stücke schneiden. Die Rauten in reichlich siedendem Fett goldgelb ausbacken und auf Küchenkrepp abtropfen lassen.

## KARNEVALS-KRAPFEN

*Diese Brandteigkrapfen gibt es in ganz Italien, aber mit regio-*

nalen Unterschieden in der Bezeichnung und Zubereitung.

Zubereitungszeit *90 Minuten*
Schwierigkeitsgrad *leicht*
**Zutaten**
*1/4 l kaltes Wasser*
*50 g Butter*
*1 Prise Salz*
*150 g Mehl*
*3 Eier*
*50 g Zucker*
*abgeriebene Schale von 1 Zitrone (unbehandelt)*
*Fett zum Ausbacken*
*2 EL vanillierter Puderzucker*

In einem Topf das Wasser mit der Butter und dem Salz zum Kochen bringen. Das gesiebte Mehl auf einmal hineinschütten. Mit einem Holzlöffel rühren, bis sich der Teig vom Topf löst.
Topf vom Feuer nehmen und nacheinander die Eier unterrühren, dann den Zucker und die Zitronenschale.
Den Teig 10 Minuten rasten lassen.
Im siedenden Fett jeweils 1 Löffel voll Teig ausbacken. Die Krapfen sind fertig, wenn sie aufgegangen und goldbraun sind. Mit Puderzucker bestäuben und ganz heiß servieren.

## SCHÜRZKUCHEN

Zubereitungszeit *1 Stunde*
Schwierigkeitsgrad *leicht*
**Zutaten**
*250 g Mehl*
*20 g Butter*
*20 g Zucker*
*2 ganze Eier*

*2 EL Grappa*
*1 Prise Salz*
*Öl zum Ausbacken*
*1 EL Puderzucker*

Das Mehl auf der Arbeitsplatte anhäufen; die weichgemachte Butter, den Zucker, die Eier, den Grappa und das Salz dazugeben und alle Zutaten zu einem Teig verkneten, der sich ausrollen läßt. Teig mit einem Tuch zudecken und eine halbe Stunde an einem warmen Ort rasten lassen.
Danach den Teig nochmals durchkneten und so dünn wie möglich ausrollen. Mit einem Teigrädchen Rechtecke oder Rauten ausschneiden und in siedendem Öl ausbacken.
Etwas abkühlen lassen und mit Puderzucker bestreut servieren.

## HONIGECKEN

Zubereitungszeit *75 Minuten*
Schwierigkeitsgrad *leicht*
**Zutaten**
*250 g Mehl*
*2 Eier*
*20 g Backhefe*
*50 g Schweineschmalz*
*75 g Zucker*
*Öl zum Ausbacken*
*200 g Honig*
*3 EL Alchermes-Likör oder Mandellikör*

Das Mehl auf die Arbeitsplatte häufen, die ungetrennten Eier, die in wenig lauwarmem Wasser aufgelöste Hefe, das Schweineschmalz und den Zucker dazugeben und alle Zutaten gut miteinander ver-

mengen. Den Teig an einem lauwarmen Ort so lange gehen lassen, bis die Oberfläche rissig wird.
Nochmals durchkneten und zu einem Teigblatt von ca. 5 mm Dicke ausrollen. Rechtecke ausschneiden, diese in reichlich siedendem Öl ausbacken und auf Küchenkrepp abtropfen lassen. Schließlich mit dem Gemisch aus Honig und Alchermes bestreichen.

## MARONENTASCHEN

*Statt mit dem Kastanienpüree können diese Taschen auch mit einem Gemisch aus Gewürzen und kandierten Früchten, das mit 1 Ei gebunden wird, gefüllt werden und sind dann nicht so kalorienreich und leicht bekömmlich.*

Zubereitungszeit *90 Minuten*
Schwierigkeitsgrad *leicht*
**Zutaten**
*200 g Mehl*
*1 EL Öl*
*100 ml Weißwein*
*1 Prise Salz*
*200 g Kastanienpüree (Konserve)*
*1 TL Honig*
*1 EL Schokoladenpulver*
*1 TL Zimt, gemahlen*
*1 EL geröstete, gehackte Mandeln*
*1 EL feingehackte, gemischte kandierte Früchte*
*abgeriebene Schale von 1/2 Orange (unbehandelt)*
*1 EL Pulverkaffee*
*1 EL Likör*
*Fett zum Ausbacken*
*1 EL Puderzucker*

*Diese Küchlein werden ganz heiß gegessen und sind besonders im Karneval sehr beliebt.*

**Zutaten**
6 Birnen
2 EL Zucker
1 Glas Brandy
7 EL Mehl
6 EL Wasser
1 EL Öl
1 Eiweiß, zu steifem Schnee geschlagen
Fett zum Ausbacken
1 EL Puderzucker

Birnen schälen, Kerngehäuse ausstechen, in Scheiben schneiden. Auf einem großen Teller in Brandy und Zucker 1 Stunde ziehen lassen.

Man kann die Birnenscheiben zusätzlich noch mit 1/2 Glas Wasser übergießen; es verdünnt den Alkohol und löst den Zucker besser auf.

Birnenscheiben wenden.

Mehl nach und nach mit dem Wasser und dem Öl verrühren, bis der Teig glatt ist. Eine Stunde stehen lassen, danach das zu festem Schnee geschlagene Eiweiß unterziehen.

Die gut abgetropften Birnenscheiben in den Backteig einlegen.
In reichlich siedendem Fett die Birnenküchlein von beiden Seiten goldbraun backen. Auf Küchenkrepp abtropfen lassen und mit Puderzucker bestäuben.

SCHWALBENNESTER
■ Für das Ausbacken der
Schwalbennester kann man
ein Gerät verwenden, das wie
ein doppelbödiger Schöpflöffel aus Drahtgitter aussieht.

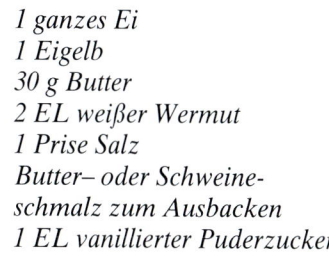

Aus Mehl, Öl, Wein und Salz
einen Teig kneten und dünn
ausrollen. Mit einem Glas viele kleine Kreise ausstechen.
Die restlichen Zutaten – ohne
Fett und Puderzucker – zur
Fülle zusammenmischen.
Auf die Hälfte der Teigscheiben je 1 nußgroßes Häufchen
Fülle setzen, eine zweite Teigscheibe darauflegen und die
mit Wasser befeuchteten Ränder gut zusammendrücken.
Taschen in reichlich siedendem Fett goldbraun ausbak-
ken, mit Puderzucker bestreu-
en und servieren.

## SCHWALBENNESTER

Zubereitungszeit *1 Stunde*
Schwierigkeitsgrad *leicht*
**Zutaten**
*250 g Mehl*
*2 Eier*
*Fett zum Ausbacken*
*100 g Honig*
*100 g gehackte Walnüsse*

Mehl und Eier zum Teig verkneten. Teig dünn ausrollen,
mit Mehl bestreuen und zusammenrollen, dann mit
einem Messer in dünne Streifen schneiden (wie Frittaten).
Je 2–3 solche Streifen in der
hohlen Hand spiralförmigzu-
sammenwickeln und mit dem
Daumen in der Mitte eindel-
len, so daß ein Nest entsteht.
Das so entstandene Nest in ein
Teesieb aus Metall legen.
In einem Topf das Fett erhitzen, bis es siedet, dann das
Teesieb mit dem Nest aus
Teigstreifen eintauchen und

dieses goldgelb backen. Auf
Küchenkrepp abtropfen lassen.
Die übrigen Teigstreifen auf
die gleiche Weise zu Nestern
formen und ausbacken.
Den Honig und die gehackten
Nüsse vermischen und die gebackenen Schwalbennester
damit füllen.

## SCHMALZSCHLEIFCHEN

*Das gute Gelingen dieser
Schleifchen hängt vor allem
vom Backfett ab, das von al-
lerbester Qualität sein muß.*

Zubereitungszeit *1 Stunde*
Schwierigkeitsgrad *leicht*
**Zutaten**
*300 g Mehl*
*50 g Zucker*
*1 ganzes Ei*
*1 Eigelb*
*30 g Butter*
*2 EL weißer Wermut*
*1 Prise Salz*
*Butter– oder Schweine-
schmalz zum Ausbacken*
*1 EL vanillierter Puderzucker*

Mehl auf die Arbeitsplatte
häufen. Zucker, Ei und Eigelb, weiche Butter, Wermut
und Salz dazugeben und alle
Zutaten zu einem weichen
Teig verkneten. Teig zwischen
zwei bemehlten Tellern 5 Minuten rasten lassen, dann so
dünn wie möglich auswellen.
Mit einem Teigrädchen in lange, dünne Streifen schneiden,

diese wie Bänder verknoten
und rasch von beiden Seiten in
reichlich siedendem Schmalz
ausbacken. Auf Küchenkrepp
abtropfen lassen und mit dem
Puderzucker bestäubt servieren.

## SCHMALZNOCKERLN NACH NEAPOLITANER ART

*Schweineschmalz ist ausgelas-
senes Schweinefett und im*

*Kühlschrank lange haltbar. Süßes und Pikantes wird durch das Backen in Schweineschmalz locker und schmackhaft.*

Zubereitungszeit *1 Stunde*
Schwierigkeitsgrad *leicht*
**Zutaten**
*300 g Mehl*
*2 Eier*
*50 g Schweineschmalz*
*30 g Zucker*
*1/2 EL Speisenatron*
*1 Prise Salz*
*3 EL Grappa*
*abgeriebene Schale von 1 Zitrone (unbehandelt)*
*Schweineschmalz zum Ausbacken*
*150 g Zitronat und Orangeat, gemischt*
*abgeriebene Schale von 2 kleinen Orangen (unbehandelt)*
*200 g Äpfel*

Mehl auf die Arbeitsplatte sieben; Eier, Schmalz, Zucker, Speisenatron, Salz, Grappa und Zitronenschale dazugeben und alles gut vermischen. Wenn nötig, noch ein wenig Grappa dazugeben.
Teig gut durchkneten, dann auf 1 cm Dicke ausrollen. In 1 cm breite Streifen schneiden und diese wieder in 1 cm lange Stücke, so daß Würfel von 1 cm Kantenlänge entstehen. Das Schweineschmalz in einer

Gußeisenpfanne erhitzen. Bevor es zu rauchen beginnt, jeweils einige Nockerln gleichzeitig darin hellbraun backen. Das Fett nicht zu heiß werden lassen, damit die Nockerln Zeit haben, auch innen durchgebacken zu werden.
Auf Küchenkrepp abtropfen und auskühlen lassen. Dann auf einem tiefen Teller aufeinanderhäufen.
Die kandierten Früchte kleinschneiden, mit der abgeriebenen Orangenschale und dem Honig vermischen. Das Gemisch erhitzen und die Nockerln vor dem Anrichten mit dem Sirup übergießen.

## MAKRONEN-QUARK-KROKETTEN

*Diese Kroketten müssen in Butter ausgebacken werden, dürfen aber nicht darin schwimmen.*

Zubereitungszeit *45 Minuten*
Schwierigkeitsgrad *leicht*
**Zutaten**
*200 g Makronen*
*400 g Magerquark*
*3 Eier*
*1 EL Mehl*
*3 EL Zucker*
*1 TL Zimt, gemahlen*
*100 g Semmelbrösel*
*Butter zum Ausbacken*

Die Makronen im Mixer pulverfein mahlen und zusammen mit dem Quark in eine Schüssel geben. Die Eier nacheinander einrühren; Mehl, Zucker und Zimt dazugeben. Alles gut vermengen und mit bemehlten Händen aus dem Teig kleine Kugeln formen. Die Kugeln zuerst in das dritte, verquirlte Ei tauchen und dann in den Bröseln wälzen. Butter in einer Gußeisenpfanne erhitzen, Kroketten darin ausbacken, dabei vorsichtig wenden. Auf Küchenkrepp abtropfen lassen und servieren.

## KLEINE FASCHINGSKRAPFEN

Zubereitungszeit *1 Stunde*
Schwierigkeitsgrad *leicht*
**Zutaten**
*300 g Mehl*
*1 EL Backpulver*
*2 Eier*
*1 EL Öl*
*1 EL Rum*
*50 g Butter*
*100 g Zucker*
*abgeriebene Schale von 1 Zitrone (unbehandelt)*
*1 Prise Salz*
*1/2 l Milch*
*Fett zum Ausbacken*
*1 EL vanillierter Puderzucker*

Mehl mit dem Backpulver vermischen und auf die Arbeitsplatte sieben; die Eigelb, das Öl, den Rum, die weichgemachte Butter, den Zucker, die Zitronenschale und das Salz dazugeben. Alles gut vermengen, die zu Schnee ge-

schlagenen Eiweiß und zuletzt die Milch dazugeben und alle Zutaten zu einem glatten, weichen Teig verkneten. Daraus ca 2 cm dicke Rollen formen, davon je 2 cm lange Stücke abschneiden und leicht an die Zinken einer Gabel drücken. Das Fett erhitzen und jeweils ein paar Krapfen gleichzeitig darin backen, aber darauf achten, daß das Fett nicht zu heiß wird und die Krapfen gut durchbacken. Auf Küchenkrepp abtropfen lassen und mit Puderzucker bestreuen.

## GEBACKENE MAKRONEN

*Makronen sind ein typisch italienisches Gebäck. Das italienische Wort "Amaretti" kommt von den Bittermandeln (mandorle amare), die unter die süßen Mandeln gemischt werden.*

Zubereitungszeit *45 Minuten*
Schwierigkeitsgrad *leicht*
**Zutaten**
*1 Ei*

*KLEINE FASCHINGS-*
*KRAPFEN*
■ *Diese Krapfen werden ge-*
*nauso geformt wie Gnocchi*
*aus Kartoffelteig: Durch leich-*
*tes Andrücken der Teigstück-*
*chen an die Zinken einer Ga-*
*bel bekommen diese eine ab-*
*geflachte, gerippte Form.*

*150 g Mehl*
*100 ml Wasser*
*200 g Makronen*
*1 Glas Rum*
*Fett zum Ausbacken*

Das Ei verquirlen und nach und nach das Mehl einrühren, das Wasser zugießen und alles zu einem flüssigen Teig verrühren.

Die Makronen kurz in den Rum tauchen, dann in den Backteig tauchen. Im siedenden Fett ausbacken, auf Küchenkrepp abtropfen lassen und anrichten.

## GEBACKENE CREME

*Zubereitungszeit 75 Minuten*
*Schwierigkeitsgrad leicht*
**Zutaten**
*2 ganze Eier und*
*2 Eigelb*
*75 g Mehl*
*1/2 l Milch*
*50 g Zucker*

*abgeriebene Schale von 1 klei-*
*nen Zitrone (unbehandelt)*
*Zum Panieren*
*100 g Mehl*
*1 ganzes Ei*
*100 g Semmelbrösel*
*Fett zum Ausbacken*
*1 EL vanillierter Puderzucker*

Die Eier leicht verquirlen und in einen Topf geben. Mehl in wenig kalter Milch glattrühren und zu den Eiern geben, restliche Milch dazugeben und alles gut verrühren. Topf erhitzen und etwa 10 Minuten unter Rühren kochen lassen. Zucker und Zitronenschale einrühren und die Creme dick werden lassen.

Von der Kochstelle nehmen, weiterrühren und auskühlen lassen. Die Eigelb unterrühren.
Die Creme auf eine kalt abgespülte Marmorplatte gießen und 1 cm dick glattstreichen. Wenn sie kalt geworden ist, kleine Rauten ausstechen und diese zuerst in Mehl, dann im verquirlten Ei und schließlich in den Semmelbröseln wenden.
Die panierten Rauten in rauchend heißem Fett ausbacken, auf Küchenkrepp abtropfen lassen und mit dem Puderzukker bestreut heiß servieren.

## STÄBCHEN AUS BRÖSELTEIG

*Hauchzartes, aber ziemlich*
*brüchiges Fettgebäck. Sicher-*
*heitshalber kann man noch ein*
*Eigelb zum Teig geben.*

*Zubereitungszeit 40 Minuten*
*Schwierigkeitsgrad mittel*
**Zutaten**
*3 Eiweiß*
*3 EL Zucker*
*abgeriebene Schale von 1 Zi-*
*trone (unbehandelt)*
*200 g Semmelbrösel*
*Fett zum Ausbacken*

Die Eiweiß zu sehr festem Schnee schlagen; Zucker, Zitronenschale und Semmelbrösel dazugeben.
Je 1 EL Teig in der Handfläche zu Stäbchen rollen. In reichlich siedendem Fett ausbacken und auf Küchenkrepp abtropfen lassen.

281

Das erste Sorbet der Geschichte soll nach der Überlieferung der römische Kaiser Nero verspeist haben. Als Rom in Flammen aufging, soll er verzückt das Schauspiel betrachtet und dabei genußvoll eine Mischung aus Schnee, Honig und frischen Früchten aus einer Schale genascht haben. Der Erfinder dieser erfrischenden Köstlichkeit ist zwar unbekannt, doch die Kühnheit, mit der er sich über die natürliche Ordnung der Jahreszeiten hinwegsetzte und einfach den Winter (Schnee, Frost) mit dem Sommer (Obst, Hitze, Farben) mischte, verdient noch heute Bewunderung.

## TRAUBENSORBET

*Einen noch intensiver schmekkenden Sirup als in unserem Rezept erhält man, wenn man 1/2 l Traubensaft mit 250 g Zucker 5 Minuten kochen läßt.*

Zubereitungszeit *40 Minuten*
Schwierigkeitsgrad *sehr leicht*
**Zutaten**
*250 g Zucker*
*1/2 l Wasser*
*1 kg Trauben*
*1 Zitrone*
*1 Eiweiß*

Zucker und Wasser 5 Minuten zusammen bei mäßiger Hitze kochen. Auskühlen lassen. Die gewaschenen und entkernten Weintraubenbeeren entsaften oder durch ein Sieb streichen, den Saft filtern (ergibt ca. 200 ml) und mit dem ebenfalls gefilterten Zitronensaft vermischen.
Saftgemisch zum erkalteten Sirup geben, umrühren und in

□ *Das Wort "Sorbet" leitet sich von dem arabischen "Sherbet" ab, läßt also einen orientalischen Ursprung dieser Süßspeise vermuten. Viele für Sorbets verwendete Fruchtsorten – vor allem die Zitrusfrüchte – stammen ja ebenfalls aus diesem Gebiet.*

□ *Was macht eigentlich den Zauber des Sorbets aus? Zum ersten ist es leicht, es unterstützt die Verdauung und ist ein ideales Zwischengericht zwischen Fisch und Fleischgang. Zum zweiten ist es unaufdringlich, denn sein zarter Geschmack beeinträchtigt die anderen Speisen nicht. Sorbet will jedoch stilgerecht in Gläsernserviert werden – nie in Metall!*

□ *Granités sind mit den Sorbets nahe verwandt, aber weniger anspruchsvoll. Die Zutaten (Zuckersirup und frisches Obst) sind zwar bei beiden dieselben, doch werden Sorbets in der Sorbetière hergestellt (siehe auch Seite 294), Granités bestehen aus Fruchtsaft, Kaffee etc. und zerstoßenen Eiswürfeln. Sie unterscheiden sich von Sorbets auch durch die geringere Konzentration des Fruchtsafts und Zuckers – so, wie sich Eau de Toilette von Parfüm unterscheidet.*

□ *Sorbets können in der Form, gestürzt oder als Kugeln serviert werden. Das Portioniergerät muß während des Aufteilens immer wieder in kaltes Wasser getaucht werden.*

□ *Als Abschluß einer Mahlzeit ist ein Sorbet besser geeignet als Sahneeis, weil es weniger nahrhaft ist. Sorbets – besonders Zitronen–, Pfefferminz– oder Basilikum–Sorbet – werden auch als Zwischengericht serviert, weil sie verdauungfördernd sind.*

die Eismaschine füllen. Fünf Minuten vor Ende der Gefrierzeit das zu steifem Schnee geschlagene Eiweiß dazugeben.

## PAPAYA-MANGO-SORBET

*Auf einer ovalen Platte mit Kiwischeiben rundherum sieht dieses zart rosa gefärbte Sorbet besonders hübsch aus.*

Zubereitungszeit *30 Minuten*
Schwierigkeitsgrad *sehr leicht*
**Zutaten**
*250 g Zucker*
*3 Grapefruits*
*100 g Kiwi–Fruchtfleisch*
*250 g Papaya–Fruchtfleisch*
*250 g Mango–Fruchtfleisch*

In einem Topf den Zucker mit dem gefilterten Saft von 2 Grapefruits 5 Minuten kochen. Erkalten lassen.
Das Fruchtfleisch der drei Fruchtsorten mit dem Saft der dritten Grapefruit im Mixer pürieren, mit dem Sirup verrühren und in die Sorbetière füllen.

## SORBET VON VIN SANTO

*Nach demselben Rezept wird reines Orangen– oder Grapefruit–Sorbet zubereitet.*

Zubereitungszeit *30 Minuten*
Schwierigkeitsgrad *sehr leicht*
**Zutaten**
*300 g Zucker*

PAPAYA
■ Das in dieser Tropenfrucht
enthaltene Enzym Papain
wirkt verdauungsfördernd.

6 Orangen
4 Zitronen
10 cl Vin Santo
1 Eiweiß

Den Zucker mit dem gefilterten Saft von 3 Orangen und 2 Zitronen bei mäßiger Hitze 5 Minuten kochen. Auskühlen lassen, den Vin Santo und den gefilterten Saft der übrigen Orangen und Zitronen dazugeben. Für die angegebene Zeit in die Sorbetière geben. Das zu Schnee geschlagene Eiweiß 5 Minuten vor Ende der Gefrierzeit untermischen.

## PASSIONSFRUCHT-SORBET

*Die sehr dekorativen Passionsfrüchte kann man auch zum Verzieren der Portionsschalen verwenden.*

Zubereitungszeit *30 Minuten*
Schwierigkeitsgrad *sehr leicht*
**Zutaten**
*250 g Zucker*
*4 Orangen*
*600 g frische Passionsfrüchte*
*1 Eiweiß*

Den gefilterten Saft von drei Orangen mit dem Zucker 5 Minuten auf mittlerer Kochstufe kochen. Den Sirup auskühlen lassen.
Die Passionsfrüchte schälen, das Fruchtfleisch durch ein Sieb passieren oder im Mixer pürieren und in einer Rührschüssel mit dem Sirup vermischen. In die Eismaschine füllen und zuletzt das zu Schnee

geschlagene Eiweiß in die Masse einrühren.

## BANANEN-SORBET

*Die Zugabe von Zitronensaft verhindert, daß die Bananen sich dunkel verfärben.*

Zubereitungszeit *30 Minuten*
Schwierigkeitsgrad *sehr leicht*
**Zutaten**
*200 g Bananen–Fruchtfleisch*
*Saft von 1 Zitrone*
*250 g Zucker*
*1/2 l Wasser*
*1 Eiweiß*
*1 Banane zum Dekorieren*
*6 kandierte Kirschen*

Bananen mit dem Zitronensaft im Mixer pürieren oder durch ein Sieb streichen. Wasser und Zucker 5 Minuten kochen, Sirup erkalten lassen und unter den Bananenbrei mischen. Alles in eine Sorbetière füllen und gefrieren lassen.
5 Minuten vor Ende der Gefrierzeit das zu festem Schnee geschlagene Eiweiß untermischen. Das Sorbet in Schalen füllen, mit je 1 Bananenscheibe und 1 kandierten Kirsche verzieren.

## BROMBEER-SORBET

*Ein richtiges Hochsommer–Sorbet, zu dessen kräftigem Aroma eine Garnierung mit Schlagsahne paßt.*

Zubereitungszeit *30 Minuten*
Schwierigkeitsgrad *sehr leicht*
**Zutaten**
*250 g Zucker*
*1/2 l Wasser*
*400 g Brombeeren*
*1 Zitrone*
*1 Eiweiß*

In einem Topf Zucker und Wasser aufkochen und langsam 5 Minuten kochen lassen. Brombeeren waschen, trockentupfen und mit dem Zitronensaft durch ein Sieb streichen, um die Kerne zu entfernen. Brombeermark mit dem erkalteten Sirup verrühren und in die Eismaschine füllen. 5 Minuten vor Ende der Gefrierzeit das geschlagene Eiweiß untermischen.

## CHAMPAGNER-SORBET

*Statt Champagner kann man dafür auch Weißwein oder Rosé verwenden und mit einer Prise Zimt würzen.*

Zubereitungszeit *30 Minuten*
Schwierigkeitsgrad *sehr leicht*
**Zutaten**
*250 g Zucker*
*1/2 l Wasser*
*3/4 l Champagner*
*4 große Zitronen*
*1 Eiweiß*

In einem Topf Wasser und Zucker aufkochen und auf mittlerer Kochstufe 5 Minuten kochen. Erkalten lassen, dann 1/2 l Champagner und den gefilterten Zitronensaft dazugeben.
In eine Sorbetière füllen. 5 Minuten vor Ende der Gefrierzeit das zu Schnee geschlagene Eiweiß untermischen. Das Sorbet vor dem Servieren mit ein paar Löffeln des restlichen Champagners übergießen.

## MELONEN-SORBET

*Wenn man das Fruchtfleisch der Melone vor dem Pürieren 1 Stunde in Vin Santo ziehen läßt, bekommt das Sorbet auf diese Weise einen leichten Likörgeschmack.*

Zubereitungszeit *30 Minuten*
Schwierigkeitsgrad *sehr leicht*
**Zutaten**
*200 g Zucker*
*1/2 l Wasser*
*1 kg Melone, geschält und entkernt*
*1 Zitrone*

Zucker und Wasser in einem Topf aufkochen, 5 Minuten kochen und den Sirup erkalten lassen.
Die Melone in kleine Stücke schneiden und mit dem gefilterten Zitronensaft im Mixer pürieren. Den Sirup in das Melonenpüree einrühren. In der Eismaschine gefrieren.

## KIWI-SORBET

*Statt Zucker und Wasser getrennt zu Sirup zu kochen, kann man die Kiwis pürieren und filtern und 1 kg des Filtrats mit 250 g Zucker kochen. Das Sorbet schmeckt dann kräftiger.*

Zubereitungszeit *40 Minuten*
Schwierigkeitsgrad *sehr leicht*
**Zutaten**
*1,5 kg Kiwis*
*1 Glas Wasser*
*250 g Zucker*
*1 Zitrone*
*1 Eiweiß*

1 kg Kiwis schälen und mit dem Wasser 10 Minuten auf mittlerer Kochstufe kochen, anschließend filtern.
Den gefilterten Kiwisaft mit dem Zucker aufkochen, 5 Minuten kochen und den Sirup auskühlen lassen.
Die restlichen Kiwis schälen, in Stücke schneiden und das Fruchtfleisch mit dem gefilterten Zitronensaft im Mixer pürieren. Den erkalteten Sirup und das Kiwipüree mischen, alles durch ein Sieb streichen und in die Eismaschine füllen. 5 Minuten vor Ende der Gefrierzeit das zu Schnee geschlagene Eiweiß untermischen.

> ### MELONE
> Am besten schmecken Melonen, die im Hochsommer oder Spätherbst reif werden. Einige Melonensorten, wie z.B. Honigmelonen, gibt es auch bei uns ganzjährig zu kaufen.

## APRIKOSEN-SORBET

*Als Verzierung für dieses Sorbet eignen sich Makronen, die man vorher mit Likör oder Weinbrand befeuchtet hat.*

Zubereitungszeit *30 Minuten*
Schwierigkeitsgrad *leicht*
**Zutaten**
*650 g reife Aprikosen*
*1 Zitrone*
*250 g Zucker*
*1/2 l Wasser*
*1 Eiweiß*

Aprikosen mit kochendem Wasser übergießen, schälen und mit dem Zitronensaft im Mixer pürieren.
Zucker und Wasser in einem Topf aufkochen und 5 Minuten wallend kochen. Sirup erkalten lassen.
Pürierte Aprikosen mit dem

ZITRONEN–SORBET
■ *Mit diesem Sorbet kann man einen alten Brauch wieder aufleben lassen: einen Zwischengang zwischen zwei Fleischgänge einer Menüfolge einschieben. Kann auch gestürzt serviert werden.*

Die Hälfte der Ananas schälen, in Scheiben schneiden, den Strunk entfernen. Scheiben mit dem Zitronensaft im Mixer pürieren.
Die 4 Orangen auspressen, den Saft filtern und in einem Topf mit dem Zucker 5 Minuten kochen. Sirup auskühlen lassen. Das Fruchtfleisch der anderen Ananashälfte entsaften, den Saft mit dem Püree und dem Orangensirup mischen und in die Eismaschine füllen. Kurz vor Ende der Gefrierzeit das zu Schnee geschlagene Eiweiß untermischen.

## ZITRONEN-SORBET

Zubereitungszeit *45 Minuten*
Schwierigkeitsgrad *leicht*
**Zutaten**
*12 Zitronen (unbehandelt)*
*300 g Zucker*
*1/8 l Wasser*
*1 Eiweiß*

Zitronen waschen, auspressen und die dünne, gelbe Außenschale von 4 Zitronen in ganz feine Stifte schneiden.
Den Zucker mit dem Saft von 6 Zitronen, dem Wasser und der feingeschnittenen Zitronenschale 5 Minuten kochen. Sirup filtern und auskühlen lassen. Den Saft der übrigen 6 Zitronen einrühren und in die Eismaschine füllen.
5 Minuten vor Ende der Gefrierzeit das geschlagene Eiweiß untermischen.

## PFIRSICH-SORBET

*Einige Mandeln mit ein paar ausgelösten Pfirsichkernen*

fein hacken. Je 1 EL davon auf jede Portionsschale geben und mit etwas Zimt bestreuen.

Zubereitungszeit *30 Minuten*
Schwierigkeitsgrad *sehr leicht*
**Zutaten**
*3 ausgelöste Pfirsichkerne*
*250 g Zucker*
*1/2 l Wasser*
*6 reife gelbe Pfirsiche*
*1 Zitrone*

Die Pfirsichkerne zerstampfen und mit dem Zucker und dem Wasser in einen Topf geben. 5 Minuten kochen, dann den Sirup erkalten lassen und filtern. Das Fruchtfleisch der Pfirsiche mit dem gefilterten Zitronensaft im Mixer pürieren. Sirup

Sirup verrühren und das Gemisch in die Eismaschine füllen. Erst in den letzten Minuten der Gefrierzeit das zu Schnee geschlagene Eiweiß untermischen.

## ANANAS-SORBET

*Ananas–Sorbet wird in Schalen serviert und mit Schlagsahne, die nur schwach mit Puderzucker gesüßt ist, verziert.*

Zubereitungszeit *30 Minuten*
Schwierigkeitsgrad *leicht*
**Zutaten**
*1 reife Ananas*
*1 Zitrone*
*4 Orangen*
*250 g Zucker*
*1 Eiweiß*

und Pfirischpüree mischen, durch ein feinmaschiges Sieb streichen und in die Eismaschine füllen.

## ORANGEN-SORBET

Zubereitungszeit *30 Minuten*
Schwierigkeitsgrad *leicht*
**Zutaten**
*8 Orangen (mindestens 1 unbehandelt)*
*2 Zitronen*
*300 g Zucker*
*600 ml Wasser*
*1 Eiweiß*

Orangen und Zitronen auspressen und den Saft filtern.
In einem Topf das Wasser, den Zucker und die halbe Saftmenge 5 Minuten kochen. Die gelbe Schale von 1 Orange (unbehandelt) in feine Stifte schneiden und 1 Stunde im Sirup ziehen lassen.
Danach den Sirup filtern, den restlichen Orangen- und Zitronensaft dazugeben und alles in die Eismaschine füllen. In den letzten Minuten der Gefrierzeit das zu festem Schnee geschlagene Eiweiß untermischen.

## WASSERMELONEN-SORBET

*Ein Gläschen Gin rundet den Geschmack dieses Sorbets ab.*

Zubereitungszeit *30 Minuten*
Schwierigkeitsgrad *sehr leicht*
**Zutaten**
*1 kg Wassermelonen-Fruchtfleisch*

*1 Zitrone*
*250 g Zucker*
*1 Eiweiß*

Die Kerne aus dem Fruchtfleisch der Wassermelone entfernen und es mit dem Zitronensaft im Mixer pürieren. Die Hälfte des Fruchtbreis 10 Minuten auf kleiner Kochstufe kochen und dann filtern. Den aufgefangenen Saft in einem Topf mit dem Zucker zum Kochen bringen und 5 Minuten kochen. Sirup erkalten lassen, das restliche Fruchtfleisch der Wassermelone dazugeben, verrühren und in die Eismaschine füllen, in den letzten Minuten der Gefrierzeit das zu festem Schnee geschlagene Eiweiß untermischen.

## ERDBEER-SORBET

*Wenn man dieses Sorbet in Portionsschalen serviert, einige Erdbeeren beiseitestellen, vierteln und sternförmig angeordnet in die Mitte der gefüllten Schalen legen.*

Zubereitungszeit *30 Minuten*
Schwierigkeitsgrad *leicht*
**Zutaten**
*300 g Zucker*
*1/2 l Wasser*
*1 Orange*
*1 Zitrone*
*800 g reife Erdbeeren, geputzt und gewaschen*

Den Zucker mit dem Wasser 5 Minuten zu Sirup kochen, auskühlen lassen.
Orange und Zitrone auspressen und den Saft filtern.

288

JOHANNISBEER–SORBET
■ Für ein besonders festliches
Essen garniert man dieses
Sorbet mit Johannisbeeren
und Tupfen aus Schlagsahne
sowie Waffelfächern.

SORBETS · GRANITÉS

Die Erdbeeren mit dem Saft
der Zitrusfrüchte im Mixer pürieren, den erkalteten Sirup
dazugeben, alles durch ein
Sieb streichen und in die Eismaschine füllen.

## SORBET VON HIMBEEREN UND WALDERDBEEREN

*Als Bombe auf eine runde
Platte gestürzt und mit einem
Blütenmuster aus Erdbeeren
und Himbeeren verziert, sieht
dieses Sorbet sehr dekorativ
aus.*

Zubereitungszeit *40 Minuten*
Schwierigkeitsgrad *leicht*
**Zutaten**
*250 g Zucker
1/2 l Wasser
200 g Fruchtfleisch von reifen
Aprikosen
200 g Himbeeren
200 g Walderdbeeren
30 g feingewürfeltes Zitronat*

Zucker und Wasser in einem
Topf zum Kochen bringen,
5 Minuten auf mittlerer Kochstufe kochen und danach auskühlen lassen.
Das Fruchtfleisch der Aprikosen mit den Himbeeren und
Erdbeeren im Mixer pürieren.
Das Zitronat fein hacken.
Den erkalteten Sirup mit dem
Fruchtmark vermischen, Zitronat dazugeben, gut verrühren und in die Eismaschine füllen.

## JOHANNISBEER-SORBET

Zubereitungszeit *45 Minuten*
Schwierigkeitsgrad *leicht*
**Zutaten**
*500 g rote Johannisbeeren
200 g Schwarzkirschen
1 Zitrone
300 g Zucker
1/2 l Wasser
1 Eiweiß*

Die Beeren und Kirschen
gründlich waschen, trocknen,
verlesen, Kirschen entkernen.
Johannisbeeren mit den Kirschen und dem gefilterten Zitronensaft im Mixer pürieren,
dann durch ein Sieb streichen.
Den Zucker mit dem Wasser
in einen Topf geben und 5 Minuten auf mittlerer Schaltstufe
kochen. Sirup auskühlen lassen und zum Fruchtbrei geben. Umrühren und in die Eismaschine füllen.
5 Minuten vor Ende der Gefrierzeit das zu Schnee geschlagene Eiweiß untermischen.

## JOHANNIS-BEEREN

Es gibt rote und schwarze
Johannisbeeren. Aus letzteren wird der französische
Cassis gemacht, sie sind süßer und daher für Süßspeisen geeigneter. Rote Johannisbeeren finden in der
Kochkunst vor allem als
Fruchtsauce zu Wildgerichten Verwendung.

## MANDARINEN-SORBET

*Dieses Sorbet ist eine feinere
Variante des Orangen-Sorbets.
Mit filierten, eventuell glasierten Mandarinenspalten verzieren.*

Zubereitungszeit *30 Minuten*
Schwierigkeitsgrad *leicht*
**Zutaten**
*12 Mandarinen (unbehandelt)
2 Orangen
1 Zitrone
200 g Zucker
1 Eiweiß*

Die Mandarinen, Orangen
und Zitrone auspressen, den
Saft filtern. Den Zucker mit
der halben Saftmenge 5 Minuten kochen. Mandarinenschale in feine Stifte schneiden, in
den Sirup geben und 1 Stunde
darin ziehen lassen. Sirup filtern und mit der anderen Hälfte des Saftes verrühren. In die
Eismaschine füllen. Gegen
Ende der Gefrierzeit das zu
steifem Schnee geschlagene
Eiweiß untermischen.

## KIRSCHEN-SORBET

*Ein paar Kirschen halbieren, entkernen und das Sorbet damit verzieren, wenn es in Schalen serviert wird.*

Zubereitungszeit *45 Minuten*
Schwierigkeitsgrad *leicht*
**Zutaten**
*700 g sehr reife Schwarzkirschen*
*1/2 l Wasser*
*1 Orange (unbehandelt)*
*1 Zitrone*
*250 g Zucker*
*1 TL Kirschwasser*
*1 Eiweiß*

Kirschen waschen, entkernen und im Mixer pürieren. Die Kerne in 100 ml Wasser zugedeckt 10 Minuten auf kleiner Kochstufe kochen.
Orange und Zitrone auspressen, den Saft filtern.
Den Zucker mit dem Saft der Zitrusfrüchte und 400 ml Wasser aufkochen und 5 Minuten bei mäßiger Hitze kochen. Die Orangenschale (nur die dünn abgeschälte gelbe Außenschale) in den Sirup geben und auskühlen lassen. Das Wasser von den Kernen dazugeben und alles durch ein Sieb gießen.
Kirschbrei und Kirschwasser mit dem Sirup verrühren. Gemisch in die Eismaschine füllen und zuletzt das zu Schnee geschlagene Eiweiß untermischen.

## ORANGEN-GRANITÉ

*Als Verzierung eignen sich kleine Stückchen Orangeat oder andere Zitrusfrüchte.*

Zubereitungszeit *15 Minuten*
Schwierigkeitsgrad *sehr leicht*
**Zutaten**
*5 Orangen*
*100 g Zucker*
*600 g Eiswürfel*

Orangen auspressen.
Gefilterten Orangensaft mit dem Zucker vermischen.
Das Eis fein zerstoßen oder im Mixer zu Schnee mahlen, in eine Rührschüssel geben und mit dem Orangensaft verrühren. In gekühlten Gläsern servieren.

## PFEFFERMINZ-GRANITÉ

*In Neapel wird diese klassische Spezialität im Sommer mehrmals täglich gegessen. Je schneeiger das Eis ist, desto köstlicher schmeckt sie.*

Zubereitungszeit *10 Minuten*
Schwierigkeitsgrad *sehr leicht*
**Zutaten**
*600 g Eiswürfel*
*400 ml Pfefferminz–Sirup*

Eis zerstoßen oder im Mixer schneeig fein zerkleinern. In eine Rührschüssel geben und dann mit dem Sirup vermischen. In hohe, im Kühl-

schrank vorgekühlte Gläser füllen und sofort servieren.

## ZITRONEN-GRANITÉ

*Zitronen–Granité gehört zu den klassischen und erfrischendsten Eis–Spezialitäten. Eventuell den Geschmack noch mit fein abgeriebener Zitronenschale verstärken.*

Zubereitungszeit *15 Minuten*
Schwierigkeitsgrad *sehr leicht*
**Zutaten**
*6 Zitronen*
*100 g Zucker*
*600 g Eiswürfel*
*12 frische Pfefferminzblätter*

Zitronen auspressen, Saft filtern und mit dem Zucker verrühren. Das Eis fein zerstoßen oder im Mixer schneeig fein mahlen. In einer Schüssel mit dem Zitronensaft verrühren. In vorgekühlten Gläser füllen und mit 2 Minzblättchen pro Glas verzieren.

## KAFFEE-GRANITÉ

*Wird im Sommer in Neapel statt der üblichen Tasse Kaffee kredenzt. Schlagsahne nach Belieben mit Kakaopulver bestreuen.*

Zubereitungszeit *15 Minuten*
Schwierigkeitsgrad *sehr leicht*
**Zutaten**
*100 g Zucker*
*100 ml sehr starker Kaffee*
*600 g Eiswürfel*
*250 g Schlagsahne*
*1 EL Kakaopulver*

Zucker mit dem noch heißen Kaffee verrühren und vollständig erkalten lassen.
Eis zu schneeiger Konsistenz zerkleinern oder im Mixer mahlen und mit dem Kaffee vermischen. In gekühlten Portionsschalen, mit steifgeschlagenen Schlagsahne verziert und mit fein gesiebtem Kakao bestreut servieren.

## KAFFEE-FRAPPÉ

Zubereitungszeit *10 Minuten*
Schwierigkeitsgrad *sehr leicht*
**Zutaten**
*4 Tassen kalter, sehr starker Kaffee*
*350 ml Milch*
*8 TL Zucker*
*10 Eiswürfel*

Alle Zutaten im Mixer eine Minute schlagen, bis keine Eisstückchen mehr vorhanden sind. In hohe, enge Gläser füllen.

## SCHOKOLADEN-FRAPPÉ

*Bei Kindern im Sommer sehr beliebte Erfrischung.*

Zubereitungszeit *10 Minuten*
Schwierigkeitsgrad *sehr leicht*

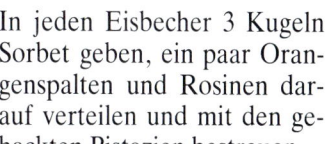

**Zutaten**

*600 ml Milch*
*6 gehäufte EL ungesüßter Ka-
kao*
*10 Eiswürfel*
*8 TL Zucker*

Alle Zutaten eine Minute im
Mixer schlagen, bis vom Eis
nichts mehr zu sehen ist.
In hohe, enge Gläser füllen,
nach Belieben mit gezuckerter
Schlagsahne verzieren.

## ORANGEN–EISBECHER

*Diese Eisbecher sind leicht
und besonders nach einem üppigen Mahl als Dessert ausgezeichnet geeignet.*

Zubereitungszeit *30 Minuten*
Schwierigkeitsgrad *leicht*
**Zutaten**

*3 Orangen*
*2 EL Sultaninen*
*30 g Butter*
*2 EL Zucker*
*1 Gläschen (2 cl) Cointreau*
*500 g Orangen–Sorbet nach
Rezept S. 286*
*1 EL Pistazien, geschält*

Orangen schälen, in Spalten
teilen und die weiße Haut abziehen.
Sultaninen in lauwarmem
Wasser einweichen, dann abtropfen lassen.
In einem Topf die Butter zerlassen, Orangenspalten hineingeben. Nach 1 Minute
Orangenspalten mit dem Zukker bestreuen und mit dem Likör begießen. Sultaninen dazugeben und bei starker Hitze
das Wasser verdampfen.

In jeden Eisbecher 3 Kugeln
Sorbet geben, ein paar Orangenspalten und Rosinen darauf verteilen und mit den gehackten Pistazien bestreuen.

## MANDARINEN–
## EISBECHER

*Mit den verschiedenen Sorbets
kann man Eisbecher in zahllo-
sen Kombinationen herstellen.*

Zubereitungszeit *20 Minuten*
Schwierigkeitsgrad *sehr leicht*
**Zutaten**

*2 kandierte Mandarinen*
*4 EL Mandarinen–Sirup*
*2 EL Mandarinenlikör*
*200 g Melonen–Sorbet*
*200 g Kiwi–Sorbet*
*200 g Mandarinen–Sorbet*
*250 g Schlagsahne*

Kandierte Mandarinen feinwürfelig schneiden und in eine
Mischung aus dem Mandari-
nen-Sirup und -likör einlegen.
In jede Portionsschale übereinander eine Schicht Melonen-
Sorbet, Kiwi-Sorbet und zuoberst Mandarinen-Sorbet füllen.
Mit einer Kecksspritze Schlagsahne daraufspritzen und mit
1 EL kandierten Früchten bestreuen. Die Abtropfflüssigkeit der kandierten Früchte
darauf verteilen und sofort
servieren.

Fachleute behaupten, einen echten Spitzenkoch erkenne man daran, daß seine Eis-Kreationen ihn als Meister seines Faches ausweisen. Das Eis verrät nämlich, wie weit es mit den jeweiligen Kochkünsten her ist. Wer exquisites Sahneeis zubereiten kann, dem gelingen auch die kompliziertesten Gerichte der Haute Cuisine. Trotzdem kann auch jede Hausfrau perfektes Eis auf den Tisch zaubern, wenn sie sich exakt an erprobte Rezepte hält.

Eis läßt keine Experimente oder Kompromisse zu. Die Zutaten müssen naturbelassen und ganz frisch, ihre Dosierung exakt und die Verarbeitung gekonnt sein. Für gutes Fruchteis kommen nur vollreife Früchte bester Qualität, für Cremeeis ganz frische Eier und Vollmilch in Frage.

## VANILLEEIS

*Dieses süß und sahnig schmeckende Eis paßt sehr gut zu säuerlichen Früchten wie Erdbeeren oder Himbeeren.*

Zubereitungszeit *60 Minuten*
Schwierigkeitsgrad *sehr leicht*
**Zutaten**
*1 Vanilleschote*
*1 l Vollmilch*
*8 Eigelb*
*200 g Zucker*

Vanilleschote in der heiß gemachten Milch eine Stunde ziehen lassen, dann die Milch aufkochen und filtern.
Mit dem Schneebesen die Eigelb und den Zucker hell und schaumig schlagen. Die kochend heiße Milch in dünnem Strahl zugießen, dabei kräftig weiterschlagen. Gemisch im Wasserbad bis zur Rose abziehen (siehe Seite 350). Von der Kochstelle nehmen, in eine große Schüssel gießen und bis zum völligen Erkalten von Zeit zu Zeit umrühren.
Gemisch durch ein Sieb gießen, dann in der Eismaschine festwerden lassen (Zeitangabe in der Gebrauchsanweisung beachten).

## SCHOKOLADENEIS

*Erstklassig wird dieses Eis nur, wenn die Schokolade von feinster Qualität und bitter ist. Am besten schmeckt es mit Schlagsahne.*

Zubereitungszeit *60 Minuten*
Schwierigkeitsgrad *sehr leicht*

□ *Speiseeis stellt im Vergleich zum Sorbet einen Fortschritt, eine technische Errungenschaft, eine raffiniertere Zubereitungsart dar. Man weiß auch, wer die Kochphase mit anschließender Abkühlung in der Eisherstellung eingeführt hat: zwei Florentiner, nämlich der große Architekt Buontalenti und der Meisterkoch Ranieri, beide im 16. Jahrhundert am hochkultivierten Hof der Medici aktiv. Von damals bis heute hat die Eisbereitung sich in Evolutionsschritten von Jahrhunderten vollzogen.*

□ *Sorbets und Speiseeis läßt man in Eismaschinen (Sorbetière, Speiseeisbereiter) gefrieren, wobei jede Sorte ihre festgelegte Gefrierzeit hat. Wer keine Eismaschine besitzt, stellt das Gefriergut in einer Rührschüssel aus Edelstahl in das Gefrierfach des Kühlschranks oder in die Gefriertruhe. Wenn die Masse festzuwerden beginnt, alle 20 Minuten (mindestens dreimal insgesamt) mit dem Schneebesen durchschlagen, damit das Eis gleichmäßig gefriert bzw. das Sorbet nicht zerläuft. Wenn man das Abkühlen beschleunigen will, stellt man die Rührschüssel in einen mit grobem Salz gefüllten Behälter, das senkt die Temperatur.*

□ *Eis kann man auf unendlich viele Arten garnieren, denn es verträgt sich mit fast allem.*
*Eine Eisbombe besteht aus farblich und geschmacklich unterschiedlichen Eissorten, die eine nach der anderen eingefüllt wurden. Ihr Inneres kann auch aus Rührteig oder likörgetränkten Biskuits bestehen.*

□ *Für eine Eis–Charlotte kleidet man eine Puddingform oder Kastenform mit alkoholgetränkten Löffelbiskuits aus, füllt das Eis hinein und stellt die Form einige Zeit in das Tiefkühlfach. Damit es nicht zu kalt serviert wird, ca. 30 Minuten vor dem Anrichten herausnehmen und in den Kühlschrank stellen.*

**Zutaten**
*1 l Vollmilch*
*1 Vanilleschote*
*150 g feine Schokolade*
*8 Eigelb*
*125 g Zucker*

Milch mit der Vanille aufkochen, die in Stücke gebrochene Schokolade dazugeben und darin zergehen lassen.
Die Eier mit dem Zucker hell und schaumig schlagen. Die Milch durchsieben und nach und nach in den Eischaum einrühren.
Das Gemisch auf kleiner Kochstufe unter Rühren eindicken lassen und bis zur Rose abziehen.
Vollständig erkalten lassen, dabei gelegentlich umrühren. Durchsieben, in der Eismaschine gefrieren lassen.

## KAFFEE-EIS

*Ein paar Kaffeebohnen und etwas Bitterschokolade fein hacken und die gefüllten Schalen damit bestreuen.*

Zubereitungszeit *60 Minuten*
Schwierigkeitsgrad *sehr leicht*
**Zutaten**
*1 l Vollmilch*
*2–3 gehäufte EL Instant Kaffee*
*8 Eigelb*
*250 g Zucker*

Die Milch aufkochen, Kaffee hineinschütten, umrühren und den Topf von der Kochstelle nehmen.
Mit dem Schneebesen die Eigelb mit dem Zucker lang und

CREMEEIS
■ Wenn man vor dem Gefrieren in die Creme 6 Pfirsichblätter hineingibt, erhält man eine sehr feine Variante mit einem zarten Mandelgeschmack.

kraftvoll schaumig schlagen. Auf kleiner Schaltstufe den Eischaum erhitzen und unter ständigem Rühren nach und nach die gefilterte, kochend heiße Milch zugießen. Bis zur Rose abziehen, Topf von der Kochstelle nehmen und vollständig auskühlen lassen, dabei gelegentlich umrühren. Durch ein Sieb streichen und in die Eismaschine füllen.

## CREMEEIS

Zubereitungszeit *60 Minuten*
Schwierigkeitsgrad *sehr leicht*
**Zutaten**
*8 Eigelb*
*250 g Zucker*
*1/2 l Vollmilch*
*500 g Schlagsahne*

Mit dem Schneebesen die Eigelb mit dem Zucker hell und schaumig schlagen.
Milch und Schlagsahne aufkochen und in dünnem Strahl zum Eischaum dazugießen, dabei ständig rühren. Das Gemisch auf kleiner Schaltstufe im Wasserbad erhitzen, ständig weiterrühren und erst von der Kochstelle nehmen, wenn die Flüssigkeit dick zu werden beginnt und am Löffel einen Überzug bildet, auf dem sich beim Daraufblasen Kringel ("Rose") abzeichnet. Unter gelegentlichem Umrühren kalt werden lassen.
Durch ein Sieb gießen, in die Eismaschine füllen und gefrieren lassen.

## HASELNUSSEIS

*Haselnuß–Krokant kann man fertig kaufen. Das Eis mit Windbäckerei garnieren und diese mit Kakao bestäuben.*

Zubereitungszeit *75 Minuten*
Schwierigkeitsgrad *sehr leicht*
**Zutaten**
*250 g Haselnuß–Krokant*
*1 l Vollmilch*
*1 Vanilleschote*
*8 Eigelb*
*180 g Zucker*

Haselnuß–Krokant in einem Mörser fein zerstampfen.
Die Milch mit der Vanille aufkochen. Die Eigelb mit dem Zucker lange und kräftig zur Schaummasse schlagen, nach und nach die kochend heiße Milch zugießen und weiterschlagen. Das Gemisch auf kleiner Kochstufe unter ständigem Rühren erhitzen. Bis zur Rose abziehen. Topf vom Herd nehmen, das Krokantpulver hineingeben und erkalten lassen.

Nicht durchsieben, sondern direkt in die Eismaschine füllen.

## PISTAZIENEIS

*Bananenscheiben zum Garnieren verwenden, aber vorher mit Zitronensaft beträufeln, damit sie sich nicht dunkel verfärben.*

Zubereitungszeit *75 Minuten*
Schwierigkeitsgrad *sehr leicht*

**Zutaten**

*60 g geschälte Pistazien*
*1 l Vollmilch*
*1 Vanilleschote*
*40 g blanchierte Mandeln*
*8 Eigelb*
*250 g Zucker*

Die Pistazien und die Mandeln in einem Mörser mit 1 EL Milch zerstampfen.
Restliche Milch mit der Vanille aufkochen, den Brei aus gestampften Pistazien und Mandeln hineingeben und 20 Minuten warmgestellt ziehen lassen.
Im Wasserbad die Eigelb mit dem Zucker schaumig schlagen. Die heiße Milch in dünnem Strahl zugießen, umrühren und auf kleiner Flamme unter ständigem Rühren erhitzen. Bis zur Rose abziehen, von der Kochstelle nehmen und erkalten lassen, dabei gelegentlich umrühren. In die Eismaschine füllen.

## PISTAZIEN

Wie im Mittleren Osten werden Pistazien nun auch bei uns nicht nur für Süßspeisen verwendet, sondern auch zum Apéritif angeboten. Sie haben eine harte Schale und eine dünne Innenhaut, die nach kurzem Überbrühen leicht abgezogen werden kann.

## ROSENEIS

*Genauso wird auch ein weiteres, typisch sizilianisches Eis*

*hergestellt: das Jasmineis. Für beide nur erstklassige Essenzen verwenden!*

Zubereitungszeit *60 Minuten*
Schwierigkeitsgrad *sehr leicht*
**Zutaten**
*8 Eigelb*
*900 g Schlagsahne*
*250 ml Zuckersirup*
*abgeriebene Schale von 1 Zitrone (unbehandelt)*
*100 ml Rosenwasser*
*8 Tropfen Rosenöl*

Die Eigelb mit der Schlagsahne, dem Zuckersirup und der Zitronenschale im Mixer verquirlen. Unter Rühren erhitzen und bis zur Rose abziehen. Von der Kochstelle nehmen, auskühlen lassen, dabei ab und zu umrühren.
Rosenwasser und –öl dazugeben und in die Eismaschine füllen.

## WALNUSSEIS

*Walnußkerne sind nicht nur die passende, sondern auch eine wohlschmeckende Verzierung für dieses Eis.*

Zubereitungszeit *75 Minuten*
Schwierigkeitsgrad *sehr leicht*
**Zutaten**
*75 g geschälte Walnußkerne*
*1 l Vollmilch*
*1 Vanilleschote*
*8 Eigelb*
*250 g Zucker*

Walnußkerne mit 1 EL Wasser fein zerstampfen.
Die Milch mit der Vanille aufkochen, Nußbrei einrühren

**MANDELEIS**
■ Dekoriert wird diese gestürzte Eisbombe entweder mit Schlagsahnetupfen und kleinen Makronen oder Löffelbiskuits mit Orangenspalten.

und ca. 20 Minuten auf dem Herd ziehen lassen.
Die Eier mit dem Zucker verschlagen. Die Vanillestange aus der Milch herausnehmen und die Milch nach und nach unter die Eier rühren.
Das Gemisch auf kleinster Kochstufe erhitzen und bis zur Rose abziehen.
Vom Herd nehmen und vollständig auskühlen lassen, dabei ab und zu umrühren. In der Eismaschine gefrieren.

## MANDELEIS

Zubereitungszeit *60 Minuten*
Schwierigkeitsgrad *sehr leicht*
**Zutaten**
*1 l Vollmilch*
*1 Stückchen Vanilleschote*
*75 g blanchierte Mandeln*
*8 Eigelb*
*250 g Zucker*

Die Milch mit der Vanille aufkochen, dann absieben.
Die Mandeln mit 1 EL Wasser ganz fein stampfen und in die kochend heiße Milch geben.
Die Eier mit dem Zucker schaumig schlagen, die Milchmischung dazugeben und verrühren. Einen Topf mit dem Gemisch auf kleiner Schaltstufe unter Rühren bis zur Rose abziehen. Erkalten lassen, ab und zu umrühren.
Das Gemisch in der Eismaschine gefrieren.

## TEE-EIS

*Eis aus grünem Tee, Jasmintee oder Rauchtee sind japanischen Ursprungs und angenehm im Geschmack.*

Zubereitungszeit *70 Minuten*
Schwierigkeitsgrad *sehr leicht*
**Zutaten**
*1 l Milch*
*1 Vanilleschote*
*1 EL grüner Tee*
*8 Eigelb*
*250 g Zucker*
*4 EL Cognac*

Milch und Vanille aufkochen. Teeblätter hineingeben und 10 Minuten ziehen lassen. Filtern.
Die Eigelb mit dem Zucker lange und kräftig aufschlagen, Milch in dünnem Strahl zugießen. Gemisch auf kleiner Kochstufe unter ständigem Rühren bis zur Rose abziehen. Vom Herd nehmen und vollständig erkalten lassen, dabei ab und zu umrühren.
Nach dem Abkühlen durch ein Sieb gießen, Cognac dazugeben und in der Eismaschine gefrieren.

## KARAMELEIS

*Das in Schalen angerichtete Eis wird vor dem Servieren mit heißem Karamel beträufelt.*

Zubereitungszeit *70 Minuten*
Schwierigkeitsgrad *sehr leicht*
**Zutaten**
*1 l Vollmilch*
*1 Vanilleschote*

dünnem Strahl zugießen und verrühren. Auf kleiner Kochstufe bis zur Rose abziehen. Topf von der Kochstelle nehmen, nach und nach das Kastanienpüree einrühren. Auskühlen lassen, Rum und Schlagsahne einrühren und in der Eismaschine gefrieren.

## SABAYON-EIS

*In Eisschalen mit heißer Schokolade oder mit Erdbeersauce übergossen servieren.*

Zubereitungszeit *60 Minuten*
Schwierigkeitsgrad *sehr leicht*
**Zutaten**
*1/2 l Vollmilch*
*500 g Schlagsahne*
*1 Stückchen Vanilleschote*
*1 Stückchen Zitronenschale (unbehandelt)*
*8 Eigelb*
*250 g Zucker*
*200 ml Marsala*

Milch mit der halben Menge Schlagsahne, der Vanille und der Zitronenschale aufkochen. Mit dem Schneebesen die Eigelb mit dem Zucker schaumig schlagen, Marsala und nach und nach die kochend heiße, gefilterte Milch unterrühren. Gemisch auf kleiner Kochstufe warm schlagen, bis es dick wird. Topf in eiskaltes Wasser stellen und auskühlen lassen, ab und zu mit dem Schneebesen durchschlagen, damit der Sabayon nicht zusammenfällt. Restliche Schlagsahne steif schlagen und unterziehen, in der Eismaschine gefrieren.

## WASSERMELONENEIS

*Das nach uraltem sizilianischem Rezept zubereitete Eis kann auf einer dünnen Schicht Marzipan serviert werden.*

*250 g Zucker*
*2 Tropfen Zitronensaft*
*8 Eigelb*

Milch und Vanille aufkochen. 180 g Zucker mit dem Zitronensaft in einem kleinen Topf auf mittlerer Kochstufe schmelzen und zu goldgelbem Karamel kochen. Karamel in die kochend heiße Milch gießen, umrühren und filtern. Die Eigelb mit dem restlichen Zucker schaumig schlagen, kochend heiße Milch unter ständigem Rühren zugießen. Das Gemisch auf kleinster Kochstufe bis zur Rose abziehen. Topf vom Herd nehmen und Gemisch vollständig erkalten lassen, dabei ab und zu umrühren.
Gemisch durch ein Sieb gießen, in die Eismaschine füllen und gefrieren.

Zubereitungszeit *60 Minuten*
Schwierigkeitsgrad *sehr leicht*
**Zutaten**
*600 g Wassermelonen–Fruchtfleisch*
*500 g Schlagrahm*
*4 Eigelb*
*300 g Zucker*
*1/2 l Milch*
*100 g Bitterschokolade*
*40 g Pistazien*
*2 EL Jasminwasser oder Rosenwasser*
*1 EL Zimt, gemahlen*

Wassermelone mit der Sahne im Mixer pürieren. Die Eigelb mit dem Zucker schaumig schlagen, unter Rühren die kochend heiße Milch zugießen. Auf kleiner Schaltstufe eindicken, dabei ständig rühren, aber nicht aufkochen lassen. Auskühlen lassen, dabei ab und zu umrühren. Das Wassermelonenpüree, die in Stückchen geschnittene Schokolade, die gehackten Pistazien, das Jasminwasser und dem Zimt daruntermengen und in die Eismaschine füllen.

## KASTANIEN-CREMEEIS

Zubereitungszeit *75 Minuten*
Schwierigkeitsgrad *sehr leicht*
**Zutaten**
*1 l Vollmilch*
*1 Vanilleschote*
*8 Eigelb*
*100 g Zucker*
*200 g Kastanienpüree*
*1 EL Rum*
*150 g Schlagsahne, leicht geschlagen*

Milch mit der Vanille aufkochen. Eigelb mit dem Zucker schaumig schlagen, die gefilterte, kochend heiße Milch in

# JOGHURTEIS

Zubereitungszeit *60 Minuten*
Schwierigkeitsgrad *sehr leicht*
**Zutaten**
*1/2 l Vollmilch–Joghurt*
*1/2 l Milch*
*8 Eigelb*
*300 g Zucker*
*1 Päckchen Vanillinzucker*

Joghurt mit Milch verrühren und aufkochen. Die Eigelb mit dem Zucker und Vanillinzucker verquirlen und unter Rühren die kochend heiße Milch zugießen. Gemisch im Wasserbad erhitzen und unter ständigem Rühren eindicken lassen. Vollständig auskühlen lassen, dabei ab und zu durchrühren. In der Eismaschine gefrieren.

# ROSINENEIS

*In Portwein eingeweichte und gut abgetropfte Rosinen sind die passende Garnierung für dieses exquisite Eis.*

Zubereitungszeit *70 Minuten*
Schwierigkeitsgrad *sehr leicht*
**Zutaten**
*150 g Rosinen*
*knapp 100 ml Portwein*
*1 l Vollmilch*
*1 Vanilleschote*
*8 Eigelb*
*250 g Zucker*

Rosinen in lauwarmem Wasser einweichen, abtropfen lassen, dann 2 Stunden im Portwein ziehen lassen. Milch und Vanille aufkochen. Inzwischen die Eigelb mit dem Zuk-

ker schaumig schlagen und die gefilterte, kochend heiße Milch nach und nach einrühren. Gemisch auf kleiner Schaltstufe bis zur Rose abziehen. Vollständig erkalten lassen, dabei ab und zu umrühren. Durch ein Sieb gießen, die Rosinen und den Portwein einrühren und in der Eismaschine gefrieren.

## MAKRONENEIS

*In Schalen servieren, reichlich Schlagsahne darauf geben und mit Zimt bestreuen.*

Zubereitungszeit *60 Minuten*
Schwierigkeitsgrad *sehr leicht*
**Zutaten**
*1 l Vollmilch*
*1 Vanilleschote*
*100 g Makronen*
*6 Eigelb*
*200 g Zucker*

Milch und Vanille aufkochen. Makronen entweder im Mörser pulverfein zerstoßen oder im Mixer mahlen. Eigelb und Zucker in einen Topf geben und so lange schlagen, bis die Masse schaumig wird. Makronenpulver und die heiße, gefilterte Milch einrühren. Das Gemisch unter ständigem Rühren auf kleiner Kochstufe eindicken. Auskühlen lassen, dabei ab und zu umrühren. In der Eismaschine gefrieren.

## EIS AUS KASTANIENBLÜTEN-HONIG

Zubereitungszeit *60 Minuten*
Schwierigkeitsgrad *sehr leicht*
**Zutaten**
*1 l Vollmilch*
*1 Stange Zimt*
*100g Kastanienblütenhonig*
*8 Eigelb*
*180 g Zucker*
*50 g Makronen, pulverfein gemahlen*

Die Milch mit der Zimtstange aufkochen, vom Herd nehmen und den Kastanienblütenhonig sowie das Makronenpulver einrühren. Die Eigelb mit dem Zucker schaumig schlagen, dann die kochend heiße, gefilterte Milch unter unablässigem Rühren dazugeben. Gemisch auf kleiner Kochstufe bis zum Eindicken erhitzen, dabei mit einem Holzlöffel ständig rühren. Vom Herd nehmen, erkalten lassen, dabei ab und zu umrühren. In der Eismaschine gefrieren.

## KOKOSEIS

Zubereitungszeit *60 Minuten*
Schwierigkeitsgrad *sehr leicht*
**Zutaten**
*1 l Milch*
*400 g Kokosraspel*
*8 Eigelb*
*250 g Zucker*

Milch mit den Kokosraspeln aufkochen, dann 2 Stunden ziehen lassen. Durch ein Tuch seihen, Tuch zusammendrehen und die Flüssigkeit bis zum letzten Tropfen aus den Kokosraspeln auspressen. Die Milch nochmals aufkochen. Die Eigelb mit dem Zucker hell und schaumig schlagen, die kochend heiße Milch in dünnem Strahl nach und nach zugießen und dabei ständig rühren.
Gemisch auf kleiner Kochstufe unter ständigem Rühren eindicken, aber nicht zum Kochen kommen lassen. Vom Herd nehmen, vollständig erkalten lassen und dabei ab und zu umrühren, damit sich keine Haut bildet. In der Eismaschine gefrieren.

## NUSS-NOUGAT-EIS

*Eis in Schalen anrichten und im letzten Moment mit heiß gemachter, flüssig gerührter Kirschmarmelade bester Qualität übergießen.*

Zubereitungszeit *75 Minuten*
Schwierigkeitsgrad *sehr leicht*
**Zutaten**
*1 l Milch*
*1 Vanilleschote*

ERDBEEREIS
■ Den Eisbecher mit beson-
ders schönen Erdbeeren und
Schlagsahne garnieren.

*150 g ausgelöste, blanchierte
und im Backrohr geröstete
Haselnüsse
8 Eigelb
300 g Zucker
200 g Blockschokolade*

Milch und Vanille aufkochen,
Haselnüsse fein zerstoßen
oder mahlen. Die Eier mit
dem Zucker zu einer hellen,
luftigen Masse aufschlagen,
dann die heiße, gefilterte
Milch in dünnem Strahl einrühren. Schokolade in Stücke
brechen, dann im Wasserbad
schmelzen und in das Milchge-
misch geben, dabei ständig
rühren und nicht zum Kochen
kommen lassen. Vom Herd
nehmen, Haselnüsse dazugeben und vollständig erkalten
lassen, dabei ab und zu umrühren. Gemisch sieben und in die
Eismaschine füllen.

## ERDBEEREIS

Zubereitungszeit *75 Minuten*
Schwierigkeitsgrad *sehr leicht*
**Zutaten**
*1/2 l Milch
abgeriebene Schale von 1 Zitrone (unbehandelt)
500 g vollreife Erdbeeren
500 g Schlagsahne
4 Eigelb
300 g Zucker*

Die Milch mit der Zitronenschale aufkochen. Erdbeeren
mit einem feuchten Tuch sau-
berreiben, im Mixer pürieren
und filtern. Eine Weile stehen
lassen, die steif geschlagene
Schlagsahne dazugeben und
noch ein wenig mit dem

301

*Für diese Eisbombe wird eine Außenschicht aus Mandeleis mit Kastanien-Sorbet und alkoholgetränkten Früchten gefüllt.*

**Zutaten** für 8-10 Personen
Für das Mandeleis
60 g geschälte Mandeln
40 g Nougat
400 ml Milch
3 Eigelb
125 g Zucker
150 g Crème double
1 TL Kirschwasser

Für die Kastanienfülle
125 g glasierte Maronen
100 g Zucker
5 Eigelb
1/2 TL Vanilleextrakt
2 EL Curaçao
300 g Schlagsahne, steif geschlagen
350 g frische Himbeeren
1 EL Kirschwasser

Für das Mandeleis die Mandeln und das Nougat fein hacken. Die Milch mit der Crème double mischen, aufkochen, Mandeln einrühren und ca. 20 Minuten kochen lassen. Die Eigelb mit dem Zucker gut verschlagen. Die Milch nach und nach unter die Eigelbmasse rühren. Das Gemisch auf kleinster Kochstufe erhitzen und bis zur Rose abziehen. Vom Herd nehmen, Kirschwasser zugeben, unter gelegentlichem Rühren auskühlen lassen. In der Eismaschine gefrieren. Vor Ende der Gefrierzeit, so lange das Eis noch weich ist, die Nougatstückchen unterrühren.

Eine vorgekühlte Bombenform in eine Schüssel mit Eisstückchen stellen. Form innen mit einer Schicht weichgerührtem Mandeleis füllen. Eisschicht innen mit einem Löffel glattstreichen, Form wieder in die Gefriertruhe stellen. Etwas Eiscreme extra in die Truhe geben.

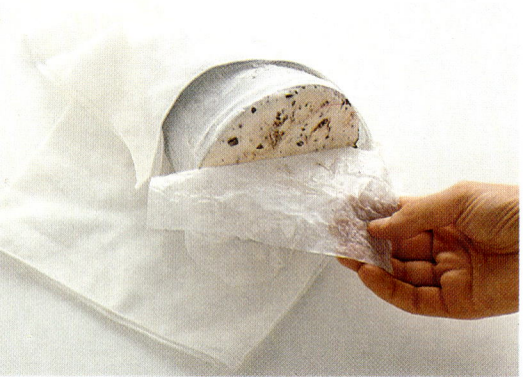

Kastanien in Wasser weichkochen und durch ein Sieb streichen. Das Kastanienpüree mit den Eigelb und dem Zucker vermischen, Schüssel ins Wasserbad stellen, erhitzen und schlagen, bis das Püree glänzt.

Schüssel in einen Behälter mit Eisstücken stellen und das Gemisch unter ständigem Rühren erkalten lassen. Aus dem Eis herausnehmen, Kirschwasser und steif geschlagene Schlagsahne dazugeben.

Für die Füllung die Himbeeren mit Maraschino beträufeln und einzuckern. Die Früchte werden ganz eingefüllt.

Die in Eis gestellte Bombenform bis auf halbe Höhe mit Himbeerenfüllen, dann auf die gefrorene Kastaniencreme nochmals eine Schicht Himbeeren darauffüllen.

Mit Mandeleis bedecken, so daß die Form gestrichen voll ist. Mit einem Löffelrücken glattstreichen, eine Scheibe Butterbrotpapier darauflegen und den Deckel der Form schließen. Etwa 4 Stunden in der Gefriertruhe gefrieren lassen. Danach Deckel und Butterbrotpapier entfernen und auf einen gekühlten Teller stürzen.

Schneebesen schlagen. In einer Schüssel die Eigelb mit dem Zucker hell und schaumig schlagen, dann die heiße Milch nach und nach einrühren. In einem Topf bei geringer Hitze eindicken lassen, dabei ständig rühren und nicht zum Kochen kommen lassen. Gemisch in eine Schüssel füllen und auskühlen lassen, dabei ab und zu umrühren, damit sich keine Haut bildet. Erdbeer-Sahne-Mischung dazugeben, umrühren und in der Eismaschine gefrieren lassen.

## EISCREME AUS FRISCHEN FRÜCHTEN

*Mit Pfefferminzblättern, Johannisbeeren und Erdbeeren garnieren.*

Zubereitungszeit *60 Minuten*
Schwierigkeitsgrad *sehr leicht*
**Zutaten**
*4 Eigelb*
*500 g Zucker*
*1/2 l Milch*
*500 g frische, gemischte Früchte der Saison*
*1 Zitrone*
*500 g Schlagsahne*

Die Eigelb mit dem Zucker schaumig schlagen, heiße Milch zugießen und die Creme im Wasserbad eindicken, aber nicht kochen. Das Fruchtfleisch im Mixer pürieren, in einer Schüssel mit der Creme mischen und eine Stunde auskühlen lassen. Zitronensaft und Sahne dazugeben, mit dem Schneebesen schlagen, in der Eismaschine gefrieren.

## PFIRSICHEIS

*In Eisbecher verteilen, mit Schlagsahne verzieren und mit Zimt bestäuben.*

Zubereitungszeit *70 Minuten*
Schwierigkeitsgrad *sehr leicht*
**Zutaten**
*400 g gelbe Pfirsiche, geschält und entkernt*
*1 Zitrone*
*1/2 l Milch*
*4 Eigelb*
*300 g Zucker*
*500 g Schlagsahne*

Pfirsiche mit dem Saft einer Zitrone im Mixer pürieren. Milch aufkochen. Eigelb mit dem Zucker lange schaumig schlagen, dann die kochend heiße Milch einrühren. Gemisch auf kleiner Kochstufe unter ständigem Rühren eindicken, aber nicht kochen lassen. Erkalten lassen, ab und zu umrühren. Das Pfirsichpüree und die Schlagsahne dazugeben, gut durchmischen und in der Eismaschine gefrieren lassen.

## TORRONE-EIS

*Torrone ist eine italienische Spezialität und ähnelt sehr hartem türkischen Honig.*

Zubereitungszeit *80 Minuten*
Schwierigkeitsgrad *sehr leicht*
**Zutaten**
*1 l Milch*
*1 Vanilleschote*
*8 Eigelb*
*250 g Zucker*
*350 g Torrone oder harter türkischer Honig*

Milch mit der Vanille aufkochen. 20 Minuten ziehen lassen, dann filtern. Die Eigelb mit dem Zucker zu einer luftigen, cremigen Masse aufschlagen. Unter Rühren die heiße Milch in dünnem Strahl zugießen. Gemisch unter ständigem Rühren bis zur Rose abziehen. Vom Herd nehmen und erkalten lassen, dabei ab und zu umrühren. Torrone im Mörser zu kleinen Stückchen zerstampfen und unter die Creme mischen. In der Eismaschine gefrieren.

## KAFFEEBOMBE

*Mit Baisergebäck und Schoko-Kaffeebohnen verziert servieren.*

Zubereitungszeit *20 Minuten + Gefrierzeit*
Schwierigkeitsgrad *leicht*
**Zutaten**
*500 g Kaffee-Eis*
*250 g Vanilleeis*
*250 g Schokoladeneis*
*ca. 12 Kaffeebohnen aus Schokolade*

Eine Eisbombenform aus Metall (Halbkugel von 16 cm Durchmesser) mit luftdicht schließendem Deckel 10 Minuten in die Tiefkühltruhe stellen. Herausnehmen und mit Kaffee-Eis auskleiden. Innen abwechselnd eine Schicht Vanilleeis und Schokoladeneis einfüllen, Deckel schließen und 2–3 Stunden in der Tiefkühltruhe gefrieren. Die Form kurz in heißes Wasser stellen, Bombe auf einen gekühlten Teller stürzen und verzieren.

## FRUCHT-EISBOMBE

*Wenn man die Form zuerst mit Bananen-, Ananas- oder Kiwischeiben auskleidet, bevor das Eis eingefüllt wird, sieht diese Bombe besonders hübsch aus.*

Zubereitungszeit *30 Minuten + Gefrierzeit*
Schwierigkeitsgrad *leicht*
**Zutaten**
*100 g Sauerkirschen (Konserve)*
*100 g Ananas (Konserve)*
*100 g Pfirsiche (Konserve)*
*250 g Schlagsahne*
*1 EL Puderzucker*
*500 g Erdbeereis*

Alle in Zuckersirup eingelegten Früchte gut abtropfen lassen, kleinwürfelig schneiden und einige Stunden abtropfen lassen. Eine halbkugelförmige Eisbombenform (Ø 16–18 cm) aus Metall mit luftdicht schließendem Deckel in die Tiefkühltruhe stellen. Schlagsahne mit dem Puderzucker steif schlagen, Fruchtwürfel daruntermischen. Gekühlte Form mit einer Schicht Erdbeereis auskleiden. Schlagsahne mit Früchten einfüllen, Deckel schließen und 4–5 Stunden in der Tiefkühltruhe gefrieren. Form kurz in heißes Wasser tauchen und Bombe auf eine gekühlte Platte stürzen.

## SCHOKOLADEN-EISBOMBE

Zubereitungszeit *30 Minuten + Gefrierzeit*
Schwierigkeitsgrad *leicht*
**Zutaten**
*80 g Blockschokolade*
*250 g Schlagsahne*
*1 EL Puderzucker*
*500 g Schokoladeneis*
*250 g Pistazieneis*

Eine halbkugelförmige Eis-

bombenform (Ø 16 cm) aus
Metall mit luftdicht schließendem Deckel 10 Minuten in die
Tiefkühltruhe stellen. Schokolade ganz fein hacken, Schlagsahne mit dem Puderzucker
steif schlagen und die feingehackte Schokolade dazuge-
ben. In die gekühlte Form zuerst die Schlagsahne, darauf
eine Schicht Pistazieneis und
zuletzt das Schokoladeneis füllen. Deckel schließen und
Form 3 Stunden in die Tiefkühltruhe stellen. Form kurz
in heißes Wasser tauchen und
die Bombe auf eine gekühlte
Platte stürzen.

## SABAYON-EISBOMBE

*Den unteren Rand dieser
Bombe mit Schlagsahnester-
nen, den oberen mit Walderdbeeren verzieren.*

Zubereitungszeit *20 Minuten
+ Gefrierzeit*
Schwierigkeitsgrad *leicht*
**Zutaten**
*500 g Sabayon-Eis
250 g Nuß–Nougat-Eis
250 g Rosineneis*

Eine halbkugelförmige Eisbombenform (Ø 16 cm) aus
Metall mit luftdicht schließendem Deckel 10 Minuten in die
Tiefkühltruhe stellen. In die
Form zuerst eine Schicht Saba-
yoneis, dann Nuß–Nougat-Eis
und zuoberst Rosineneis füllen und 2–3 Stunden in die
Tiefkühltruhe stellen. Form
kurz in heißes Wasser tauchen
und die Eisbombe auf eine gut
gekühlte Platte stürzen.

## VANILLE-EISBOMBE

*Mit geschmolzener Bitterscho-
kolade aus einer Papiertüte
oder Tortenspritze mit ganz
enger Öffnung ein Muster aus
dünnen Fäden aufspritzen.*

Zubereitungszeit *20 Minuten
+ Gefrierzeit*
Schwierigkeitsgrad *leicht*
**Zutaten**
*400 g Schlagsahne, geschla-
gen
1 EL Puderzucker
150 g Baisergebäck
500 g Vanilleeis*

Eine halbkugelförmige Eisbombenform (Ø 16–18 cm)
aus Metall 10 Minuten in die
Tiefkühltruhe stellen. Die
Schlagsahne mit dem Zucker
süßen und das Baisergebäck
zerbröseln. Baiserkrümel vorsichtig mit der Schlagsahne mischen. Gekühlte Form mit Vanille–Eis auskleiden, in die
Mitte die Baiser–Schlagsahne
einfüllen. Deckel daraufgeben
und 3 Stunden in der Tiefkühltruhe gefrieren lassen. Mindestens 1 Stunde vor dem Verzehr aus der Tiefkühltruhe
nehmen. Bombe auf eine gekühlte Platte stürzen.

## KAFFEE-PARFAIT

*Vor dem Servieren die Mittel-
öffnung des Parfaits mit
Schlagsahne füllen und mit
Schoko–Kaffeebohnen verzieren.*

Zubereitungszeit *70 Minuten
+ Gefrierzeit*
Schwierigkeitsgrad *leicht*

**Zutaten**
*250 g Zucker
1/8 l Wasser
60 g geröstete Kaffeebohnen
6 Eigelb
500 g Schlagsahne
2 EL Puderzucker*

Den Zucker mit dem Wasser
zu einem dicken Sirup einkochen. Der Sirup ist fertig,
wenn ein zwischen Daumen
und Zeigefinger gehaltener
Tropfen beim Öffnen der Finger einen Faden zieht. Vom
Herd nehmen und die Kaffeebohnen hineingeben. Auskühlen lassen, durch ein Tuch seihen und wieder erhitzen. Die
Eigelb mit ein paar Tropfen
Wasser verquirlen, den kochend heißen Sirup nach und
nach mit dem Schneebesen
darunterschlagen und auskühlen lassen. Die Schlagsahne
mit dem Puderzucker steif
schlagen und unter das Ei-Si-
rup-Gemisch ziehen. Alles in
eine Parfait–Form (mit Mitte-

löffnung) füllen und 5–6 Stunden in der Tiefkühltruhe gefrieren. Form in lauwarmes
Wasser tauchen und das Parfait auf eine gekühlte Platte
stürzen.

## HASELNUSS-PARFAIT

*Parfait rundherum mit Man-
deln und mit Haselnüssen verzieren.*

Zubereitungszeit *60 Minuten
+ Gefrierzeit*
Schwierigkeitsgrad *leicht*
**Zutaten**
*200 g geschälte, blanchierte
und im Backrohr geröstete
Haselnüsse
250 g Zucker
1/8 l Wasser
6 Eigelb
500 g Schlagsahne*

Haselnüsse ganz fein hacken
oder mahlen.
Zucker und Wasser zu einem

dicken Sirup einkochen. Der Sirup ist fertig, wenn ein zwischen Daumen und Zeigefinger gehaltener Tropfen beim Öffnen der Finger einen Faden zieht.

Die Eigelb mit ein paar Tropfen Wasser verquirlen, den Sirup in dünnem Strahl dazugießen und rühren, bis das Gemisch erkaltet ist.

Schlagsahne steif schlagen und unter die Eimasse heben, alles in eine Parfait–Form (mit Mittelöffnung) füllen und 5–6 Stunden in der Tiefkühltruhe gefrieren.

Die Form kurz in lauwarmes Wasser tauchen, das Parfait läßt sich dann leicht stürzen.

## APRIKOSEN-PARFAIT

*Mit Kiwischeiben in der Mitte und rund um den unteren Rand servieren.*

Zubereitungszeit *60 Minuten + Gefrierzeit*
Schwierigkeitsgrad *leicht*
**Zutaten**
*250 g Zucker*
*125 ml Wasser*
*6 Eigelb*
*250 g Aprikosen (Konserve), gut abgetropft*
*500 g Schlagsahne*

Zucker und Wasser zu einem dicken Sirup einkochen. Der Sirup ist fertig, wenn ein zwischen Daumen und Zeigefinger gehaltener Tropfen beim Öffnen der Finger einen Faden zieht.

Die Eigelb mit ein paar Tropfen Wasser verquirlen, unter

ständigem Rühren den kochend heißen Sirup in dünnem Strahl zugießen und weiterrühren, bis das Gemisch vollständig erkaltet ist. Die Aprikosen im Mixer pürieren, in das Gemisch einrühren und die steif geschlagene Schlagsahne vorsichtig unterheben. Alles in eine Parfait–Form (mit Mittelöffnung) füllen und 5–6 Stunden in der Tiefkühltruhe gefrieren.

Form in lauwarmes Wasser tauchen und das Parfait auf eine gekühlte Platte stürzen.

## KIWI-PARFAIT

Zubereitungszeit *60 Minuten + Gefrierzeit*
Schwierigkeitsgrad *leicht*
**Zutaten**
*200 g Kiwis*
*1 Glas Marsala*
*250 g Zucker*
*1/8 l Wasser*
*6 Eigelb*
*600 g Schlagsahne*

Die Kiwis schälen, in Scheiben schneiden und im Marsala ziehen lassen.

Den Zucker mit dem Wasser zu einem dicken Sirup einkochen. Der Sirup ist fertig, wenn ein zwischen Daumen und Zeigefinger gehaltener Tropfen beim Öffnen der Finger einen Faden zieht. Die Eigelb mit ein paar Tropen Wasser verquirlen, den Sirup in dünnem Strahl zugießen und mit dem Schneebesen weiterschlagen, bis das Gemisch vollständig erkaltet ist. Kiwis aus dem Marsala nehmen, ab-

tropfen lassen, im Mixer pürieren und in die Eimasse einrühren. Alles in eine Parfait–Form mit Mittelöffnung füllen und 5–6 Stunden in der Tiefkühltruhe gefrieren. Form in lauwarmes Wasser tauchen und das Parfait stürzen.

## SCHOKOLADEN-PARFAIT

*Verziert wird dieses Parfait mit Schokoladenblättchen und Schlagsahnetupfen.*

Zubereitungszeit *60 Minuten + Gefrierzeit*
Schwierigkeitsgrad *leicht*

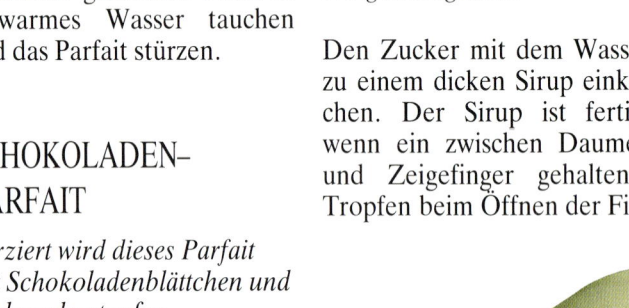

**Zutaten**
*250 g Zucker*
*1/8 l Wasser*
*125 g Bitterschokolade*
*8 Eigelb*
*500 g Schlagsahne*

Den Zucker mit dem Wasser zu einem dicken Sirup einkochen. Der Sirup ist fertig, wenn ein zwischen Daumen und Zeigefinger gehaltener Tropfen beim Öffnen der Fin-

■ *Als Verzierung für dieses Parfait sehen Walderdbeeren und Hobelspäne aus Bitterschokolade sehr gut aus.*

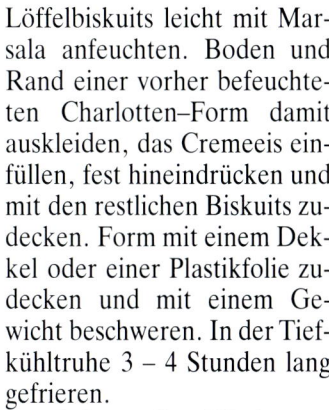

ger einen Faden zieht. Sirup von der Kochstelle nehmen, die zerkleinerte Schokolade hineingeben und glattrühren. Sirup nochmals erhitzen. Die Eigelb mit ein paar Tropfen Wasser verquirlen, den kochend heißen Sirup nach und nach zugießen und mit einem Schneebesen kräftig schlagen, bis das Gemisch völlig erkaltet ist. Schlagsahne steif schlagen und vorsichtig unterheben.

Alles in eine Parfait–Form mit Mittelöffnung füllen und 5 – 6 Stunden in der Gefriertruhe gefrieren. Form in lauwarmes Wasser tauchen und auf eine gekühlte Platte stürzen

## WALNUSS-PARFAIT

*Zum Anrichten mit Zimt bestäuben und mit kandierten Veilchen dekorieren.*

Zubereitungszeit *60 Minuten + Gefrierzeit*
Schwierigkeitsgrad *leicht*

**Zutaten**
*200 g Walnußkerne*
*250 g Zucker*
*1/8 l Wasser*
*6 Eigelb*
*500 g Schlagsahne*

Die Nüsse ganz fein hacken oder mahlen.
Zucker und Wasser zu Sirup einkochen, wie im vorhergehenden Rezept beschrieben.
Die Eigelb mit ein paar Tropfen Wasser verquirlen, den Sirup in dünnem Strahl zugießen und weiterschlagen, bis das Gemisch erkaltet ist.
Die zerkleinerten Walnüsse dazugeben, dann die steif geschlagene Schlagsahne vorsichtig unterheben. Alles in eine Kranzform füllen und in der Tiefkühltruhe 5–6 Stunden gefrieren. Die Form ein paar Minuten in lauwarmes Wasser stellen und das Parfait stürzen.

## HIMBEEREIS-CHARLOTTE

*Dasselbe Rezept gilt auch für Eis-Charlotten aus Erdbeeren, Brombeeren, Johannisbeeren, Heidelbeeren und Stachelbeeren.*

Zubereitungszeit *40 Minuten + Gefrierzeit*
Schwierigkeitsgrad *leicht*
**Zutaten**
*30 Löffelbiskuits*
*1 Glas Marsala*
*700 g Cremeeis nach Rezept S. 295*
*400 g Himbeeren*
*Saft von 1/2 Zitrone*
*150 g Zucker*

Löffelbiskuits leicht mit Marsala anfeuchten. Boden und Rand einer vorher befeuchteten Charlotten–Form damit auskleiden, das Cremeeis einfüllen, fest hineindrücken und mit den restlichen Biskuits zudecken. Form mit einem Deckel oder einer Plastikfolie zudecken und mit einem Gewicht beschweren. In der Tiefkühltruhe 3 – 4 Stunden lang gefrieren.
Inzwischen die Himbeeren waschen, trockentupfen und mit dem Zitronensaft, dem Zucker und 2 EL Marsala im Mixer pürieren.
Form kurz in heißes Wasser tauchen, Charlotte stürzen und mit Himbeersauce in der Sauciere servieren.

## BEEREN-CHARLOTTE

*Als Verzierung eignen sich Schlagsahne und Pfefferminzblätter.*

Zubereitungszeit *30 Minuten + Gefrierzeit*
Schwierigkeitsgrad *leicht*
**Zutaten**
*150 g Zucker*
*1/4 l Wasser*
*2 TL Cointreau*
*16 Löffelbiskuits*
*200 g Schlagsahne*
*40 g Puderzucker*
*200 g Erdbeeren*
*200 g Brombeeren*

Zucker und Wasser ein paar Minuten kochen, etwas auskühlen lassen und den Likör dazugeben.
Löffelbiskuits halbieren, kurz

in den lauwarmen Sirup tauchen und eine Charlottenform (Inhalt 1 l) damit auskleiden. Die gut gekühlte Schlagsahne mit dem Puderzucker steif schlagen.

In die Form zuerst eine Schicht Schlagsahne, dann einen Teil der Erdbeeren, mit Sirup angefeuchteten Biskuits und einen Teil der Brombeeren einfüllen. In gleicher Reihenfolge fortfahren, bis die Zutaten aufgebraucht sind. Mit Biskuits abschließen und diese mit dem restlichen Sirup beträufeln. Mit einem Teller zudecken und mit einem Gewicht beschwert ca. 3 Stunden in den Gefrierschrank stellen. Zum Anrichten Form kurz in heißes Wasser tauchen und die Charlotte auf einen gekühlten Teller stürzen.

## KAFFEE-CHARLOTTE

Zubereitungszeit *30 Minuten + Gefrierzeit*
Schwierigkeitsgrad *leicht*
**Zutaten**
*500 g Schlagsahne*
*125 g Zucker*
*1 Glas starker Kaffee*
*30 Löffelbiskuits*
*Schlagsahne und*
*Schoko–Kaffeebohnen zum*
*Verzieren*

Schlagsahne mit 120 g Zucker steif schlagen, 2 EL Kaffee nach und nach vorsichtig darunterschlagen. In eine Gefrierschale füllen und ein paar Stunden in der Tiefkühltruhe gefrieren.

Restlichen Kaffee mit dem restlichen Zucker süßen.

Eine große Kastenform mit den in gesüßten Kaffee getunkten Löffelbiskuits auskleiden, dann abwechselnd eine Schicht Sahneeis und Löffelbiskuits einfüllen, mit Biskuits abschließen und mit einem Gewicht beschwert 2 Stunden in den Gefrierschrank stellen. Form einige Sekunden in heißes Wasser tauchen, Charlotte stürzen, Oberseite dicht mit Schlagsahne bespritzen und mit Schoko-Kaffeebohnen verzieren.

## SCHOKOLADE-HALBGEFRORENES

*Mit Schokospänen und mit ungesüßtem Kakao bestreut servieren.*

Zubereitungszeit *40 Minuten
+ Gefrierzeit*
Schwierigkeitsgrad *leicht*
**Zutaten**
*1 Stück Biskuit von ca. 300 g,
rechteckig zugeschnitten
1 Gläschen (2 cl) Kaffeelikör
150 g Krokant
300 g Schlagsahne
1 EL Puderzucker
ca. 500 g Schokoladeneis*

Biskuit quer in dünne Scheiben schneiden. Boden und Wände einer Kastenform damit auskleiden und Biskuit mit wenig Likör anfeuchten. Krokant zu ganz kleinen Stücken zerstoßen.
Schlagsahne mit dem Puderzucker steif schlagen, Krokantkrümel dazugeben und das Gemisch bis zur halben Höhe in die Form füllen. Zudecken und 3 Stunden in die Tiefkühltruhe stellen.
20 Minuten vor dem Servieren das Halbgefrorene auf eine Platte stürzen und bei Raumtemperatur stehen lassen.

## ANANAS-
## HALBGEFRORENES

*Mit Schlagsahne und Walderdbeeren oder mit einem Kranz aus halbierten, frischen Ananasscheiben verzieren.*

Zubereitungszeit *70 Minuten
+ Gefrierzeit*
Schwierigkeitsgrad *leicht*
**Zutaten**
*10 Scheiben Ananas + Saft,
aus der Dose
200 g Löffelbiskuits*

*1 Glas Portwein
6 Eigelb
12 EL Zucker
600 g Mascarpone (oder Sahnequark)
3 Eiweiß*

Die Ananas abtropfen lassen und in ganz kleine Stückchen schneiden.
Löffelbiskuits leicht mit 1/2 Glas Portwein und dem Ananassaft anfeuchten; Boden und Wand einer Charlotten–Form damit auskleiden.
Mit dem Schneebesen die Eigelb und den Zucker hell und schaumig schlagen, dann löffelweise den Mascarpone einrühren.
Mit einem Holzlöffel die Ananasstückchen und zuletzt die zu steifem Schnee geschlagenen Eiweiß daruntermischen.
Gemisch in die Form füllen.
Mit den restlichen, mit Portwein und Ananassaft angefeuchteten Löffelbiskuits zudecken und mindestens 4 Stunden in die Tiefkühltruhe stellen.
Das Halbgefrorene eine halbe Stunde vor dem Verzehr stürzen.

## VANILLE-
## HALBGEFRORENES

*Mit heißer, flüssiger Bitterschokolade übergossen, ergibt dies ein sehr elegantes, schmackhaftes Dessert.*

Zubereitungszeit *50 Minuten
+ Gefrierzeit*
Schwierigkeitsgrad *leicht*

**Zutaten**
*1 Biskuitkuchen (Kastenform) von 300 g
1 Glas Vin Santo
100 g gemischte kandierte Früchte
100 g gebrannte Mandeln
30 g Pistazien
50 g Blockschokolade
500 g Schlagsahne
2 EL Puderzucker
500 g Vanilleeis*

Biskuit in Scheiben schneiden, mit Vin Santo anfeuchten und Boden und Wände einer Kastenform damit auskleiden. Kanditen feinwürfelig schneiden, Mandeln und Pistazien ganz fein hacken oder mahlen. Schokolade fein hacken. Schlagsahne mit dem Puderzucker steif schlagen und die kleingeschnittenen kandierten Früchte, Mandeln, Pistazien und Schokolade daruntermischen. Die Hälfte des Vanilleeises in die Form füllen, darauf die Schlagsahne verteilen, eine rechteckig zugeschnittene Scheibe Biskuit darauflegen und die Form 3 Stunden in die Tiefkühltruhe stellen. Danach das restliche Vanilleeis darauffüllen und die Form nochmals 3 Stunden in die Tiefkühltruhe stellen. 20 Minuten vor dem Anrichten stürzen.

## SCHOKOLADEN-
## SCHAUM-
## EISFÖRMCHEN

*Diese Förmchen sind schnell zubereitet und besonders bei Kindern sehr beliebt.*

Zubereitungszeit *15 Minuten
+ Gefrierzeit*
Schwierigkeitsgrad *sehr leicht*
**Zutaten**
*100 g Bitterschokolade
1/8 l heißes Wasser
500 g Schlagsahne
6 EL Zucker
1 Msp. Vanillemark*

Schokolade im heißen Wasser auflösen, mit der Schlagsahne, dem Zucker und der Vanille vermischen und die Mousse in kleine Förmchen füllen. Zugedeckt im Kühlschrank gefrieren lassen.

### EXTRAKTE

Ätherische, aus Vanille, Orangen, Zitronen oder anderenFrüchten gewonnene Öle sind unter der Bezeichnung Extrakte im Handel erhältlich und so stark, daß meist wenige Tropfen davon genügen.

## ERDBEER-
## HALBGEFRORENES

*Wird entweder mit Schlagsahnetupfen und kleinen Erdbeeren verziert oder mit Orangensauce (aus flüssig gerührter Orangenmarmelade) serviert.*

Zubereitungszeit *20 Minuten + Gefrierzeit*
Schwierigkeitsgrad *leicht*
**Zutaten**
*800 g Erdbeeren*
*150 g Schlagsahne*
*100 g Mascarpone (oder Sahnequark)*
*250 g Puderzucker*

Erdbeeren waschen, 500 g davon mit der Gabel leicht zerdrücken, mit der noch nicht fertig geschlagenen Schlagsahne, dem Mascarpone und dem Zucker mischen und alles mit dem Schneebesen zu einem luftigen Gemisch aufschlagen. Eine Kastenform aus Metall mit Backpapier auskleiden, das Gemisch einfüllen und mindestens 4 Stunden in die Tiefkühltruhe stellen. Danach die Form ein paar Minuten in heißes Wasser stellen und das Halbgefrorene auf eine gut gekühlte Platte stürzen.

## SAHNE-HALBGEFRORENES

Zubereitungszeit *30 Minuten + Gefrierzeit*
Schwierigkeitsgrad *leicht*
**Zutaten**
*5 Eigelb*
*6 EL Zucker*
*500 g Schlagsahne*
*50 g Nougat*
*50 g Blockschokolade*
*50 g Makronen*

Die Eigelb mit dem Zucker schaumig schlagen, dann die steif geschlagene Schlagsahne vorsichtig unterheben. Den Nougat in kleine Stücke schneiden, die Schokolade raspeln und die Makronen grob zerkleinern. Alles unter die Schlagsahne mischen. Eine Metallform mit Backpapier auskleiden, das Schlagsahnegemisch einfüllen und 4 Stunden in die Tiefkühltruhe stellen. Die Form einige Sekunden in heißes Wasser geben und das Gefrorene auf eine gut gekühlte Platte stürzen und servieren.

## PFIRSICHE MIT VIN SANTO

Zubereitungszeit *30 Minuten*
Schwierigkeitsgrad *sehr leicht*
**Zutaten**
*3 frische Pfirsiche*
*1 Glas Vin Santo*
*100 g Zucker*
*600 g Cremeeis nach Rezept S. 295*
*200 g blättrig geschnittene Mandeln*

SAHNE–HALBGE-
FRORENES
■ Mit Makronenbröseln be-
streut und mit Früchten und
Schlagsahne verziert servie-
ren.

Pfirsiche schälen, halbieren und entkernen, dann in einem Sirup aus Vin Santo und Zukker weichdünsten. Das Eis in gekühlte Eisbecher geben, je 1 ausgekühlte Pfirsichhälfte darauflegen und mit den gerösteten Mandelblättchen bestreuen.

## FRUCHTBECHER MIT ERDBEEREIS

*Noch frischer schmeckt dieser Fruchtbecher, wenn er mit Joghurteis zubereitet wird.*

Zubereitungszeit *20 Minuten + Gefrierzeit*
Schwierigkeitsgrad *sehr leicht*
**Zutaten**
*1/2 l Weißwein*
*200 g Zucker*
*500 g Früchte der Jahreszeit*
*1 Gläschen (2 cl) weißer Rum*
*600 g Erdbeereis*

Wein und Zucker zu Sirup einkochen (auf die Hälfte), diesen auf 6 Eisbecher verteilen und auch die gewaschenen, geschälten, in Würfel geschnittenen und 2 Stunden im Eisschrank gekühlten Früchte einfüllen. Zuletzt Rum und Erdbeereis auf die Becher verteilen und anrichten.

## EISBECHER GRAND MARNIER

*Für diese Eisbecher kann man auch Honigeis verwenden, das gut zu den Orangen paßt.*

Zubereitungszeit *30 Minuten + Gefrierzeit*
Schwierigkeitsgrad *sehr leicht*
**Zutaten**
*600 g Fruchteis*
*1 Glas Grand Marnier*
*400 g frische Orangenspalten*
*250 g Schlagsahne, geschlagen*
*12 Waffeln*

Fruchteis auf 6 Becher verteilen, mit dem Likör übergießen, die Orangenspalten strahlenförmig darauflegen und die Becher ca. 2 Stunden in das Gefrierfach stellen. Kurz vor dem Verzehr die Becher herausholen, mit Schlagsahne aus der Tortenspritze verzieren und in die Sahnehaube je 2 Waffeln stecken.

## EISBECHER MIT SCHOKOLADE

*Dieser Eisbecher schmeckt am besten, solange die Schokolade noch heiß ist.*

Zubereitungszeit *30 Minuten*
Schwierigkeitsgrad *sehr leicht*
**Zutaten**
*1 Biskuitkuchen von ca. 300 g*
*1 Glas Rum*
*600 g Cremeeis nach Rezept S. 295*
*200 g Pfirsiche und Aprikosen (Konserve)*
*200 g Schokoladencreme nach Rezept S. 50*

Rum mit etwas Wasser verlängern. Biskuit in Scheiben schneiden, mit dem Rumgemisch anfeuchten und auf 6 Schalen verteilen. Darauf je

1/6 des Cremeeises und der würfelig geschnittenen Früchte füllen. Schokoladencreme in einem Topf erhitzen; sobald sie flüssig ist, über die Eisbecher gießen und sofort servieren.

## EISBECHER MIT BAISERS

Zubereitungszeit *15 Minuten + Gefrierzeit*
Schwierigkeitsgrad *sehr leicht*
**Zutaten**
*1 Plum–cake von ca. 500 g nach Rezept S. 182*
*500 g Vanilleeis*
*200 g Schlagsahne*
*6 Baisers*
*100 g gehackte Mandeln*

6 Eisbecher abwechselnd mit je 1 Schicht Plum–cake und Eis füllen und 3 Stunden in das Gefrierfach stellen. Mit Schlagsahne verzieren, je 1 Baiser darauflegen und mit Mandeln bestreuen.

## APRIKOSEN–HALBGEFRORENES

Zubereitungszeit *40 Minuten + Gefrierzeit*
Schwierigkeitsgrad *leicht*
**Zutaten**
*750 g vollreife Aprikosen*
*400 g Zucker*
*1 Zitrone*
*200 g Schlagsahne*
*100 g gemischte kandierte Früchte*
*100 g Rosinen*
*1 Glas Rum*
*30 mittelgroße Löffelbiskuits*

Aprikosen schälen und im Mixer pürieren. 350 g Zucker und ein paar Tropfen Zitronensaft in die Fruchtmasse mischen. Die Schlagsahne leicht schlagen und dazugeben. Die feinwürfelig geschnittenen kandierten Früchte und die Rosinen in 1/2 Glas Rum ziehen lassen. In einem Teller etwas Wasser, restlichen Zucker und restlichen Rum zu einem Sirup mischen; die Biskuits einzeln hineintauchen, dann dicht aneinander in eine runde Form (Ø ca. 24 cm) legen, bis sie völlig ausgekleidet ist. Einen Teil der Aprikosen–Fruchtmasse, dann eine Schicht kandierte Früchte und Rosinen und darauf wieder Löffelbiskuits füllen; in gleicher Reihenfolge fortfahren, bis alle Zutaten aufgebraucht sind. Mit Löffelbiskuits abschließen. Form mindestens 4 Stunden in die Tiefkühltruhe, dann ein paar Stunden in den Kühlschrank stellen. Vor dem Verzehr auf eine gekühlte Platte stürzen.

## ANANAS–FRUCHTBECHER

*Dafür sind auch Pfirsiche geeignet, die man in Marsala oder Vin Santo mit Gewürznelken ziehen läßt.*

Zubereitungszeit *30 Minuten + Gefrierzeit*
Schwierigkeitsgrad *sehr leicht*
**Zutaten**
*1 große Ananasfrucht*
*1 Gläschen (2 cl) Kirschwasser*

*500 g Pistazieneis*
*200 g Rosinen, Pinienkerne und Zitronatwürfel, gemischt*
*250 g Vanillecreme nach Rezept S. 49*

Ananas schälen, Fruchtfleisch in kleine Stückchen schneiden und mit dem Kirschwasser beträufelt eine halbe Stunde ziehen lassen. Das Eis auf 6 Fruchtbecher verteilen, darauf einen Teil der Ananasstückchen geben und mit einem Teil der Rosinen, Pinienkerne und Zitronatwürfel bestreuen. In gleicher Reihenfolge fortfahren, bis alles aufgebraucht ist. Creme über die Früchte gießen und die Becher bis zum Anrichten kurze Zeit in die Gefriertruhe stellen.

## FRUCHTBECHER MIT CHAMPAGNER

*Statt Champagner kann man auch weißen Schaumwein nehmen.*

Zubereitungszeit *30 Minuten + Zeit für das Kaltstellen*
Schwierigkeitsgrad *sehr leicht*
**Zutaten**
*2 Kiwis*
*1 Banane*
*1 rosa Grapefruit*
*12 frische Litschis*
*100 g Walderdbeeren*
*2 EL braunen Rohrzucker*
*2 Gläser Champagner*
*200 g Kokoseis nach Rezept S. 300*
*200 g Wassermeloneneis nach Rezept S. 298*
*200 g Eiscreme aus frischen Früchten*

Alle Früchte schälen. Kiwis, Bananen und geschälte Grapefruitspalten in Stückchen schneiden, Kiwis ganz lassen. Erdbeeren waschen. Früchte in einer Schüssel eingezuckert und zugedeckt 1 Stunde im Eisschrank kühlstellen. Fruchtgemisch auf 6 Schalen verteilen und mit einem Teil des gut gekühlten Champagners übergießen. Vor dem Servieren mit Kugeln aus den 3 Eissorten garnieren, nochmals mit Champagner begießen.

## ORANGEN-WALNUSS-BECHER

*Schmeckt auch mit Joghurteis sehr erfrischend.*

Zubereitungszeit *40 Minuten + Zeit für das Kaltstellen*
Schwierigkeitsgrad *sehr leicht*
**Zutaten**
*6 Orangen (unbehandelt)*
*150 g Zucker*
*1/2 Glas Curaçao*

*12 Walnüsse*
*200 g Schlagsahne*
*200 g Erdbeereis*

Orangen schälen, nach Abziehen der weißen Innenhaut in etwa 10 mm dicke Scheiben schneiden; in eine Schüssel geben, mit 100 g Zucker bestreuen und mit Curaçao beträufeln. Gut umrühren und in den Kühlschrank stellen.

Walnüsse schälen, 8 Walnußkerne ganz lassen und die übrigen fein hacken. Auch die Schale von 2 Orangen fein hacken und mit dem restlichen Zucker in einer feuerfesten Form karamelisieren.

Portionsschalen mit Erdbeereis, Orangenscheiben und steif geschlagener Schlagsahne füllen und mit den gehackten Nüssen und karamelisierten Orangenschalen bestreuen. Obenauf jeweils eine Schicht Schlagsahne geben und mit einem Walnußkern verzieren.

## MASCARPONE-WALNUSS-BECHER

*Sehr kalorienreich, daher eventuell mit Kaffeebohnen statt Walnüssen verzieren.*

Zubereitungszeit *35 Minuten*
Schwierigkeitsgrad *leicht*
**Zutaten**
*250 g Walnüsse, geschält und geröstet*
*100 g Mascarpone (oder Sahnequark)*
*2 Eier*
*100 g Zucker*
*1 Gläschen (2 cl) Cognac*
*600 g Kaffee-Eis*

200 g Walnüsse mit 1 EL Mascarpone im Mörser zerstampfen, die restlichen zum Garnieren verwenden.
Nüsse stampfen, bis sie einen glatten Brei bilden. Die 2 Eigelb mit 50 g Zucker hell und schaumig rühren, dann zum Nußbrei zugeben. Restlichen Mascarpone, die zu steifem Schnee geschlagenen Eiweiß, den Zucker und den Cognac mit dem Nußbrei vermengen. Die Nußcreme auf die Becher verteilen, Kaffee-Eis daraufgeben und mit den restlichen Walnüssen garnieren.

## FRUCHTBECHER MIT JOGHURT

*Statt Pistazieneis kann man auch mit Zimt bestreutes Wassermeloneneis nehmen.*

Zubereitungszeit *30 Minuten*
Schwierigkeitsgrad *sehr leicht*
**Zutaten**
*500 g gemischte Früchte (Pfirsiche, Bananen, Erdbeeren)*
*500 g Joghurt*
*300 g Schlagsahne, geschlagen*
*300 g Pistazieneis*

Die Früchte waschen, schälen, feinwürfelig schneiden und zusammen in eine Glasschüssel geben.
Joghurt dazugeben, gut verrühren. Die steif geschlagene Schlagsahne zuckern und dazugeben, vorsichtig untermischen. Das Fruchtgemisch auf die Becher verteilen, je 1 Kugel Pistazieneis daraufgeben und servieren.

## PFIRSICH-HIMBEER-BECHER

*Die passende Dekoration für diese Fruchtbecher sind Makronen, deren Geschmack sehr gut zu den Pfirsichen und der Schlagsahne paßt.*

Zubereitungszeit *30 Minuten*
Schwierigkeitsgrad *sehr leicht*
**Zutaten**
*6 Pfirsiche*
*150 g Zucker*
*4 Nelken*
*1 Vanilleschote*
*300 g Cremeeis nach Rezept S. 295*
*200 g Schlagsahne*
*150 g Himbeeren*

Pfirsiche schälen, halbieren, entkernen und in eine große Pfanne geben. Zucker, Nelken, Vanilleschote und etwas Wasser dazugeben und die Pfirsiche auf kleiner Kochstufe ca. 15 Minuten dünsten, dann auskühlen lassen.
Kurz vor dem Servieren je 1 Kugel Cremeeis in die Becher geben und darauf 2 Pfirsichhälften. Die Schlagsahne steif schlagen, in eine Tortenspritze füllen und aus der gezackten Tülle auf die Becher spritzen. Schlagsahne mit Himbeeren garnieren.

## QUARKBECHER MIT MARRONS GLACÉS

*Statt Sahnequark kann man auch dickflüssigen, leicht gezuckerten Joghurt verwenden, um Kalorien zu sparen.*

Zubereitungszeit *30 Minuten + Gefrierzeit*
Schwierigkeitsgrad *sehr leicht*
**Zutaten**
*3 Eigelb*
*6 EL Zucker*
*300 g Sahnequark*
*abgeriebene Schale von 1 Orange (unbehandelt)*
*2 Eiweiß*
*200 g Schlagsahne*
*50 g Blockschokolade*
*6 glasierte Maronen*

Die Eigelb mit dem Zucker schaumig schlagen, den Sahnequark, die Orangenschale und die 2 zu steifem Schnee geschlagenen Eiweiß dazugeben.
Gemisch auf 6 Eisbecher verteilen und diese mindestens

Mit einem Kugelausstecher das Fruchtfleisch in kleinen Kugeln aus der Wassermelone und der Zuckermelone herausholen und in eine große Glasschüssel geben.
Die Pfirsiche in Stücke schneiden und zu den Melonen geben; dann die abgezupften weißen und blauen Traubenbeeren, die Heidelbeeren, die Brombeeren, den Vin Santo und den Zucker dazugeben und alles in den Kühlschrank stellen.
Fruchtgemisch nach einigen Stunden auf die Becher verteilen und mit den Maraschino–Kirschen und den Eiskugeln garnieren.

3 Stunden in den Kühlschrank oder gut 1 Stunde in die Tiefkühltruhe stellen.
Die Becher mit der steif geschlagenen Schlagsahne, mit Schokospänen und glasierten Maronen verzieren.

## BANANEN–BECHER

Zubereitungszeit *30 Minuten + Zeit für das Kaltstellen*
Schwierigkeitsgrad *sehr leicht*
**Zutaten**
*6 Bananen*
*100 ml Milch*
*3 EL Zucker*
*Saft von 1 Zitrone*
*200 g Schlagsahne, geschlagen*
*100 g Blockschokolade*
*4 trockene Kekse*
*3 EL Mandeln, gemahlen*
*50 g Rosinen*

*3 EL Rum*
*Schlagsahne, Zimt und gehackte Mandeln zum Garnieren*

Bananen mit der Milch, dem Zucker und dem Zitronensaft im Mixer pürieren und zu einer glatten, gleichmäßigen Creme verrühren. Dann die Schlagsahne daruntermischen.
Schokolade reiben. Kekse zerbröseln und mit den gemahlenen Mandeln vermischen. Rosinen in Rum einweichen.
Becher mit einer Schicht Bananencreme, geriebener Schokolade, Keksbröseln mit Mandeln und gut abgetropften Rosinen füllen.
Mit den restlichen Zutaten garnieren und bis zum Anrichten in den Kühlschrank stellen.

## GEMISCHTE FRUCHTBECHER

*Sehr erfrischend schmecken diese Cups auch mit Zitronensorbet.*

Zubereitungszeit *30 Minuten + Zeit für das Kaltstellen*
Schwierigkeitsgrad *sehr leicht*
**Zutaten**
*1 kleine Wassermelone mit festem, süßem Fruchtfleisch*
*1 Zuckermelone*
*3 Pfirsiche*
*1 kleine, weiße Weintraube*
*1 kleine, blaue Weintraube*
*100 g reife Heidelbeeren*
*100 g Brombeeren*
*1/2 Flasche Vin Santo*
*4 EL Zucker*
*6 Maraschino–Kirschen*
*6 Kugeln Eiscreme aus frischen Früchten nach Rezept S. 303*

## EISBECHER MIT SCHOKOLADE

Zubereitungszeit *25 Minuten*
Schwierigkeitsgrad *sehr leicht*
**Zutaten**
*100 g Mandeln*
*100 g Blockschokolade*
*1 EL Milch*
*800 g Cremeeis nach Rezept S. 295*

Mandeln kurz in kochendes Wasser legen, abschälen und feinblättrig schneiden. Die Schokolade mit der Milch im Wasserbad schmelzen.
Cremeeis auf die Becher verteilen, mit den Mandelblättchen bestreuen, mit der Schokolade begießen und sofort servieren.

D as Wort Keks oder Plätzchen erinnert uns unweigerlich an unsere Kindheit und an ein tägliches Ritual: die Kaffeestunde oder Jause. Für viele ist das Herfallen über einen Teller hausgemachte Kekse, vielleicht zusammen mit Altersgenossen, die erste Erinnerung an bewußt erlebte physische Lust am Essen. Deshalb behält der Begriff ein Leben lang eine besondere Bedeutung: Er symbolisiert nicht nur Köstlichkeit ("die besten auf der ganzen Welt"), liebevolle Zuwendung ("Mutti, Tante, Großmama haben mich wirklich lieb"), sondern auch Übeltaten ("Wer hat die Kekse aus der Schachtel aufgegessen?").

Zur Komplexheit der Gefühle, die sie hervorrufen, ist die Schlichtheit der Zutaten und die einfache Zubereitung von Keksen und Konfekt umgekehrt proportional. Sie sind das typische Produkt von Kunstfertigkeit und Liebe im häuslichen Bereich.

## SCHOKOLADENFINGER

*Süßer und kräftiger schmek-
ken diese Kekse mit Rosinen
statt Erdnüssen und zusätzlich
2 EL Weinbrand.*

Zubereitungszeit *40 Minuten
+ Zeit für das Kaltstellen*
Schwierigkeitsgrad *sehr leicht*
**Zutaten**
*300 g trockene Kekse
100 g Erdnüsse
100 g Mandeln
300 g Blockschokolade
100 g Mascarpone (oder Dop-
pelrahmfrischkäse)
200 g Zucker
1 Prise Salz
1 Tasse Zucker*

Kekse zerbröseln, Erdnüsse
hacken, Mandeln blanchieren,
schälen und fein hacken; Schokolade im Wasserbad schmelzen.
Alle Zutaten (außer den Mandeln und der Tasse Zucker)
mischen und mit dem Holzlöffel zu einem eher festen Gemisch verrühren.
Aus diesem Gemisch ca. 5 cm
lange Stäbchen formen und in
den gehackten Mandeln wälzen. Stäbchen auf eine mit
dem restlichen Zucker be-
streute Platte geben und bis
zum Verzehr in den Kühl-
schrank stellen.

## BRUTTI MA BUONI
("Häßlich, aber gut")

*Wie der Name schon besagt,
sind diese Kekse nicht schön
anzusehen, schmecken aber
sehr gut. Diese Spezialität aus*

□ *Früher wurde Kleingebäck meist zum Tee gereicht. Heute geht
die Tendenz dahin, es anstelle einer Nachspeise zu servieren. Manche Süßspeisen, wie z.B. Katzenzungen oder Schokoladenfinger,
passen gut zu Eis. Andere, wie z.B. Petits Fours, reicht man zum
Kaffee am Ende eines Essens.
Viele Kekse halten sich ca. 1 Monat frisch, müssen aber in Dosen
aufbewahrt werden, die keine Feuchtigkeit durchlassen. Kekse mit
trockenen Zutaten wie Mandeln, Pinienkernen usw. eignen sich am
besten für die Aufbewahrung.*

□ *Brandteig für Éclairs ist einfach zuzubereiten und gelingt immer,
wenn man die Eier einzeln einarbeitet. Wenn man dies nicht tut,
wird der Teig glitschig und schwierig zu verarbeiten.
Bei Meringuen muß darauf geachtet werden, daß die Backtemperatur ganz niedrig bleibt, dann sie müssen ganz hell und innen noch
weich sein, wenn sie perfekt gelungen sein sollen.*

□ *Für alle Mürbteig–Torteletts, die mit Konfitüre, Creme oder Obst
gefüllt werden, braucht man leicht gebutterte und bemehlte Förmchen; sie lassen sich dann leicht herausnehmen.*

□ *Croissants sind eingedrehte Blätterteighörnchen, die besonders
gut zum Frühstück schmecken. Da sie ziemlich nahrhaft sind,
braucht man sie nicht unbedingt mit Marmelade zu füllen.*

*dem Piemont ist in Blechdosen
lange haltbar.*

Zubereitungszeit *40 Minuten*
Schwierigkeitsgrad *sehr leicht*
**Zutaten**
*360 g Mehl
200 g Butter
250 g Zucker
2 Eier*

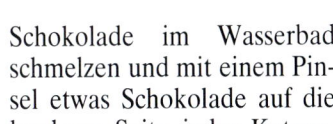

1 Prise Salz
200 g Mandeln
1 gestrichener EL Vanillezuk-ker
1 TL Zimt (gemahlen)

Mehl auf die Arbeitsfläche häufen; die weiche Butter, 3 EL Zucker, beide Eigelb und Salz dazugeben und alle Zutaten gut zu einem Teig vermischen.
Mandeln blanchieren, schälen, im Rohr rösten und fein hacken.

Zum Teig die mit dem restlichen Zucker zu festem Schnee geschlagenen Eiweiß, Vanillezucker, Zimt und Mandeln dazugeben. Mit einem Löffel auf ein gebuttertes Blech kleine Häufchen setzen und bei 180°C goldgelb backen.

## ZITRONENKEKSE

*Nach demselben Rezept, aber mit dem Saft von 1/2 Orange statt Zitronensaft und halb und halb geriebener Zitronen- und Orangenschale kann man Orangenkekse backen.*

Zubereitungszeit *45 Minuten*
Schwierigkeitsgrad *sehr leicht*
**Zutaten**
150 g Butter
100 g Zucker
abgeriebene Schale von 1 Zitrone (unbehandelt)
Saft von 1 Zitrone
1 Prise Zimt (gemahlen)
2 Eigelb
1 Prise Salz
250 g Mehl
50 g Rohrzucker
Butter für das Blech

Die Butter mit dem Zucker schaumig rühren, Zitronenschale und -saft, Zimt, 1 Eigelb und Salz dazugeben. Das gesiebte Mehl unterheben und alle Zutaten gut vermischen.
Den Teig zur Rolle formen, in Alufolie einwickeln und 2 Stunden in den Kühlschrank legen.
Das restliche Eigelb verquirlen, den gekühlten Teig damit bestreichen und anschließend im Rohrzucker wälzen.

Von der Teigrolle ca. 5 mm dicke Scheiben abschneiden und auf ein gebuttertes Backblech legen. Im vorgeheizten Rohr bei 200°C ca. 15 Minuten backen.

## KATZENZUNGEN

*Dunkle Katzenzugen bekommt man, wenn man 25 g ungesüßten Kakao und 2 Prisen Zimt zusätzlich zu den angegebenen Zutaten für den Teig nimmt.*

Zubereitungszeit *60 Minuten*
Schwierigkeitsgrad *leicht*
**Zutaten**
220 g Butter
200 g Puderzucker
1 Prise Salz
6 Eiweiß
200 g Mehl
2 EL Öl
150 g Blockschokolade

Mit einem Holzlöffel die weiche Butter, Zucker und Salz cremig rühren. Die zu Schnee geschlagenen Eiweiß und das Mehl unterziehen.
Gemisch in einen Spritzbeutel füllen und aus einer glatten Tülle ca. 10 cm lange Stränge in genügend Abstand auf ein mit Backpapier belegtes Blech spritzen und ca. 10 Minuten stehen lassen.
Bei 250°C ins Rohr schieben und 4–5 Minuten backen.
Einen Hammer mit etwas Öl einfetten und die Katzenzungen gleich nach dem Herausnehmen darauflegen, dabei leicht mit den Händen daraufdrücken, damit sie sich biegen.

Schokolade im Wasserbad schmelzen und mit einem Pinsel etwas Schokolade auf die konkave Seite jeder Katzenzunge streichen.

## VIN-SANTO-KRINGEL

*Diese Kringel schmecken auch mit Zimt köstlich, müssen dann aber vor dem Backen mit Eiweiß bestrichen und mit Zimt bestäubt werden.*

Zubereitungszeit *60 Minuten*
Schwierigkeitsgrad *sehr leicht*
**Zutaten**
250 g Mehl
100 g Zucker
3 gestr. TL Backpulver
100 g Butter
1 Ei
1 Prise Salz
1 EL Vin Santo
1 Tasse Puderzucker

Mehl auf die Arbeitsplatte häufen. Zucker, Backpulver, Butterflöckchen, Ei, Salz und Vin Santo in eine Grube in der Mitte geben und alles zu einem glatten, gleichmäßigen Teig verkneten.
Aus dem Teig mit den Handflächen kleine Röllchen formen und die Enden zusammenfügen. Mit Puderzucker bestreuen und 20 Minuten bei 160°C auf mit Backpapier belegtem Blech backen.

STERNFÖRMIGE KEKSE
■ Ausstechformen für Plätzchen gibt es in vielen – auch
ausgefallenen – Formen. Zu
den gebräuchlichsten gehört
die Sternform.

## MAKRONEN

*Wenn sie außen knusprig und*
*innen noch gerade weich sind,*
*dann sind sie richtig.*

Zubereitungszeit *45 Minuten*
Schwierigkeitsgrad *sehr leicht*
**Zutaten**
*2 Eiweiß*
*250 g Mandeln, ungeschält*
*25 g Bittermandeln*
*1 TL Mehl*
*1 Päckchen Vanillezucker*
*1 Msp. Zimt (gemahlen)*
*abgeriebene Schale von 1 Zi-*
*trone (unbehandelt)*
*250 g Zucker*
*1 Prise Salz*
*Butter und Mehl für das*
*Blech*

Die Eiweiß zu festem Schnee
schlagen, die gemahlenen
Mandeln und Bittermandeln
dazugeben, dann Mehl, Vanillezucker, Zimt, Zitronenschale und zuletzt Zucker und Salz.
Alles gut vermengen.
Aus der Masse nußgroße,
leicht flachgedrückte Kügelchen formen und in genügend
Abstand auf ein gebuttertes,
bemehltes Blech legen. Bei
180°C ca. 25 Minuten backen,
aber darauf achten, daß die
Makronen nicht zu dunkel
werden.

## HASELNUSS-
## MAKRONEN

*Für dieses Rezept kann man*
*auch Walnüsse, Pistazien oder*
*Erdnüsse nehmen.*

Zubereitungszeit *45 Minuten-*
Schwierigkeitsgrad *sehr leicht*
**Zutaten**
*200 g geschälte Haselnüsse*
*250 g Zucker*
*3 Eiweiß*
*1 Prise Salz*
*Butter und Mehl für das*
*Blech*

Die Haselnüsse im Rohr rösten und fein hacken oder
mahlen; mit dem Zucker, den
zu Schnee geschlagenen Eiweiß und dem Salz vorsichtig,
aber gründlich vermischen.
Masse in einen Spritzbeutel
mit glatter Tülle füllen und damit in genügend Abstand
Häufchen auf ein gebuttertes
und bemehltes Blech setzen.
Ca. 30 Minuten bei 180°C bakken.

## MUSKATNUSS

ist der getrocknete Samen
des Muskatnußbaumes und
wird als Gewürz für Saucen
und Süßspeisen viel verwendet. Sie wird mit einer feinen Reibe in der jeweils be-
nötigten Menge frisch gerieben.

# HALBMONDE

*Zur Hälfte in geschmolzene Schokolade getaucht, sehen sie zweifarbig gut aus und schmecken auch fein.*

Zubereitungszeit *60 Minuten*
Schwierigkeitsgrad *leicht*
**Zutaten**
*225 g Mehl*
*50 g Butter*
*3 EL Zucker*
*1 Prise Salz*
*2 ganze Eier*
*abgeriebene Schale von 1 Zitrone (unbehandelt)*
*1 gestrichener EL Backpulver*
*Butter für das Blech*

Aus Mehl, weicher Butter, Zucker, Salz, 1 Ei und 1 Eigelb, Zitronenschale und Backpulver einen Teig bereiten. Gut durchkneten, ausrollen, Kreise von der Größe eines Tassendurchmessers ausstechen und halbieren. Die Halbkreise mit dem zu Schnee geschlagenen Eiweiß bestreichen und auf ein gebuttertes Blech legen. Im vorgeheizten Rohr bei 180°C ca. 10 Minuten backen, aber darauf achten, daß sie nicht zu dunkel werden.

# HONIGPLÄTZCHEN

*Ihren besonderen Geschmack erhalten diese Plätzchen durch die Verwendung von Honig – Kastanienblüten– oder Heidehonig – anstelle von Zucker.*

Zubereitungszeit *40 Minuten*
Schwierigkeitsgrad *sehr leicht*

**Zutaten**
*120 g Butter*
*100 g Honig*
*1 Ei*
*300 g Mehl*
*1 TL Backpulver*
*1 Prise Zimt*
*1 Prise Salz*

Die Butter bei Raumtemperatur weich werden lassen und schaumig rühren. Nach und nach den Honig, das verquirlte Ei und das mit dem Backpulver, Zimt und Salz gesiebte Mehl dazugeben.
Den Teig zu einer festen Kugel formen und 20 Minuten zugedeckt ruhen lassen.
Teig ausrollen und Plätzchen in Form von Sternen, Monden und Blüten ausstechen. Bei 190°C ca. 20 Minuten auf Backpapier backen.

# RUMTRÜFFELN

*Auch dieses beliebte Konfekt sieht besonders hübsch aus, wenn man die Trüffeln einzeln in kleine Papiermanschetten setzt.*

Zubereitungszeit *25 Minuten*
Schwierigkeitsgrad *sehr leicht*
**Zutaten**
*200 g Bitterschokolade*
*100 g Butter*
*100 g Puderzucker*
*200 g Mandeln oder Nüsse, geschält und fein gerieben*
*1 EL Kakao*
*3–4 EL Rum*
*1 Päckchen Schokoladenstreusel*

Schokolade im Wasserbad

JOHANNISBEEREN
■ *Stich aus einem Botanik-*
*buch des 19. Jahrhunderts.*

10 Minuten vor dem Anrichten jeweils 1 Meringue mit der Himbeersahne füllen, eine zweite Meringue als Deckel daraufgeben und mit ganzen Himbeeren garnieren.

## PIGNOLI-RAUTEN

*Für dieses sehr leichte Gebäck kann man auch Pistazien nehmen, deren ausgeprägter Geschmack ebenfalls sehr beliebt ist.*

Zubereitungszeit *40 Minuten*
Schwierigkeitsgrad *sehr leicht*
**Zutaten**
*2 Eiweiß*
*200 g Zucker*
*125 g Pinienkerne (Pignoli)*
*2 EL Mehl*
*1 Prise Salz*
*1 EL Öl + 1 EL Butter*

## HIMBEER-MERINGUEN MIT SCHLAGSAHNE

*Diese Baisers kann man auch mit Eis, z.B. Honig-, Walnuß- oder Rosineneis, füllen.*

Zubereitungszeit *35 Minuten + Zeit für das Backen der Meringuen und für das Auskühlen der Himbeeren*
Schwierigkeitsgrad *mittel*
**Zutaten**
*3 Eiweiß*
*1 Prise Salz*
*400 g Puderzucker*
*300 g Himbeeren*
*100 g Schlagsahne*
*Butter für das Blech*

Die Eiweiß mit dem Salz zu ganz festem Schnee schlagen, dabei nach und nach 300 g Puderzucker untermischen.
Auf ein mit einer gebutterten Alufolie belegtes Blech in genügend Abstand Meringuen in runder oder Rautenform setzen. Bei 150°C im Rohr trocknen. Das Backrohr bleibt dabei einen Spalt offen. Die Meringuen sind fertig, wenn sie beim Zerteilen durch und durch trocken sind. Von den Himbeeren 1 Tasse zum Garnieren wegstellen, die restlichen mit einer Gabel zerdrükken. Schlagsahne und Zucker dazugeben und das Gemisch in den Kühlschrank stellen.

schmelzen und auskühlen lassen. Butter und Puderzucker schaumig rühren, Schokolade löffelweise untermischen. Mandeln oder Nüsse, Kakao und Rum zugeben und zu einer festen Masse verarbeiten. Kleine Kugeln formen, in Schokoladestreuseln wälzen und an einem kühlen Platz gut durchtrocknen lassen.

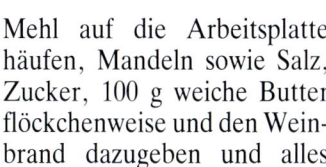

In einer Schüssel die geschlagenen Eiweiß, den Zucker, die grob gehackten Pignoli, Mehl und Salz zu einem weichen, aber konsistenten Teig vermengen.

Auf einer leicht eingeölten Marmorplatte den Teig auf ca. 5 mm Dicke ausrollen, in Rauten schneiden und diese mit Hilfe einer Schaufel auf das gebutterte Blech legen.

Bei 180°C backen, bis sie goldbraun sind.

## SCHOKOLADEN-BAISERS

*Mit Schlagsahne oder als Beilage zu Creme- oder Vanilleeis servieren.*

Zubereitungszeit *45 Minuten*
Schwierigkeitsgrad *leicht*
**Zutaten**
*3 Eiweiß*
*350 g Puderzucker*
*1 Prise Salz*
*100 g Kakaopulver*
*Butter und Mehl für das Blech*

Die Eiweiß mit 300 g Zucker und dem Salz zu schnittfestem Schnee schlagen, dann vorsichtig den Kakao unterziehen.

Gemisch in einen Spritzbeutel mit glatter Tülle füllen und damit in genügend Abstand nußgroße Häufchen auf ein gebuttertes und bemehltes Blech spritzen.

Die Baisers mit dem restlichen Zucker bestäuben, dann bei 150°C ca. 1 Stunde im Rohr trocknen lassen, dabei sorgfältig überwachen. Sie sind fertig, wenn sie vollständig trocken sind.

## MOHNTÖRTCHEN

*Sehr praktisch sind die im Haushaltswarenhandel erhältlichen Papier-Backförmchen, die nicht mehr mit Butter ausgestrichen werden müssen. Anstelle von gemahlenem Mohn können auch gemahlene Haselnüsse für dieses Rezept verwendet werden.*

Zubereitungszeit *45 Minuten*
Schwierigkeitsgrad *sehr leicht*
**Zutaten**
*125 g Butter*
*150 g brauner Zucker*
*1 Päckchen Vanillinzucker*
*abgeriebene Schale von 1/2 Zitrone (unbehandelt)*
*1 Msp. Zimt, gemahlen*
*2 Eier*
*150 g Mehl*
*2 gestr. TL Backpulver*
*150 g Mohn, gemahlen*
*ca. 100 ml Milch*
*4 EL Puderzucker*

Weiche Butter und Zucker schaumig rühren, nach und nach Vanillinzucker, Zitronenschale, Zimt und die Eier zugeben. Das mit dem Backpulver gemischte und gesiebte Mehl und den gemahlenen Mohn abwechselnd mit der Milch unterrühren. Der Teig sollte schwer (reißend) vom Rührlöffel fallen.

Papier-Backförmchen auf ein Blech stellen und den Teig gleichmäßig darin verteilen und glattstreichen. Ca. 20 Minuten bei 200°C backen. Die Oberfläche der Törtchen nach dem Auskühlen mit Puderzucker bestäuben. Die Törtchen können aber auch mit Schokoladenglasur überzogen werden.

## DAMENKÜSSE

*Diese Kekse kann man in Dosen aufbewahren. Sie dürfen nicht zu sehr austrocknen, der Teig muß nach dem Backen noch mürbe sein.*

Zubereitungszeit *80 Minuten*
Schwierigkeitsgrad *leicht*
**Zutaten**
*100 g Mandeln*
*200 g Mehl*
*1 Prise Salz*
*200 g Zucker*
*130 g Butter*
*1 Gläschen (2 cl) Weinbrand*
*50 g Blockschokolade*

Mandeln überbrühen, schälen und ein paar Minuten im heißen Rohr rösten, anschließend im Mörser pulverfein stampfen oder fein mahlen.

Mehl auf die Arbeitsplatte häufen, Mandeln sowie Salz, Zucker, 100 g weiche Butter flöckchenweise und den Weinbrand dazugeben und alles kräftig durchkneten. Aus dem Teig nußförmige Plätzchen formen und auf ein reichlich gebuttertes Blech setzen.

Im vorgeheizten Rohr 15 Minuten bei 200°C backen, dann auskühlen lassen. Schokolade in Stücke brechen und auf kleiner Kochstufe in einem Tiegel schmelzen, dabei ständig rühren und – falls nötig – 2 EL Wasser dazugeben.

Die Plätzchen mit der flachen Seite in die Schokolade tunken und paarweise zusammensetzen. Erst servieren, wenn die Schokolade erkaltet ist.

## MANDELPLÄTZCHEN

*Diese Plätzchen aus besonders leichter Mandelmasse können auch mit einer Glasur nach Rezept S. 51 überzogen werden.*

Zubereitungszeit *45 Minuten*
Schwierigkeitsgrad *mittel*
**Zutaten**
*80 g Mandeln*
*100 g Zucker*
*1 Prise Salz*
*10 Eiweiß*
*10 EL Puderzucker*
*40 g Butter*

Mandeln 1 Minute in kochendes Wasser legen, schälen, ein paar Minuten im Backrohr rösten und anschließend im Mörser mit Zucker und Salz pulverfein stampfen oder fein mahlen und mischen.

Eiweiß zu festem Schnee schlagen, dann den Puderzucker und das Mandelpulver vorsichtig unterheben und durchmischen.

Auf ein mit gebuttertem Backpapier belegtes Blech aprikosengroße Plätzchen aus dem Eiweißgemisch in genügend Abstand setzen. Bei 180°C ca. 30 Minuten backen, dabei sorgfältig überwachen, ohne jedoch das Backrohr zu öffnen. Die Plätzchen noch lauwarm servieren.

## KOKOSKUGELN

*Sie passen sowohl zum Nachmittagstee als auch zum Likör nach einem Essen.*

Zubereitungszeit *40 Minuten + Zeit für das Kühlstellen*
Schwierigkeitsgrad *sehr leicht*
**Zutaten**
*100 g Butter*
*200 g Schokolade*
*100 g Puderzucker*
*2 Päckchen Vanillinzucker*
*2 EL Rum*
*2 Eigelb*
*1 Prise Salz*
*100 g Kokosraspeln*

Die bei der Raumtemperatur weich gewordene Butter mit der geschmolzenen Schokolade, dem Puderzucker, Vanillinzucker, Rum, den Eigelb und Salz mit einem Holzlöffel zu einem glatten, cremigen Gemisch verrühren.

Creme 1 Stunde in den Kühlschrank stellen. Wenn sie fest genug geworden ist, daß man sie formen kann, mit befeuch-

teten Händen daraus nußgroße Kügelchen formen und in den Kokosraspeln wälzen.

Die Kügelchen einzeln in kleine Papiermanschetten setzen und bis zum Verzehr in den Kühlschrank stellen.

MANDELBÄLLCHEN
■ Für dieses Rezept kann man statt der kandierten Früchte auch kleinwürfelig geschnittene Blockschokolade nehmen.

## MANDELBÄLLCHEN

Zubereitungszeit *60 Minuten + Zeit für das Kühlstellen*
Schwierigkeitsgrad *sehr leicht*
**Zutaten**
*200 g Mandeln*
*150 g Mehl*
*75 g Butter*
*50 g Zucker*
*1 Eigelb*
*1 EL Marsala*
*1 Prise Salz*
*50 g kandierte Früchte*
*Butter für die Form*

Mandeln 1 Minute in kochendes Wasser legen, schälen und hacken.
Mehl auf die Arbeitsplatte sieben; Butter, Zucker, Eigelb, Marsala und Salz dazugeben und rasch zum Teig verkneten. Die gehackten Mandeln und feinwürfelig geschnittenen kandierten Früchte dazukneten.
Teig ca. 2 Stunden im Kühlschrank rasten lassen.
Danach aus dem Teig kleine Bällchen formen, an der Unterseite etwas abflachen und auf einem gebutterten Blech im vorgeheizten Backrohr bei 200°C ca. 15 – 20 Minuten bakken.

## DATTEL-NUSS-PLÄTZCHEN

*Diese sehr nahrhaften Plätzchen sind eine sizilianische Spezialität und bekommen durch das Orangenblütenwasser ihren köstlichen Duft.*

Zubereitungszeit *60 Minuten*

Schwierigkeitsgrad *sehr leicht*
**Zutaten**
*250 g Mehl*
*140 g Butter*
*2 EL Orangenblütenwasser*
*1 EL Zucker*
*1 Prise Zimt (gemahlen)*
*1 Prise Salz*
*100 g getrocknete Datteln*
*35 g Mandeln*
*25 g Haselnüsse*
*35 g Pistazien*

Mehl auf die Arbeitsplatte häufen, in eine Vertiefung in der Mitte 120 g weiche Butter und das Orangenblütenwasser geben und mit den Händen zu einem festen Teig verkneten; auch Zucker, Zimt und Salz in den Teig einkneten.
Teig zwischen 2 bemehlte Teller legen und eine Weile rasten lassen.
Die Datteln entkernen und mit den Mandeln, Haselnüssen und Pistazien fein hacken. Die restliche Butter dazugeben und das Gemisch mit einem Holzlöffel gut durchmischen.
Den Teig mit befeuchteten Händen zu kleinen Kugeln formen, in dieMitte eine Vertiefung drücken und mit etwas Dattel–Nuß–Mischung füllen.
Die Plätzchen auf ein nur leicht gebuttertes Blech legen und 20 – 30 Minuten bei 180°C backen.

### HEIDEL-BEEREN

Die früher nur wild wachsenden Beeren gibt es inzwischen auch von Kulturpflanzen. Man kann sie im Sommer und Herbst frisch, ganzjährig tiefgefroren kaufen. Heidelbeeren wirken verdauungsfördernd, blutbildend und stärken die Augen.

## HEIDELBEER-SCHIFFCHEN

*Als Füllung für diese Schiffchen eignen sich auch Johannisbeeren, Himbeeren oder Brombeeren sowie Konfitüren.*

Zubereitungszeit *70 Minuten*
Schwierigkeitsgrad *sehr leicht*
**Zutaten**
*200 g Mehl*
*1/2 Päckchen Backpulver*
*100 g Zucker*
*100 g Butter*
*1 Päckchen Vanillinzucker*
*1 Prise Salz*
*200 g Heidelbeeren*
*100 g Schlagsahne*
*Butter für das Blech*

Mehl, Backpulver, 80 g Zucker, weiche Butter, Vanillinzucker und Salz zu einem Teig verarbeiten. Zu einem ca. 5 mm dicken Teigblatt ausrollen und daraus kleine, ovale Plätzchen ausstechen. Vorne und hinten zuspitzen und die Ränder hochbiegen.

MÜRBTEIGKEKSE
■ Als leichte Zwischenmahlzeit für Kinder sind diese Kekse
sehr beliebt. Hübsch sehen sie
auch mit einer Belegkirsche in
der Mitte aus.

Die Schiffchen auf ein gebuttertes Blech setzen und 20 – 30
Minuten bei 180 °C backen,
dann auskühlen lassen.
Schlagsahne steifschlagen und
mit dem restlichen Zucker süßen, die Heidelbeeren daruntermischen und die Schiffchen
mit dem Gemisch füllen. Bis
zum Verzehr kühlstellen.

## ZIMTSTERNE

*Einfaches, stark nach Zimt*
*schmeckendes Gebäck. Wer*
*den Zimtgeschmack nicht*
*mag, nimmt statt Zimt abge-*
*riebene Zitronenschale.*

Zubereitungszeit *60 Minuten*
Schwierigkeitsgrad *sehr leicht*
**Zutaten**
*250 g Mehl*
*100 g Butter*
*50 g Zucker*
*1 Ei*
*1 Päckchen Vanillinzucker*
*1 Päckchen Backpulver*
*1 TL Zimt (gemahlen)*
*1 EL Schlagsahne*
*1 Prise Salz*
*50 g Pinienkerne (Pignoli)*
*1 Eiweiß*

Mehl, zerlassene Butter, Zukker, Ei, Vanillinzucker, Backpulver, Zimt, flüssige Sahne
und Salz zu einem glatten, festen Teig verarbeiten. Teig mit
der Teigrolle auf 5 mm Dicke
ausrollen. sternförmige Plätzchen ausstechen, auf ein gebuttertes Blech legen. Gehackte Pinienkerne unter das
zu festem Schnee geschlagene
Eiweiß mischen und jeden

Zimtstern mit ein wenig von diesem Gemisch bestreichen. Zimtsterne 15 – 20 Minuten bei 180°C backen.

## MÜRBTEIGKEKSE

Zubereitungszeit *90 Minuten*
Schwierigkeitsgrad *leicht*
**Zutaten**
*100 g Butter*
*120 g Zucker*
*1 Eigelb*
*abgeriebene Schale von 1 Zitrone (unbehandelt)*
*1 Prise Salz*
*250 g Mehl*
*Butter für das Blech*

Mit einem Holzlöffel die bei Raumtemperatur weich gewordene Butter mit 100 g Zucker schaumig rühren; Eigelb, Zitronenschale und Salz dazugeben.
Mehl auf die Arbeitsplatte häufen und die Buttercreme daraufgeben. Alles rasch zu einem Teig verarbeiten. Den Teig eine Stunde rasten lassen, dann mit der Teigrolle zu einem 5 mm dicken Teigblatt ausrollen. Mit verschiedenen Förmchen (Sterne, Dreiecke, Rauten usw.) Plätzchen ausstechen und auf ein gebuttertes Blech legen.
Kekse 10 – 20 Minuten bei 180°C backen; herausnehmen, noch heiß mit Wasser bepinseln und mit dem restlichen Zucker bestreuen.

## ROSINENPLÄTZCHEN

*In einer luftdicht verschließbaren Dose bleiben sie lange mürbe und behalten ihren Geschmack. Man kann sie auch mit Milchkaffee zum Frühstück servieren.*

Zubereitungszeit *60 Minuten*
Schwierigkeitsgrad *sehr leicht*
**Zutaten**
*100 g Butter*
*100 g Zucker*
*1 Päckchen Vanillinzucker*
*2 Eier*
*1 EL Rum*
*1 Prise Salz*
*200 g Mehl*
*1 EL Backpulver*
*150 g Rosinen*
*Butter für das Blech*

Die bei Raumtemperatur weich gewordene Butter mit dem Zucker und Vanillinzucker schaumig rühren. Die Eier einzeln einrühren; Rum, Salz, das mit dem Backpulver vermischte und gesiebte Mehl sowie die in warmem Wasser eingeweichten, getrockneten und in Mehl gewälzten Rosinen dazugeben.
Aus dem Gemisch nußgroße Häufchen in genügend Abstand auf ein gebuttertes Blech setzen. 15 – 20 Minuten bei 180°C backen.

## LÖFFELBISKUITS

*Das Geheimnis für das sichere Gelingen der Löffelbiskuits liegt darin, daß die Eigelb mit dem Zucker lange genug hellschaumig gerührt werden.*

Zubereitungszeit *75 Minuten*
Schwierigkeitsgrad *leicht*

**Zutaten**
*4 Eier*
*200 g Zucker*
*200 g Mehl*
*1 Prise Salz*

*1 EL Backpulver*
*1/4 l Milch*
*1 EL Puderzucker*
*Butter für das Blech*

Ca. 30 Minuten lang die Eigelb mit dem Zucker schaumig rühren, dann nach und nach die zu Schnee geschlagenen Eiweiß unterziehen. Mehl, Salz und Backpulver auf das Gemisch sieben und einrühren, zuletzt langsam die Milch zugießen und verrühren. Das Gemisch darf nicht zu fest werden.
Biskuitmasse in einen Spritzbeutel mit glatter Tülle füllen und damit 10–12 cm lange Stränge in genügend Abstand auf ein gebuttertes Blech sprit-

*Diese Kipferl sehen zwar ziemlich hausbacken aus, schmecken aber delikat!*

**Zutaten**
150 g Mandeln
150 g Butter
50 g Puderzucker
1 Gläschen (2 cl) Marsala
200 g Mehl
Butter für das Blech

Mandeln grob hacken und im Backrohr ein paar Minuten rösten.

Die Butter mit dem Zucker schaumig rühren.

Den Marsala dazugeben und verrühren.

Mehl und geröstete Mandeln daruntermischen und so lange rühren, bis der Teig glatt ist.

Teig 30 Minuten rasten lassen.

Teig in gleich große Stücke schneiden.

Jedes Teigstück zwischen den Handflächen rollen, so daß die Enden dünner als das Mittelstück werden.

Die Kipfel auf ein gebuttertes Blech legen und rund biegen. Bei 160–170°C 15–20 Minuten backen.

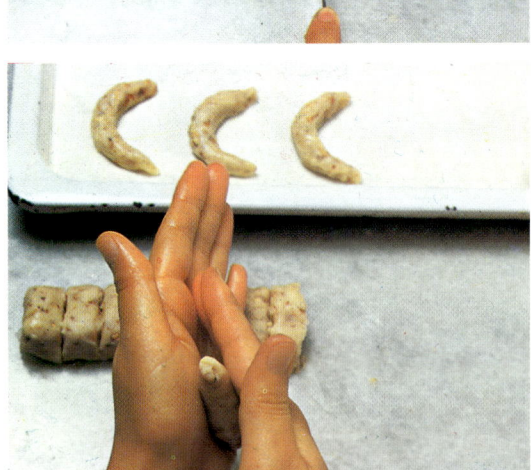

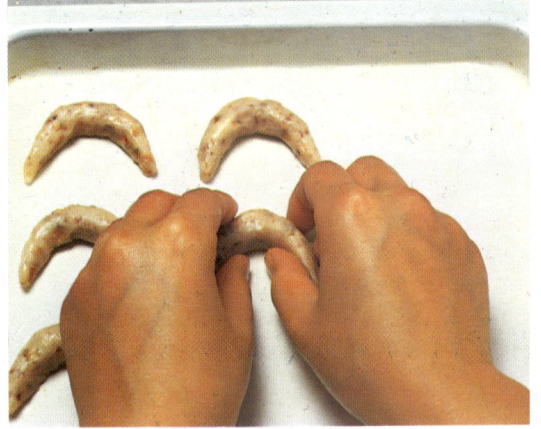

MARONENKUGELN
■ Diese sehr üppigen Konfektkugeln können statt Pralinés als Abschluß einer festlichen Speisenfolge serviert werden.

zen. Biskuits mit Puderzucker bestäuben und bei 180°C goldgelb backen.

## MANDELBAISERS

*Die richtige Beilage zu warmen Cremes in Portionsschalen, wie z.B. Crème pâtissière, Schokoladencreme oder Weinschaumcreme (Sabayon).*

Zubereitungszeit *90 Minuten*
Schwierigkeitsgrad *leicht*
**Zutaten**
*3 Eiweiß*
*200 g Puderzucker*
*100 g Mandeln*

Mit dem Schneebesen die Eiweiß mit der halben Zuckermenge zu Schnee schlagen, dann nach und nach die andere Hälfte des Zuckers dazugeben und schlagen, bis die Masse fest wird. Die geschälten, gerösteten und gehackten Mandeln dazugeben. Die Masse muß formbar bleiben.
Kleine Papiermanschetten aus Backpapier mit der Masse füllen und die Baisers ca. 30 Minuten bei 160°C backen. Backvorgang gut überwachen.

## MARONENKUGELN

Zubereitungszeit 40 Minuten
Schwierigkeitsgrad *sehr leicht*
**Zutaten**
*300 g Marrons glacés, zerkrümelt*
*1 nußgroßes Stück Butter*
*1 Gläschen (2 cl) Rum*
*100 g Hagelzucker*
*100 g geriebene Schokolade*

50 g gehackte Haselnüsse
50 g gehackte Mandeln

Die glasierten Maronen durch ein Sieb passieren und das Püree mit Rum und Hagelzucker verrühren.

Mit feuchten Händen aus dem Gemisch Kugeln formen und diese teils in der geriebenen Schokolade, teils in den gehackten Haselnüssen und teils in den gehackten Mandeln wälzen.

Die Kugeln in Papiermanschetten gemischt auf einer großen Platte servieren.

## SCHOKO-CREME-TÖRTCHEN

*Zum Füllen eignen sich auch andere Cremes, z.B. Crème patissière mit Orangenblütenwasser, Weinschaumcreme oder Schokoladencreme.*

Zubereitungszeit *60 Minuten*
Schwierigkeitsgrad *leicht*
**Zutaten**
*200 g Mehl*
*100 g Butter*
*2 Eigelb*
*50 g Zucker*
*1 Prise Salz*
*1/4 l starker Kaffee*
*100 g Zucker*
*4 Eigelb*
*200 g fein gehackte Mandeln*
*Butter für die Förmchen*

Mehl, bei Raumtemperatur weich gewordene Butter, die Eigelb, Zucker und Salz zu einem Teig zusammenkneten. Runde, leicht gebutterte Förmchen mit dem Teig auskleiden.

Die Förmchen dann zu zwei Dritteln mit Creme füllen. Für die Schoko-Creme Kaffee und Zucker 5 Minuten kochen, dann vom Herd nehmen und die Eigelb einzeln sowie die gehackten Mandeln einrühren.

Die Törtchen bei 180°C bakken, bis sie goldgelb sind. Sofort aus den Förmchen nehmen und erkalten lassen.

## KAKAOSCHNITTEN

*Kaffeeschnitten werden nach demselben Rezept, nur mit in wenig Wasser aufgelöstem Pulverkaffee statt des Kakaos, zubereitet.*

Zubereitungszeit *45 Minuten*
Schwierigkeitsgrad *sehr leicht*
**Zutaten**
*250 g Mehl*
*50 g Butter*
*80 g Zucker*
*1 Ei*
*1 gestrichener EL Backpulver*
*100 ml Milch*
*1 Prise Salz*
*50 g Kakaopulver*

Mehl auf die Arbeitsplatte häufen und in die Mitte alle weiteren Zutaten (außer dem Kakao) geben. Alles gründlich zu Teig verkneten. Teig in drei Teile teilen, in einen Teil den Kakao einkneten.

Alle 3 Teigdrittel 1 mm dünn ausrollen, so daß 2 weiße und 1 schwarzes Teigblatt gleicher Größe entstehen.

Das Teigblatt mit dem Kakao

GEFÜLLTE TASCHEN
■ Man kann diese Taschen auch mit kleingeschnittenen, gezuckerten und mit Zitronensaft beträufelten Trockenfrüchten füllen. Schneller geht es, wenn man aus ausgerolltem Blätterteig Kreise aussticht, sie mit Marmelade füllt und zusammenklappt.

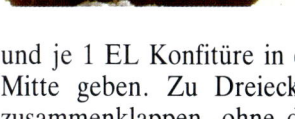

zwischen die beiden weißen legen und mit der Teigrolle alle 3 mit leichtem Druck aufeinanderpressen.

In 2 x 5 cm große Rechtecke schneiden. Die Schnitten auf ein gebuttertes Backblech legen und bei 180°C backen, bis sie goldgelb werden.

## GEFÜLLTE TASCHEN

Zubereitungszeit *75 Minuten*
Schwierigkeitsgrad *leicht*
**Zutaten**
*30 g Backhefe*
*2 TL Honig*
*300 g Mehl*
*50 g Zucker*
*2 Eier*
*60 g Butter*
*abgeriebene Schale von 1 Zitrone (unbehandelt)*
*1 Prise Salz*
*200 g Konfitüre*
*Butter für das Blech*

Backhefe mit dem Honig in einer Tasse kurz verrühren, bis sich die Hefe vollständig aufgelöst und mit dem Honig vermengt hat.

Mehl auf die Arbeitsplatte häufen, in die Mitte eine Vertiefung drücken und die Hefe hineingeben. Gut zum Teig durchmischen.

Hefeteig an einem warmen Ort 15 Minuten gehen lassen; danach den Zucker, die Eier, die Butter, die Zitronenschale und das Salz dazugeben. Den Teig nochmals gründlich kneten und abschlagen, damit die Luft daraus entweicht. Auf 1 cm Dicke ausrollen, in 6 x 6 cm große Quadrate schneiden

und je 1 EL Konfitüre in die Mitte geben. Zu Dreiecken zusammenklappen, ohne daß Konfitüre austritt, und die Taschen auf einem gebutterten Blech nochmals gehen lassen. Wenn sie hoch aufgegangen sind, im Rohr bei 180°C goldgelb backen.

### KONFITÜRE

Konfitüren werden durch Einkochen von in Stücke geschnittenen Früchten oder Fruchtmark mit Zucker und wenig Wasser, Marmeladen durch Einkochen von Stücken oder Fruchtmark von Zitrusfrüchten hergestellt. Für Gelee wird der Fruchtsaft mit der entsprechenden Zuckermenge vermischt und gekocht.

## RICOTTA-BÖMBCHEN

*Noch feiner im Geschmack werden sie mit feinwürfelig geschnittener Schokolade anstelle der kandierten Früchte.*

Zubereitungszeit *20 Minuten*
Schwierigkeitsgrad *sehr leicht*
**Zutaten**
*400 g Ricotta (oder fester Magerquark)*
*100 g Zucker*
*100 g gemischte kandierte Früchte*
*150 g Makronenbrösel*

Ricotta (oder Quark) mit dem Zucker und den feinwürfelig geschnittenen Kanditen vermengen und daraus eiförmige Bällchen formen, in den Makronenbröseln wälzen und auf

ANIS–NUSS–PLÄTZCHEN
■ Statt des Orangeats kann
man dafür auch 50 g getrocknete, gehackte Feigen nehmen.

einer Platte anrichten. Vor
dem Servieren 2 Stunden in
den Kühlschrank stellen.

## CRUMIRI

*Diese mürben und sehr nahr-
haften Kekse sind eine Spezialität des Piemonts, die auch*

mit 3 TL Vanillinzucker statt
des Kakaos sehr gut schmeckt.

Zubereitungszeit *50 Minuten*
Schwierigkeitsgrad *sehr leicht*
**Zutaten**
250 g Mehl
200 g gelbes Maismehl
150 g Zucker
10 g ungesüßter Kakao

1 Prise Salz
4 Eier
50 g Honig
250 g Butter
Butter für das Blech

Weizen– und Maismehl mit
dem Zucker, Kakao und Salz
vermischen und auf die Arbeitsplatte häufen. In die Mit-

te 2 Eier und 2 Eigelb, Honig
und weiche Butter geben, alles
gut vermengen und den Teig 1
Stunde ruhen lassen.
Danach Teig in eine Tortenspritze mit Sterntülle füllen
und damit 8 cm lange Stränge
spritzen. Diese leicht zu Halb-
monden biegen und auf ein gebuttertes Blech geben.

Die Crumiri im vorgeheizten Backrohr 15 – 20 Minuten bei 200°C backen, auskühlen lassen und anrichten.

## ANIS-NUSS-PLÄTZCHEN

Zubereitungszeit *60 Minuten*
Schwierigkeitsgrad *sehr leicht*
**Zutaten**
*300 g Mehl*
*1 Prise Salz*
*50 g Orangeat*
*10 g Anis*
*100 g Walnüsse, gemahlen*
*1 gestrichener EL Zimt*
*100 ml Wasser*
*300 g Zucker*
*Butter und Mehl für das Blech*

Mehl, Salz, feingehacktes Orangeat, zerdrückte Aniskörner und gemahlene Haselnüsse in eine Schüssel geben, vermengen und den Zimt dazugeben. Einen kleinen Topf mit 1/2 Glas Wasser und dem Zucker erhitzen und die eher weiche Zuckermasse zu den übrigen Zutaten geben.
Alles gut verrühren, dann die Masse auf die bemehlte Arbeitsplatte schütten und mit den Händen zu einem glatten Teig verkneten. Mit der Teigrolle 1 cm dick ausrollen und verschieden geformte und verschieden große Plätzchen ausstechen.
Plätzchen auf ein gebuttertes und bemehltes Blech legen und ca. 30 Minuten bei 180°C hellgelb backen.

## RUM-TALER

*Rum–Taler noch heiß mit Kakao bestäuben, aber erst ausgekühlt servieren.*

Zubereitungszeit *60 Minuten*
Schwierigkeitsgrad *sehr leicht*
**Zutaten**
*100 g Butter*
*100 g Zucker*
*2 Eier*
*2 EL Rum*
*200 g Mehl*
*1 Prise Salz*
*100 g Rosinen*
*50 g Pinienkerne (Pignoli)*
*50 g Speisestärke*
*1 gestrichener EL Backpulver*
*Butter und Mehl für das Blech*

Die weiche Butter schaumig rühren, dann den Zucker, die Eier, den Rum, das Mehl, das Salz, die in lauwarmem Wasser eingeweichten und dann trocken in Mehl gewälzten Rosinen, die gehackten Pinienkerne und die mit dem Backpulver gesiebte Speisestärke untermischen.
Nußgroße Teigstückchen zu Kugeln formen und plattdrücken, auf ein gebuttertes und bemehltes Backblech legen und dazwischen genügend Abstand lassen.
Die Rum-Taler 15 – 20 Minuten bei 180°C backen.

## REIS-TORTELETTS

*Sie schmecken am besten, wenn man sie mit Zimt bestreut, denn dieses Gewürz paßt gut zu den übrigen Zutaten.*

Zubereitungszeit *45 Minuten*
Schwierigkeitsgrad *sehr leicht*
**Zutaten**
*300 g Milchreis*
*1 l Milch*
*140 g Zucker*
*60 g Butter*
*60 g Zitronat*
*1 Prise Salz*
*4 EL Rum*
*4 Eier*
*Butter für die Förmchen*

Den Milchreis in der Milch langsam weichkochen, dabei häufig umrühren. Nach der halben Kochzeit den Zucker, die Butter, das feinwürfelig geschnittene Zitronat und das Salz einrühren. Wenn der Reis ganz weich gekocht ist und die gesamte Flüssigkeit aufgesogen hat, auskühlen lassen. Danach mit einem Holzlöffel den Rum, die Eigelb und die zu festem Schnee geschlagenen Eiweiß daruntermischen.
Tortelett-Förmchen leicht buttern, Reisgemisch einfüllen und im Wasserbad ins Backrohr stellen. Ca. 40 Minuten bei 180°C backen.

## MANDELKROKANT MIT HONIG

*Am besten gegen Ende der Mahlzeit zu Dessertwein oder Vin Santo servieren.*

Zubereitungszeit *40 Minuten*
Schwierigkeitsgrad *sehr leicht*
**Zutaten**
*600 g halbfester Honig*
*3 Eigelb*
*1 Prise Natron*
*100 g Mandeln*
*6 EL Mehl*
*Butter für das Blech*

Den Honig mit den Eigelb und dem Natron in eine Schüssel geben und mit einem Holzlöffel gut verrühren. Die feingehackten Mandeln sowie das Mehl dazugeben und alle Zutaten zu einem eher weichen Teig vermengen. Auf der bemehlten Arbeitsfläche den Teig zu 5 cm dicken, etwas abgeflachten Rollen formen. Teigrollen auf ein gebuttertes Blech legen und bei 180°C goldgelb backen.
Rollen auskühlen lassen, dann in ca. 1 cm dicke Scheiben schneiden.

## CREMEKRAPFEN

*Man kann die Krapfen mit Crème pâtissière, Schokoladen–, Mokka– oder Weinschaumcreme füllen. Sie werden entweder mit Puderzucker bestreut oder mit Schokoladenglasur (Rezept S. 52) überzogen.*

Zubereitungszeit *75 Minuten*
Schwierigkeitsgrad *leicht*
**Zutaten**
*50 g Butter*
*200 ml Wasser*
*1 Prise Salz*
*200 g Mehl*
*6 Eier + 2 Eigelb*

KOKOSPLÄTZCHEN
■ Diese Mürbteigplätzchen
sind in Nordeuropa sehr beliebt und passen besonders
gut zum Nachmittagstee.

4 EL Zucker
2 EL Mehl
1 Stückchen Zitronenschale
(unbehandelt)
knapp 1/2 l Milch
1 EL Puderzucker

Wasser, Butter und Salz in einem hohen, engen Topf zum Kochen bringen. Den Topf vom Herd nehmen, das gesiebte Mehl auf einmal hineinschütten und mit einem Holzlöffel einrühren. Topf wieder auf die Kochstelle stellen und noch ein paar Minuten erhitzen, dabei ständig und energisch rühren, bis der Teig sich vom Topfboden löst. Vom Herd nehmen, noch einige Minuten kräftig weiterrühren. Die leicht verquirlten Eier einzeln einrühren. Den Brandteig 10 Minuten ruhen lassen.

Mit einem Löffel nußgroße Teighäufchen auf ein mit Backpapier belegtes Blech geben. Die Krapfen 15 Minuten bei etwa 220°C backen, ohne das Rohr zu öffnen (sie fallen sonst zusammen!). Auskühlen lassen, inzwischen Crème pâtissière nach Rezept "Aprikosen–Torteletts" auf S. 337 zubereiten.

Creme erkalten lassen, in eine Tortenspritze füllen und die Krapfen damit füllen. Mit Puderzucker bestreut servieren.

## KOKOSPLÄTZCHEN

Zubereitungszeit *60 Minuten*
Schwierigkeitsgrad *leicht*
**Zutaten**
*500 g Mehl*
*300 g Zucker*
*1 Prise Salz*
*350 g Butter*
*abgeriebene Schale von 1 Zi-*
*trone (unbehandelt)*
*4 Eigelb*
*200 g Kokosraspeln*
*Butter für das Blech*

Mehl, Zucker und Salz vermischen und auf die Arbeitsplatte häufen. In die Mitte die im
Wasserbad zerlassene Butter,
die Zitronenschale, die Eigelb
und die Kokosraspeln geben
und alles zu einem nicht zu festen Teig vermengen.
Teig kleinfingerdick ausrollen, runde Plätzchen ausstechen und sie in genügend Abstand auf ein gebuttertes
Backblech legen. 20 – 30 Minuten bei 180°C backen.

## JOHANNISBEER–
## SCHIFFCHEN

*Auch andere frische Früchte*
*oder Beeren eignen sich als*
*Füllung für diese Schiffchen.*

Zubereitungszeit *60 Minuten*
Schwierigkeitsgrad *leicht*
**Zutaten**
*300 g Mehl*
*100 g Zucker*
*170 g Butter*
*2 Eigelb*
*1 Prise Salz*
*trockene Bohnen zum Blind-*
*backen*

*300 g Johannisbeeren*
*100 g Himbeergelee*
*Butter für die Förmchen*

Mehl, Zucker, zerlassene Butter, Eigelb und Salz zum Teig
verarbeiten. Teig 1 cm dick
ausrollen.
Mit dem Teig gebutterte
Förmchen auskleiden, die
Schiffchenform haben. Auf
den Teig ein Blatt Backpapier
legen und trockene Bohnen
einfüllen. Förmchen damit bei
180°C blindbacken, bis sie
goldgelb sind.
Förmchen herausnehmen, Papier und Bohnen entfernen.
Die Schiffchen mit vorbereiteten Johannisbeeren füllen und
mit Himbeergelee überziehen.

## WINDBEUTEL

*Windbeutel sind eine kalorien-*
*sparende, sehr feine Variante*
*der Cremekrapfen. Statt mit*
*Karamel kann man die aufge-*
*türmten Krapfen auch mit*
*geschmolzener Schokolade*
*übergießen.*

Zubereitungszeit *75 Minuten*
Schwierigkeitsgrad *leicht*
**Zutaten**
*Brandteigkrapfen nach dem*

*Rezept "Cremekrapfen" auf*
*S. 333*
*200 g Schlagsahne*
*2 EL Puderzucker*
*100 g Zucker*
*1 TL Zitronensaft*

Krapfen nach Rezept zubereiten. Die gut gekühlte Schlagsahne in einer ebenfalls vorher
gekühlten Rührschüssel steifschlagen, mit dem Puderzukker süßen und die Krapfen damit füllen (Tortenspritze mit
entsprechender Tülle dafür
nehmen). Die Krapfen auf
einer Servierplatte zur Pyra-
mide aufschichten. Den Zukker auf mittlerer Kochstufe

mit dem Zitronensaft schmelzen, hellbraun werden lassen
und fadenförmig über die
Krapfen gießen.

## MINI-TÖRTCHEN

*Dies sind echte Torten im*
*Kleinformat, sie werden auch*
*genauso liebevoll mit einem*
*Teiggitter verziert wie große*
*und passen am besten zum Tee*
*am Nachmittag.*

Zubereitungszeit *60 Minuten*
Schwierigkeitsgrad *sehr leicht*

**Zutaten**

*300 g Mehl*
*150 g Butter*
*100 g Zucker*
*1 Eigelb*
*1 EL Orangenblütenwasser*
*(oder Orangenlikör)*
*200 g Erdbeerkonfitüre*
*Butter für die Förmchen*

Mürbteig wie für Rezept "Aprikosen–Torteletts" auf S. 337 zubereiten, ruhen lassen und danach 1 cm dick ausrollen.

Mit der größeren Teighälfte gebutterte Tortelett–Förmchen auskleiden. Erdbeerkonfitüre mit dem Orangenblütenwasser flüssig rühren und den Boden der Förmchen mit dem Gemisch bestreichen. Aus dem restlichen Teig dünne Streifen schneiden und die Torteletts gitterförmig damit belegen. Bei 180°C backen, bis sie goldgelb werden.

# CROISSANTS

Zubereitungszeit *ca. 90 Minuten*
Schwierigkeitsgrad *mittel*

**Zutaten**

*400 g Mehl*
*1 gestrichener TL Salz*
*knapp 2 EL Zucker*
*30 g Backhefe*
*2 TL Honig*
*1 ganzes Ei + 1 Eigelb*
*100 g Butter*
*100 ml Milch*
*1 EL Hagelzucker*
*Butter für das Blech*

Mehl, Salz und Zucker auf die Arbeitsfläche häufen.

In einer Tasse die Hefe und den Honig mit etwas lauwarmem Wasser glattrühren, dann zum Mehl dazugeben. Auch das ganze Ei, die Milch, das Eigelb und 30 g weiche Butter flöckchenweise daruntermischen, alle Zutaten gut vermengen und kräftig durchkneten. Der Teig muß fest und elastisch werden. Mit einem Tuch zugedeckt in einer bemehlten Schüssel so lange gehen lassen, bis sich das Teigvolumen verdoppelt hat.

Teig anschließend leicht bemehlt zu einem Rechteck ausrollen. Die restliche, weiche Butter auf die Mitte des Rechtecks legen. Den Teig über die Butter einschlagen und wieder ausrollen. Dreimal wiederholen. Zwischen 2 Arbeitsgängen aber jedesmal 20 Minuten im Kühlschrank ruhen lassen.

Das letzte Mal den Teig 3 mm dick ausrollen und in 18 Quadrate schneiden, von denen jedes in 2 Dreiecke geteilt wird. Die Dreiecke von der langen Seite her einrollen, so daß die Dreiecksspitze oben auf dem Croissant zu liegen kommt, dann leicht rundbiegen und auf ein gebuttertes Blech legen.

Croissants mit Hagelzucker bestreuen und bei 200°C im vorgeheizten Backrohr ca. 20 Minuten backen.

Croissants sollte man heiß servieren. Wenn sie nicht gleich verzehrt werden, vor dem Servieren wieder aufwärmen.

■ *Croissants sind das klassische Frühstücksgebäck. Ungefüllt oder mit einer Fülle aus Aprikosen– oder Kirschkonfitüre und leicht überzuckert, machen sie den Kaffee am Morgen zum Genuß.*

## APRIKOSEN–TORTELETTS

Zubereitungszeit *90 Minuten*
Schwierigkeitsgrad *leicht*
**Zutaten**
*Für den Teig*
*250 g Mehl*
*100 g Zucker*
*100 g Butter*
*abgeriebene Schale von 1 Zitrone (unbehandelt)*
*2 Eigelb*
*1 Prise Salz*
*trockene Bohnen*
*Für die Creme*
*2 Eigelb*
*2 EL Zucker*
*1 TL Mehl*
*knapp 1/2 l Milch*
*500 g Aprikosen*
*70 g Zucker*
*1 Gläschen (2 cl) Rum*
*100 g Makronen*
*200 g Konfitüre*
*Butter für die Förmchen*

Milch und Zucker auf die Arbeitsplatte häufen; zerlassene Butter, Zitronenschale, 2 Eigelb und Salz in eine Vertiefung in der Mitte geben und alle Zutaten rasch zum Teig vermengen. Teig mit der Teigrolle dünn ausrollen und mit einem Förmchen Kreise ausstechen. Leicht gebutterte Tortelett–Förmchen mit den Kreisen auskleiden, darauf Backpapier und einige trockene Bohnen füllen und die Förmchen ca. 15 Minuten bei 180°C blindbacken.
Inzwischen die Creme zubereiten: Die Eigelb mit dem Zucker schaumig rühren, nach und nach das Mehl und 1/2 Glas kalte Milch einrühren.

Die restliche Milch auf der Kochstelle heiß machen, dann unter ständigem Rühren die flüssige Eigelbcreme hineingießen. Wenn sich alles gut vermischt hat, ein paar Minuten erhitzen und sofort vom Herd nehmen, wenn die Creme zu kochen beginnt. Auskühlen lassen.
Von den erkalteten Törtchen die Bohnen und das Backpapier entfernen. Mit Crème pâtissière füllen. Auf die Creme je 1 geschälte Aprikosenhälfte mit der runden Seite nach oben legen.
Den Hohlraum des Kernes in den Aprikosen mit einem aus Zucker und Rum bereiteten Sirup, in den die pulverfein zerstoßenen Makronen eingerührt wurden, füllen.
Die Torteletts mit der erwärmten, mit 2 EL Wasser flüssig gerührten Konfitüre rasch überpinseln, damit sie schön glänzen.

## SCHOKOLADEWOLKEN

*Meist zum Garnieren von Eisbechern oder Desserts auf Schlagsahnebasis verwendetes Gebäck.*

Zubereitungszeit *45 Minuten*
Schwierigkeitsgrad *sehr leicht*
**Zutaten**
*6 Eier*
*40 g geriebene Schokolade*
*250 g Zucker*
*80 g Mehl*

Die Eigelb mit dem Zucker schaumig rühren; die geriebene Schokolade und die zu festem Schnee geschlagenen Eiweiß unterziehen; zuletzt das Mehl unterheben und das Gemisch auf Papiermanschetten aus Backpapier verteilen. Bei 190°C etwa 15 Minuten backen.

## MOHNKRINGEL

*Eine sehr aparte Geschmacksvariante dieser Kringel erhält man, wenn man statt des Mohns Kümmel verwendet. Auch gemahlene Haselnüsse können den Mohn ersetzen.*

Zubereitungszeit *40 Minuten*
Schwierigkeitsgrad *sehr leicht*
**Zutaten**
*300 g Mehl*
*50 g Butterschmalz*
*1/2 TL Salz*
*1 nußgroßes Stück Butter*
*4 EL Öl*
*75 g Zucker*
*1 1/2 EL Mohn, gemahlen*
*7 g Trockenhefe*
*1/2 Glas Milch*
*Butter für das Blech*

Mehl auf die Arbeitsplatte häufen; in eine Vertiefung in der Mitte alle übrigen Zutaten geben, Hefe vorher in Milch auflösen. Alle Zutaten gut zu einem glatten Teig vermengen. Teig in 3 Teile teilen, jedes Stück zwischen den Handflächen fingerdick rollen; diese Teigrollen in 22 cm lange Stücke schneiden und diese zu Ringen schließen.
Die so gebildeten Kringel auf ein gebuttertes und bemehltes Backblech legen und ca. 20–25 Minuten bei 180°C backen.

Die Kringel noch weich herausnehmen, damit sie an der Luft knusprig werden können.

## CANNOLI ALLA SICILIANA

Zubereitungszeit *120 Minuten*
Schwierigkeitsgrad *mittel*
**Zutaten** für den Teig
*500g Mehl*
*1 Eigelb*
*1 Prise Zimt*
*50 g Zucker*
*50 g Butterschmalz*
*1 EL Kaffee*
*5 g Kakao*
*Saft von 1/2 Zitrone*
*Fett zum Ausbacken*
Für die Fülle
*500 g Ricotta (oder Magerquark)*
*150 g Zucker*
*150 g Blockschokolade*
*50 g gemischte kandierte Früchte*
*Schale von 1 Zitrone (unbehandelt)*

Aus den angegebenen Zutaten einen Teig bereiten; gründlich durchkneten, einen länglichen Laib daraus formen und ein paar Stunden an einem kühlen Ort ruhen lassen.
Aus dem Teig so viele ovale Teigblätter ausrollen, wie Rollen benötigt werden, und diese über eine entsprechende Röhre zu Rollen formen.
Die Rollen in heißem Fett ausbacken und auf Küchenkrepp abtropfen lassen. Inzwischen die Fülle zubereiten: Ricotta oder Quark mit dem Zucker, der feinwürfelig geschnittenen

Schokolade, den feinwürfelig geschnittenen kandierten Früchten und der Zitronenschale verrühren.
Die inzwischen erkalteten Rollen mit der Quarkmischung füllen und auf einer Platte anrichten.

## SCHOKOLADEN-ZÖPFCHEN (STRIEZEL)

*Aus demselben Teig kann man auch beliebige viele andere Formen – Herzen, Rauten, Sterne usw. – ausstechen.*

Zubereitungszeit *40 Minuten*
Schwierigkeitsgrad *sehr leicht*
**Zutaten**
*250 g Butter*
*150 g Zucker*
*200 g Bitterschokolade*
*1 Prise Salz*
*1 Ei*
*500 g Mehl*

Von der Butter ein nußgroßes Stück für das Blech wegnehmen, den Rest mit dem Zucker schaumig rühren.
Die Schokolade in einem Tiegel schmelzen und samt dem Salz zu der Butter-Zucker-Mischung geben. Auch das verschlagene Ei und das gesiebte Mehl nach und nach einrühren und alles gut vermengen.
Aus dem Teig dünne, ca. 10 cm lange Rollen formen und daraus Zöpfe flechten. Die Zöpfchen auf ein gebuttertes Blech legen und 20 Minuten bei 180°C backen.

## NUSS-HÄUFCHEN

*Kinder mögen diese Kekse lieber mit Haselnüssen anstelle von Walnüssen.*

Zubereitungszeit *45 Minuten*
Schwierigkeitsgrad *sehr leicht*
**Zutaten**
*6 Eier*
*6 EL Zucker*
*6 EL Mehl*
*1 Prise Salz*
*200 g Walnußkerne*
*Butter für das Blech*
*1 Handvoll Mandeln*

Die Eigelb mit dem Zucker hell-schaumig schlagen, gesiebtes Mehl und Salz dazugeben.
Die Eiweiß zu Schnee schlagen und unterziehen. Schließlich noch die gehackten Nüsse daruntermischen und aus dem Gemisch mit dem Löffel kleine Häufchen auf ein gebuttertes Blech setzen.
15 – 20 Minuten bei 180°C backen, in die Mitte jedes Häufchens eine Mandel stecken und fertigbacken.

## SCHOKO-SCHNITTEN MIT ERDNÜSSEN

*Masse noch vor dem Erkalten in Stücke schneiden und dafür eine in kaltes Wasser getauchte Messerklinge benützen, damit die Schnittkanten glatt werden.*

Zubereitungszeit *45 Minuten*
Schwierigkeitsgrad *sehr leicht*
**Zutaten**
*150 g Butter*

*150 g Bitterschokolade, feinwürfelig geschnitten*
*2 Eier*
*200 g Zucker*
*1/2 Tasse ungesalzene Erdnußkerne*
*100 g Mehl*
*1 Prise Salz*

Von der Butter ein nußgroßes Stück für das Blech wegnehmen, die restliche Butter mit der Schokolade schmelzen und etwas abkühlen lassen.
Die Eier einzeln verquirlen und einrühren, dann den Zucker und die gehackten Erdnüsse daruntermischen.
Mehl und Salz sieben und nach und nach in das Gemisch einrühren.
Ein Blech buttern und das Gemisch einige Millimeter dick daraufstreichen. Ca. 30 Minuten bei 180°C backen.
Etwas abkühlen lassen und mit dem Messer in rechteckige Schnitten zerteilen.

## ZUCKERBACKWERK

*Den Baisers sehr ähnlich und sehr leicht. Statt Stäbchen kann man mit der Tortenspritze auch Rosetten formen.*

Zubereitungszeit *40 Minuten*
Schwierigkeitsgrad *sehr leicht*
**Zutaten**
*100 g Mehl*
*1 Prise Salz*
*3 Eier*
*300 g Zucker*
*Butter für das Blech*

Mehl und Salz sieben. Die Eigelb hell-schaumig schlagen.

**CANNELONI ALLA SICILIA-NA**

■ Erst im letzten Augenblick mit der Quarkmischung füllen, weil sie sonst weich werden und nicht mehr knusprig sind. Damit die Cannoli die richtige Form bekommen, wickelt man den Teig um entsprechende Röhrchen aus Metall.

KLEINGEBÄCK
■ Die Kreationen auf diesem
Gebiet bestechen immer wieder durch ihre Vielfalt an Formen und Farben.

Eiweiß mit der halben Zuckermenge zu Schnee schlagen.
Mehl mit dem restlichen Zukker vermischen und löffelweise in die Eigelb einrühren.
Den Eischnee vorsichtig unterziehen und das Gemisch in
eine Tortenspritze mit weiter
Tülle füllen. Damit ca. 5 cm
lange Stränge auf ein gebuttertes Blech spritzen. 15 Minuten
bei 180°C backen, auskühlen
lassen, die Stäbchen mit einem
Messer vom Blech lösen und
auf einer Platte anrichten.

## PFLAUMEN-
## TORTELETTS

*Wer es eilig hat, kauft Pflau-
men als Konserve oder füllt
die Torteletts mit Erdbeeren.*

Zubereitungszeit *45 Minuten*
Schwierigkeitsgrad *sehr leicht*
**Zutaten**
*300 g Mürbteig nach Rezept
S. 56
1 nußgroßes Stück Butter
trockene Bohnen
20 Pflaumen
4 EL Zucker
2 Nelken
1 Glas Orangenmarmelade*

Mürbteig ausrollen und die
leicht gebutterten, runden
Förmchen damit auskleiden;
Teigboden mit der Gabel
mehrfach einstechen und mit
trockenen Bohnen füllen. Torteletts ca. 20 Minuten bei
180°C backen und auskühlen
lassen.Inzwischen die Pflaumen mit wenig Wasser, Zukker und Nelken in einem Topf

weichkochen. Abgießen und
auskühlen lassen.
Torteletts aus den Förmchen
lösen und auf ein Tablett legen, mit der Marmelade füllen
und jeweils eine gut abgetropfte Pflaume in die Mitte geben.

## FEIGEN-SCHIFFCHEN

*In Sahne und Zucker weichge-
kochte getrocknete Feigen ergeben eine sehr delikate Füllcreme, die man auch für Torten verwenden kann.*

Zubereitungszeit *60 Minuten*
Schwierigkeitsgrad *sehr leicht*
**Zutaten**
*400 g getrocknete Feigen
200 g Mehl
2 Eigelb
200 g Zucker
100 g Butter
ein wenig abgeriebene Zitronenschale (unbehandelt)
trockene Bohnen
100 g Schlagsahne*

Die Feigen einige Stunden in
lauwarmem Wasser einwei-
chen.
Mehl auf die Arbeitsplatte
häufen, in die Mitte eine Vertiefung drücken und die Eigelb, die halbe Zuckermenge
und die Butter (1 nußgroßes
Stück für die Förmchen wegnehmen) flöckchenweise hineingeben. Die Zitronenschale
daraufstreuen und alles zu
einem festen Teig vermengen.
Teig zur Kugel formen und ca.
30 Minuten ruhen lassen.
Längliche Förmchen mit Butter ausstreichen, mit dem Teig
auskleiden, den Boden mit der

Gabel mehrfach einstechen
und trockene Bohnen einfüllen. 10 – 15 Minuten bei 180°C
goldgelb backen.
Die Bohnen herausnehmen,
Schiffchen erkalten lassen, mit
einem Messer vom Blech lösen
und auf eine Platte legen.
Die Feigen abgießen, mit dem
restlichen Zucker und der
Schlagsahne in einem Topf
aufkochen und danach 10 Minuten kochen lassen.
Feigen samt der Flüssigkeit
durch ein Sieb passieren und
den Brei erkalten lassen. Die
Schiffchen damit füllen.

## PASTETCHEN MIT
## MARRONS GLACÉS

*Diese sehr elegant aussehen-
den Pastetchen können zum
Digestif am Ende einer Mahlzeit, aber auch zum Tee serviert werden.*

Zubereitungszeit *120 Minuten*
Schwierigkeitsgrad *leicht*
**Zutaten**
*300 g Blätterteig nach Rezept
S. 86*
*1 nußgroßes Stück Butter
trockene Bohnen*
*20 glasierte Maronen*
*200 g Schlagsahne*
*100 g Puderzucker*
*1 EL gesüßter Kakao*
*etwas Mehl für die Arbeits-
platte*

Blätterteig nach Rezept zube-reiten und auf der bemehlten Arbeitsplatte ausrollen. 20 mandelförmige Plätzchen aus-stechen und die mit Butter ausgestrichenen Förmchen da-mit auskleiden. Trockene Bohnen einfüllen und die Blät-terteigpastetchen ca. 15 Minu-ten bei 180°C backen. Heraus-nehmen, auskühlen lassen und die Pastetchen aus den For-men lösen. In jede Pastete eine glasierte Marone legen; die Schlagsahne mit dem Pu-derzucker steifschlagen und in einen Spritzbeutel füllen. Die Pastetchen mit der Schlagsah-ne vollspritzen, mit Kakao überpudern und auf einer Plat-te anrichten.

## QUARK-KOKOS-KUGELN

*Sie können statt Pralinés zum
Digestif am Ende einer Mahlzeit serviert werden.*

Zubereitungszeit *20 Minuten*
Schwierigkeitsgrad *sehr leicht*
**Zutaten**
*100 g Butter*
*300 g Magerquark*
*200 g geriebene Schokolade*
*1 Kokosnuß*
*100 g Zucker*

Butter in einer Schüssel schau-mig rühren. Glattgerührten Quark sowie nach und nach die Schokolade dazugeben. Gut verrühren.
Kokosnuß raspeln. Die eine Hälfte der Kokosraspeln in die Quarkcreme einrühren, auch den Zucker dazugeben und aus dem Gemisch kleine Ku-geln (kleiner als Walnüsse) formen. Die Kügelchen in den restlichen Kokosraspeln wäl-zen und bis zum Verzehr kühl aufbewahren.

## KASTANIEN-TÖRTCHEN

Zubereitungszeit *60 Minuten*
Schwierigkeitsgrad *sehr leicht*
**Zutaten**
*300 g fertiger Biskuit*
*500 g Edelkastanien (Maro-
nen)*

*1/2 l Milch*
*1 Vanilleschote*
*6 EL Zucker*
*125 g Schlagsahne*

Biskuit in Scheiben schneiden, aus den Scheiben mit einem runden Förmchen Kreise aus-stechen, die genau auf den Bo-den von Papiermaschetten passen. In jede Papierman-schette eine Biskuitscheibe le-gen.
Maronen von der harten Au-ßenschale befreien, mit Was-ser bedeckt aufkochen und ca. 15 Minuten kochen. Das Was-ser abgießen, die Innenschale abziehen, die Maronen in einen Topf geben und mit der Milch und der Vanille noch-mals erhitzen, dabei mit einer Gabel zerdrücken und so lan-ge kochen, bis die Masse ziem-lich fest wird.
Die Vanilleschote herausneh-men, den Zucker dazugeben und gut verrühren. Die Kasta-nien in ein Passiergerät mit kleinen Löchern füllen und durchpassieren.
Ein wenig von den passierten Kastanien auf jede Biskuit-scheibe füllen und einen Tup-fen Schlagsahne daraufsprit-zen.
Die Törtchen auf einer Platte anrichten und bis zum Verzehr in den Kühlschrank stellen.

Eine ereignisreiche Liebesgeschichte, eine oft vom Scheitern bedrohte Ehe – so läßt sich die Beziehung zwischen Wein und Dessert wohl am ehesten beschreiben. Der aromatische, weiche, dem Gaumen schmeichelnde Dessertwein begleitet, streichelt, unterstreicht das Dessert, läßt es so richtig munden und zur Geltung kommen – und läuft dabei selbst Gefahr, davon übertrumpft zu werden. Welchen Wein zu welchem Dessert? Welche Geschmacksnuance muß dominieren – die komplexe des Desserts oder die des dazu servierten Dessertweins? Welches Aroma gleicht den säuerlichen Charakter eines Fruchtsorbets aus? Welches Bouquet hält dem üppigen Schokoladengeschmack stand?
Die Antwort auf die Frage nach dem richtigen Dessertwein ist nur in der Antwort auf all diese kniffligen Fragen zu finden. Und gerade daran haben sich die Geister von Meisterköchen und Kellermeistern oft geschieden. Es gibt nie nur eine einzige mögliche Antwort. Das wird am Beispiel des Baba deutlich: welcher Wein kann wohl überhaupt neben dem Aroma des Rums, mit dem der Baba getränkt ist, bestehen?
Und doch kann man versuchen, einen Kompromiß zu schließen, der auf Erfahrung beruht und zutatenreiche Desserts mit schwereren, einfache mit leichten Dessertweinen kombiniert. Man kann das Problem auch dadurch lösen, daß man den Geschmack des Desserts mit einem Glas Wasser vom Gaumen spült und den Dessertwein für sich allein genießt, oder daß man eine Klassifizierung vornimmt und leicht moussierende Weißweine zu Obstkuchen, Torten und anderem Gebäck serviert, zu Obstdesserts weiche und nicht zu kräftige Rotweine, zu Plätzchen oder leichten Desserts Likörweine. Dann wird aus der Verbindung zwischen Wein und Dessert eine echte Liebesehe.

## Champagner

Einer der berühmtesten Weine der Welt und wohl der berühmteste Wein Frankreichs. Schaumweine werden auch in anderen Ländern, z.B. Deutschland, Italien, Kalifornien und Österreich, erzeugt, erreichen aber trotz Anwendung derselben zeitaufwendigen Verfahren selten die Spitzenqualität des Champagners. Er wird im allgemeinen aus weißen und blauen Trauben hergestellt und ist durch seine prickelnde, exquisite Eleganz zum Liebling aller Großen dieser Welt aufgestiegen. Ganz oben auf der Beliebtheitsskala steht der Champagner mit Angabe des Erzeugungs- oder Abfüllungs–Jahrgangs, der aus speziell ausgewählten Trauben hergestellt wird. Er trägt die Bezeichnung "trocken (brut)", "halbtrocken (demi–sec)" oder "doux (süß)" und muß ziemlich kalt serviert werden. Er paßt zwar zu jedem Gang einer Speisenfolge – vor allem trocken zu den für ihre Leichtigkeit gepriesenen Gerichten der heute so beliebten kreativen Kochkunst –, am besten aber zu Obsttorten, Soufflés und Cremedesserts.

## Vin Santo

Ein Dessertwein, der für die Toskana typisch ist und allmählich weltweit Freunde findet. Technisch gesehen, ist er ein Likörwein aus Trebbiano– und Malvasier–Reben, die vollreif geerntet und zum Austrocknen auf Stroh gelagert oder in luftigen Speichern aufgehängt werden. Es gibt ihn von sehr süß bis trocken. Seit jeher wird er zu den "Cantucci" von Prato serviert, trockenen Mandelplätzchen, die inzwischen auf der ganzen Welt bekannt und beliebt sind und in ein volles Glas Vin Santo getunkt gegessen werden.
Woher kommt der Name Vin Santo? Es gibt dafür verschiedene Erklärungen: Die eine besagt, er sei 1384 während der Pestseuche als Meßwein für einen Gottesdienst verwendet worden, durch den Pestkranke geheilt worden seien. Eine andere berichtet, Cosimo de'Medici habe ihn dem Kardinal Bessarione, Erzbischof von Nicea, kredenzt und dieser habe ihn irrtümlich für Wein aus Xantos gehalten. Und schließlich, er leite sich davon ab, daß er erst kurz vor Weihnachten zum Gären in Fläschchen abgefüllt wird.

### Madeira

Auch wenn er heute nicht so en vogue ist, bleibt dieser Wein von der gleichnamigen Insel ein außerordentlicher Genuß für wahre Kenner. Der aus Malvasier-Reben hergestellte Malmsey-Madeira, der mindestens 20 Jahre lang in Holzfässern gealtert ist, bevor er in den Handel kommt, hat ein zart rauchiges Aroma und ist sicher der beste und süßeste Madeira, paßt daher zu üppigen Desserts. Er hat eine schöne, warme Bernsteinfarbe und ist wegen der geringen Produktionsmenge und langen Reifezeit gar nicht leicht zu bekommen. Andere, nicht ganz so erlesene Madeira-Sorten sind der trockene Sercial, der weniger saure und hellere Verdelho und der etwas süßere, dunklere Boal oder Bual, die zu Kleingebäck passen.

### Cream Sherry

Der Sherry leitet seinen Namen von der Stadt Xeres de la Frontera ab, in deren Gebiet er hergestellt wird. Nur ganz reife Trauben werden dafür geerntet, noch ein paar Tage auf runden Matten zum Trocknen auf gestampftem Boden in der heißen spanischen Sonne ausgelegt und vor der Feuchtigkeit der Nacht mit speziellen Planen geschützt. In langen und speziellen Verfahren reift der Sherry dann in Holzfässern. Im allgemeinen wird trockener Sherry als Apéritif getrunken, halbtrocken ist er der klassische Apéritif der Engländer, heute auch bei uns zunehmend gebräuchlich. Als Cream Sherry, einem süßen Dessertwein, der leicht nach Nüssen schmeckt, wärmt er das Blut und paßt vorzüglich zu kräftig schmeckenden Desserts aus Trocken– oder Kompottfrüchten.

### Moscato

So wie Champagner der bekannteste Schaumwein in Frankreich ist, so ist der Moscato, vor allem der aus Asti, der wohl bekannteste Dessertwein Italiens. Dieser aromatische Wein verdankt seine Süße dem hohen Zuckergehalt der Muskat-Reben. Der Moscato d'Asti ist im allgemeinen ein Schaumwein, der zu den verschiedensten Desserts paßt, insbesondere aber zu regionalen wie dem Panettone in der Mailänder Gegend oder dem Bunet des Piemonts. Es gibt in Italien auch nicht moussierende Moscato–Weine, wie z.B. den Moscato passito aus Pantelleria, der nach einem völlig anderen Verfahren hergestellt wird. Die Trauben werden dort auf Rosten zum Trocknen ausgelegt.
Im allgemeinen ist er ein bernsteinfarbener Wein mit charakteristischem Bouquet, der besonders gut zu Cassata, Sahnerollen oder Desserts aus Kompottfrüchten paßt.

### Marsala

Dieser vollfruchtige Dessertwein ist ein echter Sohn der Sonne Siziliens und verträgt sich ausgezeichnet mit reichhaltigen Desserts, auch solchen auf Schokoladen– oder Eicreme–Basis. Marsala ist außerdem die wichtigste Zutat für den Zabaione, eine wohlschmeckende Weinschaumcreme, die entweder noch lauwarm in der Tasse oder als exquisite Begleitung zu frischen Erdbeeren serviert wird. Der "Marsala Vergine" ist der beliebteste und muß mindestens 5 Jahre in Holzfässern altern. Er wird durch Zugabe von verkochtem Most zum vergorenen Most hergestellt, was einen dunklen, samtigen und charakteristisch schmeckenden hochprozentigen Wein ergibt. Ende des 18. Jahrhunderts erfreute sich der Marsala in England der gleichen Beliebtheit wie ein guter Portwein oder ein alter Sherry. Heute wird er außerhalb Italiens als Dessertwein kaum mehr benutzt. Bekannter sind die in der Kochkunst verwendeten Qualitäten. Erst seit kurzem macht er sich wieder als Qualitätswein einen Namen. Trockener Marsala kann als Apéritif (auf 10°C) getrunken werden, süßer hingegen muß Raumtemperatur (18°C) haben.

### Portwein

Weniger ein Dessertwein als ein geeigneter
Begleiter für eine gemütliche Gesprächsrun-
de nach dem Essen, zu Kleingebäck oder
leichten Süßigkeiten und als Untermalung zu
dem Stimmengewirr satter, zufriedener Gä-
ste nach einem guten Essen serviert. Portwein ist ein verstärkter, d.h. durch Zugabe
von Weingeist auf mindestens 18 Prozent Alkohol gebrachter Wein mit mindestens 4-jäh-
riger Reifezeit. Mit Recht ist Portugal, das
wichtigste Erzeugerland, stolz auf sein Produkt, aber hauptsächlich getrunken wird er
in England, wo eine gute Mahlzeit diese Bezeichnung nicht verdient, wenn sie nicht mit
einem Glas Portwein beendet wird. Die Farbe kann von rubinrot bis zu einem weichen,
blassen, goldfunkelnden Ton spielen. Das
kräftige und samtige Aroma gilt als typisch
maskulin und wird nicht nur zu Desserts,
sondern auch zu einer guten Zigarre sehr geschätzt.

### Sauternes

Ein Weißwein von großer Klasse, vielleicht
der größte unter den bekannten Dessertweinen. Er wird in Frankreich, in der Gegend
von Bordeaux, erzeugt und weist einen sehr
ausgewogenen, eleganten Charakter und ein
volles Bouquet auf. Er gilt als der Wein der
Könige und der König unter den Weinen. Er
paßt zu den raffiniertesten Desserts und haßt
es, von schweren oder allzu kräftig schmekkenden Cremes erdrückt zu werden. Dagegen liebt er köstliche Soufflés, Kleingebäck
und leichte Obsttorten. Für Sauternes müssen die Trauben reifen, bis die Reben von
der sogenannten Edelfäule überzogen werden, die diesem Wein seinen besonderen
Reiz und Geschmack verleiht. Die Weinlese
dauert zwei volle Monate. In dieser Zeit
werden nicht die ganzen Trauben, sondern
die Weinbeeren im richtigen Reifestadium
einzeln von besonders dafür geschulten Kräf-
ten ausgewählt und abgeschnitten.

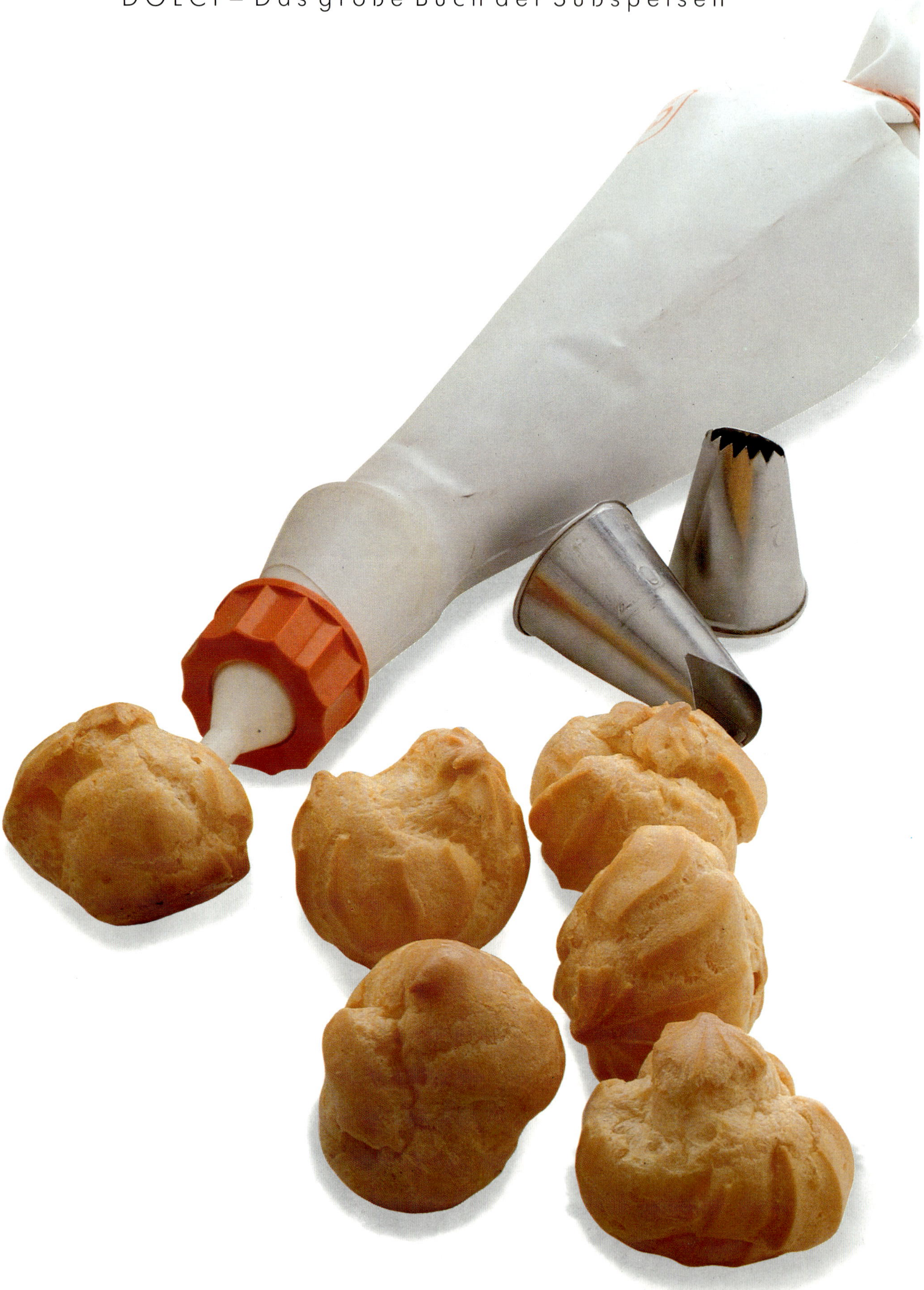

## Auskleiden

Die Innenwände einer Form mit Teig oder anderen Substanzen auslegen – möglichst in einem Stück von gleichmäßiger Dicke und ohne Löcher.

## Backpapier (Back–Trennpapier)

Es erspart das Fetten des Backblechs und danach die Reinigung; kann mehrmals verwendet werden.

## Backrohr

Jedes Backrohr hat seine Eigenheiten, Vorzüge und Fehler. Da unterschiedliche Herdtypen auch verschiedene Heizleistung haben, sollte man sich nicht unbedingt auf die in Rezepten angegebene Temperaturen und Backzeiten verlassen. In modernen Herden garantiert ein Thermostat gleichbleibende Temperaturen. Besonders gute Backergebnisse liefern Umluft–Backöfen wegen der gleichmäßig verteilten Hitze. Im allgemeinen sind elektrische Backrohre genauer als mit Gas beheizte. Nur bei viel Erfahrung trifft man bei letzteren die Einstellung auf geringe, mittlere oder große Hitze zwischen 150°C und 220°C. Vorheizen sollte man nur bei Biskuit-, Eischwer- und Brandteig sowie Kleingebäck aus Mürbteig. Bei allen anderen Teigarten kann es entfallen (Backzeit verlängert sich dann um 12–15 Minuten). Auch das Einschieben auf obere oder untere Schiene ist wichtig.

Kann man zwei Kuchen zusammen ins Rohr schieben? Nur dann, wenn beide auf der gleichen Schiene gebakken werden können. Übereinander mißlingt es mit Sicherheit – ausgenommen im Umluft-Backrohr.
Bedenken Sie bitte, daß auch Backwerk den Gesetzen der Schwerkraft unterworfen ist und ein schief hineingeschobenes Backblech üble Folgen für die Form Ihrer Kunstwerke haben kann.

## Backtriebmittel

Hefe besteht aus Mikroorganismen und bewirkt die Gärung (das "Gehen") des Teiges, dem sie beigemengt wird, durch Zersetzung des Zuckers in Alkohol und Kohlensäure. Für Backzwecke eignen sich Trockenhefe und Preß- oder Bäckerhefe, die aus der Melasse von Zuckerrüben gewonnen werden. Weitere Triebmittel sind Natron, Weinsteinsäure, Pottasche, Hirschhornsalz und das am meisten verwendete Backpulver, eine Mischung aus Natron, Weinsteinsäure, Stärke und Getreidemehl. Es lockert den Teig durch die Entwicklung gasförmiger Kohlensäure.
Der Natursauerteig, das erste Backtriebmittel in der Geschichte der Kochkunst, ist hingegen heute nur noch beim Brotbacken gebräuchlich. Besonders günstig ist die Verwendung eines Backferments (aus dem Reformhaus) zum Brotbacken.

## Blindbacken

Vorbacken von Mürbteig oder Pâte brisée ohne Belag, wozu man getrocknete Bohnen oder Erbsen in die Form füllt, damit der Rand beim Backen nicht zusammensinkt.

## Butter

Produkt aus Fett, Wasser, Milchzucker und kleinen Mengen von Proteinen, Vitaminen und Mineralsalzen, das durch Verarbeitung von Milchrahm entsteht. In der Süßspeisenküche spielt die Butter eine Hauptrolle, die kein anderes Fett übernehmen kann. Wer an der Qualität oder an der Menge der Butter sparen will, bereut es schnell. Verlassen Sie sich beim Kauf auf Ihre Nase: Gute Butter riecht süß und aromatisch. Bevorzugt Tafelbutter verwenden! Bevor man Butter schaumig rühren kann, muß sie mindestens 1 Stunde lang bei Zimmertemperatur lagern. Zum Aufbewahren Ton- oder Porzellangefäße verwenden!

## Buttern (Ausbuttern)

Backbleche, Kuchen- und Backformen usw. mit weicher Butter einstreichen oder mit zerlassener Butter bepinseln. Bei komplizierten Formen Ecken und Windungen nicht vergessen.

## Dekantieren

siehe Klären

## Dressiersack

siehe Spritzbeutel

## Eier

Gewicht ca. 50 bis 70 g; das Eiweiß (Eiklar) wiegt ungefähr doppelt so viel wie das Eigelb (Eidotter), die Schale nicht einmal halb so viel wie das Eiweiß. Frischeprobe: In einem Gefäß mit Wasser sinkt das Ei zu Boden. Eiweiß und Eigelb werden sowohl getrennt als auch gemeinsam für Süßspeisen verwendet. Ganze Eier werden gerührt, Eigelb und Eiweiß getrennt geschlagen, wobei sie ihre Farbe verändern: das Eidotter wird hellgelb, das Eiklar schneeweiß.

## Eismaschine (Speiseeisbereiter)

Per Kurbel handbetriebene Geräte erfordern trainierte Muskeln. Die kleinen elektrischen Eismaschinen ersparen Kraft- und Zeitaufwand. Beim Kauf ist auf leichte Handhabung zu achten: Der Einsatz muß ganz leicht herauszunehmen und hineinzustellen sein.
Es ist ratsam, den Einsatz vor dem Einfüllen der Eiszutaten im Kühlschrank aufzubewahren, ebenso die Platte oder Schüssel, auf der das Eis angerichtet wird.

## Färben

Auch bei Backwerk und Desserts will das Auge nicht zu kurz kommen. Heute besteht die Tendenz, möglichst keine chemisch hergestellten, sondern nur Farben rein pflanzlicher Herkunft zu verwenden. Falls keine echten Lebensmittelfarben zu bekommen sind, kann man Gelb mit Safran, Braun mit gebranntem Zukker, Rot mit Rote-Bete-Saft, Grün mit Pfefferminz oder Spinatsaft erzielen. Auch Kaffee und Schokolade eignen sich zum Färben von Süßspeisen.

### Farcieren

Füllen eines Hohlraumes mit Cremes oder ähnlichen Massen. In der Süßspeisenküche bedeutet es eine Steigerung der Qualität.

### Flambieren

Sehr effektvolle Servierart: Puddings, Obst oder Charlotten werden mit einer stark alkoholhaltigen Flüssigkeit übergossen und diese mit einem Streichholz angezündet. Der Alkohol muß zuvor auf einem Rechaud vorgewärmt – ja nicht gekocht! – und sofort darübergegossen und angezündet werden. Schnell servieren, sonst verlischt die Flamme vorzeitig.

### Formen

Behälter, die einer halbflüssigen oder flüssigen Masse während des Festwerdens ihre Form geben sollen. Es gibt verschiedene Arten: runde, glatte für Torten; mit einer Öffnung in der Mitte für Savarin; gerippte für Napfkuchen, Pudding, Flammeri und Charlotten; kastenförmige für Teekuchen; spezielle für Brioches, Löffelbiskuits und kleine Kuchen. Wichtig ist, ihr Fassungsvermögen zu kennen (mit dem Meßbecher messen!), sie richtig anzufüllen und die Masse glattzustreichen.
Backformen können aus Keramik, Steinzeug, Ton, Glas, Schwarz- oder Weißblech und Aluminium bestehen. Je dunkler das Material, desto besser leitet es die Hitze, desto besser auch das Resultat. Aus beschichteten Formen löst sich das Backwerk leichter.

### Glas

Wird als hygienisches und gebrauchssicheres Material in der Küche hochgeschätzt. Ideal ist ein Satz schwerer, unzerbrechlicher, runder Glasschüsseln, in denen man Zutaten anrühren und Teige herstellen kann; dazu noch feuerfeste Glasbehälter in verschiedenen Formen für Charlotten, Puddings usw. Leider hat auch das Glas seine Nachteile; Torten und Mürbteigkuchen gelingen z.B. in Aluminium- oder Stahlformen besser als in Glasformen.

### Glasieren

Überziehen von Kuchen oder Kleingebäck mit Zuckerglasur, um eine glatte und dekorative Oberfläche zu erhalten. Das Wort leitet sich von "Glace", dem französischen Wort für Glasur oder Eis, ab. Durch Farbzusätze kann man weiße Zuckerglasur einfärben.

### Hefe

siehe Backtriebmittel

### Honig

Von den Bienen aus Blütennektar erzeugter Saft, daher in Geschmack und Duft abhängig von der pflanzlichen Herkunft. Bevor der Zucker als Süßmittel allgemeine Verbreitung fand, verwendete man Honig zum Süßen. Honig gehört in viele klassische Backrezepte, z.B. in Lebkuchen. Er wird meist im Wasserbad flüssig gemacht, bevor er mit anderen Zutaten vermengt wird.

### Kaffee

"Kaffee besitzt fast magische Kräfte. Wer je seine duftenden, heißen Lippen geküßt hat, kommt nicht mehr von ihm los ... Der Kaffee ist für den Leib das, was die Poesie für den Geist ist." So steht es im "Hygiene–Lexikon für die Familien" von Paolo Mantegazza (1901). Für die Zubereitung von Süßspeisen – besonders Cremes, Glasuren und Eis – wird sehr starker Kaffee oder lösliches Kaffeepulver verwendet. Die kräftigsten und daher geeignetsten Sorten kommen aus Costarica und Guatemala.

### Karamelisieren

Heißt eigentlich, den Zucker schmelzen und dann schnell abkühlen lassen. Bei Zimmertemperatur läßt sich Zucker in der jeweils halben Menge Wasser auflösen, also 200 g Zucker in 100 g Wasser. Ohne Zugabe von Wasser schmilzt er bei 160°C und bildet eine glasige, Malzzucker genannte Masse. Wird weitererhitzt auf 210–220°C, verdampft das Wasser, die Masse verfärbt sich braun und wird zu Karamel. Vor dem Karamelisieren durchläuft der Zucker verschiedene Temperaturen und Stadien: Breitlauf, schwacher Faden, starker Faden, schwacher Flug, starker Flug, Ballen oder Kugel und schließlich Karamel, der wiederum in schwachen Bruch und starken Bruch unterteilt wird. Die nächste Stufe ist gebrannter Zucker, auch Zucker–Couleur genannt, der zum Färben von Sirup, Likör u.ä. verwendet wird. Für eine 1–l–Form geht man von 100 g Zucker aus, der mit nur wenigen Tropfen Wasser aufgesetzt und unter ständiger Kontrolle zu Karamel eingekocht wird. Die Farbe muß gleichmäßig goldbraun sein, keinesfalls zu dunkel oder verbrannt, denn sonst schmeckt er bitter. Die Form vom Herd nehmen und in alle Richtungen neigen, so daß der Karamel sowohl den Boden als auch die Wände überzieht.

### Klären (Dekantieren)

Vorgang beim Kochen von Flüssigkeiten (z.B. Bouillon, Sirup, Likör), in dessen Verlauf sich die darin schwebenden, unlöslichen Teilchen am Boden absetzen. Oft werden dazu Hilfsmittel verwendet, z.B. Eiweiß.

### Kneten

Das Zusammenarbeiten des Mehls mit Wasser und eventuellen anderen Zutaten wie Butter, Eiern, Zucker usw. zu einem homogenen Teig. Dies gelingt am besten mit der Fläche einer Hand, die sich gleichmäßig, rhythmisch und energisch von hinten nach vorne bewegt, oder mit der Küchenmaschine (Knethaken).

### Kochen

Wenn eine Flüssigkeit eine gewisse Temperatur erreicht, bilden sich darin zahlreiche Bläschen, die zur Oberfläche aufsteigen und die Flüssigkeit zum Wallen bringen. Wir sagen dann: "sie kocht". Auf sehr kleiner Kochstufe kann man dünnflüssige Saucen und Cremes sowie Sirup einkochen (reduzieren).

## Koriander

Gewürzkraut aus der Familie der Umbelliferae. Im Orient beheimatet, heute in ganz Europa verbreitet. Die kugeligen Früchte werden ganz oder gemahlen zur Herstellung von Süßspeisen, Likören usw. verwendet; sie schmecken intensiv süßlich-aromatisch.

## Küchenmaschine

Es gibt Geräte, die nur einzelne Funktionen ausüben (z.B. Handrührgerät, Mixer), und Universalgeräte, die pürieren, mixen, zerkleinern, rühren, kneten, zentrifugieren, entsaften, reiben. Alle zusammen haben eine gewaltige Zeitersparnis auch bei komplizierten Rezepten gebracht. Vor allem haben sie den Hobbyköchen den Minderwertigkeitskomplex gegenüber den Meisterköchen genommen: Heute kann jeder sich an Unternehmungen wagen, die früher hoffnungslos mißlungen wären. – Beim Kauf ist auf leichten Auf– und Abbau und rationelle Abläufe zu achten.

## Küchenwaage

Für die Süßspeisenküche unerläßliches Gerät, da es hier auf exakte Mengen ankommt. Falls keine vorhanden ist, rechnet man pro Eßlöffel Mehl ca. 10 g, Zucker oder Salz 15 g. In Amerika hat man das Problem durch Meßlöffel und –becher mit Skalen gelöst, so daß einem etwa tassengroßen Meßbecher entweder 100 g Mehl oder 200 g Zucker usw. entspricht.

## Kühlschrank

Auch ihn sollten Sie genau kennenlernen, bevor Sie ihm die delikate Aufgabe übertragen, für Pudding, Gelee, Mousse, Creme, Eis, Granité, Sorbet usw. genau die richtige Kälte zu erzeugen. Nur Kaltes in den Kühlschrank stellen, denn große Temperatursprünge schaden sowohl dem Kühlgut als auch dem Kühlschrank.

## Licht

Genügend Licht in der Küche ist eine wichtige Voraussetzung für gutes Gelingen. Ein Arbeitsplatz in Fensternähe oder mit guter Beleuchtung durch helles Licht sorgt dafür, daß man im wahrsten Sinne des Wortes "hellsieht", also auch noch erahnt, was zwischen den Zeilen der Rezepte steht – kurz, für den unersetzlichen persönlichen Touch und für die richtige Beurteilung des ästhetischen Aspekts bei Zutaten und Endresultat.

## Liköre und Spirituosen

Für Süßspeisen greift man gerne auf besonders süße Sorten zurück. Am beliebtesten sind dabei Obstbrände, Fruchtliköre, Rum und Dessertweine. Aber Vorsicht: Auch in kleinen Mengen können sie den Grundgeschmack einer Creme, Mousse oder Teigmasse völlig verändern!

## Mandeln

Süße und bittere Mandeln sind die Samen des Mandelbaumes (Prunus), einer in Persien beheimateten Pflanze. Sie sind seit der Antike bekannt und gelten als Symbol für Wohlstand (daher auch ihre Verteilung bei Hochzeiten). Sie werden aus der harten Schale des Fruchtkerns ausgelöst. Die braune, dünne Schale läßt sich nach Überbrühen mit kochendem Wasser (1–2 Minuten) leicht abziehen. Verwendet werden sie ganz oder zerkleinert, gesalzen oder süß, auf dem Backblech goldgelb geröstet oder als Krokant (im Mengenverhältnis 1:3 in gebrannten Zucker getaucht). Mit der Küchenmaschine fein gemahlene Mandeln braucht man zum Verfeinern von Kuchen– und Plätzchenteigen.

## Margarine

Speisefett, synthetisch hergestellt aus pflanzlichen Fetten, entrahmter Milch, Emulgatoren, Geschmacks– und Farbstoffen usw., kann als Butterersatz genommen werden. Im Haushalt sollte man für Kuchen und Süßspeisen jedoch lieber Butter verwenden – man schmeckt den Unterschied!

## Mehl

Produkt, das durch das Ausmahlen der Körner von Getreide oder anderen Pflanzen entsteht. In der Süßspeisenküche wird außer Weizenmehl auch Reismehl sowie das Mehl (Speisestärke) von Kartoffel, Gerste, Mais und Roggen verwendet. Das Weizenkorn besteht aus 3 Teilen: Keimling, Mahlkörper und Schale. Im Weizenkeim sind die wichtigsten Nährstoffe, also Eiweiß, Mineralsalze und Fett, enthalten. Je nach Ausmahlungsgrad unterscheidet man helles Mehl (Auszugsmehl) der Type 405, das vor allem den Mehlkörper enthält, dunkles Mehl der Type 1050, das stärker ausgemahlen ist und deshalb einen höheren Gehalt an Vitaminen und Mineralstoffen hat, und Vollkornmehl der Type 2000, bei dem das ganze Korn Verwendung findet. In den Rezepten dieses Buchs ist immer Weizenmehl der Type 405 gemeint, wenn von "Meh" die Rede ist.

## Meßbecher

Kleines Gefäß mit Strichskalen für verschiedene Lebensmittel wie z.B. Wasser, Mehl, Zucker. Erspart den Zeitaufwand und die Mühe des Abwiegens.

## Milch

Für Süßspeisen wird nur Kuhmilch verwendet. Sie enthält verschiedene Bestandteile in emulgiertem oder gelöstem Zustand: Proteine, Fett, Mineralsalze, Kohlenhydrat (Milchzucker), Enzyme, Vitamine. Natürlich muß sie ganz frisch sein. Am besten ist Vorzugsmilch oder pasteurisierte Trinkmilch. H-Milch, Milchpulver und teilentrahmte Milch sollten nur in Notfällen verwendet werden.

## Nelke (Gewürznelke)

Sonnengetrocknete Blütenknospe des Gewürznelkenbaumes. Seine Heimat sind die Molukken. Das sehr intensive Gewürz wird ganz oder gemahlen verwendet.

## Nüsse

Sie werden gemahlen, gehackt oder ganz als Dekoration verwendet. Durch ihren Geschmack und ihr Aroma verleihen sie Torten und Teegebäck das gewisse Etwas. Sie sind stark fetthaltig und wegen ihres Vitamingehalts sehr gesund. Bekannteste Nußarten sind Haselnüsse, Walnüsse, Pecan- und Paranüsse.

## Pinienkerne (Pignoli)

Ölsamen aus den Zapfen des Pinienbaums, der im ganzen Mittelmeerraum wächst. Die weißen, stiftförmigen Pinienkerne schmecken ähnlich wie Mandeln.

## Pinsel

Backpinsel sollten in der Küche mehrfach vorhanden sein: zum Ausfetten von Formen, zum Bestreichen von Gebäck mit Ei, Milch, Glasur. Nach Verwendung stets gut reinigen!

## Reduzieren

Eine Flüssigkeit ohne Deckel auf kleiner Kochstufe einkochen, d.h. den Wassergehalt vermindern.

## Rose

Eine Creme "bis zur Rose abziehen" bedeutet, sie so lange zu erhitzen, bis sie den Rührlöffel leicht angedickt überzieht und sich beim Daraufblasen Kringel zeigen, die an die Form einer Rose erinnern.

## Sahne (Rahm)

Fettschicht, die sich beim Kühlstellen von Milch an der Oberfläche bildet. In der Molkerei gewinnt man sie durch Zentrifugieren der Milch. Für Süßspeisen verwendet man sie flüssig oder schlägt sie mit dem Schneebesen zu Schlagsahne.

## Schablonen

Oft verwendet für die Oberflächenverzierung von Torten. Man legt z.B. eine Negativ–Schablone mit ausgeschnittenen Initialen, Schriften oder beliebigen Motiven (wie etwa Glücksklee) auf die Torte, streut Puderzucker oder Kakao darüber und erhält so Initialen, Schrift oder Motiv in Kontrastfarbe.

## Schneebesen

Ein Küchengerät mit elastischen, ineinandergesteckten Metallschlingen zum Schlagen von Schlagsahne, Eiweiß usw. Wird heute meist durch ein elektrisches Handrührgerät ersetzt.

## Schokolade

Produkt aus Zucker, Kakao, Kakaobutter und Milchpulver sowie Gewürzen. Ausgangsmaterial liefern die Samen des Kakaostrauchs, der seine Heimat am Amazonas hat, heute jedoch in Tropengebieten Amerikas, den Philippinen, den Sundainseln und Westafrika angebaut wird. Ähnlich wie beim Kaffee werden auch die Kakaobohnen geröstet und dann gemahlen, zunächst zu Brei und schließlich zu Pulver verarbeitet. Daraus entsteht durch verschiedene Zusätze Blockschokolade, Milchschokolade, Schoko-Nuß-Creme, Mokkaschokolade usw. Für Glasuren wird Kuvertüre oder Fettglasur, d.h. Schokolade mit einem hohen Anteil an Fett (Kakaobutter) verwendet, die man im Wasserbad langsam zergehen läßt und dabei mit einem Holzlöffel rührt.

## Siebe

Zum Glattsieben von Mehl u.ä. wird ein größeres, feines Sieb benötigt. Sirup und ähnliche Flüssigkeiten werden besser durch ein weißes Leinentuch oder eine Papierfiltertüte gegossen.

## Sorbetière (Speiseeisbereiter)

Eismaschine, benannt nach dem Sorbet (Halbgefrorenes). Besteht aus einem Holzbottich, in dessen Innerem ein herausnehmbarer Blechzylinder mit einer außen angebrachten Handkurbel gedreht wird und dabei das Sorbet gleichmäßig durchmischt. Der Zwischenraum zwischen Blechzylinder und Holzverkleidung wird mit Eis und grobem Salz gefüllt. Sorbetières gibt es auch mit Elektroantrieb.

## Spritzbeutel (Dressiersack)

Hat auswechselbare Tüllen mit verschieden geformten Öffnungen, dient zum Aufspritzen von Dekors auf Süßspeisen, zum Spritzen von Windbeuteln und Baisers. Wie beim Schönschreiben braucht man dazu eine ruhige Hand, Geduld und Übung.

## Teigrolle (Wellholz, Nudelwalker)

Zylindrische Holzrolle mit Griffen, die zum Ausrollen von verschiedenen Teigsorten verwendet wird (im Notfall durch eine Glasflasche gleicher Form ersetzbar).

## Teigschaber

Spatel aus weichem Gummi oder Kunststoff zum restlosen Abkratzen von Schlagsahne, Creme, Eischnee oder Teig von der Gefäßwand. Wird er in kaltes Wasser getaucht, eignet er sich auch zum Glattstreichen der Oberfläche von Süßspeisen. Gummischaber nie in der Geschirrspülmaschine waschen!

## Vanille

Aus der Kapselfrucht der gleichnamigen, in Mexiko beheimateten Pflanze gewonnen. Vanille wird als Schote oder in verarbeiteter Form (Vanillezucker, -essenz) verwendet und verleiht Desserts und Kleingebäck ein köstliches Aroma. Wenn eine Flüssigkeit mit Vanille gekocht werden soll, muß die Vanilleschote vorher längs aufgeschnitten oder das Vanillemark herausgekratzt werden.

## Wasserbad

Schonende Art des Erhitzens für empfindliche Saucen und Cremes, die den direkten Kontakt mit der Kochstelle nicht vertragen. Man stellt also das Gefäß mit dem Inhalt, der erwärmt werden soll, in ein anderes, größeres mit Wasser. Sowohl im Backrohr als auf der Herdplatte wird die Wärmezufuhr auf ein Minimum zurückgeschaltet, sobald das Wasser kocht. Im Wasserbad wird gekocht, geschmolzen, verflüssigt oder auch erwärmt.

## Zimt

Gelbbraune, charakteristisch duften-
de Rinde des Zimtbaumes, aus der
Familie der Lorbeergewächse. In
Stangen oder gemahlen wird er als
Gewürz für Süßspeisen, Sirup und Li-
köre verwendet.

## Zucker

Ohne Zucker gäbe es all die Köstlichkeiten der Süßspeisenküche nicht.
Bevor er sich in Europa endgültig als
Süßmittel durchsetzte, was etwa vor
einem Jahrhundert geschah, wurde
Honig zum Süßen verwendet. Das in
Asien bzw. Südchina heimische Zuk-
kerrohr war zwar schon seit der Zeit
der Kreuzzüge (um 1300) bekannt,
blieb aber auf Zypern beschränkt.
Erst Ende des 15. Jahrhunderts wurde es auch auf den Kanarischen Inseln
und im 16. Jahrhundert in Brasilien
angebaut. Doch sogar Ende des 18.
Jahrhunderts war Zucker noch sehr
teuer, eine Rarität, die sich nur wenige leisten konnten. Ein deutscher
Chemiker entdeckte 1747 einen Er-
satzstoff für Rohrzucker, nämlich den
aus der Runkelrübe gewonnenen Rübenzucker. Seither wurden die Methoden der Zuckererzeugung laufend
verbessert, die Preise sanken und
Zucker wurde ein billiges Grundnah-
rungsmittel. Im Lauf der Jahrhunderte schrieb man dem Zucker außerge-
wöhnliche Heilkräfte, aber auch au-
ßergewöhnlich schädliche Wirkungen
zu. Noch heute sind die Wissenschaft-
ler sich nicht einig, ob er der Gesund-
heit mehr nutzt oder schadet.
Welche Arten von Zucker verwendet
man in der Küche? Zunächst die gän-
gigste Zuckerart, die feinkörnig gemahlene weiße Raffinade, auch
Haushaltszucker oder Grießzucker
genannt; den braunen Farinzucker,
der karamelhaltig ist; den Puderzukker (Staubzucker), der aus sehr reiner
und pulverfein gemahlener Raffinade
besteht; sodann braunen Rohrzucker
oder Sucanat für die Anhänger der
Vollwertküche. In unseren Rezepten
versteht man unter "Zucker" immer
die körnig gemahlene Raffinade
(Haushaltszucker).

# FOTONACHWEIS

Der Verlag dankt folgenden Firmen für die freundliche Überlassung der
Requisiten für die Fotos:
Argenterie Christofle
Bernardaud, Limoges
Cristalleria artistica La Piana
Croff, Mailand
Daum Cristal
Koivu, Mailand
La Galerie, Mailand
La Rinascente, Mailand
Pisapia Fiore (Blumen), Mailand